द लेट डेम थ्योरी

द लेट देम थ्योरी

एक ऐसा नज़रिया जो लाखों लोगों की ज़िंदगी बदल रहा है

मेल रॉबिन्स
और सॉयर रॉबिन्स

अनुवाद : यामिनी रामपल्लीवार

MANJUL

मंजुल पब्लिशिंग हाउस

MANJUL

मंजुल पब्लिशिंग हाउस

कॉरपोरेट एवं संपादकीय कार्यालय

• द्वितीय तल, उषा प्रीत कॉम्प्लेक्स, 42 मालवीय नगर, भोपाल-462 003

विक्रय एवं विपणन कार्यालय

• सी-16, सेक्टर 3, नोएडा, उत्तर प्रदेश, 201301

वेबसाइट : www.manjulindia.com

वितरण केन्द्र

अहमदाबाद, बेंगलुरू, कोच्चि, कोलकाता, चेन्नई,
हैदराबाद, मुम्बई, नई दिल्ली, पुणे

मेल रॉबिन्स और सॉयर रॉबिन्स द्वारा लिखित मूल अंग्रेजी पुस्तक
द लेट देम थ्योरी का हिन्दी अनुवाद

The Let Them Theory by Mel Robbins and Sawyer Robbins – Hindi edition

प्रथम अंग्रेजी संस्करण हे हाउस पब्लिशर्स द्वारा प्रकाशित

हिन्दी अनुवाद मंजुल पब्लिशिंग हाउस प्रा. लि. द्वारा 143 स्टूडियोज़ पब्लिशिंग
c/o हॉजमैन लिटरेरी, यूएसए के साथ यूरोपा कन्टेंट के सहयोग से प्रकाशित

यह हिन्दी संस्करण 2025 में पहली बार प्रकाशित
द्वितीय आवृत्ति 2026

ISBN 978-93-5543-899-7

अनुवाद : यामिनी रामपल्लीवार

Cover design: Peter Garceau
Interior design and illustrations: Julie Davison

मुद्रण व जिल्दसाज़ी : रेप्रो इंडिया लिमिटेड

मेरी बेटी सॉयर के लिए, जिसने इस पुस्तक को
लिखने में मेरा साथ दिया।

तुम्हारे साथ मिलकर इस पुस्तक लिखना मेरे लिए एक बेहद ख़ूबसूरत अनुभव रहा । कुछ पल ऐसे भी आए, जब तुम मुझसे नाराज़ हो गईं, लेकिन हर लम्हा मेरे दिल के बहुत क़रीब है।

कहावत है ना - दुनिया की परवाह मत करो- *लेट देम.... ।*

अनुक्रमणिका

किसी और की भावनात्मक प्रतिक्रियाओं से कैसे निपटें

हर वक़्त तुलना करने की आदत छोड़ें

आपके रिश्ते और 'लेट देम थ्योरी'

वयस्क मित्रता को निभाना सीखें

दूसरों को बदलाव के लिए प्रेरित करना

संघर्षरत व्यक्ति की मदद करना

भूमिका

मेरी कहानी

41 साल की उम्र में मैं 8 लाख डॉलर के कर्ज़ में डूबी हुई थी। मेरे पास नौकरी नहीं थी और मेरे पति का रेस्तरां बंद होने की कगार पर था। ऐसा लग रहा था जैसे ज़िंदगी में हम पूरी तरह नाकाम हो गए हैं और इस कर्ज़ से कभी बाहर निकल पाना मुमकिन नहीं होगा।

मुझे अपने दोस्तों से जलन होती थी, क्योंकि वे अपने करियर में कामयाबी की सीढ़ियां चढ़ते जा रहे थे जबकि हमें खाने-पीने का सामान जुटाने के लिए भी जूझना पड़ रहा था। मुझे हाल ही में नौकरी से निकाला गया था और समझ नहीं आ रहा था कि अब मैं क्या करूं। मैं पहले ही बहुत कुछ आज़मा चुकी थी-न्यू यॉर्क में लीगल एड सोसाइटी में पब्लिक डिफ़ेंडर बन चुकी थी, बोस्टन की एक बड़ी लॉ फ़र्म में लॉयर के तौर पर काम किया था, कुछ स्टार्ट-अप्स में काम किया, एक विज्ञापन एजेंसी में बिज़नेस डेवलपमेंट संभाला, 'लाइफ़ कोच' बनी, कॉल-इन रेडियो शो चलाया, यहां तक कि एक छोटा-सा पेंट-योर-ओन-पॉटरी स्टूडियो भी खोला था। मुझे लग रहा था कि मैं बिलकुल भटक गई हूं। हम जिस मुसीबत में फंसे हैं, उससे कभी बाहर नहीं निकल पाएंगे, मैं चाहे जो कर लूं।

मैं चिंता में डूबी हुई थी और अब अपने आप पर भी भरोसा भी उठ गया था। अब अपनी समस्या से निपटने की मेरी सबसे बड़ी रणनीति थी- टाल-मटोल। अलार्म बंद करके सोते रहना, दर्द से बचने के लिए शराब का सहारा लेना, ज़िम्मेदारी से बचने के लिए अपने पति को दोष देना और बहाने बना-बनाकर नौकरी तलाशने से बचते रहना।

अगर आप कभी ऐसी स्थिति से गुज़रे हैं, तो आप समझते होंगे कि ऐसे समय में सबसे आसान काम भी पहाड़ जैसे लगते हैं जैसे बिस्तर से उठना, बिजली, पानी, मोबाइल, किराए आदि के बिल देखना, परिवार के साथ पूरे मन से मौजूद रहना, अच्छा खाना बनाना, नौकरी के लिए आवेदन करना, टहलने जाना, किसी सब्सक्रिप्शन को बंद करना। यहां तक कि ये स्वीकार करना भी असंभव सा लगने लगता है कि आप किस हद तक परेशान हैं... हर सुबह

जब मैं उठती, तो घबराहट जैसे नसों में दौड़ रही होती। मैं सोचती कि क्या मेरी ज़िंदगी अब ऐसी ही रहेगी हमेशा के लिए?

लेकिन, क्या आप जानते हैं कि इस तरह फंसे होने की सबसे अजीब बात क्या होती है? मुझे अच्छे से पता था कि मुझे क्या करना है -बिस्तर से उठना है, डराने वाले बिलों को देखना है, बच्चों को स्कूल के लिए तैयार करना, अपने आपको टहलने के लिए मजबूर करना, दोस्तों से मदद मांगना, बजट बनाना, नौकरी ढूंढ़ना। और फिर भी, मैं इनमें से कुछ भी कर नहीं पा रही थी।

मैंने अपनी ज़िंदगी कैसे बदली

मुझे वह सुबह हमेशा याद रहेगी, जब मेरी ज़िंदगी बदल गई। अलार्म बजा, मैं बिस्तर पर लेटी थी और परेशानियों से बेचैन थी। मैं अपने ही विचारों में फंसी हुई थी और बिलकुल भी नहीं चाहती थी कि उठकर एक और मुश्क़िल दिन का सामना करूं।

लेकिन फिर कुछ अजीब हुआ। एक ख़याल मेरे दिमाग़ में आया, जो बाद में मेरी ज़िंदगी बदलने वाला था। ख़याल तो बहुत साधारण ही था, मुझे थोड़ा बचकाना भी लगा। मुझे एक रॉकेट लॉन्च याद आया, जब नासा के लोग उल्टी गिनती करते हैं: *5-4-3-2-1*। मैंने सोचा, *क्या हो अगर मैं भी ऐसे ही उल्टी गिनती गिनते हुए बिस्तर से उठ खड़ी होऊं!*

यह तरीका बेवकूफ़ी भरा लग रहा था, लेकिन मैं बहुत हताश और निराश थी। बेबस थी, इसलिए मैंने कोशिश करने की ठानी। मैंने उल्टी गिनती गिनी : *5-4-3-2-1* और मैं बिस्तर से उठ गई। बस ऐसे ही। मैंने यह नहीं सोचा कि मैं कितनी थकी हुई हूं या मुझे अपनी परेशानियों का सामना नहीं करना है। मैं अपने दिमाग़ को सोचने-टालने का मौक़ा दिए बिना आगे बढ़ गई। यह बिलकुल रॉकेट लॉन्च करने जैसा था : एक बार जब उलटी गिनती शुरू हो जाए-5-4-3-2-1-तो फिर पीछे मुड़ना नहीं होता।

उस समय मेरी ज़िंदगी ऐसी हो गई थी कि मैं हमेशा अपने विचारों से ही जकड़ी रहती थी। डर और तनाव मुझे पूरी तरह घेरे रहते थे। इसलिए यह विचार मेरे लिए बिलकुल नया था। मुझे आज भी याद है जब मेरे मन में ये बात आई, '*क्या मैं हैरान-परेशान रहते हुए अपने ज़रूरी काम कर सकती हूं?*' जवाब मिला, '*हां मेल, तुम कर सकती हो।*' और सच में यह उपाय कारगर रहा।

उन पांच सेकंड के भीतर मैंने अपने मन की उलझनों के चक्र को रोक दिया था। बात छोटी लगती है, लेकिन मेरे लिए बहुत बड़ी थी। मैंने सोचा, अगर मैं इन पांच सेकंड का डर झेल सकती हूं, तो शायद मैं किसी भी मुश्क़िल का सामना कर सकती हूं।

तो, मैंने इस उलटी गिनती को अपनी ज़िंदगी के हर हिस्से में इस्तेमाल करना शुरू कर दिया।

5-4-3-2-1-अलार्म बजते ही उठ जाना।

5-4-3-2-1- फ़ोन उठाकर नौकरी के लिए लोगों से संपर्क करना।

5-4-3-2-1-उन बिलों को खोलना जो महीनों से भुगतान के इंतज़ार में काउंटर पर जमा होते जा रहे थे।

मैंने इसे '5 सेकेंड नियम' कहना शुरू कर दिया। हर बार 5 सेकेंड की गिनती के साथ, मैंने ख़ुद को एक-एक क़दम आगे बढ़ाने के लिए मजबूर किया ताकि मैं धीरे-धीरे अपनी ज़िंदगी में वापस लौट सकूं। मैं आपसे झूठ नहीं बोलूंगी, यह काम आसान नहीं था। अगले कुछ साल मेरी ज़िंदगी के सबसे कठिन सालों में से थे।

कर्ज़ से बाहर निकलना या वैवाहिक जीवन की समस्याओं का सामना करना आसान नहीं होता। चिंता को शांत करना या ख़ुद पर भरोसा नहीं हो तो आगे बढ़ना कठिन होता है। जब आप अपनी क़ाबिलियत पर ही शक कर रहे हों, तब बायो-डाटा अपडेट करना और नौकरी ढूंढ़ना बेहद मुश्क़िल लगता है। जब आप खुद को नज़रअंदाज़ कर चुके हों, तब फिर से फ़िट होना और सेहतमंद आदतों को अपनाना एक थकाऊ संघर्ष बन जाता है।

पूरा दिन काम करना, फिर घर आकर तीन बच्चों को संभालना, थोड़ी देर पति से बातचीत करना और फिर रातभर जागकर पैसे कमाने के नए तरीक़े सोचते रहना- ये सब करना आसान नहीं है। ना ही इसमें कोई मज़ा है।

लेकिन मैंने वही किया।

5 सेकंड के नियम ने मुझे सिखाया कि समस्या का हल सोचने में नहीं, बल्कि काम करने में है। केवल सोचते रहने से कुछ नहीं बदलता। अगर आप किसी काम को करने का मन होने का इंतज़ार करते रहेंगे, तो शायद वह दिन कभी नहीं आएगा। इस नियम ने मुझे यह भी सिखाया कि कोई और आपको बचाने नहीं आएगा। आपको ही अपनी ही उलझनों से बाहर निकलना होगा। हर दिन, हर पल, अपने आपको थोड़ा-थोड़ा आगे बढ़ने के लिए मजबूर करना होगा, ख़ासकर तब जब आपका बिलकुल मन नहीं हो रहा हो।

5-4-3-2-1 का उपयोग करते हुए मैंने अपने बहानों, घबराहट, उलझन और डर से पीछा छुड़ाया। और धीरे-धीरे, क़दम दर क़दम, दिन-ब-दिन, हफ़्ता दर हफ़्ता, मैंने वे काम करने शुरू किए जिन्होंने मेरी ज़िंदगी और करियर को फिर से पटरी पर ला दिया। मेरे पति ने भी इस तकनीक का इस्तेमाल करना शुरू किया, ताकि वे अपने बिज़नेस की समस्याओं से मुंह चुराने के बजाय उनका सीधे सामना कर सकें। और यह उपाय उनके लिए भी कारगर रहा। लेकिन किसी और को '5 सेकंड नियम' के बारे में बताने में मुझे तीन साल और लग गए। मैं इसे दूसरों से साझा करने में झिझक रही थी, क्योंकि एक तो मुझे यह समझ नहीं आ रहा था कि यह किस तरह से काम करता है और दूसरा, मुझे नहीं लगता था कि मैं किसी को कोई सलाह देने की स्थिति में हूं।

लेकिन सब कुछ उस दिन बदल गया, जब एक पुरानी रूममेट ने मुझे एक छोटे-से कार्यक्रम में करियर बदलने पर सलाह देने के लिए 'सही व्यक्ति' के रूप में प्रस्तुत किया। इस कार्यक्रम में किसी ऐसे व्यक्ति की ज़रूरत थी जो करियर बदलने पर सलाह दे सके। उसने मुझे शायद इसलिए चुना क्योंकि मैंने अपने करियर में इतने बदलाव किए थे कि अब ख़ुद मुझे भी उनकी गिनती याद नहीं थी। उस कार्यक्रम में मुझे और मेरे पति को सैन फ्रांसिस्को जाना था। आयोजकों ने होटल में हमारे रुकने का इंतज़ाम भी किया था। जब आप आर्थिक तंगी से गुज़र रहे हों, तो ऐसा न्योता किसी फ्री हॉलिडे जैसा लगता है, सो मैंने तुरंत हामी भर दी। यह मेरी ज़िंदगी का पहला मौक़ा था, जब मैं किसी मंच पर खड़े होकर कोई भाषण देने जा रही थी। और जैसे ही मैंने प्लेन में क़दम रखा, मेरे भीतर घबराहट भरने लगी, '*हे भगवान, मैं यह क्या कर बैठी हूं?*'

जब मैं मंच पर चढ़ी और सामने बैठे 700 लोगों को मुझे घूरते हुए पाया तो मेरा दिमाग़ बिलकुल सुन्न हो गया और मैं बुरी तरह घबरा गई।

इसके बाद मंच पर ही मुझे पूरे 21 मिनट तक घबराहट का दौरा पड़ता रहा। तकरीबन 19वें मिनट पर मुझे यह तक याद नहीं रहा कि अपने करियर बदलाव वाले भाषण को कैसे ख़त्म करना है, तो मैंने अचानक अपना 5 सेकंड नियम और इसे इस्तेमाल करने का तरीक़ा बता दिया, क्योंकि मुझे कुछ और सूझ ही नहीं रहा था। शायद मैं एक पल के लिए होश में नहीं रही, क्योंकि मुझे यह भी याद नहीं कि मैंने वहां मौजूद सभी लोगों को अपना ई-मेल पता तक दे डाला था।

और जब मैं मंच से नीचे उतरी, तो मेरे मन में बस एक ही बात थी, *यह मेरी ज़िंदगी का सबसे बुरा अनुभव था। भगवान का शुक्र है कि यह गुज़र गया।*

पता चला कि वह छोटा-सा कार्यक्रम असल में दुनिया के पहले टेडएक्स कान्फ्रेंस में से एक था। उन्होंने उस कार्यक्रम की रिकॉर्डिंग की और एक साल बाद वह वीडियो ऑन-लाइन डाला। वह वीडियो ना सिर्फ़ वह वायरल हुआ, बल्कि वह अब तक की सबसे ज़्यादा देखी जाने वाली टेडएक्स टॉक में से एक बन गया है।

सेकंड रूल और उसका *5-4-3-2-1* काउंट-डाउन धीरे-धीरे लोगों की आपसी चर्चा के माध्यम से दुनिया भर में फैलने लगा। जैसे-जैसे यह रूल फैलता गया, वैसे-वैसे लोग मेरे दिए गए ई-मेल पते पर लिखने लगे। अपने अनुभव साझा करने लगे कि यह रूल कैसे उनकी ज़िंदगी बदल रहा है।

लोगों की कहानियां इतनी प्रेरणादायक थीं कि मैं रात में देर तक जागती रहती। अपने तीनों बच्चों को सुलाने के बाद और एक-एक कर सबके ई-मेल का जवाब देती।

जब मैं अपनी परेशानियों में फंसी हुई थी, तो मुझे लगता था कि सिर्फ़ मैं ही ऐसी हूं जिसे ज़रूरी काम करने में दिक़्क़त होती है। लेकिन यह सच नहीं है। हम सबको मोटिवेशन की कमी से परेशानी होती है। यह हर किसी की समस्या है और फ़ाइव सेकंड रूल एक

ऐसा तरीक़ा है जो सिर्फ़ मेरे लिए नहीं, बल्कि दुनिया के बहुत से लोगों के लिए भी काम करता है।

मुझे मिलने वाली कहानियां चौंकाने वाली थीं। लोगों ने *5-4-3-2-1* का इस्तेमाल करके अपने डर, टाल-मटोल और बहानों पर जीत पाई। किसी ने नौकरी बदली, किसी ने 100 पाउंड वज़न घटाया, किसी ने शराब छोड़ दी, किसी ने नया बिज़नेस शुरू करके सफलता पाई और कई लोगों ने अपनी सेहत और शादी-शुदा ज़िंदगी बेहतर बना ली। सबसे हैरानी वाली बात तो यह थी कि डॉक्टर और मनोचिकित्सक इसका इस्तेमाल पोस्ट ट्रॉमेटिक स्ट्रेस डिसऑर्डर (पीटीएसडी), ऑब्सेसिव कम्पल्सिव डिसऑर्डर (ओसीडी) और डिप्रेशन जैसे मानसिक रोगों के इलाज में कर रहे थे। इस भूमिका को लिखते समय भी हमें हज़ार से ज़्यादा लोगों के संदेश मिल चुके हैं। इन लोगों ने फ़ाइव सेकंड रूल की मदद से आत्महत्या को टाला और मदद मांगने की हिम्मत जुटाई।

जैसे-जैसे वह ऑन-लाइन टेडएक्स टॉक लोकप्रिय होती गई, मुझे छोटे-छोटे कार्यक्रमों में बोलने के आमंत्रण मिलने लगे। मुझे याद है, एक बार मुझे रिएल्टर्स (रियल एस्टेट एजेंटों) के एक समूह से एक बार में बात करने के लिए कहा गया था। यह थोड़ा शर्मनाक था। एक हाथ में बीयर का गिलास लिए, तेज़ संगीत और पास के कमरे में बातचीत की आवाज़ों के बीच बोलने की कोशिश करना। लेकिन मैंने अपना काम कर लिया। मैंने चर्च के तहख़ानों में, एक हाई स्कूल में, फिर एक दोस्त के ऑफ़िस में लंच के दौरान अपनी बात कही और यहीं से सब आगे बढ़ता चला गया।

जब-जब मैं माइक्रोफोन पकड़ती थी, मुझे घबराहट होने लगती थी। शरीर पर चकत्ते निकल आते थे। मुझे भाषण देने के लिए पैसे भी नहीं मिलते थे। लेकिन जितना ज़्यादा मैं इस नियम के बारे में बात करती और देखती कि इसे अपनाकर लोगों की ज़िंदगी कैसे बदल रही है, उतना ही मैं यह समझने में दिलचस्पी लेने लगी कि इतना आसान तरीक़ा इतने बड़े बदलाव कैसे ला सकता है।

तो मैंने एक वकील की तरह सोचना शुरू किया और आदतों, इंसानी व्यवहार और मोटिवेशन से जुड़ी वैज्ञानिक बातों पर रिसर्च करने लगी। मुझे इसकी तह तक जाना था। मुझे यह साबित करना था कि आख़िर *5-4-3-2-1* की उल्टी गिनती क्यों काम करती है। मैंने उन आम लोगों के अनुभव जुटाए जो इसे अपनाकर बदलाव ला चुके थे। मुझे थेरेपिस्ट, नशा छुड़ाने वाले विशेषज्ञों और डॉक्टरों के उदाहरण भी मिले, जो इसे अपने मरीज़ों को सुझाने लगे थे। इन सब सुबूतों ने मुझे एक निष्कर्ष तक पहुंचाया-

छोटे लेकिन लगातार उठाए गए क़दम, सब कुछ बदल सकते हैं

उधर मेरे दोस्त और दूर के रिश्तेदार ये जान ही नहीं पाए कि मैं क्या कर रही थी, क्योंकि मैं उन्हें बताने से डरती थी। *मेल? सलाह दे रही है?* अरे, वह तो ख़ुद ही अपनी ज़िंदगी मुश्क़िल में डाल चुकी थी! इस वक़्त मेरी कहानी उस मोड़ पर थी, जब मेरे पति ने रेस्टोरेंट का काम छोड़ दिया था और वे डिप्रेशन से जूझ रहे थे। हम अब भी कर्ज़ में डूबे हुए थे, इसलिए मैं एक फुल-टाइम नौकरी कर रही थी ताकि अपने पांच लोगों के परिवार को किसी तरह संभाल सकूं और साथ ही, रातों और वीक-एंड में छोटे-छोटे आयोजनों में बोलती थी और मोटिवेशन के विज्ञान पर एक तरह से शोध-पत्र (डिज़र्टेशन) भी लिख रही थी।

मुझे पता था कि मैं 5 सेकंड रूल को फुल-टाइम सिखाना चाहती हूं और हर हाल में इसे अपना करियर बनाना चाहती हूं, लेकिन यह कैसे होगा- यह समझ नहीं आ रहा था। अब जब पीछे मुड़कर देखती हूं, तो समझ में आता है कि मैं अंदर से कितनी डरी हुई थी। मैं इम्पॉस्टर सिंड्रोम (अपनी सफलता या योग्यता पर संदेह करना) से पीड़ित थी। मुझे क्या हक़ था कि मैं अपने आपको किसी भी विषय की विशेषज्ञ कहूं? शायद मैं किसी तरह की इजाज़त का इंतज़ार कर रही थी ताकि मैं खुलकर सामने आ सकूं।

हो सकता है आप भी इस वक़्त यही कर रहे हों यानी सही समय का इंतज़ार। इस उम्मीद में कि कभी तो आप अपने आपको तैयार महसूस करेंगे, या डर थोड़ा कम होगा। किसी के आने और यह कहने का इंतज़ार कर रहे हों कि आज ही वह दिन है, जब आपको अपना काम शुरू करना चाहिए लेकिन दिक़्क़त यही है कि कोई आने वाला नहीं है। आपको सिर्फ़ अपनी इजाज़त की ज़रूरत है।

मोटिवेशनल स्पीकर के रूप में पैसे कमाने के इरादे को लेकर गंभीर होना मेरे जीवन के बेहतरीन फ़ैसलों में से एक था। इस पुस्तक के आगे के पन्नों में मैं आपसे ये भी साझा करूंगी कि इस बदलाव तक पहुंचने में कौन-कौन सी बातें अहम रहीं।

जैसे ही मुझे बोलने के लिए पैसे मिलने लगे, मैंने एक-एक पैसा हमारे कर्ज़ को चुकाने में लगाना शुरू कर दिया। पहले साल मैंने 17 पेड(भुगतान लेकर) स्पीच दीं। अगले साल यह संख्या 47 हो गई और तब मैं अपनी नौकरी छोड़ सकी। मुझे यक़ीन ही नहीं हो रहा था कि ये सब सच में हो रहा है। तीसरे साल तक मैंने 99 स्पीच दीं, और जेपीमॉर्गन चेस के साथ 24 शहरों का टूर भी किया। मैं दुनिया की सबसे ज़्यादा बुक की जाने वाली महिला स्पीकर बन चुकी थी। अब मुझे वे कंपनियां स्पीच देने के लिए बुला रही थीं, जिन्हें मैं ख़ुद बहुत सराहती और पसंद करती थी।

यह सब कैसे हुआ? जिन दिनों बिस्तर से उठने का मन ना हो, तब भी ख़ुद को ज़बरदस्ती उठाकर। जब आप डरे हों, खुद पर शक हो या बहानों से घिरे हों, तब भी ख़ुद को काम के लिए

तैयार करना एक ज़रूरी हुनर है, जो सीखा जा सकता है। और जब यह हुनर आ जाता है, तब समझ में आता है कि छोटे-छोटे लेकिन लगातार उठाए जाने वाले क़दम आपको किसी भी मंज़िल तक पहुंचा सकते हैं।

मैं साल के लगभग 150 दिन सफ़र में रहती थी। मंचों पर खड़ी होकर लोगों को '5 सेकंड नियम' और प्रेरणा का विज्ञान समझाती थी। मेरे पति घर पर रहकर हमारे तीन बच्चों की देखभाल करते थे। इस नियम के बारे में और मेरे मंच पर बोलने की क्षमता के बारे में चर्चा बढ़ती ही गई। एक कार्यक्रम में तो 27 हज़ार दर्शक थे। दुनिया की शीर्ष कंपनियों के कर्ता-धर्ता(सीईओ), पेशेवर खिलाड़ी, चिकित्सक, न्यूरोसाइंटिस्ट और बेस्टसेलिंग लेखक मेरी सलाह की सिफ़ारिश करने लगे। धीरे-धीरे जब मेरे पास लोगों के ई-मेल का व्यक्तिगत उत्तर देने का समय नहीं बचा, तो मैंने एक न्यूज़-लेटर शुरू किया। आख़िरकार मैंने टेडएक्स की टीम को ई-मेल भेजकर अनुरोध किया कि वे मेरे वीडियो से मेरा ई-मेल एड्रेस हटा दें।

जब लोग मुझसे पूछते कि क्या मेरे पास पीएच.डी. है या क्या मैं कोई थेरेपिस्ट हूं, तो मैं कहती, 'नहीं, मैंने सब कुछ मुश्किल रास्ते पर चलकर सीखा है। अपनी ज़िंदगी को बिगाड़कर और फिर उसे खुद संवारकर।'

सालों के अनुभव, प्रमाण, लोगों के व्यक्तिगत अनुभव और शोध के आधार पर मैं आख़िरकार अपनी बात को एक पुस्तक के रूप में प्रस्तुत करने के लिए तैयार थी। 2017 में, मैंने 'द 5 सेकंड रूल' नाम से यह पुस्तक स्वयं प्रकाशित की।

'द 5 सेकंड रूल' अब तक की सबसे सफल स्वयं-प्रकाशित ऑडियो-बुक बन गई और एमेज़ॉन पर उस साल की छठी सबसे ज़्यादा पढ़ी जाने वाली पुस्तक भी रही। इस पुस्तक को अब तक लाखों लोग पढ़ चुके हैं और यह 41 भाषाओं में अनूदित हो चुकी है।

देशभर में मंचों पर बोलते हुए सालों की यात्राओं के दौरान, मैंने तीन अहम बातें सीखीं- पहली बात यह कि हम में से ज़्यादातर लोग बस अपनी ज़िंदगी संभालने-संवारने की कोशिश कर रहे हैं। आगे बढ़ना चाहते हैं, बिल चुकाना, परिवार पालना, प्यार करना, थोड़ी और खुशियां पाना और अपनी ज़िंदगी को अच्छी तरह से जीना चाहते हैं। हम सब ऐसी आसान चीज़ें ढूंढ़ते हैं जो हमें थोड़ा और खुशी दे सकें और हमारी ज़िंदगी को थोड़ा और बेहतर बना सकें। और ये रास्ते हम सिर्फ़ अपने लिए नहीं ढूंढ़ते, बल्कि उन लोगों के लिए भी तलाशते हैं जो हमारी ज़िंदगी में शामिल हैं और जिन्हें इनकी ज़रूरत है।

दूसरी बात, मुझे बार-बार लोगों ने यह कहा है कि मेरे अंदर एक खास क्षमता है। मैं जटिल विचारों और वैज्ञानिक शोधों को सीधे, आसान और काम आने वाले सुझावों में बदल देती हूं। कोई भी व्यक्ति अपनी बिगड़ी हुई ज़िंदगी संवारने के लिए उनका इस्तेमाल कर सकता है।

और, तीसरी बात यह कि मुझे सबसे ज़्यादा ख़ुशी तब मिलती है, जब मैं जो कुछ भी सीख रही हूं, उसे आप जैसे लोगों के साथ बांटती हूं।

इसलिए मैंने यह अपना मिशन बना लिया है कि मैं ऐसे सरल उपायों और टूल्स को खोजूं और बांटूं, जो किसी भी इंसान को अपनी ज़िंदगी बेहतर बनाने में मदद कर सकें। और यहां 'सरल' होना सबसे ज़रूरी है, क्योंकि अगर आप उसे याद रख पाएंगे, तो आप उसे अपनाएंगे भी। उदाहरण के लिए, क्या आप जानते हैं कि आईने में खुद को हाई-फ़ाइव देना अपने आत्म-विश्वास को बढ़ाने और सोच को दोबारा सकारात्मक ढंग से प्रशिक्षित करने का सबसे तेज़ तरीका हो सकता है? मैं भी नहीं जानती थी। लेकिन जब मैंने इसके बारे में जाना-सीखा, तो मैंने इसकी गहराई से रिसर्च की और फिर यही मेरी न्यू यॉर्क टाइम्स की बेस्टसेलिंग किताब '*द हाई 5 हैबिट*' का विषय बन गया।

जैसे-जैसे लोगों को 5 सेकंड रूल और हाई 5 हैबिट से नतीजे मिलने लगे, वैसे-वैसे ज़्यादा से ज़्यादा संस्थान, मीडिया कंपनियां और कॉर्पोरेट ब्रांड मुझसे अपने टीमों और दर्शकों के लिए प्रोग्राम तैयार करने की मांग करने लगे।

इसलिए मैंने 2019 में 143 स्टूडियोज़ की शुरुआत की। यह बोस्टन स्थित एक प्रोडक्शन कंपनी है जो स्टारबक्स, ऑडिबल, उल्टा ब्यूटी, जेपी मॉर्गन चेस, लिंक्डइन और हेडस्पेस जैसे साझेदारों के लिए अवार्ड विनिंग कंटेंट, प्रोग्राम, ऑडियो सीरीज़, ऑन-लाइन कोर्स, जर्नल, किताबें और प्रोफ़ेशनल डेवलपमेंट एजुकेशन तैयार करती है।

साल 2022 में हमने *द मेल रॉबिन्स पॉडकास्ट* लॉन्च किया और इसे प्रोड्यूस करना शुरू किया। यह अब 194 देशों में प्रसारित होता है और दुनिया के शीर्ष पॉडकास्ट्स में से एक है। हमने निशुल्क ऑन-लाइन कोर्स बनाए हैं जिनमें दस लाख से ज़्यादा विद्यार्थियों ने भागीदारी की है। और वह छोटा-सा न्यूज़-लेटर जो मैंने बहुत पहले शुरू किया था, अब हफ़्ते में दो बार पंद्रह लाख लोगों द्वारा पढ़ा जाता है। मेरी मीडिया प्रोडक्शन कंपनी, पॉडकास्ट, न्यूज़लेटर और हमारे कोर्स के बारे में आप और अधिक जानकारी ले सकते हैं।

मैंने जो कुछ भी हासिल किया, उसके लिए मेरे पास पहले से कोई अनुभव नहीं था, ना ही कोई 'उचित' योग्यता ही थी। मैंने बस ख़ुद को करने के लिए मजबूर किया।

जब मैं पहली बार टेडएक्स के मंच पर चढ़ी और मुझे घबराहट का दौरा पड़ा, तब मेरी उम्र 41 साल थी। मुझे बोलने का मेहनताना पहली बार 46 साल की उम्र में मिला। मैंने अपनी पहली पुस्तक 49 की उम्र में प्रकाशित की। 50 की उम्र में मैंने अपनी प्रोडक्शन कंपनी शुरू की। और 54 की उम्र में मैंने दुनिया के सबसे तेज़ी से बढ़ते पॉडकास्ट *द मेल रॉबिन्स पॉडकास्ट* की शुरुआत की।

मेरी ज़िंदगी किसी एक बात से नहीं बदली। वह बदली उन हज़ारों सुबहों की वजह से जब मैं उठना नहीं चाहती थी, लेकिन मैंने ख़ुद को *5-4-3-2-1* गिनकर बिस्तर से उठने के लिए मजबूर किया।

अपनी ज़िंदगी को बदलना ग्लैमरस नहीं, बेहद थकाऊ और कठिन था।

मैंने सफलता या आर्थिक आज़ादी के पीछे कोई राज़ नहीं था। मैंने तो वही किया जो ज़्यादातर लोग नहीं करते। चाहे मन हो या ना हो मैं हर दिन उठती रही और सालों तक धीरे-धीरे अपने लक्ष्य पूरे करने में लगी रही।

कुछ दिनों तक मैं बस इस बात पर ध्यान देती रही कि मैं कल से थोड़ा बेहतर बन सकूं और कई बार इतना ही काफ़ी होता है। मैं कोई ख़ास, अलग, प्रतिभाशाली या किस्मत वाली नहीं हूं। मैंने बस कुछ तरीक़े खोजे उन्हें अपनाया और वे मेरे लिए कारगर साबित हो गए। आज मेरा पूरे करियर और जीवन का मक़सद यही है कि उन तरीक़ों को आपसे साझा करना।

मैं यह सब अपनी शेख़ी बघारने के लिए नहीं कह रही हूं। मैं यह इसलिए बता रही हूं क्योंकि आपको अंदाज़ भी नहीं है कि आप क्या-क्या कर सकते हैं। मुझे भी नहीं था। मैंने काम करते-करते कुछ असाधारण क्षमताएं हासिल की हैं, आप भी कर सकते हैं।

आपको तो कभी भी ऐसा नहीं लगेगा कि आप अपनी ज़िंदगी को बदलने के लिए तैयार हैं। वो तो एक दिन बस आप अपने ही बहानों से थक जाते हैं और ख़ुद को मज़बूर करते हैं कुछ करने के लिए। आपको कभी जिम जाने का मन नहीं करेगा, लेकिन एक दिन आप ख़ुद को मजबूर करते हैं और जाने लगते हैं। आपको किसी मुश्क़िल बात को कहने का मन ही नहीं करेगा, लेकिन एक दिन आप टालते-टालते थक जाते हैं और वो बातचीत शुरू कर ही देते हैं। आपको कभी नई नौकरी ढूंढ़ने का मन नहीं करेगा, लेकिन एक दिन आप खुद को धक्का देते हैं और नौकरी तलाशना शुरू कर ही देते हैं।

5-4-3-2-1 तकनीक आपकी अंदरूनी रुकावटों को पार करने में मदद करेगी और तब भी आपको काम करने के लिए प्रेरित करेगी जब आप मन से बिलकुल भी तैयार नहीं हों। और अगर आप इसे लगातार इस्तेमाल करते रहे, तो आप खुद हैरान रह जाएंगे कि आप क्या-क्या हासिल कर सकते हैं।

5 सेकंड नियम इसलिए असरदार है, क्योंकि यह आपके अपने भीतर चल रही जद्दो-जहद में आपको जीत दिलाने में मदद करता है। लेकिन यह जो नहीं कह सकता वह यह है कि यह आपके रोज़मर्रा के बाहरी संघर्षों को दूर नहीं कर सकता। चाहे आप जितनी बार भी 5-4-3-2-1 गिनें, यह ट्रैफिक जाम, बेपरवाह लोग, हर बात में दख़ल देने वाला बॉस या फिर आपके परिवार की लगातार आलोचना, अपराध-बोध कराने वाली बातें, लोगों के तानों और मांगों को कम नहीं कर सकता। और एक बात तो तय है कि जितना ज़्यादा आप 5-4-3-2-1 कहकर ख़ुद को बदलने की कोशिश करेंगे, उतना ही ज़्यादा आपको लगेगा कि काश बाक़ी लोग भी बदल जाते।

यही वजह है कि यह पुस्तक आपके हाथ में है।

पिछले दस सालों से मैं इस पर विचार कर रही थी कि कैसे आप और मैं आसान तरीक़े खोजकर, उन्हें अपनाकर, सिखाकर और साझा करके अपने जीवन को बेहतर बना सकते हैं। लेकिन इस दौरान मैंने कभी उस सबसे अहम मुद्दे यानी हमारे रिश्तों पर ध्यान नहीं दिया, जो हमारे स्वस्थ और सुखी जीवन का सबसे बड़ा राज़ है। शोध भी इसे साबित कर चुके हैं। यहीं से लेट देम थ्योरी की भूमिका शुरू होती है। अब वक़्त आ गया है कि हम खुलकर इस विषय पर बात करें कि दूसरों से सही तरीक़े से कैसे निपटें और कैसे अपने हर रिश्ते को बेहतर बनाएं। वह भी एक आसान और चौंकाने वाले तरीक़े से।

दो साल पहले मुझे ये दो शब्द मिले *लेट देम* यानी जो जैसा है, उसे वैसा ही रहने दिया जाए और ऐसा लगा जैसे मेरी ज़िंदगी में किसी ने एक स्विच ऑन कर दिया हो।

5 सेकंड नियम ने मेरे अपने आप से रिश्ते को बदल दिया।

लेट देम थ्योरी से मेरे और लोगों के बीच का रिश्ता बेहतर हुआ।

कैसे, आइए मैं समझाती हूं।

5 सेकंड नियम आत्म-विकास के बारे में है। यह आपको मुश्क़िल दिनों में ख़ुद को बिस्तर से उठाने, जिम जाने, लिखने के लिए बैठने, ढेर सारे बिलों को देखने, जोख़िम लेने, किसी कोर्स में दाख़िला लेने, आख़िरकार अपने बैंक स्टेटमेंट को देखने, पिछले दो हफ़्तों से पड़े हुए कपड़ों को धोने या उस एआई कोडिंग क्लास में शामिल होने में मदद करेगा, जिसे आप जानते हैं कि आपको उसे जॉइन करना ही चाहिए।

हर बार जब आप *5-4-3-2-1* गिनते हैं, तो आप ख़ुद को झिझक, टाल-मटोल, बहुत अधिक सोच-विचार और शक जैसे जज़्बात से बाहर निकालते हैं। आप अपने आपको यह सिखाते हैं कि चाहे मन कैसा भी हो, आपको अमुक क़दम उठाना ही है। यही वजह है कि यह तरीक़ा असरदार है।

लेकिन इतने सालों में मेरे मन में एक सवाल बार-बार उठता रहा कि *मुझे बार-बार अपने आपको आगे बढ़ाने के लिए ज़ोर क्यों लगाना पड़ता है? मुझे विफल होने का इतना डर क्यों है? कोई नया जोख़िम लेने में इतना घबराहट क्यों होती है? मैं अपनी ज़रूरतें साफ़-साफ़ ज़ाहिर क्यों नहीं कर पाती? आख़िर मेरे रास्ते में असल में रुकावट क्या है?*

क्या आपने कभी रुककर इन सवालों पर सच में ग़ौर किया है कि आख़िर आप हिचकिचाते क्यों हैं, क्यों आप किसी काम को बार-बार टालते हैं, इतनी थकान क्यों महसूस होती है, हर फ़ैसले पर इतना सोच-विचा क्यों करना पड़ता है, इतने सारे संदेहों के पीछे क्या है, आपको जो आपको करना है या जैसा जीवन आप जीना चाहते हैं, उसके लिए कौन-सी बात आपको रोक रही है। उस काम को करने से आपको किस बात का डर है?

जब मैंने इस सवाल का जवाब ख़ुद खोजा, तो मैं चौंक गई। इन सबकी वजह थे दूसरे लोग। या यूं कहें कि मैं दूसरों को अपने ऊपर असर डालने की इजाज़त दे रही थी। मैं अपनी

बहुत ज़्यादा ऊर्जा और समय इस बात में ख़र्च कर रही थी कि दूसरे क्या कर रहे हैं, क्या कह रहे हैं, क्या सोचते हैं, क्या महसूस करते हैं और मुझसे क्या उम्मीद रखते हैं। हक़ीक़त यह है कि आप चाहे कितनी भी कोशिश कर लें, आप दूसरों को नियंत्रित नहीं कर सकते। पर फिर भी, आप अपनी ज़िंदगी ऐसे जीते हैं जैसे आप दूसरों को नियंत्रित कर सकते हैं।

आप सोचते हैं कि अगर आप सही बातें कहें, ज़्यादा काम करें, मां की हर बात मानें और दोस्तों को ख़ुश रखें, तो सब ठीक हो जाएगा और आपको सुकून मिलेगा। लेकिन ऐसा नहीं होता।

इस पुस्तक में आप सीखेंगे कि कैसे केवल दो शब्द *लेट देम* (जो जैसा है, उसे वैसा ही रहने दें) आपको आज़ादी दे सकते हैं। दूसरों की राय, उनके झगड़ों और उनके फ़ैसलों से आज़ादी। अपने आस-पास की हर परिस्थिति और हर व्यक्ति को संभालने-मनाने की थकाऊ कोशिशों से आज़ादी।

जीने का एक बेहतर तरीक़ा भी है।

लेट देम थ्योरी एक आज़माया हुआ तरीक़ा है जो आपको सिखाता है कि अपने समय और ऊर्जा को बचाकर कैसे रखें और आपके लिए जो सच में मायने रखता है, उस पर ध्यान कैसे दें। आपने अपना बहुत सारा समय दूसरों की मंज़ूरी पाने, उनकी ख़ुशियों की परवाह करने और उनकी राय को अपने निर्णयों पर हावी होने देने में गंवा दिया है। अब यह सीखिए कि अपनी ऊर्जा और नियंत्रण दूसरों के हवाले करना कैसे बंद करें। एक ऐसी ज़िंदगी कैसे गढ़ें जिसमें सबसे पहले आप हों। आपके अपने सपने, आपके लक्ष्य, आपकी असली ख़ुशी हो। और सबसे दिलचस्प बात यह है कि लेट देम थ्योरी ना केवल आपकी ज़िंदगी बदलती है, बल्कि यह आपके आस-पास के लोगों के साथ आपके रिश्तों को भी बेहतर बना देती है।

यह पुस्तक आपके लिए कैसे फ़ायदेमंद होगी

यह पुस्तक 'लेट देम थ्योरी' को पूरी तरह समझाती है। यानी यह क्या है, कैसे काम करती है और इसे ज़िंदगी के उन आठ हिस्सों में कैसे लागू करें जहां आप ऐसी बातों को नियंत्रित करने की कोशिश कर रहे हैं जो आपके हाथ में हैं ही नहीं। पुस्तक में कई उदाहरण, रिसर्च और सच्ची कहानियां हैं जो बताती हैं कि यह तरीक़ा असल ज़िंदगी में कैसे काम करता है। आपको यह जानकर हैरानी होगी कि यह दृष्टिकोण प्राचीन दर्शनों, थेरेपी, दुनिया के कई बड़े धर्मों की शिक्षाओं, स्टॉइकिज़्म और आध्यात्मिक अभ्यासों से भी जुड़ा हुआ है।

हालांकि, आप जो कुछ भी इस पुस्तक के माध्यम से सीखने जा रहे हैं, वह बहुत हद तक वैज्ञानिक शोधों पर आधारित है, लेकिन यह कोई पाठ्य-पुस्तक या शोध-पत्र नहीं है। यह पुस्तक आपके लिए एक आसान और व्यावहारिक मार्गदर्शिका है। इसमें बताया गया है कि

'लेट देम थ्योरी' को अपनी ज़िंदगी में कैसे अपनाया जाए। इसीलिए यह पुस्तक सरल भाषा में लिखी गई है, दिलचस्प है और इसमें आपको अपनी जैसी ज़िंदगी से जुड़ी कहानियां और काम की बातें मिलेंगी। हर खंड के अंत में सार-संक्षेप भी दिया गया है ताकि आप मुख्य बातें तुरंत समझ सकें और उन्हें अपनी ज़िंदगी में लागू कर सकें।

मैं चाहती हूं कि आप इस पुस्तक को ज़रूर पढ़ें और जो सीखें, उसे अपनाएं। आप जल्दी ही समझ जाएंगे कि आपने अपनी ख़ुशी को दूसरों की सोच और बर्ताव पर टिका दिया था। इसी वजह से आप अपनी ज़िंदगी में ज़्यादा ख़ुश, सेहतमंद और सफल नहीं हो पाए।

इस पुस्तक में यही संदेश है।

अगर आप अपने आपसे वादा करें कि आप इस पुस्तक को अंत तक पढ़ेंगे, इसमें लिखी बातों को सीखेंगे-समझेंगे और जो कुछ सीखेंगे उसे तुरंत अपनाना शुरू करेंगे, तो मैं भरोसे के साथ कह सकती हूं कि आपकी ज़िंदगी थोड़ी आसान हो जाएगी और आपके रिश्ते कहीं बेहतर बन जाएंगे। यह अनुभव आपके लिए सबसे ज़्यादा सुकून देने वाला और हिम्मत बढ़ाने वाला साबित हो सकता है। और इसकी शुरुआत होती है सिर्फ़ दो शब्दों से *लेट देम* यानी जो जैसा है, उसे वैसा ही रहने दें।

उन्हें उनका काम करने दें, मुझे मेरा

लेट देम थ्योरी

अध्याय 1

जो आपके बस में नहीं है, उस पर वक़्त ज़ाया ना करें

अगर आप अपनी ज़िंदगी बदलने, अपने लक्ष्य हासिल करने या ज़्यादा प्रसन्नता महसूस करने के लिए जूझ रहे हैं, तो मैं आपसे सिर्फ़ इतना कहना चाहती हूं कि समस्या आप नहीं हैं। *समस्या वहां है जहां आप अनजाने में दूसरों को अपने फ़ैसले लेने का अधिकार सौंप देते हैं।*

हम सब ऐसा करते हैं, अक्सर बिना यह जाने। आप यह मान बैठते हैं कि अगर आप सही बात कह देंगे, तो सब ख़ुश हो जाएंगे। अगर आप ख़ुद को हद से ज़्यादा झुका लेंगे, तो शायद आपका साथी आपसे नाराज़ नहीं होगा। अगर आप ज़्यादा मिलनसार बन जाएं, तो शायद सहकर्मी आपको ज़्यादा पसंद करने लगें। अगर आप हर हाल में शांति बनाए रखें, तो शायद आपका परिवार आपकी ज़िंदगी के फ़ैसलों को लेकर ताना देना छोड़ दे।

मैं यह बात इतने पुख़्ता तौर पर इसलिए कह रही हूं, क्योंकि मैंने खुद इसे जिया है। सालों तक हर किसी के लिए सब कुछ बनने की कोशिश करती रही, यह सोचते हुए कि अगर मैं बस थोड़ा और कर लूं, सही बातें कहूं और सबको ख़ुश रखूं, तो शायद मैं भी एक दिन खुद के बारे में अच्छा महसूस कर पाऊंगी।

लेकिन होता क्या है- आप और ज़्यादा मेहनत करते हैं, खुद को और ज़्यादा मोड़ते-बदलते हैं, अपने आप को और छोटा बनाते हैं, फिर भी कोई न कोई नाख़ुश रह जाता है, कोई न कोई आलोचना करता है, और अंत में आपको यही महसूस होता है कि चाहे आप जितनी भी कोशिश कर लें, वह कभी भी काफ़ी नहीं होती। लेकिन, ज़िंदगी तो हमेशा इस तरह नहीं रहना चाहिए। यह पुस्तक आपकी मदद के लिए है ताकि आप अपनी ताक़त वापस ले सकें। आप अपना वक़्त, ऊर्जा और ख़ुशियां उन बातों पर बर्बाद करना छोड़ें जिन्हें आप बदल ही नहीं सकते, जैसे दूसरों की राय, उनका मूड या उनका बर्ताव। इसके बजाय आप उस एक चीज़ पर ध्यान दें जिसे आप सच में बदल सकते हैं यानी आपको स्वयं पर ध्यान देना है।

और अब जानिए सबसे हैरान करने वाली बात। जब आप दूसरों को ख़ुश रखने की ज़िम्मेदारी लेना छोड़ देते हैं, तो आपको एहसास होता है कि आपके पास वास्तव में कितनी ताक़त है। आप तो बस अनजाने में अपनी ताक़त दूसरों को सौंपते रहे हैं। अब मैं आपको एक आसान और ज़िंदगी बदल देने वाले विचार के बारे में बताना चाहती हूं और वह है – लेट देम थ्योरी।

लेट देम थ्योरी क्या है?

लेट देम थ्योरी असल में आज़ादी के बारे में है। सिर्फ़ दो शब्द- लेट देम, आपको उस बोझ से मुक्त कर सकते हैं जो दूसरों को संभालने की कोशिश में उठाना पड़ता है। जब आप इस चिंता को छोड़ देते हैं कि दूसरे क्या सोचते हैं, क्या कहते हैं या क्या करते हैं, तो आपके पास वह ऊर्जा बचती है जिसे आप अपनी ज़िंदगी पर लगा सकते हैं। तब आप हर बात पर प्रतिक्रिया देना छोड़ते हैं और अपना जीवन जीना शुरू करते हैं।

दूसरों को बदलने या ख़ुश करने की कोशिश में खुद परेशान होने के बजाय आप यह सीखेंगे कि वे जैसा कर रहे हैं, करने दें - *लेट देम*।

तो यह असल में इसमें क्या करना होता है? कल्पना कीजिए कि आप ऑफ़िस में हैं और आपका कोई साथी बुरे मूड में है। उसकी नकारात्मकता को अपने ऊपर हावी मत होने दीजिए। उसको उसके हाल पर छोड़ दीजिए। उसे चिड़चिड़ाने दीजिए। यह आपकी समस्या नहीं है। अपने काम और अपने मन पर ध्यान दीजिए। या फिर मान लीजिए, आपके पिता ने आपकी ज़िंदगी के फैसलों को लेकर फिर से कोई टिप्पणी कर दी, और वह बात सीधे दिल पर लग गई। इस बात को लेकर अपना दिन बर्बाद करने के बजाय बस इस तरह से सोचिए - वे कहते हैं तो कहते रहें। उन्हें अपनी राय रखने दीजिए। उनकी बातों से ना तो आप बदलने वाले हैं, ना आपकी उपलब्धियां कम होने वाली हैं। और ना ही आपकी ख़ुशी से जुड़े फ़ैसले बदलने वाले हैं।

असल बात यह है कि जब तक आप खुद इजाज़त ना दें, तब तक कोई दूसरा आप पर ना तो असर डाल सकता है, ना अधिकार जता सकता है।

यह तरीक़ा काम क्यों करता है? इसलिए क्योंकि जब आप उन बातों को कंट्रोल करना छोड़ देते हैं जो आपके बस में हैं ही नहीं, तो आप अपनी ऊर्जा बर्बाद करना बंद कर देते हैं। आप अपना समय, अपना सुकून और अपना ध्यान वापस पा लेते हैं। तब आपको समझ आता है कि आपकी ख़ुशी किसी और के व्यवहार, राय या मूड पर नहीं, बल्कि आपके अपने कामों पर टिकी होती है।

यह सुनने में आसान लगता है और सच में है भी आसान। लेकिन यक़ीन मानिए, सोच का यह बदलाव आपकी ज़िंदगी पूरी तरह बदल सकता है। और भले ही इस पुस्तक का नाम

लेट देम (यानी लोगों को संबोधित है) है, पर यह असल में आपके बारे में है। आपके समय और आपकी ऊर्जा को लेकर, क्योंकि यही आपकी सबसे बड़ी पूंजी है।

द लेट देम थ्योरी आपको यह सिखाती है कि जितना ज़्यादा आप दूसरों को उनके तरीक़े से जीने देंगे, आपकी अपनी ज़िंदगी उतनी ही बेहतर होती जाएगी। और जितना ज़्यादा आप लोगों को जो हैं, वही बने रहने देंगे, वे जैसे हैं वैसे ही उन्हें स्वीकार करेंगे तो आपके रिश्ते उतने ही सुलझे और मज़बूत बनेंगे।

वयस्कों को उनके हाल पर छोड़ना, उनकी मर्ज़ी से जीने देना सीखने से मेरी ज़िंदगी में बड़ा परिवर्तन आया। और इस तरीक़े से आपकी ज़िंदगी भी बदलेगी, क्योंकि जब आप दूसरों पर अपनी ऊर्जा और शक्ति ख़र्च करना बंद कर देंगे, तब आपको एहसास होगा कि वास्तव में आपके पास कितनी शक्ति और ऊर्जा है।

लेकिन सबसे चौंकाने वाली बात तो यह है कि मुझे लेट देम थ्योरी का पता चला कैसे।

यह कहानी बताने में मुझे थोड़ी शर्म भी महसूस हो रही है।

मुझे एक बात ऐसी समझ में आई जिसने मेरी पूरी सोच ही बदल दी... और वह भी एक हाई स्कूल के प्रॉम (विदाई समारोह) में। (यह बात कभी लिखूंगी, ये तो मैंने सोचा भी नहीं था)।

वह प्रॉम जिसने मेरी ज़िंदगी बदल दी

मुझे नहीं पता प्रॉम्स में ऐसा क्या होता है, लेकिन सच कहूं तो ये बहुत तनाव भरे होते हैं। हमारी दो बेटियों के साथ मैं चार प्रॉम्स झेल चुकी थी, तो सोचा था कि बेटे ओकले का प्रॉम तो बहुत मज़ेदार होगा। लेकिन मैं ग़लत थी।

हमारी बेटियों ने प्रॉम से पहले महीनों तक हर छोटी-बड़ी बात को लेकर सोच-विचार किया था। ड्रेस, डेट, प्रॉमपोज़ल, हेयरस्टाइल, स्प्रे टैन, मेक-अप, गुलदस्ता, बस बुकिंग और प्रॉम के बाद की पार्टी। यह सिलसिला ख़त्म ही नहीं हो रहा था, और जब उनका प्रॉम आखिरकार ख़त्म हुआ, तो मुझे बहुत राहत मिली।

वहीं, हमारे बेटे का हाल बिलकुल उल्टा था। उसने और उसके दोस्तों ने यह भी तय नहीं किया था कि वे उसमें शामिल होंगे भी या नहीं। मैंने जानने की बड़ी कोशिश की पर उसने हमें कुछ भी नहीं बताया-ना प्लान, ना तैयारी। (मैं जानती हूं कि जिनके घर बेटे, भाई या बॉयफ्रेंड है, वे इस समय मेरी बात से सहमत होंगे।) और फिर,बिलकुल उम्मीद के मुताबिक़, प्रॉम के कुछ दिन पहले ही बेटे ने तय किया कि वह शामिल होने वाला है। सब कुछ आखिरी वक़्त पर करना पड़ा- टक्सीडो (सूट), ख़ास जूते जो उसे पहनने थे और बाक़ी की सारी तैयारियां। यहां तक कि अपनी डेट तय करने का काम भी उसने इवेंट से सिर्फ़ 48 घंटे पहले किया। इसके लिए हमारी बेटियां महीनों परेशान रहती थीं।

आख़िरकार जब प्रॉम का दिन आ पहुंचा, तो किसी चमत्कार की तरह हमारे पास टक्सीडो भी था, ख़ास टेनिस शूज़ भी थे, डेट भी तय हो चुकी थी और प्रॉम से पहले की फ़ोटो खिंचवाने की जगह भी तय हो गई थी। ना जाने कैसे, लेकिन हम प्रॉम के बाद की पार्टी अपने घर रखने के लिए भी मान गए थे। उफ़!

घर से निकलने से ठीक पहले मेरे पति क्रिस ने एक बार फिर बेटे की बो-टाई ठीक की। कॉलेज से घर लौटी हमारी बेटी केंडल ने अपने भाई को देखकर कहा, 'ओकले, तुम तो बहुत अच्छे लग रहे हो।'

मैं कुछ पल के लिए थम गई, जैसे वक़्त रुक गया हो। उस पल को आंखों में समेटने की कोशिश की। मेरा नन्हा बेटा आज एक ख़ूबसूरत नौजवान बनकर मेरे सामने खड़ा था। यक़ीन नहीं हो रहा था कि ये 18 साल इतनी जल्दी बीत गए। यह भी यक़ीन नहीं हो रहा था कि केंडल कॉलेज की पढ़ाई पूरी कर चुकी है और हमारी दूसरी बेटी सॉयर जो अब ग्रैजुएट होकर बॉस्टन की एक बड़ी टेक्नोलॉजी कंपनी में काम कर रही है।

मैं रसोई में खड़ी-खड़ी इस सच्चाई को स्वीकार करने का प्रयास कर रही थी, वक़्त बीत रहा है और मैं चाहती थी कि वो ज़रा थम जाए। वक़्त की यही तो कड़वी सच्चाई है। वह चलता रहता है, आप रुकना चाहें तो भी। अपनों के साथ जो पल आपके पास हैं, वे मानो मुट्ठी से फिसलती रेत हैं, हर पल थोड़ा-थोड़ा कम होती जाती है।

एक पल वह आपके पास होती है... और अगले ही पल फिसल जाती है।

और दुखद सच्चाई है कि आप और मैं अपनी मुट्ठी में बंद रेत को फिसलने से रोक नहीं रोक सकते। हम सिर्फ़ इतना कर सकते हैं कि जो वक़्त हमारे पास है, उसे अपनों के साथ पूरी शिद्दत से जिएं। ऐसे ही पलों में, जब मैं सचमुच रुककर सोचती हूं, तो मन थोड़ा उदास हो जाता है।

मैं नहीं जानती आप क्या महसूस करते हैं, लेकिन मुझे लगता है जैसे मैं ज़िंदगी की दौड़ में बस भागती चली जा रही हूं, बिना उसे ठीक से जीए, बिना उसका आनंद लिए। और कई बार मैं उन बातों में भी इतना उलझ जाती हूं, जिनका कोई मतलब नहीं होता। जो थोड़े-से पल मुझे अपनों के साथ मिलते हैं, मैं उन्हें भी ख़राब कर देती हूं।

क्या मुझे सच में आख़िरी पल की भागदौड़ को लेकर इतना तनाव लेना ज़रूरी था? क्या ओकले पर ग़ुस्सा उतारना चाहिए था? बिलकुल नहीं।

मुझे यक़ीन है आपने भी कभी ऐसा अनुभव किया होगा। भले ही आपके अपने बच्चे की प्रॉम ना हो रही हो। पर, शायद कभी परिवार के किसी सदस्य की टिप्पणी ने आपका पूरा त्योहार ख़राब कर दिया हो, या आप काम या पढ़ाई में इतने डूबे रहे हों कि दोस्तों के साथ मौज-मस्ती का प्लान रद्द कर दिया हो। हो सकता है कि हम बेकार की बातों में उलझ कर या देर रात तक दफ़्तर में काम करते हुए अपनी ज़िंदगी के सुनहरे साल बर्बाद कर दें। ज़िंदगी

को लेकर हम इतनी आसानी से तनाव ले लेते हैं कि हम भूल ही जाते हैं कि असल मक़सद तो जीवन जीना है।

जब मैं रसोई में खड़ी होकर क्रिस को ओकले की बो-टाई ठीक करते हुए देख रही थी, तो मैंने बस उस पल को पूरी तरह महसूस करने की कोशिश की। मैंने एक गहरी सांस ली, ओकले के पास जाकर उसे गले लगाया और उसकी आंखों में देखते हुए कहा,'तुम बहुत हैंडसम लग रहे हो।'

'थैंक्स, मॉम।' और फिर जैसे ही उसने घड़ी की तरफ़ देखा, बोला, 'डूड, हमें निकलना होगा!'

और बस यूं ही वह पल बीत गया और समय आगे बढ़ने लगा। ज़िंदगी कुछ अजीब ही होती है। एक पल आप आंखों में आंसू लिए इस बात पर भावुक हो रहे होते हैं कि समय कितनी जल्दी बीत गया और बच्चे कितने बड़े हो गए और अगले ही पल आप अपनी चाबियां ढूंढ़ने के लिए भाग-दौड़ कर रहे होते हैं। इस बात पर चिढ़ रहे होते हैं कि किसी ने फिर से जूठे बर्तन सिंक में छोड़ दिए हैं।

बाहर निकलते समय मैंने फ्रिज खोला और ओकले की डेट (प्रॉम पार्टनर) के लिए फूलों की दुकान से मंगवाया गया ख़ूबसूरत कॉर्साज (फूलों का छोटा-सा गुलदस्ता, जिसे विशेष अवसरों पर महिलाएं आम तौर पर कलाई पर या ड्रेस पर लगाया जाता है।) उठाया। उसने एक नज़र देखा और बोला, 'मॉम, उसे कॉर्साज नहीं चाहिए। ये मत ले जाना।'

मैंने कहा, 'ये तो बहुत सुंदर है, सच में नहीं चाहिए?' तो उसने झुंझलाकर जवाब दिया, 'मॉम, प्लीज़, मैंने कहा ना, उसे नहीं चाहिए? इसे लेकर मत चलो।'

मैंने बेटी केन्डल की तरफ़ देखा, मानो उससे समर्थन चाह रही हूं, लेकिन उसने सिर हिलाकर कहा, 'मॉम, जाने दो, वह नर्वस है। जिसे उसने बुलाया है, उसे ठीक से जानता भी नहीं। ज़्यादा ज़ोर मत दो।'

मैं मानती हूं कि मैं थोड़ी नाराज़ और शायद थोड़ी आहत भी थी। मैंने समय लगाकर इंटरनेट पर प्रॉम के लिए फूलों के ट्रेंड्स देखे थे, उसके लिए एक बहुत ही सुंदर कार्साज मंगवाया था, ख़ुद जाकर लिया था और पैसे भी दिए थे। मैं तो उसके लिए कुछ अच्छा करने की कोशिश कर रही थी और शुक्रिया कहने के बजाय वह मुझ पर झल्ला रहा था। ऊपर से ये उसका पहला प्रॉम था-वह कहां कुछ जानता था!

खैर, मैंने कार्साज अपने पर्स में रख लिया और हम लोग उस जगह के लिए निकल पड़े जहां प्रॉम से पहले सब लोग तसवीरें ले रहे थे। वहां पहुंचने पर ओकले ने हमें अपनी डेट से मिलवाया, जिसने ओकली के लिए एक बुटोनीयर (फूलों का छोटा-सा गुच्छा जिसे पुरुष अपने कोट की जेब पर लगाते हैं) निकाला और क्रिस से कहा कि क्या वह ओकले की जैकेट पर इसे लगाने में मदद कर सकते हैं। और मैं, ज़ाहिर है ख़ुद को रोक नहीं पाई।

मैंने अपने पर्स में हाथ डाला, मानो लॉटरी का टिकट निकाल रही हूं, और उससे कहा, 'ओकले ने कहा था कि तुम्हें कुछ नहीं चाहिए, लेकिन मैंने एहतियातन यह बनवाया था।' ओकले ने मुझे घूरकर देखा और उसी पल मुझे पछतावा हुआ कि मैंने कुछ कहा ही क्यों। वह अपनी डेट की ओर मुड़ा और माफ़ी वाले लहज़े में बोला, 'तुम्हें इसे पहनना ज़रूरी नहीं है।' उसने मुस्कराकर जवाब दिया, 'कोई बात नहीं... मैं पहनूंगी।'

और तभी मैंने देखा कि लड़की ने अपने लिए ख़ुद ही एक कार्साज बनाया था और उसने उसे अपनी कलाई पर बांध रखा था। केन्डल ने मुझे घूरकर देखा। क्रिस थोड़ा असहज होकर किनारे हो गए। अगर उस पल धरती फटती और मैं उसमें समा जाती तो बेहतर होता।

ओकली ने मेरे हाथ से प्लास्टिक का डिब्बा झपट लिया और उसमें रखा हुआ कार्साज उसकी ख़ाली कलाई पर पहना दिया। फिर क्रिस ने ओकले के टक्स पर बुटोनीयर लगाया। हमने कुछ तसवीरें खींचीं और तभी अचानक बारिश शुरू हो गई। और बारिश मतलब... ज़ोरदार मूसलधार! मौसम के पूर्वानुमान में इसका कोई ज़िक्र नहीं था, इसलिए वहां फ़ॉर्मल ड्रेस में मौजूद बच्चों और उनके माता-पिता में से किसी के पास ना तो रेनकोट था, ना ही छाता।

मैंने सोचा ये बच्चे तो बुरी तरह तर-बतर हो जाएंगे। लेकिन बच्चों पर इस बारिश का ज़रा भी असर नहीं पड़ा। वे अपने ग्रुप में बातें करते रहे, और तभी मैंने उन्हें कहते सुना, 'तो, डिनर के लिए क्या करना है, दोस्तों?'

मैंने ओकले से फुसफुसाकर पूछा, 'ओक, क्या तुम लोगों ने प्रॉम से पहले डिनर के लिए कोई बुकिंग नहीं की?'

'नहीं।'

मैंने अपने पति की ओर देखा और कहा, 'इन्होंने डिनर के लिए कोई बुकिंग ही नहीं की?'

उन्होंने सिर हिलाया और कहा, 'शायद नहीं।'

इस बात से ना तो मेरा बेटा और ना ही मेरे पति परेशान थे। लेकिन मुझे बहुत खल रही थी। भला ऐसे कैसे हो सकता है कि 20 बच्चों ने प्रॉम से पहले खाने का कोई इंतज़ाम नहीं किया हो, या योजना ही नहीं बनाई? हमारी बेटियों ने तो ये सब महीनों पहले ही तय कर लिया था।

ओक और उसके दोस्त आपस में मिलकर अपने विकल्पों पर बात कर रहे थे। मैं उनकी तरफ़ देख कर बोली, 'तो तुम लोग डिनर के लिए क्या करने वाले हो?'

ओकली मेरी ओर मुड़ा और अपनी किशोरवयीन बेपरवाही से बोला, 'लगता है हम लोग अमीगोज़ जाएंगे।'

अमीगोज़ टाकेरिया हमारे शहर के बीचों-बीच एक शानदार लेकिन बेहद छोटा टैको रेस्टोरेंट है... जिसमें मुश्किल से चार टेबल हैं। पूरी जगह किसी झोपड़ी जितनी छोटी है। जैसे

ही ओकली ने वहां जाने की बात की, सारी माएं एक पल को सन्न रह गंईं और अब तो पिताओं को भी इस योजना पर संदेह होने लगा। बीस बच्चे, फ़ॉर्मल कपड़ों में, मूसलधार बारिश में, बिना छाते, बिना रेनकोट इस छोटे से फ़ास्ट फ़ूड रेस्टोरेंट की ओर जा रहे थे। इसमें शायद दस लोग ही जैसे-तैसे समा सकते हैं... वह भी प्रॉम से ठीक पहले?! मैं ख़ुद को रोक नहीं पाई।

आपने भी उस एहसास को जिया होगा जब आप बिना सोचे-समझे कोई प्रतिक्रिया दे बैठते हैं, आप अपने आपको कुछ कहने या करने से रोक ही नहीं पाते, भले ही वो बात या हरकत तर्कहीन हो। अपने बचाव में मैं यही कहूंगी कि मैं अकेली मां नहीं थी जो हस्तक्षेप कर रही थी। अब तो कई माता-पिता अपने बच्चों के चारों ओर मंडरा रहे थे और हालात पर क़ाबू पाने की कोशिश कर रहे थे। मैंने फ़ौरन अपना फ़ोन निकाला और ऐसे किसी रेस्टोरेंट की तलाश शुरू कर दी, जहां बीस बच्चों के लिए बैठने की जगह हो... कुछ नहीं मिला... कहीं कुछ नहीं। मैंने महसूस किया कि केंडल मुझे देख रही थी। वह बस चुपचाप खड़ी थी और मुझे घूर रही थी, जबकि मैं बाक़ी माता-पिता से ज़ोर-ज़ोर से कह रही थी, 'मुझे कहीं भी रिज़र्वेशन नहीं मिल रहा। मैं किसी पिज़्ज़ा वाले को देखती हूं जो यहां डिलीवर कर दे।'

और तभी मेरी बेटी ने मेरा हाथ पकड़ लिया, मुझे अपनी तरफ़ खींचा। वह मुझ घूरकर देख रही थी।

'मॉम, अगर ओकले और उसके दोस्त प्रॉम से पहले टैको बार जाना चाहते हैं, तो उन्हें जाने दीजिए। *लेट देम...*'

'पर ये सम वहां समा नहीं पाएंगे, सब भीग जाएंगे,' मैंने कहा।

'मॉम, भीगने दें उन्हें।'

'पर उसके नए स्नीकर्स तो ख़राब हो जाएंगे।'

'बर्बाद होने दीजिए।'

'केंडल, जूते तो बिलकुल नए हैं!'

'मॉम! आप बहुत परेशान कर रही हैं। उन्हें गीले कपड़ों में प्रॉम में जाने दीजिए। उन्हें जहां चाहें, वहां खाने दीजिए। ये उनका प्रॉम है – आपका नहीं। अब बस कीजिए।'

'उन्हें वे जो चाहें वो करने दीजिए...'

लेट देम...

बेटी की इस बात का मुझ पर तुरंत असर हुआ। मेरा दिल हल्का हो गया। तनाव जैसे धीरे-धीरे उतरने लगा, मन की भाग-दौड़ थम गई और सब कुछ नियंत्रित करने की मेरी कोशिश एक पल में उड़न-छू हो गई। मैं क्यों इस सबमें उलझ रही थी? क्यों मुझे ये सब संभालना ज़रूरी लग रहा था? क्यों ना मैं इस बात की फ़िक्र करूं कि आज रात मुझे क्या खाना है, ना कि ये बच्चे क्या खा रहे हैं? आख़िर मैं उनके लिए इतना परेशान क्यों हो रही थी?

वे जो चाहें उन्हें करने दें। ये उनका प्रॉम है, आपका नहीं। ना उन्हें कंट्रोल करें, ना उनकी आलोचना करें, ना उन्हें संभालने की कोशिश करें। बस वे जो कर रहे हैं, *करने दें।*

तो, मैंने भी यही किया। जब बाक़ी माता-पिता अब भी अपने बच्चों से पूछताछ करने में लगे थे, मैं ओकले के पास गई और मुस्कराई। उसने पूछा, 'अब क्या है?' मैंने कहा, 'ये लो, एमिगोस के लिए चालीस डॉलर। तुम्हारा प्रॉम *शानदार* हो!'

उसने बड़ी-सी मुस्कान के साथ मुझे कसकर गले लगाया और कहा, 'ज़रूर।,थैंक्यू, मॉम।'

फिर मैंने देखा कि ओक और उसकी डेट दरवाज़े से बाहर निकले, मूसलाधार बारिश में क़दम रखे। मैंने उन्हें भरी बारिश में दौड़ते हुए देखा,उनके कपड़ों पर कीचड़ उछलता रहा। ओक की डेट की ड्रेस पर छींटें पड़ रहे थे और ओक के नए स्नीकर्स ख़राब हो गए थे। पर, अब मुझे ज़रा भी परवाह नहीं थी। बल्कि, वो पल मुझे बहुत हसीन लगा।

मुझे क्या पता था कि वही एक पल मेरी ज़िंदगी को देखने का पूरा नज़रिया बदल देगा।

लेट देम... जो चाहें, वो करने दें...
कितना अद्भुत विचार है!

सिर्फ एक हफ़्ते में ही मुझे अपने आपमें बहुत फ़र्क़ महसूस हुआ। जब भी मुझे तनाव या झुंझलाहट होती, मैं अपने आप से कहती-वे जो करना चाहते हैं, करने दो। और मज़े की बात यह थी कि मुझे एहसास हुआ कि ज़्यादातर बार दूसरों की वजह से ही मुझे परेशानी होती थी।

बेकरी में अगर ब्रेड ख़त्म हो गई है, तो होने दें।

ओकले अगर इस बात से नाराज़ है कि मैं उसे आज देर रात तक बाहर रहने नहीं दे रही- तो वह नाराज़ बना रहे।

दादी अगर ज़ोर-ज़ोर से अख़बार पढ़कर पूछती हैं, 'क्या तुम्हें ये मालूम है...' तो उन्हें पढ़ने दें।

सोमवार सुबह के सफ़र के वक़्त अगर रास्ते में निर्माण कार्य हो रहा है, तो होने दीजिए।

अगर वे जूठे बर्तन सिंक में छोड़ देते हैं, तो छोड़ने दीजिए।

अगर पड़ोसी का कुत्ता पूरे दिन भौंकता रहता है, तो भौंकने दीजिए।

अगर मेरा परिवार हर जगह देर करता है, तो करने दीजिए।

अगर मेरे रिश्तेदार मेरे करियर की आलोचना करते हैं, तो करने दीजिए।

अगर लोगों को मेरी ऑन-लाइन पोस्ट की हुई तसवीर पसंद नहीं आई, तो वे नापसंद करते रहें।

अगर मेरी सास मेरी परवरिश के तरीक़े से सहमत नहीं हैं, तो उनकी असहमति बनी रहे।

लेट देम...'जो चाहें वो करें' बस इतने से शब्दों ने सब कुछ बदल दिया। ऐसा लगा जैसे अब मुझे कोई फ़र्क़ ही नहीं पड़ता, जैसे मैं इन सब बातों से ऊपर हो गई हूं। जो बातें पहले परेशान करती थीं, अब वे परेशान नहीं करतीं। जो लोग पहले खटकते थे, अब नहीं खटकते। पहले ज़िंदगी को कसकर पकड़े रहने की आदत थी, अब पकड़ ढीली पड़ने लगी। कामकाज के सिलसिले में जो बातें पहले मुझे तनाव देती थीं या जिनकी वजह से मैं घर आकर शिकायत करती थी, अब आसानी से भुला देती हूं। जो दिमाग़ पहले फ़ालतू की चिंताओं, चिढ़ और ड्रामे से भरा रहता था, अब उसमें ज़रूरी बातों के लिए जगह बन गई थी।

मैंने जितना ज़्यादा *जाने दो* कहा, उतना ही ज़्यादा मुझे यह समझ में आया कि जिन बातों की मैं चिंता करती थी, उनमें से ज़्यादातर इस लायक़ नहीं थीं कि उनके लिए मैं अपना समय लगाऊं, ना ही वे मेरे ध्यान की हक़दार थीं। और हर व्यक्ति इस क़ाबिल नहीं था कि मैं उसके लिए अपनी अपनी ऊर्जा खपाऊं। यह एहसास बेहद सुकून देने वाला था।

जितना ज़्यादा मैं लेट देम यानी 'जाने दो' कहती गई, उतना ही ज़्यादा मेरे पास अपने लिए समय बचता गया। सोचने का समय। चैन की सांस लेने का समय। मस्ती करने का समय। उन बातों पर ध्यान देने का समय जो मेरे लिए सच में मायने रखती थीं। और सबसे बड़ी बात-ख़ुद का ख़याल रखने का समय मिलने लगा। मैं सुकून में थी, ख़ुश थी और भीतर से शांति महसूस कर रही थी। इसका असर साफ़ नज़र आने लगा। यहां तक कि क्रिस ने भी कहा, 'तुम कुछ अलग लग रही हो।' और सच में, मैं ख़ुद को बदला हुआ महसूस कर रही थी। यह बदलाव इतना अच्छा था कि मैं 'लेट देम' के इस विचार को दूसरों के साथ साझा किए बिना रह नहीं पाई। इसलिए मैंने सोशल मीडिया पर सिर्फ़ 60 सेकंड की एक वीडियो पोस्ट की, जिसमें मैंने 'लेट देम थ्योरी' समझाई। उसमें मैंने यह बताया-

> अगर आपके दोस्त इस सप्ताहांत में आपको ब्रंच पर नहीं बुला रहे हैं, तो *जाने दीजिए।* जिस व्यक्ति को आप बहुत पसंद करते है वह किसी प्रतिबद्धता में रुचि नहीं दिखाता तो *जाने दीजिए।* अगर आपके बच्चे इस सप्ताह आपके साथ किसी कार्यक्रम में नहीं जाना चाहते, तो उन्हें मत मजबूर कीजिए। हम बहुत सारा समय और ऊर्जा दूसरों को अपनी उम्मीदों के अनुसार ढालने में बर्बाद कर देते हैं। और सच्चाई यह है कि अगर कोई दूसरा व्यक्ति-चाहे वह कोई डेटिंग पार्टनर हो, बिज़नेस पार्टनर या परिवार का कोई सदस्य- अगर आपके मनमुताबिक़ व्यवहार नहीं कर रहा तो उसे बदलने की कोशिश मत कीजिए। वे जैसे हैं, उन्हें *वैसा ही रहने दीजिए,* क्योंकि वे आपको यह दिखा रहे हैं कि वे वास्तव में कौन हैं। तो,बस उन्हें *वैसा ही रहने दीजिए* और फिर आपके पास यह चुनने की पूरी आज़ादी है कि अब आप क्या करना चाहते हैं।

24 घंटे के भीतर 1.5 करोड़ से ज़्यादा लोगों ने इसे देख लिया था। एक हफ़्ते के अंदर यह संख्या छह करोड़ पार कर गई और उस वीडियो पर दसियों हज़ार टिप्पणियां आ चुकी थीं। समाचार संस्थानों ने इस सिद्धांत पर लेख लिखने शुरू कर दिए और इसकी प्रभावशीलता को लेकर चर्चा शुरू हो गई। दुनिया भर से लोग मेरे डायरेक्ट मैसेज और इनबॉक्स में सवाल, अनुभव और उदाहरण भेजने लगे कि वे इसे कैसे इस्तेमाल कर रहे हैं। मनोवैज्ञानिक और चिकित्सक भी इस पर ब्लॉग लिखने लगे।

इतनी तेज़ प्रतिक्रिया देखकर मैं बहुत हैरान थी। मैंने इस सिद्धांत और इसे इस्तेमाल करने के अपने अनुभव पर एक पॉडकास्ट एपिसोड रिकॉर्ड किया। वह एपिसोड बहुत लोकप्रिय हुआ। उसे इतने ज़्यादा लोगों ने साझा किया कि एपल ने उसे पूरे विश्व में साल का छठवां सबसे ज़्यादा साझा किया गया पॉडकास्ट एपिसोड घोषित किया।

यह तो सिर्फ़ शुरुआत थी, क्योंकि उसके बाद तो *लेट देम* टैटू आने लगे! लोग इस विचार से इतने गहराई से जुड़ गए कि उन्होंने इसे अपनी त्वचा पर इसे उकेरवा लिया। जैसे यह सिर्फ़ एक सोच नहीं, बल्कि उनकी ज़िंदगी का हिस्सा बन गया हो।

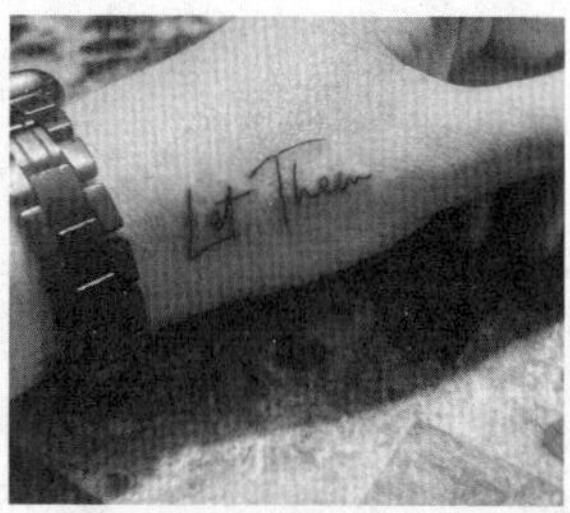

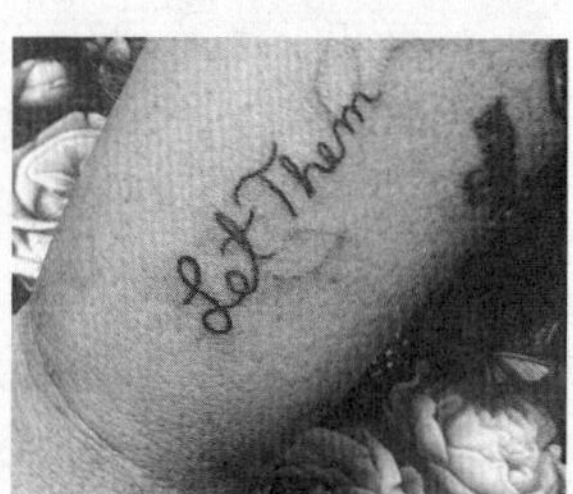

बहुत सारे *लेट देम* टैटू . . .

LET THEM

Let Them

let
them

LET THEM

Let them

Let them

let them

Let them

let them

Let them
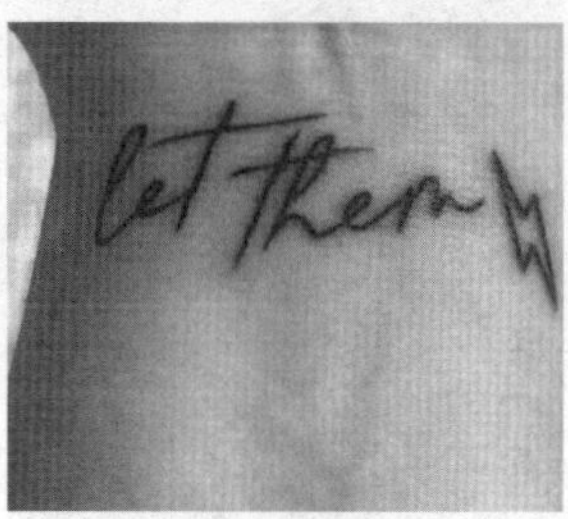
let them

let them

Let them

Let them

let them

***लेट देम* मेरे लिए अब तक की सबसे असरदार बात रही।** जब मैंने देखा कि दुनिया भर के लोग इन दो शब्दों को अपनी त्वचा पर हमेशा के लिए गुदवा रहे हैं, तो वही पल था जिसने मुझे यह पुस्तक लिखने की प्रेरणा दी। मैं यह समझना चाहती थी कि आख़िर इन दो साधारण शब्दों में ऐसा क्या है, जो इतने सारे लोगों के दिलों को एक साथ प्रभावित कर गया।

सिद्धांत की पड़ताल

लेट देम थ्योरी क्यों काम करती है और आप इसका उपयोग अपनी ज़िंदगी को बदलने और दूसरों के साथ अपने रिश्तों को बेहतर बनाने के लिए कैसे कर सकते हैं, मैंने इस पर पिछले दो वर्षों में शोध किया है।

इस पुस्तक को लिखते समय मैंने मनोविज्ञान, न्यूरोसाइंस, व्यवहार विज्ञान, रिश्तों, तनाव और ख़ुशहाली जैसे विषयों के कई विशेषज्ञों से बात की है। जब आप यह पुस्तक पढ़ेंगे, तो आप उनसे मिलेंगे और उनका शोध आपको इस थ्योरी को अपनी ज़िंदगी की अनगिनत परिस्थितियों में लागू करने में मदद करेगा। आप जल्दी ही समझ जाएंगे कि विज्ञान स्पष्ट रूप से कहता है: यह सिद्धांत असर करता है और बहुत अच्छी तरह असर करता है।

लेकिन यह पुस्तक सिर्फ़ 'लेट देम थ्योरी' से आपको परिचित कराने के लिए नहीं है, यह मानव स्वभाव के उस एक बुनियादी सिद्धांत को भी समझाती है कि हर *इंसान के भीतर नियंत्रण की गहरी इच्छा होती है।*

हम सबके भीतर यह जन्मजात ख़्वाहिश होती है कि हम अपनी ज़िंदगी के हर पहलू पर नियंत्रण रखें यानी अपने समय, विचारों, कार्यों, माहौल, योजनाओं, भविष्य, फ़ैसलों और आस-पास की चीज़ों पर भी। जब आप नियंत्रण में होते हैं, तो आपको सहजता और सुरक्षा का अनुभव होता है। इसलिए स्वाभाविक है कि आप अपने आस-पास के लोगों और हालात को नियंत्रित करने की कोशिश करते हैं, अक्सर बिना यह महसूस किए कि आप ऐसा कर रहे हैं।

बहुत समय से आप मानव स्वभाव के इस बुनियादी नियम के ख़िलाफ़ काम कर रहे हैं। आप लोगों को बदलने की कोशिश में लगे रहे, परिस्थितियों को नियंत्रित करने की जद्दो-जहद करते रहे, इस बात की चिंता करते रहे कि लोग क्या कहेंगे, लोग क्या सोचते हैं या क्या करते हैं। और, ऐसा करते हुए आपने अपने लिए और अपने रिश्तों में अनावश्यक तनाव, दबाव और टकराव पैदा कर लिया। मैंने भी यही किया था।

लेट देम थ्योरी ने ज़िंदगी और दूसरों से जुड़ने के मेरे पूरे नज़रिया ही बदल दिया। मैंने मानव स्वभाव की प्राकृतिक प्रवृत्ति का विरोध करना छोड़ दिया, बल्कि उसे अपनाना सीख लिया। दूसरों के कहने, सोचने या करने जैसी उन बातों पर अपनी ऊर्जा बर्बाद करने के बजाय

मैंने अपनी ऊर्जा उन कामों पर लगाई जिसे मैं सच में नियंत्रित कर सकती हूं, यानी ख़ुद पर। दूसरों के सोचने-करने और कहने पर तो मेरा नियंत्रण हो नहीं सकता।

नतीजा क्या हुआ? मुझे अपनी ज़िंदगी पर पहले से कहीं ज़्यादा नियंत्रण मिला। यह एक तरह की आज़ादी थी। मैंने दूसरों को दोष देना बंद कर दिया और ऐसा करते ही मेरे रिश्ते सुधर गए। यह कुछ ऐसा था जैसे किसी ऐसे दरवाज़े को खोल देना, जो वर्षों से बंद था। और उस दरवाज़े के पीछे क्या था? एक ऐसी ज़िंदगी, जहां अब मैं दूसरों को नियंत्रित करने की ज़रूरत के बोझ से दबी नहीं हूं।

आगामी पृष्ठों में आप इस थ्योरी के बारे में सब कुछ जानेंगे। इसे अपनाने का आसान तरीक़ा जानेंगे और जब आप ऐसा करते हैं तो जो अद्भुत एहसास होता है, उसके बारे में भी जान पाएंगे। मैंने अपने शोध की शुरुआत में जो चौंकाने वाली खोज की थी, आप उसके बारे में जानेंगे। *लेट देम थ्योरी* सिर्फ़ लेट देम नहीं है। हां, यह दो शब्दों से शुरू होती है, लेकिन यही पूरी कहानी नहीं है। 'लेट देम' इस सिद्धांत का सिर्फ पहला हिस्सा है। इसका दूसरा और उससे भी ज़्यादा महत्वपूर्ण चरण है : *लेट मी* यानी मुझे मेरे हिसाब से काम करने दें।

अगले अध्याय में हम लेट देम और लेट मी दोनों को विस्तार से समझेंगे और इनके पीछे के विज्ञान और मनोविज्ञान को भी समझेंगे। इसके बाद आप अपनी ज़िंदगी के उन आठ मुख्य क्षेत्रों के बारे में जानेंगे, जहां यह थ्योरी सबसे गहरा और सकारात्मक प्रभाव डाल सकती है। हम चर्चा करेंगे आपके रिश्तों, करियर, भावनाओं, विचारों, तनाव, प्रेम जीवन, संघर्षों, बार-बार तुलना करने की प्रवृत्ति, दोस्ती और सबसे महत्त्वपूर्ण, अपने आपसे आपके संबंध की।

आपको बार-बार यह बताया जाएगा कि आप अब तक किन ग़लत चीज़ों को नियंत्रित करने की कोशिश कर रहे थे और कैसे अनजाने में आपने दूसरों को अपनी समस्या बना लिया। सच तो यह है कि दूसरे लोग आपकी ज़िंदगी में ख़ुशी, सहारा और प्यार के सबसे बड़े स्रोतों में से एक हो सकते हैं। लेकिन जब तक आप यह तय करने की कोशिश करते रहेंगे कि वे क्या सोचें, क्या कहें और क्या करें-तब तक ऐसा नहीं हो सकता। यह सब अब इस पुस्तक के साथ समाप्त होता है। इस पुस्तक को पढ़ने से आपकी इन समस्याओं का समाधान होगा।

अगर आप *लेट देम थ्योरी* को अच्छी तरह समझ लेते हैं, तो आप उन स्थितियों को कंट्रोल करने की थकाऊ कोशिशें छोड़ देंगे जिन्हें कंट्रोल किया ही नहीं जा सकता। यह सिर्फ़ अच्छा महसूस करने की बात नहीं है, यह आपकी पूरी ज़िंदगी के जीने के तरीक़े को दोबारा गढ़ने की बात है। मुझे इंतज़ार है उस पल का जब आप अपनी ज़िंदगी को वैसे जीने की आज़ादी और जगह महसूस करेंगे, जैसी आप हमेशा से चाहते रहे हैं, बिलकुल अपने तरीक़े से।

अध्याय 2

शुरुआत करें : 'लेट देम' और 'लेट मी'

'लेट देम थ्योरी' के बारे में जानने के कुछ ही समय बाद मैं अपने सोफ़े पर बैठकर सोशल मीडिया पर स्क्रॉल कर रही थी। तभी मैंने अपनी एक पुरानी दोस्त की तसवीर देखी। वह बहुत शानदार लग रही थी। मैंने नीचे नज़र डाली ताकि कैप्शन पढ़ सकूं तो उसमें वह अपने दोस्तों के साथ बिताए एक बेहतरीन वीक-एंड के बारे में लिख रही थी। और मैं समझ सकता थी कि उसने जो लिखा था, वह बिलकुल सही था।

जब मैं उस फ़ोटो को देख रही थी, तो मैंने ध्यान दिया कि वह कितनी दमकती हुई, खुश, बेफ़िक्र और तरोताज़ा लग रही थी। और मेरे मन में खयाल आया, '*वाह, मुझे भी एक ऐसा वीक-एंड चाहिए।* बल्कि सच कहूं तो, मुझे तो बस एक स्प्रे टैन(ब्यूटी ट्रीटमेंट) ही मिल जाए तो बहुत है।' मैं फ़ोटो के कारसेल(स्लाइड शो) को स्क्रॉल करती गई और समझ गई कि ये तो लड़कियों का एक शानदार वीक-एंड था। एक के बाद एक तसवीरें उसी की गवाही दे रही थीं।

ब्रंच। डांसिंग। शॉपिंग। हंसी-मज़ाक। तैराकी। कॉकटेल।

फिर मैंने अंगूठे और तर्जनी से स्क्रीन को ज़ूम किया ताकि ग्रुप फ़ोटो को क़रीब से देख सकूं और तभी मुझे एहसास हुआ कि उस तसवीर में जो भी महिलाएं मुस्करा रही थीं, मैं उनमें से सभी को जानती थी। मेरा दिल बैठ गया। मेरी अपनी सहेलियां मुझे बिना बताए कहीं घूमने निकल गई थीं।

आप दिल को कचोटने वाले उस एहसास का अनुभव कर सकते हैं, जब आपको समझ आता है कि आपको जान-बूझकर नज़रअंदाज़ किया गया है। ऐसा लगता है जैसे किसी ने अंदर से मुक्का मारा हो। आप खुद को समझाने की कोशिश करते हैं कि कोई बात नहीं, इतना भी क्या सोचना। लेकिन जो तकलीफ़ है, वो असली होती है। मुझे अपना फोन नीचे रख देना चाहिए था। लेकिन मैंने नहीं रखा।

मैंने उन तसवीरो को एक-एक करके देखा। एक ऐसी ट्रिप, जिसे मैं उन्हीं महिलाओं की आंखों से देख रही थी जिनके साथ मैंने बहुत सारे साल बिताए थे। फिर मैंने ख़ुद से कहा कि मुझे इस बात से परेशान नहीं होना चाहिए। लेकिन मैं परेशान हुई।

मेरा मन कल्पना करने लगा। मैं सोचने लगी कि वे कितना मज़ा कर रही होंगी और वे सभी कितनी क़रीब हो गई हैं, जबकि मैं इन औरतों को सालों से जानती थी, हमने साथ बारबेक्यू किए, हम साथ-साथ बच्चों को स्कूल छोड़ने जाती थीं, सॉकर गेम्स देखे, पार्टनर के साथ डिनर किए और पेरेंटिंग के दौरान आने वाली समस्याओं पर बातें की थीं। जाहिर है, मैं अंदर ही अंदर बिखरने लगी।

मैं जासूस बन गई थी, स्टॉकर मोड में चली गई। मैं वहीं सोफ़े पर बैठी रही और जैसे वह सोफ़ा मेरी पीठ से चिपक गया हो, मैं एक-एक कर के उनकी सभी प्रोफ़ाइल्स खंगालती रही। पांच मिनट पहले तक मैं बिलकुल ठीक थी। लेकिन अब? अब मेरे अंदर वही जानी-पहचानी भावनाएं उमड़ने लगीं, तिरस्कार किया जाना, हीनता की भावना, उलझन। *उन्होंने ये प्लान कब बनाया? मुझे क्यों शामिल नहीं किया गया? मुझे कभी भी कहीं क्यों नहीं बुलाया जाता? आख़िरी बार मैं दोस्तों के साथ कब कहीं गई थी?*

जैसे-जैसे मैं उनकी तसवीरें स्क्रॉल करती गई, एक के बाद एक सवाल मेरे दिमाग़ में चलने लगे। तभी क्रिस कमरे में आए, मेरी तरफ़ देखकर बोले, 'क्या बात है?' मैंने लंबी सांस ली और सच-सच बता दिया। 'अभी पता चला कि मेरी कुछ सहेलियां वीक-एंड पर एक मज़ेदार ट्रिप पर गई थीं, और ज़ाहिर है, मुझे बुलाया नहीं गया था।'

'यह तो बड़ी बुरी बात है,' उन्होंने कहा।

'शायद मुझसे ही कोई ग़लती हो गई,' मैंने कहा। 'शायद वे मुझसे नाराज़ हैं।'

उन्होंने मुझसे पूछा, 'तुमको इतनी फ़िक्र क्यों हो रही है?'

मैंने उनकी ओर देखा।

'अब तुम्हारा उनसे पहले जैसा कोई ख़ास रिश्ता तो रहा नहीं, मेल।'

क्रिस सही कह रहे थे। मुझे भी पता था कि वह सही हैं। लेकिन फिर भी मेरे अंदर एक बेचैनी थी। जैसे अपनी सहेलियों से मिलकर, बात करके सबकुछ साफ़ कर लूं। आपने भी शायद ऐसा कभी न कभी ज़रूर महसूस किया होगा, जब आपको पता चलता है कि आपको किसी अवसर पर शामिल नहीं किया गया और आप बस यही जानना चाहते हैं कि कहीं ऐसा आपकी किसी ग़लती की वजह से तो नहीं हुआ।

क्योंकि सच कहूं तो मुझे ख़ुद भी नहीं पता था। और अगर आप मेरी ही तरह हैं, तो जब ऐसा कुछ होता है तो आप तुरंत मान लेते हैं कि ज़रूर आपने ही कुछ ग़लत किया है। मैं सोफ़े पर बैठी अपने दिमाग़ पर ज़ोर डालती रही कि मुझे ना शामिल करने की कोई तो वजह रही होगी, लेकिन कुछ भी याद नहीं आया। और यही बात मुझे और ज़्यादा बेचैन कर रही थी।

मेरा मतलब है, हां, हम सभी एक-दूसरे को सालों से जानते थे। हमने साथ में पैरेंटिंग की शुरुआती चुनौतियां झेली थीं, ज़िंदगी के कई पल एक साथ जिए थे और जो भी सहेली उस ट्रिप पर गई थी उन सभी को मैं वाक़ई पसंद करती थी। लेकिन साथ ही, यह भी सच था कि मैंने बहुत लंबे समय से उनके साथ एक ग्रुप के तौर पर वक़्त नहीं बिताया था। मैं शहर में होने वाली बड़ी-बड़ी बैठकों में उनसे मिल ज़रूर लेती थी, लेकिन मैंने उनके साथ अपने व्यक्तिगत रिश्तों को बनाए रखने के लिए कोई प्रयास नहीं किया था और ना ही हाल ही में कुछ ख़ास प्लान किया था, ना कोई संपर्क साधा था। दिमाग़ से मुझे ये सब मंज़ूर था, लेकिन दिल से मैं टूट गई थी। मुझे ऐसा लग रहा था जैसे मैं फिर से मिडिल स्कूल में पहुंच गई हूं, उस बच्चे की तरह जिसे स्लीप-ओवर (दोस्त के घर रात बिताना) में नहीं बुलाया गया, जिसे टीम में नहीं चुना गया, या जिसे हमउम्र साथियों के हंसी-मज़ाक का हिस्सा नहीं बनाया गया।

सिद्धांत को व्यवहार में उतारना

मुझे लगने लगा कि मैं उन्हें संपर्क करूं और सब ठीक कर लूं। कॉल करूं, मैसेज भेजूं-कुछ भी करूं ताकि मेरे भीतर जो बेचैनी है वो दूर हो जाए। तभी वे दो शब्द मेरे ज़ेहन में आए और मेरी बेचैनी दूर हो गई : *लेट देम।*

पहले वाली मैं इस बात को लेकर कई दिन, बल्कि कई हफ़्तों तक परेशान रहती। मेरे जज़्बात मुझ पर हावी हो जाते। मैं दिखाने की कोशिश करती कि मुझे फ़र्क़ नहीं पड़ा। खुद को समझाने की कोशिश करती कि मुझे कोई परवाह नहीं। हर बार मन में यही सोचती रहती कि शायद इसमें कोई बड़ी बात नहीं है। मैं अपने दोस्तों को खलनायक बना देती-बस इसलिए कि थोड़ा बेहतर महसूस कर सकूं। और इन सबका नतीजा यही होता कि मैं और ज़्यादा उदास महसूस करती और उन सहेलियों से और भी दूर हो जाती, जिनसे मैं सचमुच अपनापन महसूस करती थी।

लेकिन इस बार ऐसा नहीं हुआ। ये बात मुझे सिर्फ़ दस मिनट तक खली। जैसे ही मैंने खुद से कहा, *लेट देम*-वे मौज-मस्ती करती हैं, तो करती रहें-तो मुझे थोड़ी राहत मिली। दूसरी बार कहा, और अच्छा लगा। तीसरी, चौथी, पांचवीं, सोलहवीं, और फिर तीसवीं बार जब मैंने यही दो शब्द दोहराए तो हर बार मुझे थोड़ा सुकून मिला। मैं आपसे सच कहूं तो ऐसी तकलीफ़देह स्थितियों में आपको बार-बार ख़ुद से यही कहना पड़ेगा- लेट देम, वे जो करना चाहते हैं करें। क्योंकि जब कोई बात अंदर तक दुख देती है, तो वह दुख एक बार में नहीं जाता। बार-बार लौटता है। इसलिए जब आपको लगे कि आप बार-बार वे ही शब्द दोहरा रहे हैं- *लेट देम*- तो हैरान होने की ज़रूरत नहीं है।

उन्हें ट्रिप पर जाने दीजिए, वीक-एंड साथ बिताने दीजिए, और आपके बिना भी मौज-मस्ती करने दीजिए।

शुरुआत में ये शब्द ठुकराए जाने जैसे लगे, जैसे मैं हार मान रही हूं। लेकिन फिर मुझे एक अहम बात समझ आई कि *लेट देम* (जिसे जो करना है, करे) कहना यानी हार मानना नहीं, बल्कि ख़ुद को उस नियंत्रण से मुक्त करना था जो कभी मेरे पास था ही नहीं। सच यह है कि उस स्थिति को समझने या उसे ठीक करने की चाहे मैं कितनी भी कोशिश कर लूं, कुछ बदलने वाला नहीं था। उनके जाने का फ़ैसला मुझे बुरा महसूस नहीं करवा सकता था, लेकिन उस स्थिति को नियंत्रित करने की मेरी कोशिशें मुझे बहुत ही बुरा महसूस करवा रही थीं।

उन्हें उनके मन का करने दीजिए - *लेट देम*।

और ठीक उसी पल, मेरे सीने में जो बोझ था, वह हल्का पड़ने लगा। हालात को 'ठीक' करने का जो दबाव था, वो कम हो गया और मैंने एक ऐसी बात समझी जिसने सब कुछ बदल दिया। वह बात यह थी कि उनके वीक-एंड ट्रिप का मुझसे कोई लेना-देना नहीं था।

यह व्यक्तिगत बात नहीं थी। वे मेरे ख़िलाफ़ कोई साज़िश नहीं रच रही थीं। वे मेरी अहमियत पर कोई टिप्पणी नहीं कर रही थीं। और, अगर वे सच में ऐसा कर भी रही थीं तो भी-*उन्हें करने दीजिए*, उससे मुझे क्या।

हम असल में क्या नियंत्रित करने की कोशिश कर रहे हैं

हम सभी के जीवन में ऐसे पल आते हैं, जब हम अपने आस-पास की दुनिया को नियंत्रित करने की कोशिश करते हैं, ख़ासकर तब जब हमें दुख होता है, हम नज़रअंदाज़ किए जाते हैं, चिढ़ होती है या डर लगता है। शायद आपने खुद को कभी किसी ग्रुप प्लान की हर छोटी-बड़ी बात संभालते हुए पाया हो ताकि हर कोई शामिल हो सके, या हो सकता है आपने तब घबराहट महसूस की हो, जब लोग आपके संदेशों का तुरंत जवाब नहीं देते और आप सोचते रहें कि कहीं वे आपसे नाराज़ तो नहीं। यह सब बहुत थका देने वाला होता है, है ना?

सब कुछ सुधारना ही मेरे स्वभाव में है। मैंने अपने जीवन का ज़्यादातर हिस्सा यही विश्वास करते हुए बिताया है कि अगर मैंने दख़ल नहीं दिया, अगर मैंने हालात को संभाला नहीं, तो सब कुछ बिखर जाएगा। मुझे ही हर संबंध, हर परिस्थिति को जोड़कर-संभालकर रखना पड़ता था, फिर वे रिश्ते हों, काम-काज या दोस्ती हो। यहां तक कि अपने प्रियजन की भावनाओं का भी मुझे ही ध्यान रखना पड़ता था। और जब कुछ मेरी उम्मीद के मुताबिक़ नहीं होता था, तो वह विफलता मुझे खुद पर एक तरह का सवाल लगने लगती थी। अगर कोई नाराज़ होता, कुछ गड़बड़ हो जाती, या मुझे किसी में शामिल नहीं किया जाता तो मैं तुरंत सोचने लगती कि मुझे इसे ठीक करना होगा, बदलना होगा, संभालना होगा।

मैंने अपनी ज़िंदगी में उस डर को कई बार महसूस किया है कि अगर मैंने अपनी ओर से प्रयास नहीं किया तो मुझे भुला दिया जाएगा। यह डर कि मुझे पसंद नहीं किया जाएगा,

या स्वीकार नहीं किया जाएगा। यह भी डर कि अगर मैंने नहीं संभाला तो सब कुछ बिखर जाएगा। और अगर सच कहें तो नियंत्रण हमें सुरक्षा का एक भ्रम देता है। जब हम सब कुछ नियंत्रित कर रहे होते हैं, तब हमें लगता है कि हम खुद को तकलीफ़, निराशा और अस्वीकार किए जाने से बचा सकते हैं।

लेकिन वह तो बस एक भ्रम ही होता है, सुरक्षा का भ्रम। क्योंकि लोगों या हालात को नियंत्रित करने की हम चाहे कितनी भी कोशिश कर लें सच्चाई यही है कि हम ऐसा नहीं कर सकते। लोग वही करेंगे जो वो करना चाहते हैं। वे अपने फ़ैसले खुद लेंगे, अपनी ज़िंदगी अपने तरीक़े से ही जिएंगे।

सच तो यह है कि इस तरह का कोई भी 'नियंत्रण' आपको बेहतर महसूस नहीं कराता। बल्कि इसका असर उल्टा होता है। लोगों और हालात को नियंत्रित करने की कोशिश आपके डर को शांत नहीं करती बल्कि और बढ़ा देती है। कोई भी मनोवैज्ञानिक आपको यही बताएगा कि आप जितना ज़्यादा किसी ऐसी स्थिति को नियंत्रित करने की कोशिश करते हैं जो आपके हाथ में नहीं है, उतना ही ज़्यादा आप चिंतित और तनावग्रस्त होते है

सोफ़े पर बैठे-बैठे, अपने फ़ोन को घूरते हुए मुझे एहसास हुआ कि मैं सिर्फ़ अपनी सहेलियों की मेरे बारे में राय को नियंत्रित करने की कोशिश नहीं कर रही थी, बल्कि मैं अपनी ही तकलीफ़ को नियंत्रित कर रही थी। मुझे ठुकराया जाना बिलकुल पसंद नहीं था, इसलिए मेरी पहली प्रतिक्रिया यही थी कि किसी भी तरह इस स्थिति को जल्दी से ठीक कर लूं, ताकि मुझे नकारा हुआ महसूस नहीं करना पड़े।

यही वह पल था जब लेट देम सिद्धांत ने मेरे लिए कहीं ज़्यादा गहराई से काम करना शुरू किया।

'लेट देम ' : समझदारी को अपनाने का एक ज़रिया

लेट देम थ्योरी सिर्फ़ सोचने का एक तरीक़ा नहीं है। यह प्राचीन दार्शनिक सिद्धांतों और मनोवैज्ञानिक विचारों पर आधारित है, जो सदियों से लोगों का मार्गदर्शन करते आए हैं। अगर आप स्टोइकवाद, बौद्ध दर्शन, डिटैचमेंट थ्योरी या रैडिकल एक्सेप्टेंस के बारे में जानते हैं, तो आप समझ पाएंगे कि *लेट देम* और *लेट मी* इन्हीं शिक्षाओं को एक व्यावहारिक, रोज़मर्रा के टूल की तरह इस्तेमाल करने का तरीक़ा है। ऐसा तरीक़ा जो रिश्तों को बेहतर बनाता है और आपको अपनी व्यक्तिगत शक्ति फिर से सौंपता है।

स्टोइक दर्शन में ज़ोर इस बात पर होता है कि आप सिर्फ़ अपने विचारों और कर्मों को नियंत्रित कर सकते हैं, दूसरों के विचारों या कर्मों को नहीं। यह सोच *लेट देम* से पूरी तरह मेल खाती है। *लेट देम* इस बात को स्वीकार करने का अभ्यास है कि हर किसी को अपनी पसंद

से जीने का अधिकार है और हमें उनके व्यवहार को बदलने या नियंत्रित करने की ज़रूरत नहीं है। जब आप *लेट देम* और *लेट मी* को अपनाते हैं, तो आप स्टोइकवाद के मूल सिद्धांत को ही जी रहे होते हैं। सिद्धांत समझाता है कि अपने ऊपर ध्यान केंद्रित करें, क्योंकि आपकी असली शक्ति वहीं छुपी है।

बौद्ध धर्म और रेडिकल एक्सेप्टेंस (जिस स्थिति को आप बदल नहीं सकते, उसे पूरी तरह और बिना प्रतिरोध के स्वीकार कर लेना) हमें सिखाते हैं कि पीड़ा का मूल कारण वास्तविकता का विरोध करना है। जो दर्द हम महसूस करते हैं, वह अक्सर इस बात से उपजता है कि हम चाहते हैं कि चीज़ें वैसी ना हों जैसी वे हैं। लेट देम थ्योरी ना सिर्फ़ आपको वास्तविकता को स्वीकार करना सिखाती है, बल्कि उसे बदलने की ज़रूरत से भी आपको दूर कर देती है। आप समझ जाते हैं कि दूसरों के काम और फ़ैसले आपके नियंत्रण में नहीं हैं और यही समझ आपको भावनात्मक स्वतंत्रता वापस देती है। यही है रेडिकल एक्सेप्टेंस का सबसे सशक्त रूप।

डिटैचमेंट थ्योरी हमें यह सिखाती है कि विचलित करने वाली परिस्थितियों से भावनात्मक दूरी कैसे बनाई जाए। जब आप कहते हैं *लेट देम* यानी वे जो चाहें सो करें- तो आप भावनात्मक रूप से अलग होने का अभ्यास कर रहे होते हैं। आप अपनी भावनाओं और सामने की स्थिति के बीच एक मानसिक दूरी बनाते हैं, जिससे आप जो कुछ हो रहा है उसमें शामिल हुए बिना उसे शांति से देख पाते हैं। इसका नतीजा क्या होता है? आप शांत रहते हैं, स्पष्ट सोच पाते हैं और अपने कर्मों पर नियंत्रण बनाए रखते हैं।

सच्ची शक्ति हमारे प्रतिक्रिया में निहित होती है। इस पुस्तक पर कार्य करते समय मुझे मार्टिन लूथर किंग तृतीय और आंद्रिया वॉटर्स किंग के साथ बैठने का सौभाग्य प्राप्त हुआ—जो वैश्विक मानवाधिकार कार्यकर्ता हैं और *वाट इज़ माई लेगसी?: रियलाइज़िंग अ न्यू ड्रीम ऑफ़ कनेक्शन, लव एंड फुलफिलमेंट.* के सह-लेखक भी हैं। मैं उनके पॉडकास्ट *माय लेगसी* में शामिल हुआ था और हम *लेट देम थ्योरी* पर चर्चा कर रहे थे। तभी मार्टिन ने एक बात कही, जिसे मैं आपसे साझा करना चाहता हूँ।

उन्होंने कहा कि लेट देम थ्योरी एक गहरी सच्चाई को प्रकट करती है—शांति को चुनना कमज़ोरी नहीं, बल्कि एक सशक्त कार्य है। यह विचार डॉ. मार्टिन लूथर किंग जूनियर की विरासत और उनके पिता डैडी किंग की अहिंसा आधारित सोच की गूंज है। 'लेट देम' का अर्थ नियंत्रण छोड़ना नहीं है, बल्कि उसे पुनः प्राप्त करना है। जब हम यह चुनते हैं कि हम कैसे प्रतिक्रिया देंगे—गुस्से, घृणा या नकारात्मकता को बढ़ावा दिए बिना—तब हम स्वयं पर सबसे बड़ी शक्ति का प्रयोग करते हैं। जैसा कि डैडी किंग ने अपूरणीय क्षति के समय कहा था : 'मैं नफ़रत को खुद को छोटा नहीं बनने दूँगा।' यह संदेश हमें हमारी उस शक्ति को पहचानने के लिए प्रेरित करता है जो हमारी प्रतिक्रिया में छिपी होती है—एक ऐसी शक्ति जो हमारे परिवारों, समुदायों, और यहां तक कि दुनिया को भी बदल सकती है।"

जब मैं किंग दंपत्ति के सामने बैठी थी और मार्टिन और आंद्रिया को यह बातें साझा करते हुए सुन रही थी, तो मुझे यह एहसास हुआ कि यह सिद्धांत हमसे कहीं बड़ा है। यह जीवन की एक महत्वपूर्ण सच्चाई को दर्शाता है : आपके पास हमेशा शक्ति होती है, चाहे आपके चारों ओर कुछ भी क्यों ना हो रहा हो।

इसके बाद मार्टिन ने जोड़ा : "सच्ची शक्ति हमारी प्रतिक्रिया में होती है। मेरे पिता मानते थे कि अहिंसा कोई निष्क्रिय दृष्टिकोण नहीं, बल्कि सबसे साहसी कार्य है—जब नफ़रत उकसाने की कोशिश करे, तब शांति को चुनना। जब हम कड़वाहट से प्रतिक्रिया देने से इनकार करते हैं, तो हम अपनी शक्ति को पुनः प्राप्त करते हैं और एक बेहतर भविष्य की नींव रखते हैं।"

यहाँ *चुनना* शब्द बहुत महत्वपूर्ण है। आप यह चुनकर कि आप कैसे प्रतिक्रिया देंगे, अपनी शक्ति को पुनः प्राप्त करते हैं। यह सिद्धांत आपको यही करने में मदद करता है। कई लोगों ने मुझसे पूछा है कि क्या *लेट देम* का वही अर्थ है जो "छोड़ देना" से होता है। ऐसा नहीं है। लेटिंग इट गो का अर्थ ऐसा होता है, जैसे आपने हार मान ली हो। आप किसी ऐसी चीज़ के आगे समर्पण कर रहे हों जिस पर आपका कोई नियंत्रण नहीं है। *लेट देम* इसके विपरीत है — यह शक्ति है। जब आप *लेट देम* कहते हैं, तो आप हार नहीं मान रहे होते या दूर नहीं जा रहे होते। आप बस उस कस कर पकड़े हुए विचार को छोड़ रहे होते हैं कि चीज़ें कैसी होनी चाहिए, और उन्हें वैसे होने दे रहे होते हैं जैसी वे होंगी। आप खुद को मुक्त कर रहे होते हैं। आप एक सक्रिय, सशक्त निर्णय ले रहे होते हैं — उस नियंत्रण को छोड़ने का जो वास्तव में कभी आपके पास था ही नहीं।

आप दूसरों और बाहरी परिस्थितियों को दी गई शक्ति को रोकते हैं और वह शक्ति फिर से खुद के लिए प्राप्त करते हैं। जब आप कहते हैं *लेट मो*, तो आप अपनी शक्ति को उजागर करते हैं — अपनी प्रतिक्रिया पर ध्यान केंद्रित करके।

लेट देम और *लेट मो* की सुंदरता यही है कि ये आपको इन अभ्यासों में निपुण बनाते हैं, ताकि आप एक अधिक शांतिपूर्ण, शक्तिशाली और सार्थक जीवन जीना शुरू कर सकें।\

असल ज़िंदगी में यह कैसे लागू होता है

देखिए यह सिद्धांत आपकी ज़िंदगी के अलग-अलग पहलुओं पर कैसे लागू होता है। मान लीजिए आप ऑफ़िस की मीटिंग में हैं और आपने एक ऐसा आइडिया साझा किया है जिसे लेकर आप बहुत उत्साहित हैं। आपने खूब सोच-विचार करने के बाद उसे सबके सामने रखा, आपको यक़ीन है कि उसमें दम है, लेकिन जैसे ही आप उसे सबके सामने रखते हैं, सब चुप हो जाते हैं। लोग बस औपचारिक रूप से सिर हिलाते हैं और फिर बात आगे बढ़ जाती है। कुछ ही देर में किसी और के आइडिया की बड़ी तारीफ़ होने लगती है। आपको ऐसा महसूस होता

है जैसे आपकी मौजूदगी या आपकी बातों पर कोई ध्यान ही नहीं दे रहा। आप खुद पर संदेह करने लगते हैं। आपको लगता है कि क्या इसे और बेहतर तरीक़े से पेश करना चाहिए था? क्या आपने अपनी बात ठीक से रखी?

उस पल आप चाहें तो इस अनदेखी से हताश-निराश हो सकते हैं, या फिर रुककर अपने आप से कह सकते हैं, *जाने दो।* आपके आइडिया को नकारे जाने से कोई फ़र्क़ नहीं पड़ता। उनकी प्रतिक्रिया से आपकी योग्यता या आइडिया की अहमियत कम नहीं होती। आपकी प्रतिभा और सफलता की क्षमता जस की तस बनी रहती है और सबसे बड़ी बात यह कि आपके पास कोई आइडिया था, यही अपने-आप में आपकी क़ाबिलयत का प्रमाण है।

डेटिंग में भी यही होता है। मान लीजिए आपकी किसी से बातचीत चल रही थी और सब कुछ सही लग रहा था, लेकिन अचानक वो इंसान बिना कुछ कहे ग़ायब हो गया। कोई जवाब नहीं मिला, कोई सफ़ाई नहीं मिली। चुभता है ना? आप सोचते हैं कि आपने क्या ग़लती की, हर बातचीत को दोबारा याद करते हैं, समझने की कोशिश करते हैं कि कहां चूक हो गई। और फिर उन्हें दोबारा संदेश भेजने, किसी तरह से छुटकारा पाने की तीव्र इच्छा होती है। इस स्थिति से हममें से कई लोग गुज़रे हैं।

यहीं पर *लेट देम* काम आता है, वे जो हैं, उन्हें वही बने रहने दें। उनका बुरा बर्ताव आपकी अहमियत को नहीं घटाता, लेकिन आप उस पर कैसी प्रतिक्रिया देते हैं-यही आपकी असल पहचान दिखाता है। सवाल यह नहीं है कि वे ऐसा क्यों कर रहे हैं, बल्कि यह है कि आप ऐसे व्यक्ति के साथ क्यों रहना चाहते हैं जो आपके साथ बुरा बर्ताव करता है? नहीं रहना चाहिए। इसलिए उस पर ध्यान दें जिसे आप नियंत्रित कर सकते हैं। अपनी भावनाओं को समझें और ख़ुद को याद दिलाएं कि आप सम्मान के हक़दार हैं।

इन दोनों ही हालात में, चाहे वह काम हो, डेटिंग हो या कुछ और जब आप *लेट देम* कहते हैं, तो आप यह समझते हैं कि आपके नियंत्रण में क्या है, और क्या नहीं। आप निराश होने के बजाय खुद को संभालने और अपने आपको अलग करने का विकल्प चुनते हैं। जैसा कि मैंने पहले कहा, दूसरे लोग आप पर तब तक अधिकार नहीं जमा सकते जब तक आप उन्हें यह हक़ नहीं दें। और हर बार जब आप 'लेट देम' कहते हैं, तो आप वह ताक़त वापस ले लेते हैं।

या फिर मेरी ही बात लें। जब मैं सोफ़े पर बैठी थी और मुझे यह तक नहीं पता था कि मेरी सब सहेलियां मिलकर कहीं गई हैं। पर, जैसे ही मैंने उनकी यात्रा की तसवीरें देखीं, मेरी प्रतिक्रिया शुरू हो गई। भावनाएं हावी हो गईं। मुझे असुरक्षित महसूस हुआ। मुझे ऐसा लगा जैसे मेरी उपेक्षा की गई है। मैं अपने आपको दूसरों से कमतर समझने लगी। और फिर मैंने एक क़दम और आगे बढ़ते हुए यह मान लिया कि मुझसे कोई ग़लती हुई है। और यही सोच मुझे और भी बुरा महसूस कराने लगी।

सच्चाई यह है कि मैंने यह सब ख़ुद ही अपने साथ किया। मेरी सहेलियों की कोई ग़लती नहीं थी। वे तो बस अपनी ज़िंदगी जी रही थीं। उन्हें पूरा हक़ है कि वे कहीं भी जाएं। उन्हें हक़ है कि वे जिस किसी के साथ चाहें, वीक-एंड की योजना बनाएं। असल में, उनकी ट्रिप पर मेरी जो प्रतिक्रिया थी, वही मुझे तकलीफ़ दे रही थी।

यह समझना बेहद ज़रूरी है, इसलिए मैं इसे विस्तार से आपको समझाना चाहती हूं। आइए, इसे एक झूले (सी-सॉ) के उदाहरण से समझते हैं। बच्चों के खेल के मैदान में यह झूला दिखाता है कि आपके और दूसरों के बीच ताक़त या नियंत्रण का संतुलन कैसे ऊपर-नीचे होता रहता है और जब ऐसा होता है तो लेट देम थ्योरी को कैसे अपनाया जा सकता है।

जब कोई ऐसा कुछ करता है (जैसे किसी प्लान में आपको शामिल नहीं करना), तो आप या तो सकारात्मक या नकारात्मक प्रतिक्रिया देंगे। अगर आपकी प्रतिक्रिया नकारात्मक होती है-जैसे आत्म-आलोचना या हताशा-निराशा, तो आप टूटा हुआ महसूस करने लगते हैं। आपकी यही प्रतिक्रिया उस संतुलन को बिगाड़ देती है और आपके और किसी और के बीच के संबंध में बदलाव ला देती है। यह झूले (सी-सॉ) की तरह होता है। आपकी भावनात्मक प्रतिक्रिया झूले को नीचे खींच देती है, जिससे सामने वाला ऊपर चला जाता है और आप खुद को कमज़ोर, कमतर या अकेला महसूस करने लगते हैं।

मैंने अपनी सहेलियों की तसवीरों को ऑन-लाइन देखकर जैसा महसूस किया था, यह ग्राफ़िक बिलकुल उसी भावना को दिखाता है।

ए) बिना 'लेट देम' कहे

**हीन भावना,
जलन, असुरक्षा,
उपेक्षा, कमतर
महसूस करना**

मुझे नीचे किसने गिराया? मैंने ख़ुद।

जब भी आप दूसरों के विचारों, कामों या भावनाओं को इस तरह से लेने लगते हैं कि आप बुरे इंसान हैं या आपने कुछ ग़लत किया है, तो आप उन्हें अपने ऊपर अधिकार जमाने की ताक़त दे रहे होते हैं। और इससे रिश्ते में संतुलन और समीकरण बदल जाता है। आप खुद को उनसे कमतर महसूस करने लगते हैं।

जब मैंने अपने आपसे कहा कि मैंने कुछ ग़लत किया है, तो यही तो हुआ। मुझे हीनता महसूस हुई, जलन हुई, असुरक्षा हुई, अकेलापन लगा और मैंने खुद को दूसरों से कम समझा। ये सारे विचार और भावनाएं बहुत नकारात्मक होती हैं।

जब आप कहते हैं *लेट देम* (उन्हें जो करना है, करने दो) तो आप उन नकारात्मक भावनाओं के बोझ से अपने आपको मुक्त कर देते है। इन्हीं की वजह से तो आप कमतर महसूस कर रहे थे। यह ठीक वैसा है जैसे ज़मीन पर पैरों से धक्का देकर झूले से ऊपर उठना। आप ऊपर जाते हैं और दूसरी ओर आपके दोस्त नीचे आ जाते हैं। शक्ति का संतुलन बदल जाता है।

बी) लेट देम कहने के बाद

श्रेष्ठता, भावनात्मक दूरी, झूठा नियंत्रण, आलोचनात्मक रवैया

दूसरों से और परेशान करने वाली स्थितियों से ऊपर उठ जाना बहुत अच्छा महसूस कराता है। इसी वजह से लोग *लेट देम* (जाने दो) कहना पसंद करते हैं, क्योंकि जब आप ऊपर होते हैं, तो आपको झूठा लेकिन सशक्त-सा आत्म-विश्वास और श्रेष्ठता का एहसास होता है। आप उन नकारात्मक भावनाओं को पार कर लेते हैं और ऊपर उठते हैं। इससे स्वाभाविक रूप से आप खुद को दूसरों से बेहतर महसूस करने लगते हैं। ऐसा लगता है जैसे आप ज़्यादा समझदार हैं और सब कुछ से ऊपर उठा हुआ महसूस करते हैं। इसी कारण उस स्थिति से दूरी बना लेना आपके लिए आसान हो जाता है।

और जब आप भावनात्मक उथल-पुथल से गुज़र रहे हों, तो थोड़ा-सा ही सही, श्रेष्ठता का भाव बहुत दूर तक साथ देता है। दूसरों पर अधिकार का अस्थायी एहसास आपको कठिन स्थिति से उबरने, उसे स्वीकार करने और जीवन के कष्टदायक या परेशान करने वाले अनुभवों को समझने में मदद करता है।

जो दोस्त आपको पलटकर फ़ोन नहीं करता, जो आलसी रूममेट बर्तन नहीं धोता, या जो ग्राहक काम पर आपके साथ बदतमीज़ी करता है, उनके मुक़ाबले खुद को बेहतर महसूस करना थोड़ी राहत तो देता ही है।

लेकिन फिर, लेट देम वाला वह पल ख़त्म हो जाता है।

फिर आप सोचेंगे... अब क्या? आप वहां ऊपर बैठे होंगे, दूसरों को नीचे देख रहे होंगे, और धीरे-धीरे अपनी उस श्रेष्ठता में अकेलापन महसूस होने लगेगा। और जब मैंने शुरू में *लेट देम* कहना शुरू किया था, तो मुझे भी यह नहीं पता था कि आगे क्या करना है। इसे कहना और मामूली श्रेष्ठता का एहसास अच्छा लगता था और भावनाओं से खुद को अलग करना तो और भी अच्छा। वो हिस्सा आसान था। लेकिन उसके बाद क्या करना है- ये मुझे समझ नहीं आता था।

और यहीं *लेट देम* कहने का असली ख़तरा छुपा है। अगर आप हमेशा बस यही कहते रहेंगे, *लेट देम, लेट देम, लेट देम*- जो चाहें, वो करते रहें - तो इसका नतीजा ये होगा कि आप अंदर से और ज़्यादा अकेला महसूस करने लगेंगे। आपका मन करेगा कि आप ख़ुद को औरों से अलग कर लें या पूरी तरह से चुप हो जाएं।

और यही तो पुरानी बात मैं उस सोफ़े वाली स्थिति में बैठकर करती। अगर मैं सिर्फ़ *लेट देम* कहकर वहीं रुक गई होती तो मैं अपनी उस झूठी ऊंचाई में बैठी रह जाती। मैं अपनी सहेलियों से संपर्क नहीं करती। शायद मैं उनकी पीठ पीछे उनकी बुराई करती, दूसरों से सहानुभूति और दिलासे की उम्मीद करती और जब भी उनसे मिलती, अजीब-सा महसूस करती। जबकि ये वही महिलाएं हैं जिन्हें मैं सच में पसंद करती हूं और जिनसे दोस्ती बनाए रखना चाहती हूं!

मैं चाहती हूं कि आप थोड़ा ठहरें और सच में उस स्थिति के बारे में सोचें, जब आप देखते हैं कि आपके दोस्त कहीं बाहर जा रहे हैं, कुछ कर रहे हैं और आप उसमें शामिल नहीं हैं। जब ऐसा होता है, तो दुख होता है। किसी काम या योजना से बाहर किए जाने पर हमेशा दुख होता है। आप उस गोल्फ़ ट्रिप में शामिल होना चाहते हैं, आप चाहते हैं कि आपको भी बुलाया जाए मैच देखने के लिए, आप भी चाहते हैं कि आप वीकएंड पर कहीं घूमने जाएं, आप अपने मज़ेदार सहकर्मियों के साथ बाहर ड्रिंक के लिए जाना चाहते हैं, आप चाहते हैं कि आपकी दोस्ती मज़ेदार, मज़बूत और ख़ुशहाल हो।

और मैं चाहती हूं कि आपकी दोस्ती भी इतनी ही मज़ेदार हो। तो अब मैं आपसे एक सवाल पूछती हूं - *अपने आपको दूसरों से नैतिक रूप से श्रेष्ठ समझकर आप ऐसी अच्छी दोस्तियां बना और निभा सकेंगे? नहीं ना?*

लेट देम कहना आपको बस उस चोट और दर्द से थोड़ी देर के लिए राहत देता है... सिर्फ़ कुछ पल के लिए। दूसरों को दोष देना और ख़ुद को उनसे बेहतर महसूस करना बहुत अच्छा लगता है।

लेकिन एक दोस्त के तौर पर, मैं आपको चेतावनी देना चाहती हूं कि अगर आप हर बार सिर्फ़ *लेट देम* (जाने दो...) ही कहते रहेंगे, तो एक दिन आपके पास बहुत कम दोस्त

रह जाएंगे। सामाजिक आयोजनों में आपको शामिल नहीं किया जाएगा और फिर आप इस उलझन में फंस जाएंगे कि यह थ्योरी आपके पक्ष में 'काम क्यों नहीं कर रही'।

और यहीं से मैं उस बड़ी खोज तक पहुंची जो मैंने इस थ्योरी पर काम करते हुए की थी। *लेट देम* यानी वे जो चाहें, करते रहें- इस विचार का सिर्फ़ पहला हिस्सा है। आप यहीं रुक नहीं सकते। इस थ्योरी का दूसरा और बेहद ज़रूरी हिस्सा है - *लेट मी* यानी मुझे मेरे हिसाब से करने दें।

आपकी असली ताक़त दूसरों को नहीं, बल्कि खुद को नियंत्रित करने में है। जब आप कहते हैं *लेट मी,* तो आप यह मानते हैं कि अब आगे क्या सोचना, करना या कहना है, यह आपके हाथ में है। *लेट मी'* से आपको एहसास होता है कि आप हालात पर क़ाबू रख सकते हैं। और यह भी कि जब आप सिर्फ़ यह सोचते रहते हैं कि आप दूसरों से बेहतर हैं और उसी एहसास में खोए रहते हैं, तो आप अकेले पड़ जाते हैं।

लेट मी ही असली ताक़त

इसीलिए यह थ्योरी तभी काम करती है, जब आप इसके दोनों हिस्से कहें। जब आप कहते हैं *लेट देम* यानी दूसरे जैसा चाहते हैं वैसा करने देना- तो आप यह तय करते हैं कि अब आप दूसरों के व्यवहार से परेशान नहीं होंगे। और जब आप कहते हैं *लेट मी*, तो आप इस बात की ज़िम्मेदारी लेते हैं कि अब आप आगे जो करेंगे, अपने हिसाब से करेंगे।

मुझे *लेट मी* की सबसे अच्छी बात यह लगती है कि यह आपको तुरंत दिखाता है कि आप क्या-क्या नियंत्रण में रख सकते हैं। और सच तो यह है कि आपके नियंत्रण में बहुत कुछ होता है जैसे, आपका रवैया, आपका व्यवहार, आपके मूल्य, आपकी ज़रूरतें, आपकी इच्छाएं और किसी घटना के जवाब में आप क्या करना चाहते हैं वग़ैरह।

यह किसी को परखने यानी जजमेंट का उलटा है। *लेट मी* का मतलब है अपने आपको समझना, सहानुभूति रखना, ख़ुद को मजबूत बनाना और अपनी ज़िम्मेदारी लेना।

आपके वे दोस्त जो आपको साथ लिए बिना कहीं घूमने निकल गए, वे आपसे बेहतर नहीं हैं। ना तो आप उनसे बेहतर हैं।

यही है लेट देम थ्योरी का सार : *लेट देम* और *लेट मी*।

आप जितना ज़्यादा लोगों को उनकी ज़िंदगी उनके तरीके से जीने देंगे, आपकी ज़िंदगी उतनी ही बेहतर होती जाएगी। आप जितना ज़्यादा नियंत्रण छोड़ेंगे, उतना ही अपनी ज़िंदगी को नियंत्रित कर पाएंगे। लेट देम सिद्धांत का मतलब दूसरों से ऊपर होना नहीं है-यह संतुलन की बात है। यह अपने लिए और दूसरों के लिए समान रूप से जगह बनाने की बात है। यह दूसरों को अपनी ज़िंदगी जीने की आज़ादी और गरिमा देने की बात है, और फिर वही आज़ादी और गरिमा ख़ुद को भी देने की।

सी) लेट मी कहना

स्वीकार्यता
समझदारी संवेदना
ज़िम्मेदारी असली
नियंत्रण

उदाहरण के लिए, जब सहेलियों के वीक-एंड को लेकर मन में उथल-पुथल मची थी, तो मैंने सबसे पहले ख़ुद से कहा, कोई बात नहीं, *लेट देम।* यह सोच मुझे उस स्थिति और उस चोट से ऊपर उठने में मददगार रही। इसने मुझे मेरी भावनाओं से थोड़ा अलग होकर देखने का मौक़ा दिया। और यही पहला क़दम होता है, क्योंकि भावुक होकर उन्हें दोष देने या ख़ुद को कोसने से मेरी दोस्तियां अचानक बेहतर नहीं बन जाएंगी।

यह जो भीतर एक ऊंचाई का एहसास था, उसने मुझे मानसिक रूप से इतना स्थान दे दिया कि मैं उस स्थिति को एक ऊपरी दृष्टिकोण से देख सकूं। जितना ज़्यादा मैंने खुद से कहा *लेट देम*, उतना ही ज़्यादा मेरे पास यह सोचने की जगह बनी कि इस स्थिति में मेरी भूमिका क्या थी और मैं इसके बारे में क्या करना चाहती हूं।

और जब मैंने रुककर थोड़ा आत्म-चिंतन किया तो बहुत सी बातें साफ़ हुईं।

पिछले कुछ सालों से मैं अपने काम में इतनी व्यस्त थी कि सहेलियों से ठीक से मेल-मुलाक़ात भी नहीं कर पा रही थी। मैंने बहुत समय से किसी को अपने घर पर बुलाया भी नहीं था। हो सकता है मुझे जान-बूझकर अलग नहीं किया गया हो, हो सकता है उन्होंने मुझे याद ही ना किया हो। और, अगर मैं ख़ुद कोशिश नहीं कर रही, किसी से संपर्क नहीं कर रही, या आस-पास के आयोजनों में शामिल नहीं हो रही थी, तो वे मुझे क्यों याद करतीं?और अगर मैं पूरी ईमानदारी से कहूं, तो मैं भी अपनी ज़िंदगी, काम और बच्चों में इतनी उलझी रही कि अगर मेरी पुरानी सहेलियों ने ऑन-लाइन कुछ पोस्ट ना किया होता तो शायद मैं भी उनके बारे में ज़्यादा नहीं सोचती।

मुझे उनसे भला क्यों उम्मीद करनी चाहिए कि वे मुझे बुलावा भेजेंगी। कोई मुझे फ़ोन करने के लिए बाध्य नहीं है। हां, यदि ऐसा होता है तो अच्छा लगता है, और हां, आप ऐसे दोस्तों-सहेलियों के हक़दार हैं जो आगे बढ़कर आपसे संपर्क करें। लेकिन सवाल यह है कि आख़िर उन दोस्तियों को बनाए रखने की ज़िम्मेदारी किसकी है? और इससे भी ज़रूरी है कि मैं अपने आपसे ईमानदारी से पूछूं कि क्या मैं अपनी तरफ़ से कोशिश कर रही थी? जब मैंने अपने आपसे यह सवाल किया, तो जवाब था-नहीं।

जब आप बड़े हो जाते हैं, तो आपकी सामाजिक ज़िंदगी को ठीक से चलाना आपकी अपनी ज़िम्मेदारी बन जाती है। अगर आपको ज़िंदगी में ज़्यादा मज़ा चाहिए, तो आपको ख़ुद ही सोफ़े से उठकर एक अच्छी सामाजिक ज़िंदगी बनानी पड़ेगी (यह बात मैं अपने आपसे भी कह रहा हूं)।

तो मुझे अब दूसरों से यह उम्मीद लगाना छोड़ना होगा कि वे हमेशा मुझे अपने साथ शामिल करें। मैं अपनी ज़िंदगी में जो चाहती हूं, उसकी ज़िम्मेदारी मुझे ख़ुद ही उठानी होगी। मैं यह समझने की कोशिश करूं कि असली समस्या क्या है, ताकि मैं भीतर तक जाकर उसे देख सकूं। मैं और पहल करूं, लोगों से खुद संपर्क करूं। मैं किसी परिचित इस वीक-एंड किसी बहाने से अपने घर निमंत्रित करूं। मैं एक बार ख़ुद ही किसी पार्टी का आयोजन करूं। मैं काम को लेकर अपनी सीमाएं बेहतर बनाऊं ताकि दोस्तों के लिए समय निकाल सकूं। मैं अपनी सामाजिक ज़िंदगी को प्राथमिकता दूं, क्योंकि साफ़ है कि यह मेरे लिए मायने रखती है और इसे बनाना मेरी ही ज़िम्मेदारी है।

क्यों ना मैं ही इन में से कुछ महिलाओं से दोबारा जुड़ने के लिए पहल करूं। लेकिन किसी मजबूरीवश नहीं। ना ही इसलिए कि सब कुछ ठीक कर लूं, और ना ही इसलिए कि मुझे उनके अगले किसी टूर का बुलावा मिल जाए। बल्कि इसलिए कि जब मैंने खुद से कहा *लेट देम* और *लेट मी*, और अपनी भावनाओं से ऊपर उठकर सोचा तो मुझे एक सच्चाई का एहसास हुआ। दरअसल, मैं इन में से कुछ महिलाओं को सच में बहुत मिस कर रही हूं। और जब मैंने वो पोस्ट ऑन-लाइन देखी, तो एहसास हुआ कि मैं बहुत ज़्यादा काम करती हूं और अब मैं सच में कोशिश करना चाहती हूं कि इन पुरानी दोस्तियों को फिर से ज़िंदा करूं... और अब जब सोच रही हूं तो कुछ और लोगों से भी मेल-मुलाक़ात बढ़ाऊं।

आगे बढ़ने से पहले : दो चेतावनियां

जब मैंने इस पुस्तक पर रिसर्च की, तो लेट देम थ्योरी को अपनाने वालों की ओर से दो अहम सवाल बार-बार सामने आए। और मैं चाहूंगी कि हम आगे बढ़ने से पहले इन दोनों सवालों के जवाब यहीं जान लें।

पहला सवाल : क्या लेट देम थ्योरी बच्चों पर भी लागू होती है?

हां, आप लेट देम थ्योरी का इस्तेमाल बच्चों के साथ भी कर सकते हैं, लेकिन कुछ बेहद ज़रूरी सावधानियों के साथ। वैसे तो यह पुस्तक ख़ास तौर पर इस बात पर केंद्रित है कि इस थ्योरी यानी सिद्धांत को वयस्कों के साथ कैसे अपनाया जाए। पूरी पुस्तक में मैंने वयस्कों और बच्चों के बीच स्पष्ट अंतर बनाए रखा है, ताकि किसी तरह की ग़लतफ़हमी ना हो। लेकिन एक माता-पिता के रूप में मैं मानती हूं कि कई बार मेरे बच्चे मुझे पागल कर देते हैं। जब मैं अपना आपा

खो देती हूं, तो एक माता-पिता के रूप में ग़लत निर्णय ले लेती हूँ। ऐसे में लेट देम थ्योरी ने मुझे यह सिखाने में बहुत मदद की है कि जब मेरे बच्चों के साथ की परिस्थितियां असहनीय लगती हैं, तब मैं शांत, आत्मविश्वासी और संतुलित कैसे रह सकती हूं।

हर बार जब मैं *लेट देम* कहती हूं, तो मैं यह स्वीकार कर रही होती हूं कि मेरे बच्चे सक्षम हैं और जितना मैं सोचती हूं, उससे कहीं ज़्यादा मज़बूत हैं। *लेट मी* वाला भाग मुझे यह याद दिलाता है कि मेरी भूमिका है समर्थन करना, सुनना और मार्गदर्शन देना — नियंत्रण नहीं करना।

यह कहने के बाद भी, मैं अभी भी माता-पिता हूं, इसलिए बच्चों पर विश्वास करने, उन्हें लेट देम करने और आवश्यक समर्थन देने तथा ज़रूरत पड़ने पर हस्तक्षेप करने के बीच संतुलन बनाए रखना ज़रूरी है।

इसलिए, मैं चाहती हूं कि आप इस सिद्धांत का प्रयोग करके अपने बच्चों, किशोरों और युवाओं के साथ अपने संबंध को मज़बूत कर सकें, और साथ ही अपना मानसिक संतुलन भी बनाए रख सकें। इसके लिए मैंने इस पुस्तक के एपेंडिक्स में एक विशेष मार्गदर्शिका तैयार की है, जो पैरेंटिंग और लेट देम थ्योरी को विस्तार से समझाती है। दूसरे शब्दों में कहें तो : कब लेट देम थ्योरी का प्रयोग करें और कब सक्रिय होकर नेतृत्व करना ज़रूरी हो जाता है।

यह इतना महत्वपूर्ण विषय है कि मैं इसे पूरी तरह से सही तरीक़े से प्रस्तुत करना चाहती थी। इसलिए मैंने डॉ. स्टुअर्ट एब्लॉन से संपर्क किया ताकि वह मेरी इस संक्षिप्त मार्गदर्शिका को बनाने में मदद कर सकें, जो लेट देम थ्योरी को एक माता-पिता, कोच, देखभालकर्ता, शिक्षक या दादा-दादी के रूप में इस्तेमाल करने में सहायक हो।

डॉ. एब्लॉन एक पुरस्कार विजेता मनोवैज्ञानिक हैं, जो मैसाचुसेट्स जनरल हॉस्पिटल में थिंक : किड्स कार्यक्रम का संचालन करते हैं। वह हार्वर्ड मेडिकल स्कूल में बाल और किशोर मनोरोग के प्रोफ़ेसर भी हैं और व्यवहार परिवर्तन पर अग्रणी विशेषज्ञ माने जाते हैं।

आप उनकी सलाह पर भरोसा कर सकते हैं, क्योंकि वे अपने तीस वर्षों के शोध और नैदानिक अनुभव पर आधारित हैं।

दूसरा सवाल : अगर लेट देम अपनाने से अकेलापन महसूस होने लगे, तो क्या करें?

यह एक बेहद अहम मुद्दा है। कुछ लोगों ने बताया है कि लेट देम थ्योरी अपनाने के बाद उन्हें अकेलापन महसूस होने लगा। अगर आप भी ऐसा महसूस कर रहे हैं, तो यह इस बात का संकेत है कि आप इस थ्योरी को ग़लत तरीक़े से अपना रहे हैं। *लेट देम थ्योरी* के दो ज़रूरी चरण होते हैं : *लेट देम* (वे चाहते हैं, उन्हें करने दें) और *लेट मी* (मुझे मेरे हिसाब से चलने दें)। इन दोनों को एक साथ चलना चाहिए। आप सिर्फ़ *लेट देम* कहकर वहीं रुक नहीं सकते। बहुत से लोग दूसरा कदम यानी *लेट मी* भूल जाते हैं। और यही सबसे बड़ी ग़लती होती है,

क्योंकि असली ताक़त '*लेट मी*' में छुपी होती है। *लेट मी* का मतलब है आप अपनी अगली पहल की ज़िम्मेदारी लेते हैं, वही पहल जो आपको मनमुताबिक ज़िंदगी, रिश्ते और जुड़ाव दिलाएगी। अगर यह हिस्सा छूट गया, तो आप सशक्त महसूस करने के बजाय खुद को कटा-कटा और अलग-थलग पाएंगे।

एक दोस्त की तरह मैं आपको आगाह करना चाहती हूं कि अगर आप बस *लेट देम* कहते रहें, तो बहुत मुमकिन है कि आपके पास ना तो ज़्यादा दोस्त रहेंगे, ना ही कोई सामाजिक योजना। और फिर आप सोचते रहेंगे कि यह थ्योरी आपके हक़ में काम क्यों नहीं कर रही। *लेट देम* कहना अच्छा लगता है, क्योंकि इसमें हम दूसरों को दोष दे सकते हैं। और जैसा कि हमने पहले बात की, थोड़ी-सी श्रेष्ठता की भावना तब मदद कर सकती है जब आप खुद को टूटा हुआ महसूस करें। लेकिन यही इस थ्योरी का मक़सद नहीं है।

लेट देम कोई बहाना नहीं है - ना फ़ोन ना उठाने का, ना कंधे उचका देने का, ना किसी आहत दोस्त या परिवारजन से बात करने से इनकार करने का, ना किसी ऐसे हालात में बने रहने का जो आपको तकलीफ़ दे रहा हो, और ना ही भेदभाव या नुक़सानदेह व्यवहार को नज़रअंदाज़ करने का। यह किसी को चुप्पी की सज़ा देने, लोगों से दूर हो जाने, असहज बातचीत से बचने या अपने रिश्तों से दूर भागने का लाइसेंस नहीं है।

इस थ्योरी का उद्देश्य आपको अकेला या उपेक्षित महसूस कराना नहीं है, बल्कि इसके ज़रिये आपको अपने हर एक रिश्ते में ज़्यादा जुड़ाव और संतुष्टि महसूस कराना है। अगर आपको लग रहा है कि इस थ्योरी को अपनाने से आप और भी ज़्यादा अकेले हो रहे हैं, तो कृपया समझ लें कि आप इसे ग़लत तरीक़े से इस्तेमाल कर रहे हैं। यह थ्योरी आपकी ज़िंदगी को बेहतर बनाने के लिए है, ना कि उसे और कठिन बनाने के लिए। इसलिए मैं आपको फिर से याद दिला रही हूं कि हमेशा *लेट मी* कहना याद रखें। क्योंकि वही हिस्सा है जो सच में आपकी ज़िंदगी बदल सकता है।

लेट देम थ्योरी को अपनाने के बाद मुझे यह समझ में आया कि मैं कितनी बार इस बात के लिए दूसरों को दोष देती रही कि मैं अकेले अपने सोफ़े पर बैठी हूं। या मैं उतना पैसा नहीं कमा रही जितना मैं चाहती हूं। या मैं कितनी बार सिर्फ़ अपराध-बोध के चलते 'हां' कह देती हूं। या मैंने कितने फ़ैसले सिर्फ़ इसलिए लिए क्योंकि मैं किसी को निराश नहीं करना चाहती थी। या मैंने कितनी बार 'थकान' को बहाना बनाया ताकि न तो अपनी सेहत को तरजीह दूं, और ना ही अपनी ख़ुशी को।

जब आप एक वयस्क होते हैं, तब आपकी ज़िंदगी, आपकी ख़ुशी, सेहत, मानसिक सुधार, सामाजिक जीवन, दोस्ती, सीमाएं, ज़रूरतें और सफलता- ये सब आपकी स्वयं की ज़िम्मेदारी होती है। अगर आप दिल ही दिल में यह उम्मीद लगाए बैठे हैं कि कोई और आएगा, आपकी परेशानियां हल करेगा, आपके बिल चुकाएगा, आपके लिए सामाजिक दायरा बनाएगा, आपके ज़ख़्म भर देगा, आपकी मनचाही जोड़ी बन जाएगा, या आपको

प्रेरित करेगा कि आप अपने सबसे अच्छे रूप में जी सकें...तो जान लीजिए ऐसा नहीं होने वाला। कोई नहीं आने वाला। और जो भी वक़्त आप दूसरों को दोष देने, या किसी की इजाज़त या बुलावे का इंतज़ार करने में लगा रहे हैं वह व्यर्थ जा रहा है। वो दिन अब बीत चुके हैं। आपका *लेट मी* दौर आ चुका है।

आप जो चाहें, वह कर सकते हैं, बस शर्त यह है कि आप उसमें अपना समय और ऊर्जा लगाने को तैयार हों। और इसका मतलब यह है कि अब आपको अपनी ऊर्जा और समय छोटी, तुच्छ और बेकार बातों में बरबाद करना बंद करना होगा। और यह भी कि अब आपको उस बात को नियंत्रित करने की कोशिश छोड़नी होगी जिसे आप कभी नियंत्रित नहीं कर सकते यानी दूसरे लोगों को नियंत्रित करना बंद करना होगा।

पुस्तक के अगले भाग में हम आपके जीवन के चार ऐसे मुख्य क्षेत्रों में प्रवेश करेंगे, जहां लेट देम थ्योरी तुरंत और बहुत बड़ा असर डाल सकती है। आप यह समझेंगे कि कैसे दूसरों का व्यवहार, उनकी राय, उनकी प्रतिक्रियाएं और उनकी सफलता आपकी ख़ुशी को प्रभावित करने और आपके रास्ते में रुकावट बनने से रोक सकते हैं। और, *लेट देम* की शक्ति को महसूस करने के लिए तनाव से निपटने और अपने मन की शांति को सुरक्षित रखने से बेहतर कोई तेज़ तरीका नहीं है। तो आइए, आगे बढ़ते हैं।

आप और
लेट देम थ्योरी

तनाव प्रबंधन

दूसरों की राय से डरना

किसी और की भावनात्मक प्रतिक्रियाओं से निपटना

लगातार तुलना की आदत से उबरना

जितना ज़्यादा आप दूसरों को उनकी ज़िंदगी जीने देंगे, उतनी ही बेहतर आपकी ज़िंदगी बनती जाएगी।

— मेल रॉबिंस

तनाव प्रबंधन

अध्याय 3

चौंकिए मत : ज़िंदगी है, तो तनाव भी होगा

लेट देम थ्योरी को अपनाने का तुरंत असर दिखाने का तरीक़ा यह है कि रोज़मर्रा की ज़िंदगी में आने वाले अनगिनत छोटे-छोटे तनावों को दिल पर ना लेना।

आप समझ ही गए होंगे कि मैं किस बारे में बात कर रही हूं। फ़ोन पर आती कभी ना ख़त्म होने वाली सूचनाएं, धीमा इंटरनेट, अचानक बदलती योजनाएं, दफ़्तर की अनगिनत मीटिंग्स, दूसरों का बेपरवाह व्यवहार, लंबी क़तारें और धीरे-धीरे चलने वाले लोग। ये छोटी-छोटी झुंझलाहटें मामूली लग सकती हैं, लेकिन दरअसल ऐसा नहीं है।

मैं मानती हूं कि लोगों से परेशानी हो सकती है और यह भी सच है कि आपके पास पहले से ही ढेरों ज़िम्मेदारियां हैं। आज की तेज़-रफ़्तार ज़िंदगी ऐसी लग सकती है जैसे छोटी-छोटी परेशानियां धीरे-धीरे आपकी ऊर्जा ख़त्म कर रही हों और आपको थका रही हों। ये बातें आसानी से मन पर हावी हो सकती हैं, लेकिन ऐसा करना समझदारी नहीं।

आप यह नियंत्रित नहीं कर सकते कि दूसरे वयस्क किस तरह का व्यवहार करें। उनके बुरे बर्ताव पर तनाव लेना आपकी शक्ति को कम करता है। जब तक आप बेवजह की बातों या बदतमीज़ लोगों को अपनी ऊर्जा लेने देते रहेंगे, तब तक आप अपने जीवन की पूरी संभावनाओं तक नहीं पहुंच पाएंगे।

आपका समय और ऊर्जा आपके सबसे क़ीमती संसाधन हैं। आने वाले अध्यायों में आप जानेंगे कि किस तरह लेट देम थ्योरी का इस्तेमाल करके आप ख़ुद को उन फ़ालतू तनावों से बचा सकते हैं जो इस समय दूसरे लोग आपके जीवन में पैदा कर रहे हैं।

बस एक पल रुकिए और खुद से पूछिए कि कॉफ़ी शॉप की लंबी लाइन से आपका दिन को क्यों बिगड़ रहा है? ट्रैफ़िक क्यों आपका मूड ख़राब कर रहा है? जब कोई किसी ज़रूरी काम के बीच टोक देता है तो आप खुद को बेचारा क्यों महसूस करते हैं? कोई अगर सार्वजनिक जगह पर ज़ोर से बात कर रहा है, तो उससे आपको इतनी परेशानी

क्यों होती है? परिवार के किसी सदस्य की बिना मांगी सलाह आपको निजी हमला क्यों लगती है? भीड़भाड़ वाले रास्ते में किसी के धीमे-धीमे चलने पर आप उतावले क्यों हो जाते हैं?

मेरे साथ भी ऐसा होता है। अभी कुछ दिन पहले मैं कुछ पौधे लेने अपनी पसंदीदा दुकान में गई। वहां कैशियर बहुत धीरे-धीरे काम कर रहा था। सिर्फ दो काउंटर खुले थे और हर एक पर पांच-पांच लोग लाइन में खड़े थे।

बीप.बीप.बीप

मुझे महसूस हुआ कि मैं झुंझलाने लगी हूं। मुझे घर लौटकर एक मीटिंग के लिए निकलना था। मेरा मन हुआ कि पीछे खड़े व्यक्ति की ओर देखकर कहूं, 'हद हो गई!'

लेकिन मैं रुकी। मैंने अपने आप से कहा, 'उन्हें अपने ढंग से काम करने दिया जाए।'और असर तुरंत हुआ। मेरा मन थोड़ा शांत हो गया। क्या इससे कैशियर की गति तेज़ हुई? नहीं। लेकिन जो हुआ वो और बेहतर था। इसने मुझे उस आदत से बचा लिया जिसमें मैं छोटी-छोटी बातों को अपने रोज़मर्रा के जीवन में बड़ा तनाव बना लेती हूं। इस लाइन में 10 मिनट ज़्यादा भी खड़ा रहना पड़ जाए तो इससे मेरे दिन भर के काम को कोई नुक़सान नहीं पहुंचने वाला। लेकिन यदि मैं इस बात पर चिढ़ और खीझ के साथ प्रतिक्रिया देती तो उसका असर मेरे पूरे दिन पर पड़ सकता था। आप जिन बातों को नियंत्रित नहीं कर सकते, या जो वास्तव में महत्त्वपूर्ण नहीं हैं, उन पर तनाव लेना क्यों? ऐसी छोटी बातों का आप पर इतना बड़ा असर क्यों पड़ता है?

जब आप अपने चारों ओर की दुनिया को अपनी भावनाओं और मानसिक शांति पर हावी होने देते हैं, तो आप इन बाहरी परिस्थितियों के ग़ुलाम बन जाते हैं। आप तुच्छ बातों को अपने मूड का मालिक बना रहे होते हैं, वे आपकी प्रेरणा को कम करती हैं और आपका ध्यान भटका देती हैं। यूनानी दार्शनिक एपिक्टीटस का एक प्रसिद्ध उद्धरण है, 'यह मायने नहीं रखता कि आपके साथ क्या होता है, बल्कि यह मायने रखता है कि आप उस पर कैसी प्रतिक्रिया देते हैं।' इसका मतलब क्या है? इसका अर्थ है कि आपकी असली ताक़त इस बात में है कि आप किसी स्थिति पर कैसी प्रतिक्रिया देते हैं।

हर दिन परेशान करने वाली और तनावपूर्ण परिस्थितियों पर अलग ढंग से प्रतिक्रिया देना सीखना होगा, इससे आपकी ज़िंदगी बदल सकती है। अभी आप अपनी सारी ताक़त यूं ही गंवा रहे हैं-या तो उन चीज़ों पर अपनी ऊर्जा बर्बाद करके जो कोई मायने नहीं रखतीं, या फिर उन बातों पर जल-भुनकर जो आपके बस में ही नहीं हैं। आपको शायद अंदाज़ नहीं कि यह कितनी बड़ी समस्या है, मुझे भी नहीं था। तनाव प्रबंधन इसलिए मुश्क़िल लगता है, क्योंकि जो कुछ भी आपके आस-पास हो रहा है, उस पर आपकी प्रतिक्रिया बिलकुल स्वचालित होती है और आपका पूरा शरीर तनाव में आ जाता है। ऐसा लगता है जैसे आप भावना के बहाव में बह जाते हैं और फिर आप वह संदेश भेज देते हैं जिसका बाद में पछतावा

होता है, या कोई ऐसी बात कह देते हैं जो दिल से नहीं निकली होती। या फिर आप लंबी कतार में खड़े रहते हैं और भीतर-भीतर ग़ुस्सा और चिढ़ बढ़ती ही जाती है, भले ही आप नहीं चाहते हैं।

ये सारे उदाहरण बताते हैं कि किस तरह आपकी प्रतिक्रिया तनावपूर्ण और झुंझलाने वाली स्थितियों में आपके रोज़मर्रा के जीवन के लिए बड़ी समस्या बन सकती है। आप अपने आस-पास क्या हो रहा है, इसे नियंत्रित नहीं कर सकते, लेकिन आप इस पर कैसी प्रतिक्रिया देते हैं, यह ज़रूर आपके नियंत्रण में है। और इसका बेहतरीन उदाहरण हवाई अड्डा है। सच कहें तो अगर आपको तनाव महसूस करना हो, तो बस किसी एयरपोर्ट चले जाइए।

एयरपोर्ट स्ट्रेस टेस्ट

चेक-इन से लेकर सुरक्षा जांच की लंबी क़तारें, मौसम के कारण उड़ान में देरी पर लोगों का बेक़ाबू होना, सामान गुम हो जाना, उड़ान शुरू होने से पहले ही गेट पर भीड़ लगाना, समय की तंगी के चलते अगली फ़्लाइट छूटने का डर, रूट बदल जाना, विमान में चढ़ते ही ओवर-हेड स्पेस भर जाना, रेंटल कार काउंटर पर लंबी लाइनें, कुल मिलाकर एयरपोर्ट पर तनाव पैदा करने वाली स्थितियों की कोई कमी नहीं होती।

लेकिन चलिए, इसी बात को एक उदाहरण की तरह इस्तेमाल करते हैं ताकि आप यह समझ सकें कि आप क्या नियंत्रित कर सकते हैं, और क्या नहीं। इंसानी स्वभाव का एक बुनियादी नियम याद रखिए कि दूसरे लोग क्या कहते हैं, क्या सोचते हैं, या क्या करते हैं आप इसको कभी नियंत्रित नहीं कर सकते। जैसे ही आप ऐसा करने की कोशिश करते हैं, आप अपनी ताक़त खो देते हैं। आपको यह सीखना होगा कि आप क्या कह रहे हैं, क्या सोच रहे हैं, और क्या कर रहे हैं बस इसी पर ध्यान देना है। इसी तरह आप स्थिति पर नियंत्रण बनाए रखते हैं।

क्योंकि चाहे विमान में कुछ भी हो रहा हो या हवाई अड्डे पर, हर परिस्थिति में निर्णय लेने और प्रतिक्रिया देने की शक्ति आपके पास होती है।

कुछ महीने पहले हवाई यात्रा के दौरान मेरे ठीक पीछे बैठा व्यक्ति बुरी तरह से खांस रहा था। उसकी खांसी सुनकर साफ़ लग रहा था कि आस-पास के सब लोग बीमार पड़ने वाले हैं।

शुरुआत के कुछ मिनटों तक मैंने इस पर ध्यान नहीं दिया, लेकिन जब वो लगातार खांसता ही रहा, फिर गला खंखारकर दोबारा ज़ोर-ज़ोर से खांसने लगा, तो मुझे चिढ़ होने लगी। मैं एक कार्यक्रम में भाषण देने के लिए जा रही थी और आने वाले कुछ हफ़्तों में मुझे कई बड़े आयोजनों में बोलना था। मैं बीमार पड़ने या गला ख़राब होने का जोख़िम मोल नहीं ले सकती थी।

मैंने सीटों के बीच की दरार से झांककर पीछे देखा, तो पाया कि वह व्यक्ति मुंह खोलकर खांस रहा था, जैसे विमान में वही अकेला बैठा हो। मेरे मन में आया कि *क्या वाक़ई ये आदमी मुझे बीमार कर देगा? ये कितना स्वार्थी और असभ्य है!* मैंने अपने विकल्पों के बारे में सोचना शुरू किया।

बेवजह चुपचाप ग़ुस्सा दिखाना किसी काम का नहीं था। मैं अपनी सीट पर बैठकर झुंझलाती रही और सीट के बीच से घूर-घूर कर उसे घातक नज़रों से देखने की कोशिश करती रही, पर वह या तो मेरे इशारों को समझ ही नहीं रहा था या फिर उसे फ़र्क़ ही नहीं पड़ रहा था।

मैंने सोचा कि एयर होस्टेस को बुलाकर शिकायत करूं, लेकिन वह आदमी तो वहीं पास में बैठा था, और मेरी बात साफ़ सुन लेता। मेरे लिए अजीब स्थिति बन जाती। आख़िरकार मैंने तय किया कि पीछे मुड़कर विनम्रता से कहूं, 'साहब, कृपा करके क्या आप अपना मुंह ढंक सकते हैं?'

एक पल के लिए अजीब सी ख़ामोशी छा गई।

उसने सिर हिलाकर हां तो कह दिया लेकिन फिर पूरी उड़ान भर मुंह पर कपड़ा रखे बिना खांसता रहा। मुझे यह इसलिए पता है, क्योंकि मैं सीटों के बीच की दरार से बार-बार उसे देखती रही। साफ़ है, उस आदमी के लिए भी बुरा लग रहा था। बीमारी किसी को भी पसंद नहीं होती और जब खांसी आती है, तो उसे रोका नहीं जा सकता। लेकिन उस पल की झुंझलाहट में मैं भीतर ही भीतर और ज़्यादा चिढ़ने लगी। मैं सिर्फ़ तनाव में ही नहीं थी, अब तो मेरी मनःस्थिति भी बिगड़ रही थी और किसी काम पर ध्यान लगाना नामुमक़िन हो गया था।

यह सिर्फ़ एक उदाहरण है कि कैसे आपके आस-पास घट रही कोई साधारण-सी बात भी आपको तनावग्रस्त कर सकती है, आपके शरीर पर बुरा असर डाल सकती है और आपके सोचने-समझने की शक्ति को कुंद कर सकती है।

तनाव में आपका मस्तिष्क

मेरी इस पुस्तक के शोध के दौरान जिन विशेषज्ञों से मैंने बातचीत की, उनमें से एक हैं डॉक्टर अदिति नेरुरकर। वह हार्वर्ड मेडिकल स्कूल में चिकित्सक हैं और *द फ़ाइव रीसेट्स: रीवायर योर ब्रेन एं‌ेड बॉडी फ़ॉर लेस स्ट्रेस एं‌ेड मोर रेज़िलिएंस पुस्तक की लेखिका हैं।* डॉक्टर अदिति हार्वर्ड के बेथ इसराएल डीकॉनेस हॉस्पिटल के इंटीग्रेटिव मेडिसिन प्रोग्राम की मेडिकल डायरेक्टर रह चुकी हैं। यहां उन्होंने तनाव प्रबंधन पर वैज्ञानिक प्रमाणों पर आधारित एक बड़ा चिकित्सकीय अभ्यास विकसित किया। इससे उनके मरीज़ों को राहत मिली।

डॉक्टर अदिति कहती हैं, 'आपकी ज़िंदगी में तनाव बहुत बड़ी समस्या है, जितनी आप समझते हैं, उससे भी बड़ी।'

डॉ. अदिति के अनुसार, तनाव आपको ख़ुद पर शक करने, टाल-मटोल करने, थकावट महसूस करने, लगातार सोशल मीडिया देखने और दूसरों से अपनी तुलना करने पर मजबूर करता है। अगर आपको ध्यान लगाने, ख़ुश महसूस करने या अपनी देखभाल करने में परेशानी हो रही है, तो इसकी वजह तनाव है।

डॉ. अदिति ने मुझे यह भी बताया कि अगर आप बहुत अधिक नकारात्मक सोचने लगे हैं, आप टाल-मटोल कर रहे हैं, लगातार थकान महसूस कर रहे हैं, फ़ोन पर स्क्रॉल करना बंद नहीं कर पा रहे हैं, या काम से ख़ुद को अलग करने में कठिनाई हो रही है, तो इसकी जड़ में तनाव है। डॉ. अदिति ने समझाया कि तनाव सिर्फ शरीर में महसूस होने वाला दबाव नहीं है, बल्कि यह आपके मस्तिष्क की एक शारीरिक अवस्था है। यह बात समझना बहुत ज़रूरी है, क्योंकि तनाव आपके मस्तिष्क की कार्यप्रणाली को बाधित करता है। जैसा कि डॉ. अदिति ने बताया, सामान्य स्थिति में आपका प्रीफ्रंटल कॉर्टेक्स (मस्तिष्क का वह हिस्सा जो सोचने, निर्णय लेने और नियंत्रण करने के लिए ज़िम्मेदार होता है) नियंत्रण में होता है।

आपके मस्तिष्क का यह हिस्सा आपकी रोज़मर्रा की ज़िंदगी को प्रबंधित करने में मदद करता है। यह आपको योजना बनाने, बातों को याद रखने, कामों को व्यवस्थित करने और सही निर्णय लेने में सहयोग करता है। अगर आप बेहतरीन ढंग से जीना चाहते हैं, तो आपको मस्तिष्क के इसी हिस्से का भरपूर उपयोग करना होगा।

समस्या यह है कि जैसे ही आप किसी बात से 'तनाव' महसूस करते हैं, जैसे विमान में खांसता हुआ व्यक्ति, किसी काम के लिए लगी बहुत लंबी क़तार, या किसी टेस्ट के नतीजों का इंतज़ार, वैसे ही आपका मस्तिष्क तनाव में चला जाता है और आपका वह प्रीफ्रंटल कॉर्टेक्स नियंत्रण में नहीं रहता (और फिर आप भी नियंत्रण में नहीं रहते)।

आपकी तनाव प्रतिक्रिया आपके मस्तिष्क के एक और हिस्से में होती है, जिसे एमिगडाला कहा जाता है। डॉ. अदिति ने एमिगडाला को इस तरह समझाया, 'यह आपके मस्तिष्क में गहराई में स्थित एक छोटी, बादाम के आकार की संरचना है, जो आपके कानों के बीच में होती है। यह मानव मस्तिष्क की सबसे पुरानी संरचनाओं में से एक है और कई लोग इसे हमारी सरीसृप-मस्तिष्क (रेप्टीलियन ब्रेन) कहते हैं। और इसी में हमारी तनाव प्रतिक्रिया रहती है।'

अगर आपने कभी किसी को कहते सुना होगा, फ़ाइट, फ़्लाइट ऑर फ्रीज़ रेस्पाँस (तनाव में दिमाग़ या तो लड़ता है, या भागता है, या फिर ठहर जाता है, तो यह वही है जिसे 'तनाव प्रतिक्रिया' कहा जाता है। इसका मतलब यह है कि जब आप तनाव में होते हैं, तब आपका एमिगडाला परिस्थिति को नियंत्रित करने लगता है। और जब ऐसा होता है, तो आप जल्दबाज़ी में फ़ैसले लेने लगते हैं और आप आवेग में आ जाते हैं।

जब ज़िंदगी सामान्य ढंग से चल रही हो और आप अच्छा महसूस कर रहे हों, तब आपके दिमाग़ का प्रीफ्रंटल कॉर्टेक्स (मस्तिष्क का आगे का हिस्सा) आपके ज़्यादातर

कार्यों को नियंत्रित करता है। इसका मतलब है कि आप किसी स्थिति के फ़ायदे-नुक़सान को तर्कसंगत तरीक़े से सोच सकते हैं और सोच-समझकर निर्णय ले सकते हैं। यानी, आप यह तय कर सकते हैं कि आप किसी स्थिति पर कैसे प्रतिक्रिया देंगे। लेकिन जैसे ही कुछ ऐसा हो जाता है जो आपको तनाव में डाल देता है, यहीं से समस्या शुरू होती है। क्योंकि शरीर और दिमाग़ की प्रतिक्रिया स्वचालित होती है। तब नियंत्रण एमिगडाला के हाथ में चला जाता है। और एमिगडाला का एक ही काम होता है- बचाव और अस्तित्व की रक्षा।

जब आप तनाव में होते हैं, तो आपका दिमाग़ और शरीर 'लड़ो या भागो' की स्थिति में पहुंच जाते हैं। यह एक आपातकालीन प्रतिक्रिया है और शरीर को इस तरह की हालत में केवल थोड़े समय के लिए ही काम करना होता है। सामान्य रूप से, इसके बाद आपको दोबारा सामान्य स्थिति में लौट आना चाहिए जहां प्रीफ्रंटल कॉर्टेक्स नियंत्रण करता है और आप फिर से शांत और आत्म-विश्वास से भरे होते हैं। लेकिन अगर आप दोबारा सामान्य स्थिति में नहीं लौटते यानी री-सेट नहीं होते, तो क्या होता है?

थकान महसूस होने की असली वजह

डॉ. अदिति के अनुसार, आज 10 में से 7 लोग लगातार तनाव की अवस्था में जी रहे हैं। मैं भी कभी उन्हीं में से एक थी। जब आप लंबे समय तक तनाव में रहते हैं, तो आपका शरीर और दिमाग़ लगातार 'लड़ो या भागो' की स्थिति में फंसा रहता है। आपका एमिगडाला हमेशा सक्रिय बना रहता है। डॉ. अदिति ने बताया कि जब आप तनाव में होते हैं, तो आप केवल महसूस नहीं करते कि आप सर्वाइवल मोड में हैं, बल्कि असल में आपका दिमाग़ उसी मोड में होता है। ऐसे में आपके लक्ष्य... आपके सपने... आपका बेहतरीन व्यक्तित्व... आपका धीरज और प्रतिक्रिया पर नियंत्रण रखने की क्षमता- ये सब कुछ क्षणों में ग़ायब हो जाता है।

इसीलिए इस समस्या को हल करना बहुत ज़रूरी है और दूसरों को आपके जीवन में बेवजह तनाव पैदा करने से रोकना होगा। आप एक अच्छा जीवन जीने के हक़दार हैं, लेकिन अगर आप हमेशा सर्वाइवल मोड में रहेंगे तो कभी वैसा जीवन नहीं जी पाएंगे।

अगर तनाव के कारण टालमटोल करते रहेंगे तो आप वह ज़रूरी प्रोजेक्ट इस वीक-एंड पर पूरा नहीं कर पाएंगे।

आपको ज़िंदगी में और मज़ा चाहिए, लेकिन अगर आप काम से ख़ुद को अलग नहीं कर पाएंगे, तो आप खुद को वह आनंद भी नहीं लेने देंगे।

आपको अपने जीवन-साथी के साथ जुड़े रहना चाहिए, लेकिन अगर आप हमेशा तनाव में रहेंगे, तो कभी सच्चे तौर पर उनके साथ नहीं जुड़ पाएंगे।

जो जीवन आप हमेशा से जीना चाहते थे, वह आपके सामने है लेकिन अगर आपके अंदर बैठा आलोचक बार-बार आपको मना करता रहेगा, तो आप कभी उसकी ओर हाथ

नहीं बढ़ा पाएंगे। तनाव एक बहुत बड़ी समस्या है और अब समय आ गया है कि आप इसका सामना करें।

अपनी तनाव प्रतिक्रिया को क़ाबू करना

तो मैंने डॉ. अदिति से पूछा कि हम अपने दिमाग़ को दोबारा सामान्य स्थिति में कैसे ला सकते हैं।

उन्होंने कहा कि सबसे पहले यह समझना ज़रूरी है कि तनाव असल में होता क्या है। जब आप यह जान जाते हैं, तब आपको लगता है कि आप हालात पर क़ाबू पा सकते हैं।

मेरे लिए यह जानना बहुत नई बात थी कि तनाव दरअसल कोई एक स्थायी स्थिति नहीं है, बल्कि यह एक जैविक प्रक्रिया है जिसमें शरीर और मस्तिष्क दो कार्यों के बीच बार-बार बदलते रहते हैं।

यह जानकर अच्छा लगा कि मैं फिर से सामान्य हो सकती हूं और यह बहुत मुश्किल भी नहीं है। मैं ऐसा लेट देम थ्योरी से कर सकती हूं। सोचिए, यह कितनी अच्छी बात है कि आपको हर छोटी बात के लिए तनाव नहीं झेलना पड़ता। और यह जानकर और भी अच्छा लगता है कि दूसरों का बुरा व्यवहार आपकी ज़िंदगी में बड़ी परेशानी नहीं बनना चाहिए।

अगले चरण में आप लेट देम थ्योरी का प्रयोग अपने तनाव प्रतिक्रिया को री-सेट करने के लिए करेंगे। इसे एक ऑन–ऑफ़ स्विच की तरह समझिए यानी आपके मस्तिष्क के अंदर एक छोटा-सा लीवर, जिसे आप तब खींच सकते हैं जब किसी बात से आपको तनाव होने लगे।

जिस क्षण आप कहते हैं *लेट देम*, आप अपने मस्तिष्क को यह संकेत दे रहे होते हैं कि सब ठीक है।यह बात तनाव लेने लायक़ नहीं है। आप अपनी ऐमिगडाला को यह कह रहे होते हैं कि वह शांत हो जाए। आप उस तनाव प्रतिक्रिया को री-सेट कर रहे होते हैं, क्योंकि आप उस नकारात्मक भावना से अलग हो रहे होते हैं जो आपने महसूस की थी।

इसे करने का तरीक़ा यह है कि जैसे ही कोई ऐसी बात हो जो आपको तनाव में डाल दे, उसी क्षण कहिए *लेट देम।* ख़ुद को थोड़ी देर के लिए रोकिए। फिर कहिए *लेट मी* और एक गहरी सांस लीजिए। मैं एक और सांस ले लूं। अपनी तनाव प्रतिक्रिया को धीमा कीजिए। अपने शरीर और दिमाग़ को शांत कीजिए। अपने आपको नियंत्रित कीजिए और अपनी शक्ति और क्षमता वापस पाइए।

यह बात बहुत मामूली लग सकती है, लेकिन यही एक छोटा-सा बदलाव आपको एक बिलकुल अलग तरह का व्यक्ति बना सकता है। अपनी तनाव प्रतिक्रिया को लेट देम और लेट मी के ज़रिए पहचान लेना आपको यह शक्ति देता है कि आप तय करें कि आप क्या

कहेंगे, क्या सोचेंगे या क्या करेंगे। आपकी भावनाओं को आपकी प्रतिक्रिया पर क़ब्ज़ा नहीं करने दें।

अब ना तो कोई गुस्से में भेजा गया संदेश होगा, ना अपनों पर चिल्लाना और ना ही दफ़्तर में किसी ई-मेल को घंटे भर तक घिस-घिसकर लिखने में समय बर्बाद करना।

सच्चाई यह है कि हर ई-मेल का जवाब देना ज़रूरी नहीं होता और हर बातचीत में आपकी भागीदारी ज़रूरी नहीं होती। और आपको हर बार कोई अंतिम टिप्पणी करना भी ज़रूरी नहीं होता, चुप रह जाना बेहतर होता है।

आप देखेंगे कि जिन बातों से पहले आप तुरंत भड़क जाया करते थे, वे अब आपको समय और ऊर्जा बर्बाद करने लायक़ नहीं लगेंगी और जैसे-जैसे आप *लेट मी* का प्रयोग करके आस-पास की चीज़ों पर कम प्रतिक्रिया देंगे, वैसे-वैसे आपको अपने आप पर अधिक से अधिक नियंत्रण महसूस होने लगेगा।

डॉ. अदिति कहती हैं कि तनाव प्रतिक्रिया को कम करने में गहरी सांसें लेना वैज्ञानिक रूप से सिद्ध उपाय है। जब आप अपने फेफड़ों में पूरी सांस भरते हैं और हवा को पेट तक फैलते हुए महसूस करते हैं, तो यह क्रिया वेगस नस को सक्रिय करती है जो सीधे मस्तिष्क को संदेश भेजती है : 'अब हम शांत हो सकते हैं।'

जब आप *लेट मी* कहकर अपनी तनाव प्रतिक्रिया को री-सेट करते हैं तब आप दोबारा नियंत्रण में होते हैं और यह तय कर सकते हैं कि अब किस तरह आपको सोच-समझकर जवाब देना है।

अपनी प्रतिक्रियाओं पर नियंत्रण रखिए, अपनी शक्ति फिर से हासिल कीजिए

इस बात को आगे बढ़ाते हुए चलिए अब वापस उस विमान की ओर लौटते हैं, जहां मैं बैठी हूं और मेरी सीट के पीछे एक आदमी बार-बार खांस रहा है। मेरा तनाव बढ़ता जा रहा है, मैं अपने काम पर ध्यान नहीं लगा पा रही हूं और मुझे ऐसा लग रहा है जैसे मैं किसी पिंजरे में बंद जानवर हूं।

तो, ऐसे में आप लेट देम थ्योरी का प्रयोग कैसे करेंगे ताकि वह आदमी खांसना बंद कर दे?

आप यह काम नहीं कर सकते। आपको उसे खांसने देना होगा। *लेट देम।*

मुझे पता है कि आप मेरी बात से सहमत नहीं हो पा रहे होंगे, लेकिन ज़रा मेरी पूरी बात सुनिए। हां, इस बात से मुझे तनाव हो रहा था। हां, मुझे यह भी लगा कि वह व्यक्ति बिना मुंह ढके खांसकर बदतमीज़ी कर रहा है। और हां, मुझे बीमार पड़ जाने का डर भी था।

लेकिन आइए फिर से बात करते हैं नियंत्रण की : इस स्थिति में मैं क्या नियंत्रित कर सकता थी?

मैं दूसरे व्यक्ति की खांसी को तो नियंत्रित नहीं कर सकती थी। मेरे नियंत्रण में केवल इतना था कि मैं उसके खांसने पर कैसी प्रतिक्रिया देती हूं।

जिस पर आप नियंत्रण नहीं रख सकते, उस पर ध्यान देना आपको तनाव देता है। और जिस पर आप नियंत्रण रख सकते हैं, उस पर ध्यान देने से आपको शक्ति मिलती है। और इसी बात से मेरे मन के एक प्रश्न उठता है कि मैं स्वस्थ रहूं, यह किसकी ज़िम्मेदारी है?

मेरी या विमान में बैठे उस अजनबी की?

मेरी। मेरी सेहत की ज़िम्मेदारी मेरी है। सिर्फ़ इसलिए कि मैं चाहती हूं, यह उस व्यक्ति की ज़िम्मेदारी नहीं बनती कि वह खांसना बंद कर दे। मेरी ज़िम्मेदारी है कि मैं ऐसी प्रतिक्रिया दूं, जो मेरी ज़रूरतों का ध्यान रखे। मुझे पता है, आप क्या सोच रहे हैं।

क्या सभी को मुंह ढककर नहीं खांसना चाहिए? क्या सभी को अपने हाथ नहीं धोने चाहिए? क्या सभी को सामान्य शिष्टाचार के नियमों का पालन नहीं करना चाहिए? बिलकुल करना चाहिए, लेकिन सच्चाई यह है कि बहुत से लोग ऐसा नहीं करते। मेरा कहने का मतलब यह है कि किसी और को नियंत्रित करने की कोशिश करने से जिस स्थिति पर आपका नियंत्रण नहीं है, उसे संभालने की कोशिश करने से आपको सिर्फ़ आपको और ज़्यादा तनाव देगा। मैं गुस्सा हो सकती हूं। बार-बार पीछे मुड़कर देख सकती हूं। फ्लाइट अटेंडेंट पर चिल्ला सकती हूं। उस आदमी पर झल्ला सकती हूं। लेकिन इससे क्या हासिल होगा? क्या मेरे सामने कोई और ज़्यादा स्पष्ट और प्रभावशाली समाधान नहीं है?

मैं आपको जीवन जीने का एक व्यावहारिक और रणनीतिक तरीका सुझा रही हूं। अपनी सीट पर बैठे-बैठे गुस्सा करने के बजाय मैंने उसे खांसने दिया और फिर मैं उन आसान उपायों पर ध्यान केंद्रित करने लगी जो मेरी सुरक्षा के लिए ज़रूरी थे।

मैंने सोचा क्यों ना मैं अपनी नाक और मुंह को स्कार्फ़ से ढंक लूं। अपने हेडफ़ोन लगा लूंगा ताकि खांसने की आवाज़ सुनाई ना पड़े। और मैंने यही किया। नाक और मुंह पर स्कार्फ़ बांधकर मैंने अपने हेडफ़ोन में संगीत की आवाज़ तेज़ कर दी।

समस्या का समाधान हो गया।

हर बार जब आप कहते हैं *लेट देम* तो आप यह स्वीकार करते हैं कि आप उस स्थिति को नियंत्रित नहीं कर सकते जो आपको तनाव दे रही है। और जब आप कहते हैं *लेट मी.* तो आप डॉ. अदिति की सलाह का पालन कर रहे होते हैं, यानी आप उस स्थिति पर ध्यान केंद्रित कर रहे होते हैं जिस पर आपका नियंत्रण है, और वह है इन तनावपूर्ण परिस्थितियों के प्रति आपकी प्रतिक्रिया।

डॉ. अदिति पुष्टि करती हैं कि लेट देम थ्योरी आपके तनावग्रस्त दिमाग़ के लिए जैसे एक राहत की सांस होती है। यह आपकी चिंताग्रस्त सोच पर दोबारा नियंत्रण पाने में मदद करती

है, ताकि आपका दिमाग़ और शरी जूझने की स्थिति से निकलकर फिर से आगे बढ़ सके।' अब मैं बताती हूं कि यह क्यों ज़रूरी है। अगर आप ख़ुद को पूरी तरह तनावग्रस्त कर देते हैं, तो आप अपनी सारी शक्ति दूसरों को सौंप देते हैं।

पहले जब कभी इस तरह की परिस्थिति आती तो मैं बेहद तनावग्रस्त हो जाती। वह आदमी मुझे परेशान कर देता और मैं अपना कोई काम नहीं कर पाती। विमान की लैंडिंग तक मैं थककर चूर हो जाती और फिर अपने पति को फ़ोन करके उस 'मूर्ख' की शिकायत करती जिसने मेरा पूरा सफ़र बर्बाद कर दिया। शायद उस रात मैं उस किस्से को डिनर पर भी दोहराती, उन्हीं क्लाइंट्स के सामने, जिन्होंने मुझे एक इवेंट में बोलने के लिए बुलाया था। मैं लगातार यही कहती रहती कि यह स्थिति मेरे लिए कितनी 'झुंझलाने वाली' थी। और इन सबका नतीजा यह होता कि मैं और ज़्यादा तनावग्रस्त, चिड़चिड़ी और थकी हुई महसूस करती। मैं यह सब विस्तार से इसलिए बता रही हूं ताकि आप यह समझ सकें कि यह समस्या कितनी गंभीर है। जब आप लोगों को यह सुविधा दे देते हैं कि वे आपको तनाव दे सकें, तो आप अपनी शक्ति महत्त्वहीन या आपके नियंत्रण से बाहर की बातों को सौंप देते हैं। और यह तनाव धीरे-धीरे आपकी ज़िंदगी के दूसरे हिस्सों में भी फैलने लगता है-घंटों, हफ़्तों, यहां तक कि सालों तक। अगर आप अपने लक्ष्य को पाना चाहते हैं, वर्तमान में बने रहना चाहते हैं, आत्म-विश्वास से भरा हुआ महसूस करना चाहते हैं और ज़्यादा ख़ुश रहना चाहते हैं, तो आपको तय करना होगा कि दूसरे आपको तनाव न दे सकें। ज़िंदगी में कुछ स्थितियां आपके नियंत्रण में होंगी, और कुछ नहीं। कुछ स्थितियां आपके साथ न्याय करेंगी और कुछ नहीं। लेकिन यह आप तय करते हैं कि कौन-सी बात आपको तनाव देगी और कितने समय तक।

डॉ. अदिति के शोध से यह सिद्ध होता है कि अपनी ऊर्जा को बचाए रखना सीख लेने से आपका मूड, मानसिकता, स्वास्थ्य, ध्यान केंद्रित करने की क्षमता और कभी-कभी ख़ुद को दुनिया से अलग करने की क्षमता-इन सबमें सुधार आता है। मुझे लगता है कि यही एक कारण है कि इतने सारे लोग इस थ्योरी के बारे में जानने के कुछ ही दिनों के भीतर लेट देम शब्द को अपने शरीर पर टैटू के रूप में गुदवा लेते हैं।

ये टैटू आपको याद दिलाते हैं कि आपकी शांति सर्वोपरि है और उसकी रक्षा करना आपके लिए ज़रूरी है। जब आपको यह यक़ीन हो जाता है कि कोई और आपकी शांति नहीं छीन सकता, तो एक अलग तरह का आत्म-विश्वास आता है। अब इस बात को थोड़ा और आगे बढ़ाते हैं।

प्लेन में कोई अजनबी खांस रहा है यह एक सामान्य स्थिति है। अंतत:, आप प्लेन से उतरेंगे और अपने कामकाज में लग जाएंगे, इसलिए उस समय 'लेट देम थ्योरी' अपनाना आसान होता है।

लेकिन तब क्या होगा जब परिस्थिति इतनी सीधी-सरल न हो? जब यह समझ न आए कि आपको क्या करना चाहिए या सही प्रतिक्रिया क्या होगी? जब आपका तनाव आपकी नौकरी जैसी किसी बड़ी जगह से आ रहा हो, तब क्या?

अध्याय 4

वे आपको तनाव देते रहें

अगर कोई बात या कोई व्यक्ति रोज़ाना आपको तनाव देता है, तो *लेट देम* और लेट मी को अभ्यास में लाने का विचार कैसा रहेगा? शोध के अनुसार, ज़्यादातर लोगों के जीवन में तनाव का सबसे बड़ा कारण है-उनकी नौकरी। और आपका मैनेजर, आपके मानसिक स्वास्थ्य पर उतना ही असर डालता है जितना कि आपका जीवन-साथी। ऐसे में रोज़मर्रा के तनावों से निपटने के लिए यह थ्योरी और भी ज़्यादा ज़रूरी हो जाती है।

मुझे शायद यह बताने की ज़रूरत नहीं है, क्योंकि आप पहले से ही जानते हैं। काम चाहे जितना संतोषजनक क्यों ना हो, वह तनावों से भरा होता है। शुक्रवार को शाम 4 बजे की मीटिंग से लेकर बदतमीज़ ग्राहकों से निपटना, तानों भरे ई-मेल, हर छोटी बात में टोकने वाला बॉस, ऐसा काम करना जो आपको पसंद नहीं, मेहनत के बावजूद सराहना ना मिलना, आगे बढ़ने का कोई मौक़ा ना दिखना, झूठे वादे, अचानक नौकरी से निकाला जाना, या कमज़ोर टीम के कारण ज़्यादा काम आपके सिर पर डाल दिया जाना यानी कुछ न कुछ चलता ही रहता है। नौकरी में किसी न किसी तरह का तनाव होता ही है।

और अगर आप मेरी तरह हैं यानी आपने ख़ुद का कोई काम शुरू किया है या आप एक अच्छा मैनेजर बनने की कोशिश कर रहे हैं तो समझ लीजिए कि ये पूरी लिस्ट दोगुनी हो जाती है।

तो ऐसे में आप लेट देम थ्योरी का इस्तेमाल कैसे करें ताकि काम का तनाव आप पर हावी न हो? मान लीजिए आपने बेहतरीन काम किया है, हर टारगेट पूरा किया है, उम्मीद से ज़्यादा मेहनत की है, फिर भी आपका बॉस आपको प्रमोट नहीं कर रहा। तो आप क्या करें?

जब आप अपने प्रमोशन या काम की प्रगति को लेकर अप-डेट मांगते हैं, तो आपको वही घिसा-पिटा जवाब मिलता है, 'इस साल कंपनी का मुनाफ़ा कम है' 'मेरे हाथ बंधे हैं लेकिन आप इस टीम के लिए बहुत महत्त्वपूर्ण व्यक्ति हैं...' ये सिर्फ़ कहने भर की बातें हैं। इनसे असल में कुछ नहीं बदलता। और हां, यह सब बहुत बुरा लगता है।

आप ख़ुद को हताश, निराश, बेबस, चिड़चिड़ा या थका हुआ महसूस करते हैं। डॉ. अदिति कहती हैं कि यही कारण है कि आजकल बहुत बड़ी संख्या में लोग बर्न-आउट का शिकार हो रहे हैं। इसलिए, क्योंकि लोग लगातार काम के तनाव में फंसे हुए हैं। और उन्होंने यह भी जोड़ा कि अगर आपके काम का तनाव नहीं बदल रहा, तो अब आपको उससे निपटने का तरीक़ा बदलना होगा।

मैं इस स्थिति को समझ सकती हूं, जब मैं ऐसी ही परिस्थिति में थी, तो मैंने भी बिलकुल ऐसा ही महसूस किया था। और जब आपको अपने बिल भरने के लिए तनख़्वाह की ज़रूरत होती है, तो तनाव और भी ज़्यादा बढ़ जाता है और आप बेबस महसूस करते हैं। लेकिन चाहे अभी काम कितना भी भारी क्यों ना लगे, आप पूरी तरह बेबस नहीं हैं। तो फिर सवाल है कि आप लेट देम थ्योरी का इस्तेमाल करके अपने बॉस से वह तरक़्क़ी कैसे पाएं, जिसके आप हक़दार हैं?

आप कुछ ना करें। उन्हें इस मसले को टालते रहने दें। मुझे पता है, यह सुनना कठिन है लेकिन यह सच है। हां, यह अन्यायपूर्ण तो है। हाँ, आपने सच में अपने काम के बदले तरक़्क़ी कमाई है। और हां, आपको गुस्सा करने का भी पूरा हक़ है। लेकिन आइए, मैं आपसे एक सवाल पूछती हूं। आपके करियर की ज़िम्मेदारी किसकी है? बिलकुल सही जवाब है - आपकी है।

इसके अलावा, आप इस बात को नियंत्रित नहीं कर सकते कि आपका बॉस आपको तरक़्क़ी देगा या नहीं, सैलरी बढ़ाएगा या नहीं, या फिर आपको खिड़की के पास वाली सीट देगा या नहीं। चाहे आपने कितनी भी मेहनत की हो, या चाहे आपको कितनी भी तारीफ़ें मिली हों, अंत में फैसला उनके हाथ में है, आपके नहीं।

इसलिए, अगर आप ऐसी स्थिति में हैं जहां आपने ख़ूब मेहनत की है, बातचीत भी कर ली है, सैलरी बढ़ाने की मांग भी कर दी है, अपने टारगेट पूरे किए हैं फिर भी आपको ना तरक़्क़ी मिल रही है, ना नया पद, ना ही नई सी, तो आपको लगातार गुस्सा करने के बजाय ये तय करना होगा कि अब आपको क्या करना चाहिए।

क्योंकि, सोचिए ज़रा कि अगर आपने अपने जज़्बात को आप पर हावी होने दिया, तो ये आपको भीतर से तोड़ देगा। अगर इस तनाव ने आपको बुरी तरह से जकड़ लिया, तो आप कभी भी समझदारी से अगला क़दम नहीं सोच पाएंगे।

आप इस तनाव को अपने दिमाग़ पर हावी नहीं होने दे सकते। आपको सोच-समझकर जवाब देना होगा। आपको कहना होगा, 'लेट मी'। इसी में आपकी असली ताक़त निहित है।

अगर नौकरी की कोई बात आपके नियंत्रण से बाहर है और आप उसे बदलने के लिए अपनी तरफ़ से हर कोशिश कर चुके हैं, तो अब और समय उसमें लगाना बेवकूफ़ी होगी। और उस काम की वजह से बार-बार तनाव लेना तो और भी बड़ी बेवकूफ़ी है। आप समझदार हैं। आपका जीवन और उसमें छिपी संभावनाएं आपकी मौजूदा नौकरी से कहीं ज़्यादा बड़ी हैं।

आप कभी फंसे नहीं होते, ये बस एक झूठ है जो आप खुद से कहते हैं। आप किसी भी समय कोई नौकरी, कोई रिश्ता, रहने की जगह, डेट, इंटरव्यू या बातचीत को छोड़कर आगे बढ़ सकते हैं।

लेकिन ऐसा करने के बजाय, आप अब भी अपने बॉस के साथ ज़ूम मीटिंग में बैठे हैं और मीटिंग खत्म होते ही मन ही मन उन्हें गाली देते हैं।

आपको किसी ऐसी नौकरी में टिके रहने की ज़रूरत नहीं है जो आपको निराश और हतोत्साहित करती है या तनाव देती है। और ऐसी जगह बने नहीं रहना चाहिए। वे आपको घुमाते हैं, घुमाते रहें।

अब बारी है *लेट मी* हिस्से को निभाने की। यानी अब आपको अपनी ताक़त के हिस्से पर ध्यान देना है। अपनी मौजूदा हालत में उलझे रहने के बजाय, अब एक बेहतर अवसर की तलाश पर ध्यान दीजिए। यक़ीन मानिए, इस दुनिया में कहीं एक शानदार नौकरी आपका इंतज़ार कर रही है। एक ऐसा बॉस जो आपको आगे बढ़ते देखना चाहता है, एक बेहतर वेतन और खिड़की के पास रखी एक टेबल। आपकी कंपनी इस दुनिया की आख़िरी कंपनी नहीं है और इस दुनिया में लाखों ऐसे बॉस हैं जो आपकी तरक्क़ी में ख़ुश होकर मदद करना चाहेंगे।

लेट मी कहिए और नई नौकरी पकड़िए।

नौकरी ढूंढ़ना मुश्किल है? हां। क्या इसमें बहुत समय लग सकता है? हां। क्या आप बायोडाटा अपडेट करने के विचार से ही परेशान हो जाते हैं? हां। क्या लोगों से मिलना और नेटवर्क बनाना डरावना लगता है? हां। लेकिन सच्चाई ये है कि आपकी नौकरी, आपका करियर आपकी ज़िम्मेदारी है। और इस पूरे मामले में आपके पास जितनी ताक़त है, आप शायद उसका अंदाज़ भी नहीं लगा पा रहे हैं। अब वक़्त आ गया है कि आप उस ताक़त को पहचानें...और उसका इस्तेमाल करें।

अब मुझे अपने वीक-एंड को अलग तरीक़े से बिताने का फ़ैसला लेने दें। काम की शिकायत करते हुए दोस्तों के साथ बार में समय बिताने के बजाय, क्यों ना आप उस ऊर्जा और समय को उस काम में लगाएं जो आपको एक बेहतर नौकरी दिला सके? हां, हो सकता है कि आपको कोई शानदार नौकरी मिलने में छह महीने लग जाएं, लेकिन वे छह महीने तो वैसे भी बीत जाएंगे, चाहे आप कुछ करें या नहीं। और ज़रा सोचिए कि अगर आप उसी नौकरी में बने रहते हैं, तो आपका भविष्य किसके हाथ में है? बिलकुल सही, आपके बॉस के हाथ में। लेकिन अगर आप अपना रिज़्यूमे अपडेट करते हैं, नेटवर्किंग शुरू करते हैं और इंटरव्यू देते हैं, तो अब कंट्रोल किसके पास है? बिलकुल सही-आपके पास।

आप अपने बॉस को बुरा-भला कहकर छोटे बच्चे जैसी हरक़त कर सकते हैं, लेकिन सच्चाई यह है कि आप ही इसके ज़िम्मेदार हैं क्योंकि आप ख़ुद उस नौकरी में बने रहने का विकल्प चुन रहे हैं। इससे आपको दुख मिल रहा है।

आपकी नौकरी आपकी ही ज़िम्मेदारी है। क्या आप जानते हैं कि आप और क्या ग़लती कर रहे हैं? नई नौकरी ना ढूंढ़ने के जो बहाने आप बना रहे हैं वह आपकी ग़लती है। आप जितना सोचते हैं, उससे कही अधिक आपके पास ताक़त और क्षमता है। अब समय आ गया है कि आप उसी ताक़त के साथ जीना शुरू करें।

अगला क़दम आप ही तय करेंगे

एक बात जिसे मैं ज़्यादा विस्तार से समझाना चाहती हूं वह यह है कि जब आप *लेट मी* कहते हैं, तब आप कैसे तय करें कि आपके लिए सही प्रतिक्रिया क्या है।

लेट देम कहना तो आसान है इसका मतलब है कि आप दूसरों को उनके हाल पर छोड़ देते हैं और उन्हें कंट्रोल करने की कोशिश नहीं करते। लेकिन जब आप लेट मी कहते हैं, तो आप यह तय करते हैं कि उस स्थिति पर आप कैसे प्रतिक्रिया देंगे और यही हिस्सा हमेशा साफ़ नहीं होता।

हर स्थिति अलग होती है। किस बात पर अपनी ऊर्जा और समय लगाना चाहिए और कौन-सी बात को नज़रअंदाज़ करना बेहतर है-यह सीखना ज़रूरी है। इसी से आपकी ज़िंदगी बदल सकती है। मैं आपको एक कहानी बताने जा रही हूं जो आपको यह समझने में मदद करेगी कि अपनी प्रतिक्रिया किस तरह चुननी चाहिए।

कुछ दिन पहले मैं अपने कुत्तों को घुमाने के लिए एक पार्क में ले गई। जब मैं पार्किंग में पहुंची, तो एक पार्क रेंजर मिले। वह मेरे कुत्तों को दुलारने लगे साथ-साथ मुझसे बातचीत भी करने लगे। बातचीत के दौरान उन्होंने कहा कि कुत्तों को पट्टे से बांधकर घुमाएं और उनका मल उठाकर फेंकें। उन्होंने बताया कि हाल ही में कई शिकायतें मिली हैं कि लोग अपने कुत्तों को खुला छोड़ देते हैं और उनकी फैलाई हुई गंदगी को साफ नहीं करते। अब स्थिति इतनी बिगड़ गई है कि पार्क प्रशासन कुत्तों का प्रवेश बंद करने पर विचार कर रहा है।

मैंने उन्हें जानकारी देने के लिए धन्यवाद कहा और भरोसा दिलाया कि मैं नियमों को नज़रअंदाज़ करने वाले लोगों में से नहीं हूं। मैं हर नियम का पालन करूंगी। बातचीत करने के बाद जैसे ही मैं आगे बढ़ी, मैंने देखा कि मुझसे करीब 100 फ़ुट आगे एक महिला अपने कुत्ते को बिना पट्टे के घुमा रही थी। वह कुत्ता इधर-उधर दौड़ लगा रहा था और वहां घूम-फिर रहे लोगों को परेशान कर रहा था।

मुझे चिड़चिड़ाहट होने लगी। मुझे लगा कि तनाव बढ़ने लगा है और मेरा एमिग्डाला सक्रिय हो गया है। अब मैं पार्क में सुकून से टहलने का आनंद नहीं ले रही थी, बल्कि मेरा पूरा ध्यान उस कुत्ते और उसकी मालकिन पर टिका हुआ था। मुझे गुस्सा आ रहा था कि पार्क रेंजर इसी बात की तो शिकायत कर रहा था और अब इस एक मूर्ख इंसान की वजह

से हम सभी को यहां आने से रोका जा सकता है। मैं अपने आप से बार-बार कहती रही, लेट देम। वह जो चाहे करती रहे। और शुरू के पांच चक्कर तक मैं अपने आपको समझाती रही। लेकिन फिर उसके कुत्ते ने ट्रेल के बीचोंबीच ही शौच कर दिया, और मैंने देखा कि वह महिला उसे साफ़ करने के बजाय उसे पत्तों में छुपाकर चलती बनी। यह देख कर मैं हैरान रह गई।

बस, वहीं से बात बिगड़ गई। मेरा तनाव एकदम गुस्से में बदल गया और पांच सेकंड के अंदर मैंने खुद को 'डॉग पुलिस' बना लिया। यहीं से इस थ्योरी के एक अहम पहलू की बात आती है-हर स्थिति में आपकी प्रतिक्रिया अलग होगी, और हर बार अलग तरह से होगी। कुछ दिन ऐसे होंगे जब मेरे पास इतना धैर्य या ऊर्जा नहीं होगी कि मैं उस महिला के पीछे जाऊं, उसे एक डॉगी बैग पकड़ाऊं, उसे मल उठाने के लिए कहूं, उसे समझाऊं कि इसका क्या असर हो सकता है, और फिर उससे उम्मीद करूं कि वो अपना फ़र्ज़ निभाए।

और कुछ दिन ऐसे भी होंगे जब मैं तेज़ी से भागकर उसके पास जाऊंगी और उसे टोकूंगी।

कुछ पल ऐसे होंगे जब मैं बस कंधे उचकाकर लेट देम कह दूंगी और मान लूंगी कि इस पर ऊर्जा और समय ख़र्च करने का कोई फ़ायदा नहीं। और जब मैं उस पॉइंट पर पहुंच जाऊं जहां कुत्ते ने गंदगी कर दी है, तो मैं *लेट मी* कहकर महान बनूंगी। मैं एक बैग उठाऊंगी और गंदगी को साफ़ कर दूंगी। और फिर पार्किंग में जाकर उसकी कार पर सारी गंदगी थोप दूंगी। (यह आख़िरी हिस्सा मज़ाक़ था)।

हालांकि मैं नहीं चाहती कि मुझे दूसरों की गंदगी साफ़ करनी पड़े, लेकिन मैं उन लोगों में से हूं जो सार्वजनिक जगहों को सभी के लिए साफ़-सुथरा और अच्छा बनाए रखने की परवाह करते हैं। इसका मुझे गर्व है। मुझे यह जानकर ख़ुशी होती है कि मैं किसी भी जगह को पहले से बेहतर हालत में छोड़कर जाती हूं। और मुझे यह भी अच्छा लगता है कि मैं एक लीडर की तरह व्यवहार करती हूं, भले ही वह मेरा काम ना हो। कभी-कभी ऐसे दिन भी होंगे जब मुझे यह सबसे सही लगेगा कि मैं वापस मुड़ूं, पार्किंग लॉट में जाकर उस पार्क अधिकारी की तलाश करूं, जब तक वह महिला लौट ना आए तब तक उसके साथ वहीं खड़ी रहूं और फिर उसे उस अधिकारी से महिला की शिकायत करूं।

इनमें से हर एक *लेट मी* विकल्प मेरे लिए भी उपलब्ध है और आपके लिए भी। और जब आप यह पढ़ रहे थे, हो सकता है कि आपके मन में कुछ और विकल्प भी आए हों। बात बस इतनी सी है कि हर स्थिति अलग होती है, लेकिन एक बात हमेशा एक जैसी रहती है-आप हमेशा यह तय कर सकते हैं कि आप उस स्थिति पर कैसे प्रतिक्रिया देंगे।

मैं उस महिला को तो रोक नहीं सकती कि उसका कुत्ता रास्ते में गंदगी करे, लेकिन मैं यह विकल्प चुन सकती हूं कि मुझे क्या करना है। मैं तय कर सकता हूं कि मैं कैसा इंसान बनूं और किस तरह से पेश आऊं। और, यही असली ताक़त है।

हर स्थिति अलग होगी, यह इस पर निर्भर करेगा कि आप उस वक़्त कैसा महसूस कर रहे हैं, आपकी ज़िंदगी में क्या चल रहा है, आपके पास कितना समय है, वह मुद्दा आपके लिए कितना महत्त्वपूर्ण है, आपके मूल्य क्या हैं, और सबसे कारगर तरीक़ा क्या होगा।

लेट मी आपके लिए वह अवसर होता है कि आप अपने समय, ऊर्जा और मूल्यों को अपनी ज़िंदगी के केंद्र में रखें। यही वह जगह है जहां आप तय करते हैं कि किस बात पर ध्यान देना है और किसे नज़रअंदाज़ करना है। लेकिन जब हालात बहुत तनावपूर्ण हों, तब यह तय करना कि आपके लिए क्या सही है- एक बड़ा सवाल बन जाता है।

ऐसे तनावपूर्ण पलों में मुझे जो करते हैं, *करने दो*-कहना ठीक लगता है। लगता है कि *लेट देम* कहकर थोड़ा रुकूं और सोचूं कि क्या यह बात मुझे एक घंटे बाद भी परेशान करेगी? क्या यह बात मुझे एक हफ़्ते बाद भी परेशान करेगी? या यह सिर्फ़ अभी के लिए मुझे परेशान कर रही है? अगर मैं एक घंटे बाद भी इसी बात को सोच रही हूं, तो मुझे कुछ करना चाहिए। अगर यह बात एक हफ़्ते या एक साल बाद भी मायने रखेगी, तो मुझे ज़रूर कुछ करना चाहिए। उस महिला और उसके कुत्ते की स्थिति में मुझे मालूम था कि हर बार जब मैं उस पार्क में अपने कुत्ते को घुमाने लेकर जाऊंगी तो यह बात मुझे ज़रूर परेशान करेगी।

अधिकतर मामलों में आप खुद ही जान लेते हैं कि आपके लिए क्या सही है। और अब मैं अगला उदाहरण राजनीति से जुड़ा हुआ देने जा रही हूं। हालिया शोध के अनुसार, ज़्यादातर लोग मौजूदा वैश्विक राजनीति की स्थिति को लेकर बहुत तनाव महसूस करते हैं। मैं भी तनाव में रहती हूं। और भला ऐसा क्यों ना हो?

हम ऐसे दौर में जी रहे हैं जब समाज पहले से ज़्यादा बंटा हुआ है। हालात गंभीर लगते हैं और लोग एक-दूसरे से बहुत दूर-दूर रहना चाहते हैं, नाराज़ या डरा हुए महसूस करते हैं। ऐसे में जिनकी सोच हमसे अलग है, उनसे शांति से बात करना बहुत मुश्क़िल हो गया है, क्योंकि हम सामने वाले की बात समझने की कोशिश ही नहीं करते।

स्थानीय, राज्य, राष्ट्रीय और वैश्विक स्तर पर चल रही राजनीति इतनी तनावपूर्ण लग सकती है कि कई बार मन करता है कि बस हार मान लें, कुछ न करें और यह सोच लें कि हम कुछ भी नहीं बदल सकते।

तो, क्या आप लेट देम थ्योरी का उपयोग राजनीति को स्थानीय, राष्ट्रीय या वैश्विक स्तर पर बदलने के लिए कर सकते हैं?

नहीं कर सकते। स्कूल बोर्ड ने पहले ही फ़ैसला ले लिया है। सीनेट में वोटिंग हो चुकी है। ये दोनों ही उम्मीदवार मैदान में हैं। चुनाव हो चुका है। मामला अदालत में है। तो अब वे जो कर रहे हैं, करने दें-लेट देम। आप अभी जो हुआ है, उसे नहीं बदल सकते।

लेकिन मैंने कभी नहीं कहा कि आप भविष्य नहीं बदल सकते। क्या यह सब बहुत बोझिल और कठिन लगता है? हां। क्या ऐसा लगता है कि आपके प्रयास से कोई फ़र्क़ नहीं पड़ेगा? यह सही है।

फिर भी प्रयास करें।

मुझे विषय से जुड़े रहना चाहिए और अपनी बात कहते रहना चाहिए। जिन मुद्दों की मुझे परवाह है उन पर कुछ ऐसा करूं जो स्थानीय, राष्ट्रीय या वैश्विक राजनीति का भविष्य बदल सके। अगर आपको किसी बात की चिंता है, तो इंतज़ार मत कीजिए कि कोई और आकर हालात को बदलेगा।

अगर यह सच में ज़रूरी है, तो वही बनिए जिसका इंतज़ार सबको है। वही बदलाव लाइए जिसे आप देखना चाहते हैं। यही है *लेट मी* की ताक़त।

मैं ख़ुद को अक्सर प्रोफ़ेसर मार्गरेट मीड का यह वाक्य याद दिलाती रहती हूं:'कभी इस बात पर संदेह मत करो कि विचारशील और प्रतिबद्ध नागरिकों का एक छोटा-सा समूह दुनिया बदल सकता है-'सच तो यह है कि अब तक दुनिया हमेशा ऐसे ही लोगों ने बदली है।'

मैं यह भी साझा करना चाहती हूँ जो आर्नड्रिया वॉर्टर्स किंग ने मुझे अपने 'माय लेगसी' पॉडकास्ट पर कहा :

सिविल राइट्स आंदोलन ने हमें सिखाया कि अन्याय के सामने भी प्रेम और गरिमा के साथ प्रतिक्रिया देना आत्मसमर्पण नहीं, बल्कि सच्ची शक्ति है। 'रीअलाइज़ द ड्रीम' के माध्यम से मार्टिन लूथर किंग तृतीय और मैं इस विरासत को आगे बढ़ा रहे हैं—व्यक्तियों और समुदायों को यह सशक्त बना रहे हैं कि वे शांति, उद्देश्य और क्रियाशीलता को न्याय की ताकत के रूप में चुनें। 'लेट देम थ्योरी' भी इसी विरासत की गूंज है, जो हमें याद दिलाती है कि हमारे पास हमेशा यह शक्ति होती है कि हम किस ऊर्जा को पोषण दें, कौन-सी लड़ाइयां लड़ें और किस तरह परिवर्तन रचें।

सही काम करने के लिए एक ही इंसान काफ़ी होता है। और अगर कोई बात आपको वाक़ई इतनी परेशान करती है, तो मान लीजिए कि वह इंसान आप ही हैं। कुछ न कुछ हमेशा किया जा सकता है। आप फ़र्क़ ला सकते हैं। और अगर वह बात आपको इतनी अहम नहीं लगती कि आप उसमें शामिल हों, तो शिकायत करना बंद कर दीजिए। इससे सिर्फ़ तनाव मिलेगा। बातें करना आसान है, असली मायने तो काम करने में हैं। अगर वाक़ई किसी स्थिति से आप परेशान हैं, तो उसे बदलने के लिए थोड़ा वक़्त और ऊर्जा लगाइए।

हर बार, जब आप लेट देम थ्योरी अपनाते हैं, तो आपको यह समझ में आता है कि परेशानी चाहे कितनी भी बड़ी क्यों न*ा* हो, या स्थिति कितनी भी तनावपूर्ण लग रही हो, आप अपने रवैए और कामों के ज़रिए उसे थोड़ा बेहतर ज़रूर बना सकते हैं।

यही है *लेट मी* की असली ताक़त। आप ना तो अपने आस-पास के लोगों को नियंत्रित कर सकते हैं, ना पूरी दुनिया को। लोग पार्क में क्या कर रहे हैं, आप यह भी तय नहीं कर सकते। लेकिन आप आप क्या कहेंगे, क्या सोचेंगे और कैसी प्रतिक्रिया देंगे यह हमेशा यह तय कर सकते हैं। और असली ताक़त यहीं से आती है।

और जितना ज़्यादा आप इस ताक़त को आज़माते हैं, अपनाते हैं, उतना ही साफ़ दिखाई देने लगता है कि अ

अनजाने में अपनी पूरी ताक़त दूसरों को सौंपते रहे। और शायद मेरी ही तरह, आपको भी इस सच्चाई का एहसास नहीं था। आपका समय और आपकी ऊर्जा बेहद क़ीमती हैं। लेट देम थ्योरी इसी बात को उजागर करती है और आपको यह समझने की ताक़त देती है कि किस चीज़ पर समय और ऊर्जा लगानी चाहिए और किस पर नहीं। इसका मतलब यह नहीं है कि आप मुश्क़िल हालात से बचें या चुप रहें।

इसका मतलब यह बिलकुल नहीं है कि जिसने जो कहा उसे आप चुपचाप सुनते और सहते रहें, लोग आप पर हावी हो जाएं। और न ा ही इसका मतलब यह है कि आपको हर किसी के कुत्ते की गंदगी उठानी है या राजनीति में उतर कर चुनाव लड़ना है।

इसका मतलब यह है कि आप तय करते हैं कि कौन-सी बात आपको प्रभावित करेगी और कितनी गहराई तक करेगी। आप तय करते हैं कि किस काम में शामिल होना है और किससे दूरी बनानी है। आप तय करते हैं कि कौन-सा काम, रिश्ता या मुद्दा आपके संघर्ष के लायक़ है, और कब उसे छोड़ देना बेहतर होगा। चुनाव आपका है और इसी वजह से आप हमेशा इस बात पर नियंत्रण रखते हैं कि आगे क्या होगा।

तो आइए, अब तक सीखी गई बातों को संक्षेप में समझ लें कि तनाव से कैसे निपटना है। अभी आप दूसरों को अपने जीवन में बेवजह तनाव पैदा करने की छूट देते हैं। लेट देम थ्योरी सिखाती है कि छोटी-छोटी बातों को अपने ऊपर हावी ना होने दें और अपनी ऊर्जा को बचाकर रखें, ताकि आप अपने जीवन में उन बातों पर ध्यान दे सकें, जो वास्तव में अहम हैं।

1. **समस्या :** दूसरे लोग दिनभर ऐसे काम करेंगे जिससे आपको परेशानी होगी, चिड़चिड़ापन आएगा या आप तनावग्रस्त हो सकते हैं। यह तय है कि आप इसे रोक नहीं सकते। लेकिन जब आप दूसरों के बर्ताव से तनाव में आ जाते हैं, तो आप अपनी ताक़त उन्हें सौंप देते हैं। इसका नतीजा यह होता है कि आप थक जाते हैं और आपके पास खुद के लिए समय और ऊर्जा नहीं बचती।
2. **सच्चाई :** तनाव की प्रतिक्रिया आपके शरीर में अपने आप शुरू हो जाती है। आपको चिड़चिड़ापन महसूस होगा, गुस्सा आएगा, बेचैनी होगी। ये स्वाभाविक है। आप इन भावनाओं को रोक नहीं सकते, लेकिन आप यह ज़रूर सीख सकते हैं कि इस तनाव को कैसे री-सेट करें ताकि भावनाएं आप पर हावी ना हो जाएं।
3. **समाधान :** लेट देम थ्योरी का इस्तेमाल करके आप दूसरों द्वारा पैदा किए गए तनाव से ख़ुद को बचा सकते हैं। आपकी असली ताक़त इस बात में है

> कि किसी व्यक्ति के बर्ताव पर, किसी परेशान करने वाली स्थिति पर और अपने अंदर उठ रही भावनाओं पर आप कैसे प्रतिक्रिया देते हैं।

जब आप कहते हैं *लेट देम*, तो आप यह तय करते हैं कि आप दूसरों के बर्ताव को खुद पर हावी नहीं होने देंगे। जब आप कहते हैं *लेट मी*, तो आप अपने तनाव को नियंत्रित करते हैं और यह ज़िम्मेदारी लेते हैं कि आप किस तरह से जवाब देंगे।

अब वक़्त आ गया है कि आप अपनी समय और ऊर्जा को उन बातों में लगाएं, जो आपके लिए वास्तव में अहम हैं।

दूसरों की राय से डरना

अध्याय 5

उन्हें आपके बारे में बुरा सोचने दें

कवयित्री मैरी ऑलिवर ने अपनी कविता 'दि समर डे' में एक सवाल पूछा था - 'बताइए, आप अपनी इस एकमात्र अनोखी और बहुमूल्य ज़िंदगी के साथ क्या करने का इरादा रखते हैं?'

मुझे नहीं पता कि मैरी ऑलिवर के उस सवाल का आपके पास क्या जवाब है, लेकिन एक बात मैं ज़रूर जानती हूं कि जो भी आप करने का इरादा रखते हैं, दुनिया के लोग उस पर अपनी राय ज़रूर देंगे। आने वाले कुछ अध्यायों में आप जानेंगे कि लेट देम थ्योरी का इस्तेमाल किस तरह से करें, ताकि दूसरों की राय आपके रास्ते की रुकावट नहीं बने और आपकी इस अनोखी और बहुमूल्य ज़िंदगी की संभावनाएं सीमित ना हों।

आपको अंदाज़ भी नहीं है कि यह समस्या कितनी बड़ी है। मुझे भी नहीं था। हम ऐसा दिखाते हैं जैसे हमें किसी की परवाह नहीं, लेकिन सच तो यह है कि दूसरों की राय से हम सभी को कहीं न कहीं फ़र्क़ ज़रूर पड़ता है।

सच्चाई यह है कि लोग आपके बारे में नकारात्मक राय रखेंगे और आप उसे बदल नहीं सकते। लेकिन जब आप दूसरों की राय के डर से उस काम को नहीं करते जो आप करना चाहते हैं, तो आप उनकी सोच के ग़ुलाम बन जाते हैं।

यह डर आपके जीवन के हर पहलू को प्रभावित करता है। यह आपको टाल-मटोल करने पर मजबूर करता है। यह आपको ख़ुद पर शक करवाता है। यह आप पर परफ़ेक्शन का दबाव बनाता है। यही वजह है कि आप ज़्यादा सोचते हैं।

अब यही रुकने का समय है। अब दूसरों को यह आज़ादी देने का समय है कि वे जो चाहें, सोचें। उन्हें सोचने दीजिए। अब ख़ुद को मुक्त करने का समय है। अब कहिए कि मुझे बेझिझक छोटे-छोटे साहसिक क़दम उठाने दीजिए। ये ही क़दम आगे चलकर आपके जीवन को पूरी तरह से बदल देंगे।

लेट देम थ्योरी मेरे लिए एक बहुत बड़ा चेतावनी-संकेत था। मुझे पता था कि मैं दूसरों की राय की परवाह करती हूं, लेकिन ये नहीं समझ पाई थी कि यह परवाह मेरे लिए कितनी बड़ी समस्या बन चुकी थी। फिर मैंने कहना शुरू किया - *लेट देम*। उन्हें मेरे बारे में जो सोचना है, सोचने दीजिए। मुझे नापसंद करते हैं, करने दीजिए। उन्हें अपनी राय बनाने दीजिए। उन्हें बुरा सोचने दीजिए। उन्हें मेरी पीठ पीछे बात करने दीजिए। *लेट देम* कह पाना ही मेरी आज़ादी की शुरुआत बन गया।

इस समय आप ज़िंदगी में इस तरह आगे बढ़ रहे हैं मानो दूसरों की राय ही आपका नक़्शा हो। आप दाएं या बाएं इसलिए मुड़ जाते हैं, क्योंकि आपको लगता है कि लोग क्या सोचेंगे या क्या कहेंगे, ना कि इसलिए क्योंकि आप वहां मुड़ना चाहते हैं। जब आप अपनी ज़िंदगी इस चिंता में जीते हैं कि लोग आपके बारे में क्या सोचेंगे या क्या कहेंगे, तब आप अपनी ताक़त दूसरों को सौंप देते हैं।

हर क़दम के बारे में ज़रूरत से ज़्यादा सोचने के बजाय, अगर आप उन्हें सोचने दें जो भी वे सोचना चाहते हैं, तो क्या होगा? लोगों की राय के बोझ से अपने आपको मुक्त करना जीवन बदल देने वाला अनुभव है। मानव स्वभाव का एक बुनियादी नियम याद रखिए : आप इस बात को नियंत्रित नहीं कर सकते कि किसी दूसरे व्यक्ति को क्या कहना चाहिए, क्या करना चाहिए या क्या सोचना चाहिए। कोशिश करेंगे तो पछताएंगे। जितना आप लोगों को उनकी सोच पर छोड़ देंगे, आपकी ज़िंदगी उतनी ही बेहतर हो जाएगी।

क्या हो अगर आप ख़ुद को अपनी ज़िंदगी जीने की इजाज़त दें और दूसरों को यह छूट दे दें कि वे जो चाहें, आपके बारे में राय बना लें? क्या हो अगर आप अपना समय और ऊर्जा अपने शौक़ पूरे करने में, अपनी आदतों को सुधारने और अपनी ख़ुशी का विचार करने में लगाएं?

कौन-सा बदलाव आप करते अगर आपको लोगों की राय बनाने यानी जज किए जाने का डर ना होता? ऐसी कौन-सी चाहत है जिसे आप क़बूल करने से डरते हैं? ऐसी कौन-सी धारणा है जिसे आप खुलकर कहने से हिचकते हैं? कौन-सा शौक़ है जो आप सिर्फ़ इसलिए नहीं अपना पाए, क्योंकि आपने उसे पहले कभी नहीं आज़माया था? कौन-सी चुनौती, दौड़ या रोमांच है जिसे आज़माने की आपके मन में तमन्ना है? नौकरी में ऐसा कौन-सा काम आप करना चाहते हैं, लेकिन कहने से डरते हैं? ऐसी कौन-सी बात है जिसे कहने से आप लगातार बचते आ रहे हैं? कौन-सी तसवीर है जिसे आप पोस्ट करना चाहते हैं लेकिन अब तक अपने आपको रोक कर रखा है?

आख़िरी सवाल तो सच में दिल को छू गया।

आपकी ज़िंदगी की सबसे बड़ी रुकावट के सामने आपका स्वागत है

दस साल पहले मैं मोटिवेशनल स्पीकर के रूप में बस शुरुआत ही कर रही थी। मैं इस क्षेत्र में बिलकुल नई थी। और जैसा कि अक्सर नई शुरुआत में होता है-कोई आमदनी नहीं हो रही थी। अपने सफ़र की शुरुआत करने और आगे बढ़ने का रास्ता बनाने के लिए मैं महिलाओं के छोटे-छोटे समूहों से मिलती थी और उनके बीच निःशुल्क बोलने का प्रस्ताव रखती थी।

अगर आप कोई व्यवसाय शुरू कर रहे हैं, या अतिरिक्त आमदनी के लिए कोई काम कर रहे हैं, या सोशल मीडिया के ज़रिए ऑन-लाइन पैसे कमाने की कोशिश कर रहे हैं, तो शायद आप मुझसे सहमत होंगे। क्योंकि शुरुआत में यही होता है कि आप बहुत मेहनत करते हैं, लेकिन बदले में कुछ नहीं मिलता।

मेरी परेशानी धीरे-धीरे बढ़ने लगी थी। एक साल बीत गया। मैं मंच पर बेहतर ढंग से बोलने लगी थी, श्रोता बढ़तें जा रहे थे, लेकिन मेरा बैंक अकाउंट ख़ाली होता जा रहा था। क्यों? क्योंकि मैं हफ़्ते में पांच दिन एक फुल-टाइम नौकरी करती थी और वीक-एंड पर सार्वजनिक मंचों पर मुफ़्त में प्रेरणादायक भाषण देती थी।

और जैसा कि मैंने इस पुस्तक की भूमिका में लिखा है, यही वह समय था जब मेरे पति और मैं भारी आर्थिक संकट से जूझ रहे थे। इसीलिए मैं किसी तरह इसी काम से पैसा कमाने का तरीक़ा निकालना चाहती थी।

मैंने कुछ अनुभवी वक़्ताओं से सलाह मांगी। मैं उनसे जानना चाहती थी कि मुझे बोलने के लिए पैसे मिलना कैसे शुरू हो सकते हैं। और यदि आप भी कोई व्यवसाय या अतिरिक्त आमदनी के लिए कोई काम शुरू करना चाहते हैं तो अब यही सलाह मैं आपको भी देना चाहूंगी।

हर व्यवसाय की एक तयशुदा प्रक्रिया होती है। उसे अपनाइए। मैं ऐसा इसलिए कह रही हूं क्योंकि अक्सर मैं लोगों को इसी सोच में फंसा हुआ पाती हूं कि 'मुझे कुछ अलग करना चाहिए।' ताकि कोई यह ना कहे कि उन्होंने किसी की नक़ल की है। लेकिन यह सोच असल में इस डर से आती है कि लोग क्या कहेंगे। यही डर आपको उस आसान और आज़माई हुई राह पर चलने से रोकता है, जो आपको सफ़लता तक ले जा सकती है।

उन्हें सोचने दीजिए कि आपने नक़ल की है, क्योंकि आपने की है। और उन्होंने भी किसी और की नक़ल की थी। फ़ॉर्मूले इसलिए होते हैं क्योंकि वे बार-बार काम करते हैं। नक़ल करने के बावजूद आप उसे अलग बनाएंगे क्योंकि आप उसमें अपना अंदाज़, अपनी सोच और अपनी मेहनत डालेंगे। पहिया फिर से बनाने की ज़रूरत नहीं है। जो फ़ॉर्मूला काम करता है, उसे अपनाइए और अपने फ़ायदे के लिए इस्तेमाल कीजिए।

यही बात अनुभवी वक़्ताओं ने मुझसे कही थी कि यही करना चाहिए। हर सफल वक़्ता तीन ही काम करता है। और जब तक आप ये तीन काम नहीं करते, तब तक आप सच में इस क्षेत्र में क़दम ही नहीं रखते।

मुझसे यह कहा गया :

1. एक सरल-सी वेब-साइट बनाइए, जिसमें मंच पर आपकी कुछ तसवीरें हों, साथ ही आपके मुख्य भाषण का परिचय और उससे मिलने वाले मुख्य संदेश भी लिखें।
2. जिन आयोजनों में आपने पहले भाषण दिया है, वहां के आयोजकों से कुछ प्रशंसा-पत्र लीजिए और उन्हें वेब-साइट पर डाल दीजिए।

और सबसे महत्वपूर्ण बात

3. ऑन-लाइन बोलने के बारे में पोस्ट करना शुरू कीजिए। अपने सोशल मीडिया को ही अपना प्रचार बना लीजिए। जिन कार्यक्रमों में आप शामिल हुई हैं, वहां की तसवीरें डालिए। अपने भाषण से जुड़े विचारों को साझा कीजिए। जिन आयोजकों ने आपको बुलाया, उनके साथ की तसवीरें डालिए। सोशल मीडिया ही वो रास्ता है जिससे लोग आपको खोजेंगे। सोशल मीडिया दिखाता है कि आप इस क्षेत्र के एक सक्रिय और गंभीर वक़्ता हैं। और सोशल मीडिया ही उन्हें आपकी एक पेज वाली वेब-साइट तक ले जाएगा जहां से वे आपको आमंत्रित कर सकते हैं।

बस यही था वह फ़ॉर्मूला। इसे अपनाइए और आपको पैसे मिलने शुरू हो जाएंगे। यह सलाह मिलते ही मुझे साफ़-साफ़ समझ आ गया कि मुझे अब क्या करना है। और सच कहूं तो, हालात भी बेहद गंभीर थे। मुझे अपने परिवार को क़र्ज़ से निकालने के लिए पैसों की सख़्त ज़रूरत थी। मुझे रास्ता मिल गया था और मुझे पता चल गया था कि मुझे क्या करना है।

लेकिन क्या मैंने उस फ़ॉर्मूले को सच में अपनाया? सच कहूं तो-नहीं। हां, मैंने एक वेब-साइट ज़रूर बनाई। हां, मैंने प्रशंसा-पत्र भी मांगे और उन्हें वेब-साइट पर डाल दिया। लेकिन क्या मैंने सोशल मीडिया पर पोस्ट करना शुरू किया? बिलकुल नहीं।

उस समय मेरी सोशल मीडिया पूरी तरह निजी थी। वहां मेरे बच्चों की तसवीरें थीं, पारिवारिक यात्राओं के यादगार पल थे, दोस्तों के साथ सेल्फ़ियां थीं। मेरे सारे फ़ॉलोअर्स दोस्त, पुराने सहपाठी और परिवार के सदस्य थे। मैंने कभी भी यह नहीं बताया था कि मैं एक मोटिवेशनल स्पीकर बनना चाहती हूं और ना ही यह बताया था कि मैं पिछले एक साल से ये काम बिना किसी शुल्क के कर रही थी। और अगर आपने कभी सोशल मीडिया को अपनी कोई नई शुरुआत, कोई नया सपना, या अपनी कला को दुनिया से साझा करने के लिए

इस्तेमाल करने का विचार किया है तो आप जानते होंगे कि यह कितना कठिन होता है। जब आपकी सोशल मीडिया पर अब तक सिर्फ़ निजी जीवन की तसवीरें रही हों, तो यह फ़ैसला लेना बहुत कठिन होता है कि अब यही सोशल मीडिया, मेरा प्रचार बनेगा।

मुझे अपने काम के बारे में सोशल मीडिया पर पोस्ट करना शुरू करने में पूरे दो साल लग गए। क्यों?

क्योंकि मुझे डर था कि लोग क्या सोचेंगे

किससे डर लग रहा था, मेल?, अपने दोस्तों से।

मुझे लगता था कि अगर मैंने बच्चों की तसवीरें , पारिवारिक कार्यक्रमों की झलकियां और दोस्तों-रिश्तेदारों के साथ की मस्ती छोड़कर कॉन्फ्रेंस में बोलते हुए अपनी तसवीरें डालनी शुरू कीं, तो लोग मुझे जज करेंगे, मुझे अजीब समझेंगे, मज़ाक़ बनाएंगे।

ये खुद को समझती क्या है?' इसे बुला कौन रहा है बोलने के लिए? इसके पास ऐसा क्या है जो ये कहे? सब दिखावा है, एकदम बनावटी।

मैं पोस्ट करने की कोशिश करती थी। इवेंट की तसवीरें देखती, एक-दो चुनती भी, लेकिन तभी डर घेर लेता। जैसे ही मैं कैप्शन लिखने बैठती, मन में नकारात्मक बातों का शोर शुरू हो जाता : *क्या इससे मेरा घमंड तो नहीं झलक रहा है? क्या ये कैप्शन प्रोफ़ेशनल लग रहा है? अगर मैंने ये पोस्ट किया, तो क्या लोग मुझे अनफ़ॉलो कर देंगे? क्या मेरे दोस्त सोचेंगे कि मैं खुद को बहुत बड़ा समझने लगी हूं? क्या मुझे एक नया अकाउंट बनाकर सब कुछ अलग से शुरू करना चाहिए?*

फिर मैं खुद को यह समझाती कि पोस्ट करना शायद ज़रूरी ही नहीं है। जानना चाहते हैं क्यों? क्योंकि मैं इतनी मेहनत करती थी कि कोई एकदम बढ़िया और असरदार फ़ोटो और कैप्शन बने जो मुझे प्रमोट भी करे और किसी को बुरा भी ना लगे। इसी कोशिश में मैं थक जाती थी।

मैंने सैकड़ों ड्राफ़्ट पोस्ट तैयार किए थे। और वे सब बस वहीं पड़े रहे-ड्राफ़्ट्स में... सालों तक। जब कभी हिम्मत जुटाकर मैं कोई पोस्ट करती भी, तो उसे सिर्फ़ पांच मिनट के लिए ही लगाकर रखती, बार-बार जाकर देखती - कितने लाइक्स आए, क्या कोई कमेंट अच्छा है? और अगर वैसा रिस्पॉन्स नहीं मिला जैसा मैं चाहती थी, तो मैं वह पोस्ट हटा देती थी।

इस बेवक़ूफ़ाना डर ने मुझे सालों तक अपने ही बिज़नेस की मार्केटिंग करने से रोक दिया। जबकि मैं उसे अपना फुल-टाइम करियर बनाना चाहती थी। मैंने दूसरों की राय को अपनी तरक़्क़ी से ज़्यादा महत्व दिया। ये तो खुद ही अपनी ताक़त किसी और को सौंप देने जैसा था। और जब अब पीछे मुड़कर देखती हूं, तो अफ़सोस होता है।

मैंने ख़ुद को उन कामों से रोक लिया जो मेरे सपनों को पूरा कर सकते थे, जो मुझे ज़्यादा पैसे कमा कर दे सकते थे, क़र्ज़ से बाहर निकाल सकते थे, मेरे बच्चों के लिए अच्छी चीज़ें ख़रीदने लायक़ बना सकते थे, और बहुत जल्दी मुझे ढेरों क्लाइंट्स भी मिल सकते थे। क्या ये बेवक़ूफ़ी नहीं है? बिलकुल है। लेकिन फिर भी, मुझे यक़ीन है कि जब बात खुद को दुनिया के सामने लाने की होती है, तो आप भी इसी डर से जूझते होंगे।

चाहे बात आपके बिज़नेस की हो, आपकी कला की, आपके संगीत या वीडियो की या फिर किसी तसवीर की जिसमें आपने स्विमसूट पहन रखा है, अगर आप खुद को पोस्ट करने से रोक रहे हैं, तो उसकी वजह यही है कि आपको लोगों की राय का डर सताता है। यही वजह है कि आप मुंहासों को छिपाते हैं, हर फ़ोटो में अपनी 'अच्छी साइड' से खड़े होते हैं। और यही वजह है कि आप मीटिंग्स में खुलकर बोलते नहीं हैं।

हर बार जब आप कोई पोस्ट करने से पहले उसे बार-बार एडिट करते हैं, क्लास या दफ़्तर में चुप रहते हैं, या ग्रुप फ़ोटो में पीछे छिप जाते हैं, तो आप खुद को ही नकार रहे होते हैं। आप ख़ुद से ही कह रहे होते हैं कि तुम अच्छे नहीं हो। बार-बार सवाल करना, एडिट करना, डिलीट करना, ज़रूरत से ज़्यादा सोचते रहना और दूसरों से पूछना कि 'क्या ये ठीक लग रहा है? ये सब आपकी आत्म-संदेह को और बढ़ा देता है। और सबसे हैरानी की बात ये है कि ये सब आप खुद अपने साथ कर रहे हैं। मैंने भी किया है।

इस विषय पर जो ज़्यादातर सलाह दी जाती है, वो बेकार होती है। ज़्यादातर लोग बस यही कहते हैं कि 'दूसरों की सोच की परवाह करना छोड़ दो,' लेकिन कोई यह नहीं बताता कि ऐसा करना कैसे मुमकिन है। अब वक़्त है एक नए तरीक़े का। 'लेट देम थ्योरी' का इस्तेमाल करते हुए आप इस डर को हमेशा के लिए ख़त्म करने की एक क्रांतिकारी विधि अपनाएंगे : लोगों को यह आज़ादी दीजिए कि वे आपके बारे में नकारात्मक सोचें।

यह एक अनोखा और क्रांतिकारी विचार है जो आपके आत्म-विश्वास को जगाएगा, आपकी अभिव्यक्ति को आज़ाद करेगा और आपके जीवन के एक बिलकुल नए अध्याय की शुरुआत करेगा। लोगों को यह आज़ादी दे दीजिए कि वे आपके बारे में कुछ नकारात्मक सोचें।

उन्हें सोचने दीजिए। यह उपाय ना सिर्फ़ कारगर है, बल्कि यह विज्ञान पर आधारित भी है।

आपका दूसरों की राय पर कोई नियंत्रण नहीं है

सच यह है कि किसी और के विचारों को नियंत्रित करना असंभव है। इसलिए यह डरते रहना कि लोग क्या सोचेंगे, या उनकी सोच को नियंत्रित करने की कोशिश करना, ये दोनों ही काम आपके समय की पूरी बर्बादी हैं।

जब तक आप इस बात में उलझे रहेंगे कि दूसरे आपके बारे में क्या सोचते हैं, या उस सोच को बदलने की कोशिश करते रहेंगे, आप ना तो अपनी ज़िंदगी पर नियंत्रण महसूस कर पाएंगे, ना अपनी भावनाओं, विचारों या अपने कार्यों पर।

मैं फिर कहूंगी कि आपसे उम्र में बड़े लोग आपके बारे में नकारात्मक राय रखेंगे – चाहे आप कुछ भी कर लें। क्यों? क्योंकि बड़े लोगों को जो चाहें वो सोचने की आज़ादी होती है।

यह शारीरिक और मानसिक रूप से असंभव है कि आप किसी और के विचारों को नियंत्रित कर सकें। एक सामान्य इंसान के दिमाग़ में रोज़ लगभग 70 हज़ार विचार आते हैं और उनमें से ज़्यादातर बेतरतीब होते हैं, जिन्हें नियंत्रित नहीं किया जा सकता। यही कारण है कि दूसरों के बारे में क्या सोच रहे हैं, इसे लेकर चिंतित होना या उनकी सोच को बदलने की कोशिश करना, आपकी ऊर्जा की बर्बादी है।

आप खुद अपने ही आधे विचारों पर नियंत्रण नहीं रख सकते, तो फिर आप यह कैसे सोच सकते हैं कि किसी और के मन में क्या चलेगा, इस पर आपका वश हो सकता है? यह संभव ही नहीं है। यह वैज्ञानिक रूप से असंभव है। और यही वजह है कि लेट देम थ्योरी इतनी क्रांतिकारी है।

दूसरों की राय से डरने के बजाय, अब आप उन्हें जो चाहें सोचने देंगे। सच तो यह है कि मैं तो यह सलाह दूंगी कि आप मानकर चलें कि लोग आपके बारे में नकारात्मक सोचेंगे, क्योंकि वे सचमुच ऐसा सोचते हैं।

यह सब बिलकुल सामान्य है।

और वैसे भी, जो लोग आपसे प्यार करते हैं वे भी आपके बारे में बुरे विचार सोचते हैं... हर रोज़! मैं खुद अपने प्रियजन के बारे में रोज़ नकारात्मक बातें सोचती हूं। यह सामान्य है। सबसे पहले मैं खुद का उदाहरण देती हूं।

जब मेरे पति सुबह उठते हैं, तो अक्सर ज़ोर से पादते हैं। और मेरे मन में पहला विचार आता है : तुम कितने घिनौने हो। मैं क्रिस से सबसे ज़्यादा प्यार करती हूं, लेकिन फिर भी मेरे मन में उनके बारे में बुरे ख़याल आते हैं।

मेरे कुत्ते होमी के साथ भी यही बात है। शाम के 5 बजे वह बहुत चिड़चिड़ा हो जाता है क्योंकि उसे खाना चाहिए होता है। वह मेरे पीछे-पीछे चलता रहता है, ज़ोर-ज़ोर से सांस लेता है, मुझ पर कूदता है और मैं सोचती हूं कि यह कितना परेशान करने वाला कुत्ता है, इसे थोड़ा शांत होना चाहिए। फिर भी, मैं उससे प्यार करती हूं।

मेरी बड़ी बेटी सॉयर, जिसके साथ मिलकर मैंने यह पुस्तक लिखी है, एकदम अनुशासनप्रिय लड़की है। जब चीज़ें उसकी मर्ज़ी के अनुसार नहीं होतीं, तो वह बहुत ज़्यादा हावी हो जाती है। वह सफ़ाई के मामले में बहुत जुनूनी है। उसकी इस आदत के कारण घर में सब तनाव में आ जाते हैं। लेकिन फिर भी, मैं उससे प्यार करती हूं।

हमारी मंझली बेटी केंडल जब भी लॉस एंजिलस से मुझे फ़ेसटाइम करती है, तो हर बार ऐसा लगता है कि उसने फिर से नई ड्रेस पहनी है। मैं सोचती हूं कि वह अपने पैसों को लेकर ज़िम्मेदार नहीं है और उसे नए कपड़ों की कोई ज़रूरत नहीं है। लेकिन फिर भी, मैं उससे प्यार करती हूं।

और हमारा बेटा ओकली, वह तो बिलकुल परफ़ेक्ट है। मैं तो बस मज़ाक़ कर रही हूं। जब वह सुबह उठता है, तो पहले एक घंटे तक किसी से आंख मिलाकर बात नहीं करता। मैं सोचती हूं कि यह तो बहुत असभ्यता है। लेकिन फिर भी, मैं उससे प्यार करती हूं।

बहरहाल, मैंने अपने बच्चों से पूछा कि वे मेरे लिए कौन-कौन से विशेषण सोचते हैं। उन्होंने बताया, बेतरतीब, अव्यवस्थित, ऊंची आवाज़ में बोलने वाली, ज़रूरत से ज़्यादा दोस्ताना, इधर-उधर भटकने वाली, कंट्रोल करने वाली, हमेशा देर से आने वाली और खुद को सब कुछ जानने का दावा करने वाली। मेरे बच्चे इस पर भी तरह-तरह की राय जताते हैं कि मैं हमारे जीवन के बारे में ऑन-लाइन कितना कुछ साझा करती हूं। फिर भी, वे मुझसे प्यार करते हैं। (सॉयर यह भी चाहती है कि मैं आपको बताऊं कि मेरे साथ इस पुस्तक को वह इस हद तक परेशान हो गई थीं कि उसने तय कर लिया था कि वह हम मां-बेटी का रिश्ता ही ख़त्म कर देगी, क्योंकि मैंने कंप्यूटर से कई-कई बार पुस्तक का पूरा मसौदा ही उड़ा दिया था। संदर्भ के लिए बता दूं कि अभी आप जो पढ़ रहे हैं यह ग्यारहवा ड्राफ़्ट है।)

मैं आपको यह क्यों बता रही हूं? इसलिए, क्योंकि हर इंसान जिन लोगों से प्यार करता है, उनके बारे में नकारात्मक राय भी रखता है। अजनबियों के बारे में भी उसकी नकारात्मक राय होती है। यह जीवन की सच्चाई है।

इसे अपनाइए, स्वीकार कीजिए। हक़ीक़त को बदलने की कोशिश करने के बजाय, अब उसे अपने पक्ष में इस्तेमाल करना शुरू कर दीजिए-उन्हें नकारात्मक राय बनाने दीजिए।

और एक सच्चाई जान लीजिए : सिर्फ़ इसलिए कि किसी के मन में आपके बारे में कोई नकारात्मक राय है, इसका यह मतलब नहीं कि वह व्यक्ति आपको पूरी तरह से नापसंद करता हैं या आपके लिए कोई नकारात्मक भावना रखता है।

मैं अपने पति के बारे में कोई बुरा ख़याल सोच सकती हूँ और फिर भी उन्हें भरपूर प्यार दे सकती हूँ, उनका सम्मान कर सकती हूँ, और बहुत स्नेह से पेश आ सकती हूँ -क्योंकि दो बातें एक साथ सच हो सकती हैं। आप किसी के व्यवहार से चिढ़ सकते हैं और फिर भी उसे दिल से चाह सकते हैं।

यही भावना आपके अपनों के लिए भी होती है। आपको लगता है कि उनके दोस्त ख़राब असर डालते हैं। आपको लगता है कि वे बात-बात पर ज़रूरत से ज़्यादा प्रतिक्रिया दे रहे हैं। आपको लगता है कि उनका बॉयफ्रेंड उनके साथ अच्छा व्यवहार नहीं करता। आपको लगता है कि उनका बिज़नेस आइडिया विफल हो जाएगा।

आपको लगता है कि वे खुद में ही उलझे रहते हैं। लेकिन फिर भी आप उन्हें प्यार करते हैं।

मेरा मुद्दा बिलकुल सीधा और सरल है : लोग आपके बारे में और जो कुछ आप करते हैं, उसके बारे में नकारात्मक राय बनाएंगे ही। उन्हें जज करने दें। उन्हें प्रतिक्रिया देने दें। उन्हें आप पर शक करने दें। उन्हें आपके फ़ैसलों पर सवाल उठाने दें। जब आप ऑन-लाइन वीडियो डालना शुरू करें या जब आप बारहवीं बार स्क्रिप्ट फिर से लिखना चाहें तो उन्हें झुंझलाने दें। दूसरों के बारे में सोचते हुए अपना समय बर्बाद करने के बजाय, ऐसा जीवन जीना शुरू करें जिस पर आपको खुद पर गर्व हो। मुझे अपने इस एक अनोखे और अनमोल जीवन के साथ वही करने दें जो मैं करना चाहती हूं।

यह दृष्टिकोण आज़ादी देता है, क्योंकि अभी आप अपना जीवन ऐसे जी रहे हैं और फ़ैसले ऐसे ले रहे हैं मानो हर किसी का सोचना पहले से जानना ज़रूरी हो। जब आप यह सोचकर अपने निर्णय लेते हैं कि लोग क्या सोचेंगे, तो आप अपनी संभावनाओं को सीमित कर लेते हैं और अपने सच्चे इरादों से दूर हट जाते हैं।

यही वजह है कि आप टाल-मटोल करते हैं, खुद पर शक करते हैं, परफ़ेक्शन की तलाश में ठहर जाते हैं और सबसे ज़रूरी बात कि इसी वजह से आप हर दिन उठते हैं और उस काम से बचते हैं जो वास्तव में आपको आगे बढ़ा सकता है।

आप दूसरों की आलोचना से इतने डरे हुए हैं कि आप कोई भी जोख़िम लेना ही नहीं चाहते। क्या यही तो वह बात नहीं है जिससे आप डरते हैं? कि लोग आपको जज करेंगे?

अगर आप तलाक़ लेते हैं, या रियल एस्टेट का काम छोड़ते हैं, या दोबारा पढ़ाई शुरू करते हैं, या बाल कटवाते हैं, या फुटबॉल टीम में शामिल होने की कोशिश करते हैं और बाहर कर दिए जाते हैं, तो क्या हर कोई इस पर अपनी राय नहीं देगा? बिलकुल देगा। तो फिर क्या? यही बेवकूफ़ी भरा डर है जो आपको नई चीज़ें आज़माने, जोखिम लेने, जैसा चाहे वैसा बनने और वे छोटे-छोटे क़दम उठाने से रोक रहा है जो धीरे-धीरे आपकी ज़िंदगी बदल सकते हैं। कितना दुखद है ये।

लेट देम थ्योरी आपको ज़्यादा साहसी बनने में मदद करेगी। क्या यह ज़्यादा समझदारी नहीं होगी कि आप हक़ीक़त को स्वीकार करें और लोगों को आपकी आलोचना करने की पूरी आज़ादी दें?

आप किसी और के विचारों को नियंत्रित नहीं कर सकते, तो फिर उससे डरने का कोई कारण भी नहीं है। आपका समय इससे कहीं ज़्यादा कीमती है, क्योंकि इस एक अद्भुत और अनमोल ज़िंदगी में आपके पास करने को कई महत्त्वपूर्ण काम हैं।

आज से, आप लोगों को इस बात की आज़ादी देंगे कि वे आपके बारे में नकारात्मक बातें सोचें। उन्हें सोचने दीजिए। *लेट देम।*

'लेकिन मैं नहीं चाहता/चाहती कि लोग मेरे बारे में नकारात्मक बातें सोचें।'

मैं जानती हूं कि आप क्या सोच रहे हैं, *मेल, मैं नहीं चाहता/चाहती कि लोग मेरे बारे में नकारात्मक बातें सोचें। मैं समझती हूं*, मैं भी नहीं चाहती थी। लेकिन लोग आपके बारे में क्या सोच सकते हैं, यही डर आपके आत्म-संदेह की सबसे बड़ी वजह है।

मैं अच्छा/अच्छी नहीं हूं। (किसके लिए?)

मैं ज़्यादा समझदार नहीं हूं। (किसके लिए?)

लोग मुझसे नाराज़ हो जाएंगे। (कौन नाराज़ होगा?)

मेरे माता-पिता को यह पसंद नहीं आएगा। (तो?)

अगर मैंने यह किया तो कोई मुझे पसंद नहीं करेगा। ('कोई' कौन है?)

मेरे दोस्त क्या सोचेंगे? (जो चाहें, सोच लें।)

क्या इसके कारण मैं बुरा दिख रहा/रही हूं? (किसकी नज़र में?)

आपके हर एक डर की जड़ में दूसरों की राय जुड़ी होती है। इसीलिए मैं बार-बार यही बात दोहरा रही हूं कि लोग आपके बारे में, आपके कपड़ों के बारे में, आपने क्या कहा, क्या किया और आप आगे क्या करना चाहते हैं-इन सब बातों पर नकारात्मक राय देंगे।

उन्हें देने दीजिए।

लोग जो चाहें, वो सोचने के लिए आज़ाद हैं। और आप भी। यही कारण है कि लेट देम थ्योरी आपको आज़ादी दिलाएगी। अब तक आप अपनी ज़िंदगी बचाव की मुद्रा में जीते आए हैं, अब आप आक्रमण की ओर बढ़ेंगे। अब आप ज़िंदगी का खेल अपने नियमों पर खेलेंगे।

और एक सच्चाई जान लीजिए, आप दूसरों की राय से कहीं ज़्यादा मज़बूत हैं। अपनी शक्ति दूसरों को देना बंद कीजिए और अपने भीतर के सामर्थ्य का पूरा उपयोग कीजिए।

मुझे मेरी ज़िंदगी इस तरह जीने दीजिए कि मुझे खुद पर गर्व हो। मुझे वे फ़ैसले लेने दीजिए जो मेरे मूल्यों के साथ मेल खाते हैं। मुझे जोख़िम उठाने दीजिए क्योंकि मैं ऐसा करना चाहता हूं। मुझे उस राह पर चलने दीजिए, जिसकी ओर मेरी आत्मा मुझे खींच रही है।

जिस बात या काम से आपको ख़ुशी मिलती है, जो रास्ता आपके दिल को सही लगता है, उसे अपनाना, बहादुर बनना और जोख़िम लेना हमेशा दूसरों की राय से ज़्यादा महत्त्वपूर्ण होता है। ये आपकी ज़िंदगी है। दूसरों की सोच को इसे बरबाद मत करने दीजिए।

पुस्तक लिखिए। उसे बुलाकर कहिए कि आप उससे मिलना चाहते हैं। जो मन हो, वही पहनिए। पूरा दिन लहरों से खेलिए। फिर से पढ़ाई शुरू कर दीजिए। या पढ़ाई छोड़ दीजिए। कहीं और जाकर बस जाइए। एक कुत्ता पाल लीजिए। यात्रा की टिकट बुक कीजिए। शराब

पीना बंद कर दीजिए। अपनी लैंगिक पहचान को अपनाइए। उस रास्ते पर चल पड़िए, जिससे आप अब तक डरते रहे हैं।

जितना ज़्यादा आप *लेट देम* सिद्धांत को अपनाएंगे, उतना ही स्पष्ट हो जाएगा कि इस डर के नीचे आपकी आत्मा आपको लगातार उस दिशा की ओर धकेलती रही है जो वास्तव में आपके लिए बनी है।

हर बार जब आप कहेंगे,*लेट देम* आप सतह पर फैले शोर और उलझनों को दूर कर देंगे और भीतर एक ख़ाली जगह बनाएंगे जहां आपकी अपनी आवाज़, आपकी सहज बुद्धि, आपका सत्य और आपका अनोखा जीवन-पथ साफ़-साफ़ दिखने लगेगा।

आपका रास्ता हमेशा से वहीं था, बस डर की परतों के नीचे दबा हुआ था।

जब आप लेट देम थ्योरी का इस्तेमाल करके ख़ुद को दूसरों की राय के बोझ से मुक्त करने लगते हैं, तो आप अपने जीवन में अपने मूल्यों, अपनी ज़रूरतों और अपने लक्ष्यों को ही मार्गदर्शक बनाकर आगे बढ़ते हैं।

दूसरे लोग क्या सोच सकते हैं, इसका अंदाज़ा लगाने के बजाय, आप इस तरह जीवन जीते हैं कि खुद पर गर्व कर सकें। और यही असली राज़ है जब आप को ख़ुद पर गर्व होता है और तब सारी ताक़त आपके पास होती है।

ऐसे फ़ैसले लें जिनसे आपको ख़ुद पर गर्व हो

यह बात हमें एक बहुत ही अहम मुद्दे तक ले जाती है और वह है अपनी ज़रूरतों को प्राथमिकता देना, साथ ही प्यार और सहयोग से भरे रिश्ते बनाए रखना। इसका मतलब यह नहीं है कि आप जीवन में एक स्वार्थी या आत्म-मुग्ध इंसान बन जाएं। ऐसा इंसान जिसे दूसरों की कोई परवाह ना हो।

असली बात यह है कि आप यह सीखें कि अपनी ज़रूरतों को पहले कैसे रखें। इस तरह कि जो आपके लिए सही है, वही दूसरों की उम्मीदों और भावनाओं के साथ संतुलन में भी रहे। ज़िंदगी में न तो आपको दूसरों के पैरों तले दबने वाला बनना है, और न ही ऐसा बेरुख़ इंसान जो दूसरों को कुचलता चले। इसी का नाम है संतुलन।

मान लीजिए कि आपका आने वाला वीक-एंड बहुत ही व्यस्त और उलझनों से भरा है। एक तरफ़ आपका कोई क़रीबी दोस्त अपनी ज़िंदगी का एक महत्त्वपूर्ण जन्मदिन मना रहा है और यह उन शानदार मौक़ों में से एक है जहां सारे दोस्त इकट्ठा होकर जश्न मनाते हैं।

इस जश्न में शामिल होने के लिए आपको चार घंटे की लंबी ड्राइव करनी होगी। और आपको मालूम है कि आपके लिए सही फ़ैसला यही होगा कि आप वहां मौजूद रहें। लेकिन दूसरी तरफ़, महीनों पहले आपने अपने माता-पिता से वादा किया था कि आप उसी वीक-एंड घर आएंगे, क्योंकि आपके दादा-दादी (या नाना-नानी) आ रहे हैं।

आप दोनों जगह मौजूद रहना चाहते हैं।

आप एक अच्छे दोस्त भी बनना चाहते हैं, एक अच्छा बेटा या अच्छी बेटी भी, और एक अच्छा पोता-पोती भी। इसलिए आप एड़ी-चोटी का ज़ोर लगाकर चार घंटे की लंबी ड्राइव करके शहर के उत्तर में उस जगह पहुंचते हैं जहां आपके दोस्त की शुक्रवार रात की पार्टी हो रही है।

और आपको खुशी होती है कि आप उस पार्टी में शामिल हुए।

आप देर रात तक जागते हैं, दोस्तों के साथ हंसी-मज़ाक करते हैं, एक बोतल वाइन भी पी लेते हैं। पूरा माहौल ज़बरदस्त होता है। फिर अगली सुबह आप सुबह 7 बजे जागते हैं। आरामदायक कपड़े पहनते हैं, दोस्तों के नाम एक छोटा-सा नोट छोड़ते हैं जिसमें लिखा होता है कि बाक़ी वीक-एंड मिस करने के लिए माफ़ी चाहते हैं और फिर आप गाड़ी में बैठकर चार घंटे की एक और ड्राइव करके अपने माता-पिता के घर निकल पड़ते हैं ताकि बाकी समय अपने दादा-दादी (या नाना-नानी) के साथ बिता सकें।

जब आप सड़क पर गाड़ी चला रही होते हैं, तो आपको ख़ुद पर गर्व होता है कि आपने दोनों कामों को पूरा करने के लिए इतनी मेहनत की।

लेकिन आपको इस बात का ज़रा भी अंदाज़ नहीं होता (यह बात आपको बाद में पता चलेगी) कि जन्म-दिन मना रही आपकी मित्र इस बात से नाराज़ थी कि आप जल्दी लौट गए। उसने यह तक कह दिया,'अगर उसे सिर्फ़ एक रात के लिए ही आना था, तो आया ही क्यों?'

उसे कहने दीजिए।

चार घंटे बाद, आप अपने माता-पिता के घर पहुंचते हैं। थोड़े से थके हुए और हल्के से हैंग-ओवर में। आप अपनी कार से उतरते हैं और अपनी दादी को गले लगाते हैं। वह आपको देखकर इतनी ख़ुश हो जाती हैं कि उनकी आंखें नम हो जाती हैं।

फिर आप अपनी मां को गले लगाते हैं और वह आपके कान में धीरे-से कहती हैं, जब तुम्हारी दादी कल रात आई थीं और तुम नहीं थे, तो उन्हें बहुत दुख हुआ। फिर वह आगे कहती हैं, *'हमें दस मिनट में लंच के लिए निकलना है। कपड़े बदल लो।'*

मां को *कहने दीजिए।*

मैं आपको यह कहानी दो बातें साबित करने के लिए सुना रही हूं : पहली बात यह कि चाहे आप अपनी पूरी ताक़त लगा दें, सबको ख़ुश करने की कोशिश करें और सबके लिए समर्पित होकर काम करें, फिर भी यह कोई गारंटी नहीं है कि लोग आपके बारे में अच्छा ही सोचेंगे। उन्हें *सोचने दीजिए।*

दूसरी बात और यही सबसे ज़रूरी बात है कि आपको वह इंसान नहीं बनना चाहिए जो हर किसी को ख़ुश करने के लिए ख़ुद को तोड़-मरोड़ ले। मैं पहले वैसी ही हुआ करती थी। इसका नतीजा यह हुआ कि मैं थक गई, अंदर से ख़ाली महसूस करने लगी और मुझे लगने

लगा कि मैं चाहे कुछ भी कर लूं, वह कभी पर्याप्त नहीं होता। लेकिन अब, जब से मैंने लेट देम थ्योरी को अपनाया है, अब मैं खुद को ख़ुश करने के लिए अपनी पूरी ताक़त लगा देती हूं।

चलिए, मैं आपको समझाती हूं।

आप अपने दोस्त की जन्म-दिन पार्टी में जाएं या दादा-दादी से मिलने जाएं, इसका असली कारण यह होना चाहिए कि यह आपको अपने आप पर गर्व महसूस कराए। अगर आप दोनों जगहों पर बहुत कठिन प्रयास करके जाते हैं, तो वह इसलिए नहीं कि दूसरे आपको अच्छा इंसान समझें, बल्कि इसलिए कि ऐसा करने से आपको अपने आप पर गर्व महसूस होता है। आप अपने दोस्त की पार्टी में इसलिए मत जाइए कि वे सोचें कि आप अच्छे दोस्त हैं, बल्कि इसलिए जाइए क्योंकि आपको लगता है कि आप एक अच्छे दोस्त हैं।

दादा-दादी से मिलने घर इसलिए ना जाएं क्योंकि इससे आपकी मां खुश होंगी। घर जाएं क्योंकि अपने परिवार और दादा-दादी को प्राथमिकता देना आपको अंदर से संतोष और खुशी देता है। आपके हर निर्णय का आधार यह होना चाहिए कि वह आपको खुद पर गर्व करने का मौक़ा दे, नॉ कि सिर्फ दूसरों को ख़ुश करने का।

जब आप ऐसे तरीक़े से जीवन जीते हैं जो आपको ख़ुद पर गर्व करने का अवसर देता है, तब यह मायने नहीं रखता कि बाक़ी लोग क्या सोचते हैं। कुछ लोग इस बात से नाराज़ होंगे कि आप जल्दी चले गए। कुछ लोग इस बात से नाराज़ होंगे कि आप देर से पहुंचे।आपके फ़ैसलों से कोई न कोई तो नाराज़ होगा ही। लेकिन ध्यान रखें कि वह नाराज़ व्यक्ति आप खुद ना हों। और कभी भी अपने फ़ैसले गिल्ट यानी अपराध-बोध की भावना से ना लें।

जब आप सिर्फ़ इसीलिए माता-पिता के पास जाते हैं, क्योंकि आपको 'गिल्ट' महसूस हो रहा है, तब आप अनजाने में उन्हें खलनायक बना देते हैं। लेकिन जब आप जाते हैं, क्योंकि आप जानते हैं कि अगर नहीं गए तो आप खुद से नाराज़ हो जाएंगे, तब आप अपने फ़ैसले खुद के हाथ में लेते हैं और वही असली ताक़त है।

यह एक बिलकुल सीधी-सादी मिसाल है कि कैसे आप दूसरों की सोच की फ़िक्र करना छोड़ सकते हैं और अपने जीवन के फ़ैसले अपनी मूल्यों के आधार पर ले सकते हैं।

लेकिन फिर ऐसा समय भी आता है जब आपकी राय और किसी और की राय वाक़ई टकरा जाती है। जैसे कि अगर आपकी मां को वह इंसान पसंद न हो जिससे आप शादी करने जा रहे/रही हैं, तो फिर आप क्या करेंगे/करेंगी?

मैं भी ऐसे हालात से गुज़र चुकी हूं।

अध्याय 6

मुश्किल लोगों से प्यार करना कैसे सीखें

मेरे विचार में, अजनबियों, सहकर्मियों और यहां तक कि दोस्तों के साथ भी 'लेट देम थ्योरी' का उपयोग करना थोड़ा आसान होता है, क्योंकि उनके साथ आपके बीच कुछ दूरी होती है, जिससे आप खुद को संभालने और फिर से ऊर्जा पाने का समय निकाल सकते हैं। आप अपने कमरे में जाकर दरवाज़ा बंद कर सकते हैं। काम के बाद घर लौट सकते हैं। या विमान से उतरकर आगे बढ़ सकते हैं।

और ज़्यादातर समय, जब कोई आपके बारे में कुछ नकारात्मक सोच रहा होता है, तो आपको उसका पता भी नहीं चलता। पर परिवार के बारे में क्या?

परिवार का असर कुछ अलग ही होता है, क्योंकि वह हमारे जीवन भर के साथ होते हैं। उनके साथ दूरी बना पाना आसान नहीं होता और वे अपनी राय भी बहुत खुलकर, सीधे-सीधे और बेझिझक देते हैं। वे नाराज़ होते हैं कि आप छुट्टियों में घर नहीं आ रहे, वे बार-बार पूछते हैं कि आप अब तक शादी क्यों नहीं कर रहे, उन्हें लगता है कि स्कूल छोड़कर आपने अपनी ज़िंदगी बर्बाद कर ली है। उन्हें आपके दोस्त पसंद नहीं, आपकी जीवन-शैली से असहमति है और वे यह साफ़ जाहिर करते हैं कि उन्हें आपका पार्टनर पसंद नहीं है। वे नहीं चाहते कि आप नौकरी छोड़कर कोई नया व्यवसाय शुरू करें और उन्हें लगता है कि आप अपनी सेहत का ठीक से ध्यान नहीं रख रहे हैं। और, ये सब वे खुलकर बोलते रहते हैं। यही वजह है कि परिवार की राय अक़्सर दिल को ज़्यादा गहराई से प्रभावित करती है।

परिवार वाले लोग आमतौर पर आपकी आंखों में आंखें डालकर ज़्यादा कड़ी बातें इसलिए करते हैं, क्योंकि उन्हें आपकी ख़ुशी और सफलता से गहरा सरोकार होता है। बहुत बार ऐसा होता है कि जब परिवार को आपकी परवाह होती है, तो वे उसे ज़ाहिर करने के लिए आपको आगे बढ़ाने की कोशिश करते हैं। जब उन्हें आपके दोस्त पसंद नहीं आते, या लगता

है कि आप ग़लत दिशा में जा रहे हैं, या वे चाहते हैं कि आप अपनी सेहत का ज़्यादा ध्यान रखें, तो वे यह सब आपको साफ़-साफ़ बता देते हैं।

अक्सर परिवार अपनी परवाह इसी तरह दिखाता है। परिजन आपको अधिक सफल देखना चाहते हैं। वे चाहते हैं कि आप खुश रहें। और, जब वे देखते हैं कि आपकी क्षमताएं व्यर्थ जा रही हैं, तो उन्हें तकलीफ़ होती है। हालांकि, यह परवाह बहुत आसानी से नियंत्रण में बदल सकती है।

परिवार ने आपके बारे में राय बनानी तब से शुरू कर दी थी जब आप पैदा हुए थे। आपका परिवार आपको सबसे लंबे समय से जानता है। परिवार वाले अपनी राय देने का अधिकार मानते हैं क्योंकि उन्हें लगता है कि आपके लिए अच्छा क्या है, उनसे बेहतर कोई नहीं जानता। (जो अक्सर वही होता है जो उन्हें खुद के लिए सबसे अच्छा और सुविधाजनक लगता है।)

इसके अलावा, आपके परिवार के हर सदस्य की एक-दूसरे से और पूरे परिवार के संचालन के तरीक़े को लेकर कुछ न कुछ अपेक्षाएं होती हैं। ये पारिवारिक रिश्ते दूसरों की तुलना में ज़्यादा गहरे होते हैं, क्योंकि आप इन लोगों को बहुत लंबे समय से जानते हैं और ये रिश्ते एक तंत्र की तरह होते हैं। यही वजह है कि जब भी आप कोई बदलाव करते हैं, तो परिवार अक्सर उस पर ज़ोरदार प्रतिक्रिया देता है क्योंकि आप उस पारिवारिक तंत्र का हिस्सा हैं। आपके द्वारा किया गया कोई भी बदलाव पूरे पारिवारिक तंत्र में सकारात्मक या नकारात्मक असर डाल सकता है।

अगर आप यह समझ लें कि आप एक ऐसे रिश्तों के जाल का हिस्सा हैं जो कई पीढ़ियों से बना है, तो दूसरों की प्रतिक्रिया को समझना और संभालना आसान हो जाएगा।

मैं यह नहीं कह रही कि परिवार की उम्मीदें या वह सिस्टम हमेशा सही होता है। मैं सिर्फ यह बता रही हूं कि यही हक़ीक़त है। और जब मैं किसी भी स्थिति का विस्तृत संदर्भ समझ लेती हूं, तो इससे मुझे यह तय करने में मदद मिलती है कि मुझे अपने परिवार में किस तरह से पेश आना है।

उदाहरण के लिए, अगर आप अपने जीवन-साथी से तलाक़ लेने का फ़ैसला करते हैं, या अब पारिवारिक परंपराओं को नहीं निभाना चाहते, या अपने धर्म से बाहर किसी से विवाह करते हैं, या कोई अनोखा करियर चुनते हैं, या आपकी राजनीतिक सोच परिवार से अलग होती है, तो इससे पूरे परिवारिक ढांचे में हलचल मच जाती है, क्योंकि यह सबकी उम्मीदों और विश्वासों को तोड़ देता है कि आप कैसे हैं और आपको अपना जीवन कैसे जीना चाहिए।

यह सबसे ज़्यादा तब दिखाई देता है, जब इस आपसी रिश्तों के जाल में सौतेले बच्चों और सौतेले माता-पिता की भूमिका जुड़ जाती है। यह पूरे पारिवारिक ढांचे के लिए एक बड़ा झटका होता है जो या तो उसे और मज़बूत बना सकता है या पूरी तरह से ध्वस्त कर सकता है। जब नए लोग परिवार में आते हैं, तो घर के पुराने तौर-तरीक़े और उम्मीदें बिखर जाती हैं।

बदलाव को अपनाना वाक़ई मुश्क़िल होता है, ख़ासतौर पर उन बच्चों के लिए जिन्हें मजबूरी में इस नए ढांचे को अपनाना पड़ता है और 'एक खुशहाल संयुक्त परिवार' की तरह बर्ताव करना पड़ता है।

लेट देम थ्योरी एक सौतेले अभिभावक के रूप में आपकी भूमिका निभाने में बहुत बड़ा बदलाव ला सकती है। एक वयस्क होने के नाते, यह आपकी ज़िम्मेदारी है कि आप उन्हें शोक मनाने दें। उन्हें आपको (और आपके बच्चों को) एक ख़तरे के रूप में देखने दें, क्योंकि चाहे आपके इरादे कितने भी अच्छे क्यों ना हों, आप उनके लिए एक चुनौती हैं। उन्हें अपने माता-पिता के साथ समय बिताने के लिए अब आपके साथ प्रतिस्पर्धा करनी पड़ती है और यह सच है। जैसे आप नियंत्रण चाहते हैं, वैसे ही वे भी चाहते हैं। उन्हें अपने जज़्बात महसूस करने दें। उन्हें अपने माता-पिता के साथ अकेले समय बिताने दें। अगर वे आपको पसंद नहीं करते तो ना करने दें। लेट देम।

यह मत भूलिए कि सौतेले बच्चों को विशेष रूप से आपकी तरफ़ से समझ, सहानुभूति और करुणा की ज़रूरत होती है। वे केवल अपने जीवन में किसी नए वयस्क को स्वीकार करना नहीं सीख रहे होते, बल्कि उस परिवार के टूटने का दुख भी झेल रहे होते हैं जिसे वे चाहते थे। यह बिलकुल सामान्य बात है। जब आप पूरे संदर्भ को समझते हैं, तो आप लेट मी हिस्से पर ध्यान केंद्रित कर पाते हैं और अधिक करुणा, समझदारी और शांति से व्यवहार कर पाते हैं। आप जितनी ज़्यादा सहानुभूति और विनम्रता दिखाते हैं, उतनी ही ज़्यादा संभावना बनती है कि परिवार में संबंधों का स्वरूप धीरे-धीरे बेहतर हो सके।

सौतेले बच्चों और सौतेले माता-पिता के बीच के ये संबंध आसान नहीं होते। इनमें कुछ भी सहज या सीधा नहीं होता। लेकिन अगर लेट देम थ्योरी को अपनाया जाए और इस अध्याय में बताए जा रहे एक विशेष टूल की मदद ली जाए, तो ये रिश्ते बेहद सुंदर और सार्थक भी बन सकते हैं।

मैंने एक बार एक मनोचिकित्सक को एक सम्मेलन में कहते सुना था, 'अगर परिवार नहीं होते, तो मेरे पास कोई व्यवसाय ही नहीं होता।' परिवार की बात आते ही रिश्तेदारों को अपनी राय रखने का अधिकार होता है, लेकिन यह अधिकार कभी भी इस बात में नहीं बदल जाना चाहिए कि वे आपके जीवन जीने के अधिकार को नकार दें, आपकी स्वतंत्रता को ठुकरा दें या आप जिसे चाहें उससे प्रेम करने की आज़ादी छीन लें। मुद्दा यह नहीं है कि उनकी राय सही है या ग़लत। मुद्दा यह है कि आप उनकी राय को किस तरह अपनाते हैं।

तो क्या करें जब आपके अपने ही लोग इस बात से सहमत ना हों कि आप अपना जीवन कैसे जी रहे हैं या आप जैसे हैं, वैसे क्यों हैं? मैं आपकी स्थिति को समझ सकती हूं, या यूं कहिए, मैं भी इससे गुज़री हूं। अब आपको क्या करना है, यह जान लीजिए। उन्हें उनकी राय व्यक्त करने दीजिए। उनकी राय को बदलने की कोशिश मत कीजिए। उन्हें अपनी राय रखने की पूरी आज़ादी दीजिए, चाहे वो आपके सौतेले बच्चे हों, आपकी भाभी, आपकी दादी या

फिर भाई। उन्हें जो सोचना है, सोचने दीजिए। उन्हें यह भी हक है कि वे आपको या आपके जीवन-साथी को पसंद नहीं करें। तो, उनको वैसा करने दीजिए। और फिर, मुझे यह तय करने दीजिए कि मैं उनकी राय को किस तरह से स्वीकार या अस्वीकार करूं।

संदर्भ का नज़रिया

मेरी मित्र हैं लीसा बिल्यू। वह एक बेस्टसेलिंग लेखिका हैं। *वीमन ऑफ़ इम्पैक्ट* पॉडकास्ट की होस्ट हैं और अरबों की न्यूट्रिशन कंपनी क्वेस्ट न्यूट्रिशन की सह-संस्थापक भी हैं। उन्होंने मेरे साथ,संदर्भ रूपरेखा' (फ्रेम ऑफ़ रेफ़रेंस) का विचार साझा किया।

यह एक टूल या तरीक़ा तब काम आता है जब कोई आपकी सोच, आपके प्यार, आपकी आस्था या आपके जीने के तरीके से असहमत हो और आप उस स्थिति को शांति और समझदारी से संभालना चाहते हैं।

मैं उस स्थिति से गुज़र चुकी हूं, और शायद आप भी।

जब लीज़ा ने इसे एक ऐसा माइंड-सेट टूल बताया जिससे उनके रिश्तों में मदद मिली, तो हमारे ग्लोबल पॉडकास्ट श्रोताओं की प्रतिक्रिया बेहद ज़बरदस्त रही। *फ्रेम ऑफ़ रेफ़रेंस* को आसान शब्दों में समझाएं तो 'यह समझना कि कोई किसी चीज़ को किस नज़रिए से देखता है'। और यह लेट देम थ्योरी के साथ बहुत अच्छी तरह काम करता है।

मैं आपको अपना ही एक उदाहरण देती हूं। जब मेरी मुलाक़ात मेरे पति क्रिस से हुई, तो मैं बेहद ख़ुश थी और मुझे उनसे प्यार हो गया था। जब उन्होंने मुझे प्रपोज़ किया, तो मैं खुशी से फूली नहीं समा रही थी। लेकिन मुझे याद है कि उस समय मेरी मां उतनी उत्साहित नहीं दिखीं, जितनी मैंने उम्मीद की थी।

तो मैंने अपनी मां से इस बारे में बात की। मैंने उनसे कहा कि मैं चाहती हूं कि वह मेरी खुशी में अपनी ख़ुशी समझें, और उनसे यह भी कहा कि वह इस तरह व्यवहार करें जैसे उन्होंने ही क्रिस को मेरे लिए चुना हो।

उन्होंने कहा, 'लेकिन मैंने उसे तुम्हारे लिए नहीं चुना, और अगर ये मेरे ऊपर होता, तो मैं कभी नहीं चुनती, तो मैं ऐसा दिखावा क्यों करूं कि मैंने ही उसे चुना है।' उस समय मुझे इतना गुस्सा आया कि समझ नहीं आया क्या करूं। मैं अपनी मां को अपनी ज़िंदगी से बाहर नहीं करना चाहती थी, लेकिन इस विषम स्थिति कैसे संभालूं, ये भी नहीं समझ पा रही थी। मैं किसी ऐसे इंसान से बेहद प्यार कर रही थी, जिसे मैं अपना सोलमेट मानती थी और मेरी मां मेरे सामने कह रही थीं, 'मैं उसे कभी तुम्हारे लिए नहीं चुनती।' और फिर मेरी ख़ुशी में वह ज़रा भी सहभागी नहीं होना चाहती थीं।

मैंने क्रिस से शादी तो कर ली, लेकिन मेरी मां और मेरे बीच उस असहमति की एक अनकही तल्ख़ी सालों तक बनी रही। मां के कहे हुए शब्द मुझे बार-बार याद आते रहे, और

मुझे समझ नहीं आ रहा था कि इसे कैसे भूलूं या कैसे जाने दूं। समय के साथ वह तनाव धीरे-धीरे कम हो गया और तीस साल बाद मेरी मां क्रिस को बेहद पसंद करने लगीं। अब वह मज़ाक़ में कहती हैं, 'क्रिस, तुम मेरे सबसे पसंदीदा दामाद हो।' (यह बात अलग है कि वह उनके इकलौते दामाद हैं)।

तो, मैंने इस स्थिति को कैसे संभाला? दरअसल, हाल ही में लेट देम थ्योरी और इस टूल फ्रेम ऑफ़ रेफ़रेंस की मदद से मैं सच में समझ पाई कि मां उस समय वैसा क्यों महसूस कर रही थीं। यह मेरे और मां के रिश्ते में एक बड़ा बदलाव लेकर आया। अब जब मैं उनकी राय से असहमत होती हूं, तब भी बिना आलोचना किए, उन्हें समझने और स्वीकार करने की कोशिश करती हूं।

देखिए, अगर मैं अपनी मां की जगह अपने आपको रखकर सोचूं और जितना मैं उनको जानती हूं, उसे ध्यान में रखूं तो शायद मैं भी नहीं चाहती कि मैं क्रिस से शादी करूं। क्यों? क्योंकि क्रिस ईस्ट कोस्ट से हैं और उनसे शादी करने का मतलब था कि मैं शायद वहीं बस जाऊंगी और फिर कभी मिडवेस्ट लौटकर अपने मां-बाप के पास नहीं रह पाऊंगी।

चूंकि, मेरी मां का फ्र◌ेम ऑफ़ रेफ़रेंस यह है कि जब उन्होंने घर छोड़ा और मेरे पिता से मिलीं, तब से वह भी कभी अपने घर वापस नहीं गईं। मेरी मां न्यू यॉर्क के उत्तर भाग में एक पारिवारिक फ़ार्म पर पली-बढ़ीं और 17 साल की उम्र में कॉलेज के लिए कैनसस चली गईं। वहीं उनकी मुलाक़ात मेरे पिता से हुई और दोनों को प्यार हो गया। उन दोनों ने शादी कर ली और 19 साल की उम्र तक वह मेरी मां बन चुकी थीं।

जो हुआ उसे मेरे माता-पिता ने प्लान नहीं किया था। दरअसल, जब मेरे पिता के माता-पिता को पता चला कि मेरी मां गर्भवती हैं, मैं पैदा होने वाली हूं तो मेरी दादी ने उस समय मेरी 19 साल की मां से कहा, 'उम्मीद है तुमने हमारे बेटे की ज़िंदगी बर्बाद नहीं करोगी।' ज़रा सोचिए! जब मैं यह सोचती हूं कि मेरे माता-पिता कितने छोटे थे और यह कि वे कैनसस में अकेले थे, उनके आस-पास परिवार को कोई सदस्य नहीं था- तो मुझे बहुत दुख होता है।

यह मेरी मां का जीया हुआ अनुभव था और इसी अनुभव ने उनके सोचने का तरीक़ा(या कहें नज़रिया) बना दिया कि माता-पिता से इतनी दूर परिवार बसाना कितना कठिन होता है, और जब आस-पास अपने लोग ना हों तो जीवन में किस तरह की कठिनाइयां आती हैं।

आख़िरकार मेरे पिता ने मेडिकल की पढ़ाई और रेज़िडेंसी पूरी की और उसके बाद दोनों ने मिशिगन में बसने का फ़ैसला किया। जब मैं बड़ी हो रही थी, तो दादा-दादी या अन्य रिश्तेदारों से मिलना बहुत ही कम होता था, क्योंकि वे सब बहुत दूर रहते थे। हमारे लिए तो बस हम चार ही थे – मैं, मां, पिता और मेरा भाई। मानो पूरी दुनिया के सामने हमारा एक छोटा-सा परिवार खड़ा था-सिर्फ़ हम चारों।

इसलिए जब मैं घर छोड़कर ईस्ट कोस्ट कॉलेज पढ़ने गई, तो मां के अंदर शायद यह डर फिर से जाग गया होगा कि ऐसा ना हो कि अब मैं हमेशा के लिए घर ना लौटूं। और जब मैं

न्यू यॉर्क में क्रिस से मिली, जो पूर्वी तट से ही थे, तो इस बात ने मेरी मां का सबसे बड़ा डर सच कर दिया कि मैं भी अपनी ज़िंदगी कहीं दूर से शुरू करूंगी और कभी वापस अपने छोटे-से मिडवेस्टर्न क़स्बे में नहीं लौटूंगी।

और ठीक ऐसा ही हुआ। मेरी मां का डर सच हो गया। अगर आप इसे मेरी मां के नज़रिए से देखें, तो उन्हें अपनी ही कहानी दोबारा घटती हुई दिख रही थी। मैं दूर कहीं बसने जा रही थी, किसी के साथ मिलकर नई ज़िंदगी शुरू करने वाली थी और फिर कभी घर वापस नहीं आने वाली थी।

और वो सही थीं। मुझे यक़ीन है कि वो चाहती थीं कि मेरी शादी किसी मिशिगन वाले से हो, ताकि मैं उनके पास ही बस जाऊं। तीस साल पहले जब मेरी मुलाक़ात क्रिस से हुई, तब मैंनेअपनी मां के नज़रिए से कुछ नहीं सोचा। मुझे तो बस बुरा लगा, ग़ुस्सा आया और मैंने यही मान लिया कि वो मेरे फ़ैसले के साथ खड़ी नहीं हैं।

अब मैं देख सकती हूँ कि उन्होंने मेरा समर्थन किया था। वो तो बस अपनी बेटी को खो देने से डर रही थीं। वो मुझसे प्यार करती हैं और नहीं चाहती थीं कि मैं उनसे इतनी दूर जाकर रहूं।

लेट देम थ्योरी का उपयोग करके मैं उन्हें यह आज़ादी दे सकती हूं कि वह यह चाहें कि मेरी ज़िंदगी किसी और रास्ते पर जाती। और मैं अब सच में समझती हूं कि वो ऐसा क्यों सोचती थीं। मैं इस बात से भी सहानुभूति रखती हूं अपनी बेटी को किसी ऐसे व्यक्ति से शादी करते देखना, जो उसे उनसे दूर ले जाएगा कितन तकलीफ़देह रहा होगा। मैं भी अपनी बेटियों या बेटे के लिए शायद ऐसे किसी व्यक्ति को चुनना नहीं चाहूंगी।

मैं नहीं चाहूंगी कि मेरी बेटी सॉयर किसी यूरोप वाले से शादी करे और पेरिस जाकर बस जाए। मेरा मतलब है, अगर उसे ख़ुशी मिलती है तो ज़रूर जाए, लेकिन क्या वो मेरी पसंद होगी? नहीं। शायद दूसरों को ऐसा लगे कि मैं उसका साथ नहीं दे रही या उसे कंट्रोल करना चाहती हूं, लेकिन मुझे लगता है कि हर मां-बाप ऐसा महसूस करते हैं।

और मैं यह बात उसे कंट्रोल करने के लिए नहीं कह रही। ये तो बस मेरा अपना सच है। मेरी राय नकारात्मक हो सकती है, लेकिन मुझे उसे महसूस करने का हक़ है। और मुझे यक़ीन है कि मेरी बेटी को यह लगेगा कि मैं उसके निर्णय का समर्थन नहीं कर रही हूं।

ऐसी ही बात मेरी दूसरी बेटी केंडल के साथ भी है। वो इस समय लॉस एंजिलिस (एलए) में रहती है और हो सकता है कि वहीं उसकी मुलाक़ात किसी व्यक्ति से हो जाए और वह उसके साथ मिलकर वहीं परिवार बसाने का फ़ैसला करे। इसका मतलब यह होगा कि मैं उसे और उसके बच्चों को उतना नहीं देख पाऊंगी, जितना अगर वो ईस्ट कोस्ट पर रहतीं।

और जैसे सॉयर को पेरिस जाने का हक़ है, केंडल को एलए में परिवार बसाने का हक़ है, वैसे ही मुझे अपनी भावनाओं और राय रखने का भी पूरा हक़ है।

मेरी मां को मेरे लिए पूर्वी तट (ईस्ट कोस्ट) से किसी जीवन-साथी को ना चुनने की राय रखने भी हक़ है। मुझे खुशी है कि इस राय ने मुझे क्रिस से शादी करने और अपनी मर्ज़ी की जगह पर ज़िंदगी बसाने से नहीं रोका।

अब मैं लेट देम थ्योरी के लिए आभारी हूं, क्योंकि इसकी वजह से मैं अपनी मां को गहराई से समझ पाई हूं और यह भी कि तीस साल पहले उन्हें मेरे फ़ैसले को लेकर झिझक क्यों हुई थी। वह मेरे ख़िलाफ़ कोई फ़ैसला नहीं सुना रही थीं, वह तो दुख महसूस कर रही थीं। वह ग़लत नहीं थीं। सही थीं। लेकिन मैं भी ग़लत नहीं थी।

असल में, हम दोनों ही सही थीं, क्योंकि हमारे नज़रिए अलग थे।

जब मैंने चीज़ों को उनकी नज़र से देखना शुरू किया, तो हमारे रिश्ते में फिर से संतुलन आ गया। अब कोई ज़ोर-ज़बरदस्ती नहीं थी, बस समझदारी थी।

ऐसे हालात को संभालना मुश्क़िल इसलिए होता है क्योंकि दोनों पक्ष खुद को सही मानते हैं। उनके अनुभवों और नज़रिए के आधार पर उन्हें लगता है कि उनकी राय सही है। और आपके अनुभवों और नज़रिए से आपको लगता है कि आप सही हैं।

लेट देम थ्योरी के ज़रिये हम दोनों विचारों के सही होने के लिए जगह बनती है, एक ऐसी जगह जहां स्वीकृति है, समझ है, और अपनापन है।

यह एक बहुत ही परिपक्व इंसान की पहचान होती है कि वह अपनी भावनाओं से थोड़ा अलग होकर किसी और की जगह खड़े होकर सोच सके। यह समझना आसान नहीं होता कि कोई आपको बहुत प्यार कर सकता है और फिर भी उसकी कुछ बातें या राय बहुत चुभने वाली या कभी-कभी संकीर्ण भी हो सकती है।

जब ज़िंदगी में ऐसा कुछ होता है तो आपकी प्रतिक्रिया एक बहुत ही निजी फ़ैसला होता है। अगर आपके परिवार का कोई सदस्य आपको जज कर रहा है, तो मैं आपको यह नहीं बता सकती कि आपको क्या करना चाहिए। लेकिन मैं आपको ऐसे तरीक़े ज़रूर सुझा सकती हूं जिनसे आप ख़ुद तय कर सकें कि आपको उस स्थिति में कैसे प्रतिक्रिया देनी है।

क्या आप उस इंसान को अपनी ज़िंदगी में बनाए रखना चाहते हैं? अगर हां, तो लेट देम थ्योरी इसके लिए जगह बना सकती है। मेरे अपने अनुभव में और इस पुस्तक के लिए शोध करते समय जब मैंने बहुत से लोगों की कहानियां सुनीं तो मैंने यह पाया है कि जब आप दूसरों को अपने विचारों तक पहुंचने की आज़ादी देते हैं, और आप खुद को एक सच्चे, स्नेहिल और सहानुभूतिपूर्ण व्यक्ति के रूप में सामने रखते हैं तो समय के साथ, अक्सर लोग अपनी राय ख़ुद ही बदल लेते हैं।

इसलिए, चाहे यह कितना भी कठिन क्यों ना लगे, उन्हें उनकी राय रखने दीजिए और इस पर ध्यान दीजिए कि आप कैसे प्रतिक्रिया देंगे। मुझे 'किसी और के नज़रिए को अपनाने' के विचार में जो बात सबसे अच्छी लगती है, वह यह है कि जब आप समझते हैं कि उस व्यक्ति की पृष्ठभूमि, अनुभव, सोचने का तरीक़ा और परिस्थितियां क्या हैं, तो हो सकता है

कि उससे ना आपकी राय बदले और ना उनकी, लेकिन आप दोनों के बीच जो रिश्ता है, वह ज़रूर गहरा हो सकता है।

यह तरीक़ा आपको एक साथ दो सच्चाइयों को स्वीकार करने में मदद करता है और वहीं वह जगह होती है जहां प्रेम पलता है। और यक़ीन मानिए, मैं समझती हूं कि मां-बाप से चिढ़ना या उनकी बातों से आहत होना बहुत आसान है। उन्हें दोष देना भी आसान होता है।

अपने भाई-बहनों के साथ संबंधों को लेकर, या अपने तलाकशुदा मां-बाप, ससुराल वालों, सौतेले मां-बाप, या वयस्क हो चुके बच्चों के साथ ताल-मेल में भी तनाव और असहजता महसूस होना स्वाभाविक है। यह भी बहुत आसान होता है कि हम उनके नज़रिए को समझने की कोशिश न करें और बस अपनी ही सोच को सही मानते रहें।

आपको यह तय करना होता है कि क्या आप लोगों को वैसे ही स्वीकार करेंगे जैसे वे हैं (ख़ास तौर पर अपने परिवार या सौतेले परिवार को), या फिर मनमुताबिक दूरी बनाकर रखेंगे। कभी-कभी पूरे परिवार के माहौल को बेहतर बनाने के लिए बस एक ही व्यक्ति का बदला हुआ रवैया काफ़ी होता है और वह व्यक्ति आप हो सकते हैं।

मेरा मतलब सच में है—आप उतने सक्षम हैं, जितना आप खुद को मानते भी नहीं। मैं यह इसलिए कह रही हूँ क्योंकि मैंने यह बात तीन असाधारण क्लीनिकल साइकोलॉजिस्ट और साइकोलॉजिस्ट्स से सीखी है—डॉ. गाबोर माते, डॉ. निकोल लेपेरा और डॉ. पॉल कॉन्टी—जिनमें से सभी *द मेल रॉबिन्स* पॉडकास्ट में शामिल हो चुके हैं। इनकी बेस्टसेलर किताबें, व्याख्यान, वीडियो, सोशल मीडिया पोस्ट और शोध कार्यों ने मेरे सोचने का तरीक़ा ही बदल दिया है—ख़ासतौर पर चिकित्सा (हीलिंग) के बारे में और इस बात को लेकर कि जब आप अपने बेहतर रूप में विकसित होते हैं, तो वह आपके जीवन के हर पहलू और हर रिश्ते को सकारात्मक रूप से रूपांतरित कर देता है। मुझे लेट देम थ्योरी इसलिए भी पसंद है क्योंकि जब भी आप खुद को बेहतर बनाते हैं, तो उसका असर आपके तमाम रिश्तों पर पड़ता है और यह बात परिवार के मामले में तो ख़ास तौर पर लागू होती है। मैंने यह प्रभाव अपने अपने परिवार में भी महसूस किया है।

जो बातें पहले मुझे परेशान करती थीं, अब वे मुझे तनाव नहीं देतीं। मैं अपने आपको अब उन उलझनों और पारिवारिक नाटकों में फंसने नहीं देती। मैं बस इस पर ध्यान देती हूं कि मैं अपने परिवार के साथ कैसे पेश आ रही हूं और अपनी ज़िंदगी को इस तरह जी रही हूं जिससे मुझे ख़ुद पर गर्व हो।

मैंने अपने लिए जो एक अहम बात तय की है, वह यह है कि मेरे लिए अपने परिवार के साथ गहरा रिश्ता बनाए रखना ज़रूरी है। और अगर मैं उन्हें अपने ऊपर असर डालने दूं या उन हालात को संभालने की कोशिश करूँ जो मेरे नियंत्रण में ही नहीं हैं, तो यह मेरी ऊर्जा और समय दोनों की ही फिज़ूलख़र्ची होगी।

क्योंकि सच्चाई यही है कि अपने प्रियजन के साथ आपका समय सीमित होता है। एक समय ऐसा आएगा जब आपको यह एहसास होगा कि आपके माता-पिता हमेशा आपके साथ नहीं रहने वाले और यह भी कि उनके पास भी कोई परफ़ेक्ट मां-बाप बनने का अनुभव नहीं था। वे भी जीवन को समझने, रिश्तों को निभाने और फ़ैसले लेने में अपनी सीमाओं और अनुभवों के साथ आगे बढ़ रहे थे।

लोग आपको उतनी ही गहराई से समझ सकते हैं, जितनी गहराई से उन्होंने ख़ुद को समझा हो। ज़्यादातर लोगों ने कभी थेरेपी नहीं ली, उन्होंने अपनी समस्याओं का सामना नहीं किया और वे करना भी नहीं चाहते।

तो उन्हें करने दीजिए। अपने माता-पिता को वैसा ही रहने दीजिए जैसे वे हैं , भले ही वे वैसे ना हों जैसा आप डिज़र्व करते हैं। अपने पारिवारिक जीवन को परीकथा जैसा ना भी बनने दीजिए। वे अपनी ज़िंदगी के अनुभवों और संसाधनों के अनुसार अपनी पूरी कोशिश कर रहे हैं। अब आपके पास यह विकल्प है कि आप आगे क्या चुनते हैं, आप कैसी प्रतिक्रिया देते हैं, कैसा रिश्ता बनाते हैं।

मैं यह सब किसी भी बुरे व्यवहार को सही ठहराने के लिए नहीं कह रही हूं। मैं यह भी नहीं कह रही कि आप बेहतर के हक़दार नहीं हैं। हर इंसान का यह हक़ है कि उसे सही ढंग से समझा जाए, उसका साथ दिया जाए, और उससे प्यार किया जाए। ख़ास कर अपने परिवार की ओर से।

लेकिन सच्चाई यह है कि ज़्यादातर लोग कभी भी खुद को समझने, अपने अतीत को ठीक करने या अपनी भावनाओं को नियंत्रित करने का काम नहीं करते। और अगर वे यह काम अपने लिए नहीं कर पाए हैं, तो वे आपके लिए भी ऐसा नहीं कर सकते और उस तरह से आपसे व्यवहार नहीं कर सकते जैसी आप उम्मीद रखते हैं।

वे जैसे हैं उन्हें *वैसे ही रहने दीजिए*। जब आप इस सच्चाई को स्वीकार कर लेते हैं, तो अब आप अपनी ज़िंदगी में क्या तय करेंगे-ये विकल्प आपके पास होता है।

अपने परिवार वालों को वैसा ही रहने दीजिए जैसे वे हैं। आपके पिता नहीं बदलने वाले। आपकी मां नहीं बदलने वालीं। आपके भाई-बहन नहीं बदलने वाले। आपके ससुराल वाले भी नहीं बदलने वाले। एकमात्र इंसान जिसे आप बदल सकते हैं- वह आप ख़ुद हैं।

जब आप कहते हैं वे जैसे हैं, वैसे ही रहने दो, तब शायद पहली बार आप अपने परिवार को वैसा देख पा रहे होते हैं जैसे वे वास्तव में हैं-यानी इंसान के रूप में। जो हो चुका है उस पर आपका कोई नियंत्रण नहीं है। वे जैसे हैं, उस पर भी आपका कोई बस नहीं है। आप सिर्फ़ यह तय कर सकते हैं कि अब से आगे आप क्या करेंगे।

अपनी परिस्थिति की सच्चाई को स्वीकार करना हार मानना नहीं है। बल्कि यह तो अपने भविष्य को नया आकार देने के लिए अपनी शक्ति को फिर से जुटाने जैसा है। सीखिए कि वयस्कों को वयस्क ही रहने दिया जाए और लोगों को जैसे हैं वैसे ही स्वीकार किया जाए।

फिर यह तय कीजिए कि अब इस सच्चाई के साथ अच्छी तरह से कैसे रहा जा सकता है। और मैं आपको भरोसा दिलाती हूं कि ऐसा करने से आपके पारिवारिक संबंध बेहतर होने लगेंगे।

यह स्वीकृति आपको अपने परिवार को सहानुभूतिपूर्वक देखने की क्षमता देती है। इससे भी ज़्यादा ज़रूरी यह है कि यह आपको अपने-आप को एक स्वतंत्र व्यक्ति के रूप में देखने का अवसर देती है, जिसकी अपनी एक अलग सोच है, अपना अनुभव है, और जीवन की अपनी राह है।

इसके बाद आता है दूसरा हिस्सा-*लेट मी।* यानी अब मुझे तय करने दीजिए कि मैं किस तरह का रिश्ता बनाना चाहता हूं। वह भी इस आधार पर कि मैं किस तरह का इंसान बनना चाहता हूं और मेरे अपने जीवन-मूल्य क्या हैं। इसका मतलब यह हो सकता है कि आप अपने परिवार के साथ समय अपराध-बोध से नहीं, बल्कि इसलिए बिताएं क्योंकि यह आपके लिए सच में मायने रखता है।

इसका मतलब यह भी हो सकता है कि आप अपने परिवार की नाराज़गी के बावजूद अपनी परंपराएं तय करें। यह भी हो सकता है कि आप ही हमेशा पहल करें, भले ही सामने से कोई प्रतिक्रिया ना मिले। यह हो सकता है कि आप पहली बार 'मैं आपसे प्यार करता हूं', 'मैं आपको समझता हूं' या 'मैंने आपको माफ़ किया' जैसे शब्द कहें। इसका मतलब यह भी हो सकता है कि आप उन असहज बातों को सामने लाएं जिन्हें आप अब तक उनके विचारों या आलोचना के डर से टालते आ रहे थे। इसका मतलब यह भी हो सकता है कि आप अपराध-बोध से खुद को आज़ाद करें और कुछ ज़रूरी बदलाव करें। और, यह भी हो सकता है कि आप ख़ुद को अलग कर लें, क्योंकि अब आप समझौता करने को तैयार नहीं हैं। और यह भी हो सकता है कि आप पूरे दिल से रिश्तों में लगे रहे।

तो आइए, अब तक सीखी गई बातों को संक्षेप में समझते हैं। दूसरों की राय से डरना एक ऐसी आदत है जो आपके जीवन को नियंत्रित करने लगती है। आप अभी तक दूसरों की राय के डर से अपने फ़ैसलों को रोकते रहे हैं। लेकिन 'लेट देम थ्योरी' आपको यह सिखाती है कि दूसरों की राय को अपने जीवन पर हावी होने से कैसे रोका जाए। यह सोच आपको यह ताक़त देती है कि आप अपनी ज़िंदगी इस तरह जिएं कि आप खुद पर गर्व कर सकें- चाहे दूसरे कुछ भी सोचें।

1. **समस्या :** आप दूसरों की राय को बहुत ज़्यादा महत्व दे रहे हैं। जब आप यह सोचकर अपने फ़ैसले लेने लगते हैं कि लोग क्या सोचेंगे, तो आप अपने भीतर की संभावनाओं को सीमित कर देते हैं और अपने सच्चे सपनों की ओर बढ़ने से खुद को रोक लेते हैं। यह डर आपको टाल-मटोल करने पर मजबूर करता है, आत्म-संदेह से भर देता है, आपको परफ़ेक्शनिज़्म

(हर चीज़ बिलकुल सही करने की ज़िद) में जकड़ लेता है, और सबसे बड़ी बात यह कि आप अपने सपनों से हार मान लेते हैं।

2. **सच्चाई :** लोग आपके बारे में नकारात्मक राय रखेंगे। आप चाहे कुछ भी करें। यह होना तय है। उन्हें उनकी राय रखने दीजिए। आप इसे रोक नहीं सकते। दूसरों की राय को अपने मन पर हावी होने देना या ख़ुद को उससे विचलित होने देना आपके समय और ऊर्जा की पूरी तरह से बर्बादी है।
3. **समाधान :** जब आप दूसरों को उनकी सोच पर छोड़ देते हैं यानी 'वे जो सोचते हैं, उन्हें सोचने देते हैं', तब आपको वह आज़ादी मिलती है जो आप चाहते हैं। जब आपकी सोच और आपके काम आपके अपने मूल्यों से मेल खाते हैं, तब आप खुद पर गर्व महसूस करते हैं। और जब आपको खुद पर गर्व होता है, तब दूसरों की राय से कोई फ़र्क़ नहीं पड़ता।

जब आप कहते हैं *उन्हें सोचने दीजिए,* तो आप यह तय करते हैं कि लोग आपके बारे में जो भी नकारात्मक सोचें, आप उसे स्वीकार करेंगे। और जब आप कहते हैं *मुझे करने दीजिए,* तब आप उस एक व्यक्ति पर ध्यान देते हैं जिसकी राय सबसे ज़्यादा मायने रखती है- आपकी ख़ुद की।

आपको एक ही ज़िंदगी मिली है-अद्भुत और अनमोल। इसलिए इसे इस तरह जिएं कि अंत में आप खुद पर गर्व कर सकें।

किसी और की भावनात्मक प्रतिक्रियाओं से कैसे निपटें

अध्याय 7

जब बड़े लोग बच्चों जैसी ज़िद करने लगें

अब आइए यह समझें कि आपने दूसरों की भावनात्मक प्रतिक्रियाओं को अपनी निर्णय-प्रक्रिया पर किस तरह हावी होने दिया है।

सच्चाई यह है कि बड़े भी बच्चों की तरह ही भावुक होते हैं और किसी और की भावनात्मक प्रतिक्रियाओं को संभालना आपकी ज़िम्मेदारी नहीं है। जब तक आप दूसरों की भावनात्मक अपरिपक्वता को अपने फ़ैसलों पर हावी होने देंगे, तब तक आप हमेशा अपनी ही ज़िंदगी में सबसे पीछे रहेंगे। मुझे यह अंदाज़ ही नहीं था कि यह मेरे लिए कितनी बड़ी समस्या है, और शायद आपको भी नहीं है। कभी अपराध-बोध के ताने झेलते हुए, कभी किसी को निराश करने के डर से और कभी किसी के मूड को संभालते हुए चलने की कोशिश में, आप अनजाने ही दूसरों के व्यवहार और प्रतिक्रियाओं के कारण अपनी ऊर्जा को क्षीण होने दे रहे हैं।

लेकिन बात इससे भी गहरी है। दूसरों का छिपा हुआ गुस्सा, भावनात्मक दबाव और बेवजह के विस्फोट ही तो आपके फ़ैसलों को चला रहे हैं। इसीलिए आप 'ना' कहना चाहते हैं लेकिन 'हां' कह देते हैं। जहां मज़बूती से टिके रहना चाहिए, वहां आप झुक जाते हैं । इसीलिए आपके लिए सीमाएं तय कर पाना मुश्किल होता है। और इसी वजह से कुछ लोगों के गुस्से में होने पर आप इस तरह संभलकर व्यवहार करने लगते हैं मानो टूटे हुए कांच पर चल रहे हों। हां, उस पल में अपनी बहन के भावनात्मक दबाव के आगे झुक जाना शायद आसान लगता है , लेकिन लंबी दौड़ में आप अपने भीतर का एक अहम हिस्सा खो देते हैं। जब हर बार अपनी प्रेमिका या प्रेमी से बात करके आप ख़ुद को थका-हारा हुआ महसूस करते हैं, तो अपने आप से एक सवाल ज़रूर कीजिए कि आख़िर हमेशा आप ही क्यों बदलते हैं? किसी और की ख़ुशी की ज़िम्मेदारी आप क्यों उठा रहे हैं, वह भी अपनी ख़ुशी की क़ीमत पर?

अगर आप दूसरों की भावनात्मक नासमझी को अपने पर हावी होने देंगे, तो हमेशा अपनी ही ज़िंदगी में सबसे पीछे रहेंगे। किसी के ग़ुस्से, दुख या अपराध-बोध को अपने मत्थे लेने के बजाय, अब आप एक सुकून देने वाला नया उपाय जानेंगे। उन्हें प्रतिक्रिया देने *दीजिए*। जब आप कहते हैं, *वे जो चाहें करें* तो, आप उन्हें अपनी भावनाएं महसूस करने की आज़ादी देते हैं, बिना ये सोचे कि आपको कुछ सुधारना है। और जब आप कहते हैं *लेट मी* यानी मुझे मेरे हिसाब से चलने दें, तो आप वो करते हैं जो आपके लिए सही है। भले ही किसी को बुरा लगे। यही तरीक़ा है अपनी ज़िंदगी को खुद संभालने का।

अब समय आ गया है कि आप दूसरों के ग़ुस्से, अपराध-बोध या निराशा के बहाने अपनी ज़िंदगी को चलाना बंद करें। दूसरों की भावनात्मक प्रतिक्रियाओं को संभालना आपकी ज़िम्मेदारी नहीं है। मैंने यह बात अपनी थेरेपिस्ट, ऐन डैविन (पीएच.डी.) से सीखी। वह मनोवैज्ञानिक हैं, लेखिका हैं और मेरी जानकारी में सबसे समझदार महिला हैं। एक दिन मैं उनसे परिवार के एक बेहद जटिल स्वभाव वाले सदस्य के साथ किसी तरह सीमाएं तय की जाएं इस पर बात कर रही थी।

मैं नहीं चाहती कि वह व्यक्ति मुझे परेशान करे। लेकिन वह हर बार बात को किसी न किसी तरह अपने ऊपर ही ले आते हैं। शायद आपके परिवार में भी कोई ऐसा व्यक्ति होगा ही। आप जानते हैं कि अगर उस व्यक्ति के साथ एक शाम बितानी है, तो वो बहुत थकाऊ होने वाली है। अगर कोई उन पर ध्यान नहीं दे रहा हो, तो उनके पास लोगों का ध्यान अपनी ओर खींचने के ढेरों तरीक़े होते हैं-नकरात्मक या सकारात्मक।

अगर हम सब बस आठ साल के ही हों तो?

तो मैं ऐन से परिवार के ऐसे ही व्यक्ति के बारे में बात कर रही थी और उन्होंने एक ऐसी बात कही जिसने मेरी सोच ही बदल दी।

उन्होंने कहा, 'मेल, ज़्यादातर बड़े-बुज़ुर्ग लोग असल में बस आठ साल के बच्चे ही होते हैं। वे बस बड़ी उम्र के शरीर में रह रहे हैं। अगली बार जब आप उस व्यक्ति के साथ हों और आपको उनकी किसी बात या बर्ताव से झुंझलाहट या ग़ुस्सा महसूस हो, तो एक पल के लिए सोचिएगा कि आपके सामने वही इंसान चौथी क्लास वाले रूप में खड़ा है। क्योंकि जिस व्यवहार की आप बात कर रही हैं, वह आठ साल के बच्चे जैसी भावनात्मक समझ का संकेत देता है। और सच कहूं तो, यही हाल ज़्यादातर बुज़ुर्गों का होता है।'

सच कहूं तो जब मैं ऐन की बातों को समझ रही थी, तो सब कुछ बहुत साफ़ लगने लगा। ये बिलकुल सही है। ज़्यादातर लोगों को अपनी भावनाएं सही तरीक़े से समझना तक नहीं

आता, और सीधे, सम्मानजनक ढंग से अपनी ज़रूरतें कहना तो और भी दूर की बात है। सच तो ये है कि मुझे भी ये सब नहीं आता था।

ज़रा सोचिए कि आपकी मां नाराज़ होकर चुपचाप मुंह फुला लेती हैं, पर साफ़-साफ़ नहीं कहती कि क्या बात है। आपका दोस्त आपसे बात करना बंद कर देता है, पर वजह नहीं बताता। जब आप सहेलियों के साथ बाहर होती हैं तभी आपका बॉयफ्रेंड चुभते हुए मैसेज भेजता है और आपकी बहन पहले ज़ोर से चिल्लाती है, फिर एक घंटे बाद ऐसे पेश आती है जैसे कुछ हुआ ही नहीं।

इसका कारण यह है कि बुज़ुर्ग भी उतने ही भावुक होते हैं जितने बच्चे होते हैं। फ़र्क़ बस इतना है कि वे आम तौर पर अपनी भावनाओं को छुपाने में थोड़े ज़्यादा माहिर हो जाते हैं।

लेकिन, लेट देम थ्योरी की सबसे अच्छी बात ये है कि यह आपको ज़्यादा आलोचनात्मक नहीं बनाती, अधिक संवेदनशील बनाती है। झुंझलाने या गुस्सा करने के बजाय, आप समझने लगते हैं कि ज़्यादातर लोगों के पास अपनी भावनाओं को समझदारी से संभालने की क्षमता नहीं है। वे ऐसा करना सीख ही नहीं पाए और इसी कारण वे बार-बार उन्हीं बचकाने तरीकों से प्रतिक्रिया देते हैं। जब आप ये समझ जाते हैं, तो दिल में जगह बनती है और मन हल्का हो जाता है।

सच तो यह है कि हमें कभी सिखाया ही नहीं गया कि भावनाओं को कैसे संभालना है। भावनाओं को सही तरीक़े से संभालने के लिए पहले उन्हें समझना पड़ता है फिर उन्हें धीरे-धीरे और स्वस्थ तरीक़े से बाहर निकालना भी सीखना पड़ता है। और अपनी ज़िंदगी के अनुभव से कहूं, तो ज़्यादातर लोगों को ये आता ही नहीं। मुझे भी नहीं आता था।

भावनात्मक परिपक्वता कोई जन्मजात गुण नहीं है और ना ही यह अपने आप आ जाती है। यह एक ऐसा कौशल है जिसे सीखने में समय लगता है, अभ्यास करना पड़ता है और सबसे ज़रूरी बात यह है कि आपके भीतर इसे सीखने की सच्ची इच्छा होनी चाहिए। मेरी थैरेपिस्ट बिलकुल सही कहती हैं कि ज़्यादातर लोग जब अपनी बात नहीं मनवा पाते या जब वे असहज भावनाएं महसूस करते हैं तो वे बिलकुल एक आठ साल के बच्चे जैसा व्यवहार करने लगते हैं, लेकिन अब लेट देम थ्योरी के ज़रिये आप यह सीखेंगे कि कैसे दया-सहानुभूति के साथ प्रतिक्रिया दें, कैसे अपने लिए सीमाएं तय करें और कैसे दूसरों की भावनात्मक अपरिपक्वता को अपनी ज़िंदगी का नियंत्रण लेने से रोकें। यह हुनर आपको ज़रूर आना चाहिए, क्योंकि यह बात अब बिलकुल स्पष्ट है कि बुज़ुर्गों का व्यवहार और बच्चों जैसी प्रतिक्रियाओं के बीच गहरा और साफ़ रिश्ता है :

बच्चों जैसा व्यवहार = बड़ों का व्यवहार

बच्चे आपसे दूर भागते हैं	बुज़ुर्ग टकराव से बचते हैं
बच्चे किसी कोने में बैठकर मुंह फुला लेते हैं	बुज़ुर्ग चुप्पी साध लेते हैं
बच्चे बिलकुल चुप हो जाते हैं	बुज़ुर्ग बाहर से शांत और भावहीन दिखने लगते हैं
बच्चे ज़मीन पर लोट-पोट होकर ज़िद करते हैं	बुज़ुर्ग गुस्से से फट पड़ते हैं, ताव में मैसेज भेजते हैं और हर किसी पर अपना गुस्सा निकालते हैं
बच्चे गुस्से में दरवाज़े पटकते हैं	बुज़ुर्ग भी वही करते हैं
बच्चे झूठ बोलते हैं	बुज़ुर्ग भी झूठ बोलते हैं

अगर आपने ऊपर की सूची पढ़ते ही हर एक स्थिति पर किसी न किसी व्यक्ति का चेहरा आपके मन में आ गया, तो ऐसा ही मेरे साथ भी हुआ, जब मैंने अपनी थैरेपिस्ट के साथ इन बातों को गहराई से समझना शुरू किया। बच्चे इसलिए ऐसा व्यवहार करते हैं, क्योंकि वे अपनी भावनाओं को संभालना नहीं जानते।

मैं आपको एक उदाहरण देती हूं। मान लीजिए एक बच्चा खिलौनों की दुकान में लेगो सेट देखता है और उसे यह चाहिए। जैसे ही उसे यह कहा जाता है कि वह इसे नहीं ले सकता, तो क्या होता है? वह ज़मीन पर बैठकर रोने लगता है, चिल्लाने लगता है, पैर पटकता है । वह उस 'ना' को सह नहीं पाता। क्यों? क्योंकि उसके पास अपनी भावनाओं को समझने या संभालने की क्षमता नहीं होती। वह सिर्फ इतना जानता है कि उसे कुछ चाहिए था और अब नहीं मिल रहा और वह तकलीफ़ उसे बेचैन कर देती है।

उनके छोटे-से शरीर में अचानक उदासी, निराशा, हैरानी और गुस्सा जैसी ढेर सारी भावनाएं उमड़ पड़ती हैं। इसी वजह से उनकी प्रतिक्रिया बहुत ज़ोरदार होती है। वे रोने लगते हैं, चुप हो जाते हैं या ज़मीन पर लोट जाते हैं और ज़िद करने लगते हैं। इसका हल यह नहीं है कि उन्हें वह खिलौना या लेगो सेट दे दिया जाए। सही हल यह है कि माता-पिता शांति, समझ और दया और सहानुभूति के साथ उस बच्चे की भावनाओं को समझने और संभालने में उसकी मदद करें। उसे यह सिखाएं कि 'ना' सुनने पर कैसा महसूस होता है और उससे कैसे निपटना है, ताकि वह धीरे-धीरे भावनात्मक रूप से परिपक्व बन सके।

यह कुछ इस तरह हो सकता है कि माता-पिता बच्चे के पास झुककर धीरे से कहें, 'मुझे पता है ना सुनना तुम्हारे लिए मुश्किल है। मुझे पता है तुम लेगो सेट चाहते हो। नाराज़ होने में बुराई नहीं है। मुझे भी कभी-कभी निराशा होती है। यह बात सही नहीं लगती, है ना? जब मुझे मेरी पसंद की चीज़ नहीं मिलती, तो मुझे भी बुरा लगता है।' इस तरह से बच्चे को यह अहसास होता है कि उसकी भावनाओं को समझा जा रहा हैं और वहीं से वह सीखना शुरू करता है कि अपनी भावनाओं को कैसे समझना और संभालना है।

बच्चे को जितनी देर चाहें रोने दें, मिन्नतें करने दें, या जो भी भाव व्यक्त करना चाहें करने दें।

अगर बच्चों को अपनी भावनाओं की पूरी लहर को महसूस करने की इजाज़त नहीं दी जाती और हर बार कोई बड़ा उन्हें कहता है, 'शांत हो जाओ' या 'ये बेवकूफ़ी है', या 'तुम ओवररिएक्ट कर रहे हो' तो वे कभी यह नहीं सीख पाते कि सामान्य मानवीय भावनाओं को स्वस्थ तरीक़े से कैसे संभालना है। इसके बजाय, वे एक ऐसे भावनात्मक रूप से अपरिपक्व वयस्क बन जाते हैं जो अपनी उलझी भावनाओं का बोझ दूसरों पर डालता है।

इसलिए मैं यह मानकर चलती हूं कि ज़्यादातर वयस्कों ने कभी अपनी भावनाओं को स्वस्थ तरीक़े से संभालना सीखा ही नहीं, क्योंकि उनके माता-पिता को भी यह नहीं आता था। और अगर आपके माता-पिता को आता था, तो आप वाक़ई बहुत भाग्यशाली हैं। एक बच्चा यह कौशल अपने आप नहीं सीख सकता। जैसा कि मैंने पहले कहा, यह एक ऐसा हुनर है जिसे सीखने के लिए समय, अभ्यास और सीखने की चाह ज़रूरी होती है।

इस पुस्तक पर काम करते हुए मुझे यह भी समझ में आया कि एक अभिभावक के रूप में मैं ख़ुद इस मामले में पूरी तरह गड़बड़ा गई। मैं शायद अपने बच्चे को लेगो सेट दिला देती। या फिर झुंझलाकर चिल्ला पड़ती, 'रोना बंद करो!' या मैं उसे वहीं ज़मीन पर रोता छोड़कर बाहर निकल जाती, यह सोचते हुए कि जब उसे एहसास होगा कि मैं नहीं हूं, तो डर के मारे रोना बंद कर देगा... और शायद इसी वजह से मेरे तीनों बच्चों को अब थेरेपी की ज़रूरत है।

काश मैं मज़ाक़ कर रही होती। लेकिन सच ये है कि मैंने इसलिए गड़बड़ कर दी, क्योंकि मैं ख़ुद अपनी ही भावनाओं को नियंत्रित करना नहीं जानती थी। मुझे बचपन में भी कभी ये सिखाया नहीं गया। मैं ऐसे परिवार में बड़ी हुई जहां हम अपनी भावनाओं के बारे में बात ही नहीं करते थे। जब किसी पर ज़्यादा दबाव आता था, तो वो गुस्से में फट पड़ता था और फिर थोड़ी देर बाद ऐसे बर्ताव करता था जैसे कुछ हुआ ही नहीं।

और यही बात मुझे लेट देम थ्योरी के एक बेहद ज़रूरी पहलू तक ले जाती है, जिसे मैं बिलकुल साफ़ तौर पर बताना चाहती हूं। बच्चों की भावनात्मक और शारीरिक ज़रूरतों की पूरी ज़िम्मेदारी बड़ों की होती है। बच्चे खुद को वह भावनात्मक या शारीरिक सहारा नहीं दे सकते जिसकी उन्हें ज़रूरत होती है।

यह आपकी ज़िम्मेदारी है कि आप किसी बच्चे को यह सिखाएं कि अपनी भावनात्मक प्रतिक्रियाओं को सही और स्वस्थ तरीके से कैसे नियंत्रित करना है। यह भी आपकी ज़िम्मेदारी है कि आप बच्चे को यह समझाएं कि सभी तरह की भावनाएं सामान्य होती हैं। इस पुस्तक पर काम करते समय मैंने एक क्लिनिकल साइकोलॉजिस्ट और *न्यू यॉर्क टाइम्स* की बेस्टसेलिंग लेखिका, लीसा डमौर (पीएच.डी.) से बात की। उन्होंने बताया कि जब कोई बच्चा (या बुज़ुर्ग) इसलिए उदास होता है, क्योंकि उसे जो चाहिए वह नहीं मिला, या किसी नुक़सान पर दुखी होता है तो यह जीवन के अनुभवों के प्रति मानसिक रूप से स्वस्थ प्रतिक्रिया होती है। यानी दुख और निराशा जैसी भावनाएं इस बात का संकेत हैं कि आप मानसिक रूप से स्वस्थ हैं।

क्या ये भावनाएं उस परिस्थिति के अनुकूल हैं?

जब आप आठ साल के होते हैं, तब आपको मनचाहा लेगो सेट नहीं मिलने पर नाराज़ होना एक सामान्य प्रतिक्रिया है। जब स्कूल में आपका कोई दोस्त कुछ ऐसा कह देता है जिससे आपको दुख पहुंचता है, तो उदास होना एक सेहतमंद प्रतिक्रिया होती है। जब आप टीवी देखना चाहते हैं लेकिन आपके माता-पिता कहते हैं कि अब सोने का समय है, तो परेशान होना एक आम बात है।

बहरहाल, यही बात बड़ों के अनुभवों पर भी लागू होती है। अगर आप वयस्क हैं और आपकी नौकरी चली जाती है, तो निराश और हतोत्साहित महसूस करना एक सामान्य प्रतिक्रिया है। अगर आपका ब्रेक-अप हो जाता है, तो उदासी या अवसाद की स्थिति से गुज़रना बिलकुल स्वाभाविक है। डॉ. डमूर के अनुसार, ये सभी भावनात्मक प्रतिक्रियाएं उचित और सामान्य हैं। ये इस बात का सबूत हैं कि आपका मन वैसे ही काम कर रहा है, जैसा उसे करना चाहिए।

लेकिन बचपन में आपको शायद बार-बार यही सिखाया गया होगा कि अपनी भावनाओं को दबाओ। जब आप किसी बच्चे से कहते हैं कि 'भूल जाओ', 'रोना बंद करो' या 'शांत हो जाओ', तो आप असल में उन्हें सिखा रहे होते हैं कि अपनी भावनाएं कैसे दबानी हैं। यानी उन्हें यह सिखाया जाता है कि वो अपने सामान्य इंसानी जज़्बात से ध्यान हटाएं, उन्हें टालें या उन्हें महसूस ही ना करें।

डॉ. डैमूर ने मुझे बताया कि यही वजह है कि बहुत से लोग चिंता, डिप्रेशन, व्यसन या लंबे समय तक शारीरिक तक़लीफ़ों से जूझते रहते हैं क्योंकि सालों तक उन्होंने अपनी भावनाओं को नज़रअंदाज़ किया होता है। ये भावनाएं धीरे-धीरे अंदर ही अंदर जमा होती जाती हैं और जब उन्हें कोई रास्ता नहीं मिलता, तो वो मानसिक या शारीरिक रूप में बाहर आने लगती हैं।

मैं फिर से कह रही हूं कि किसी बच्चे को उसकी भावनाओं को समझने और नियंत्रित करने का अवसर देना आपकी ज़िम्मेदारी है। लेकिन किसी दूसरे वयस्क की भावनात्मक प्रतिक्रियाओं को संभालना आपकी ज़िम्मेदारी नहीं है। यह बात समझना बहुत ज़रूरी है।

आइए, इसे थोड़ा और विस्तार से समझते हैं।

वयस्क बालवत व्यवहार

आइए, एक बहुत आम अनुभव पर ग़ौर करें। जब कोई व्यक्ति गुस्से, दुख या चोट पहुंचने पर खुलकर बात करने की बजाय चुप्पी ओढ़ लेता है। यह साइलेंट ट्रीटमेंट होता है। यह वही तरीक़ा है जो एक अपरिपक्व वयस्क तब अपनाता है जब वह परेशान होता है और उसे अपनी भावनाओं को स्वस्थ और सम्मानजनक तरीक़े से व्यक्त करना नहीं आता।

तो अपनी बात कहने के बजाय वे बात करना बंद कर देते हैं। वे दिखाते हैं कि कुछ हुआ ही नहीं है। और अक्सर वे आपको नज़रअंदाज़ करते हैं। और अगर आप कभी किसी दोस्त, परिवार के सदस्य या सहकर्मी से इस तरह के साइलेंट ट्रीटमेंट का सामना कर चुके हैं, तो आप जानते होंगे कि यह कितना तकलीफ़देह होता है और आपकी पहली प्रतिक्रिया यही होती है कि आप यह समझने की कोशिश करते हैं कि आपने क्या ग़लती की।

और, आपको साइलेंट ट्रीटमेंट देने वाला इंसान यही तो चाहता है। उसे आपका ध्यान चाहिए। ठीक वैसे ही जैसे कोई बच्चा कोने में बैठकर मुंह फुला लेता है ताकि मां-बाप आकर उसे मनाएं। इसी तरह कोई वयस्क जो आपको चुप्पी साधकर सज़ा देता है, वह चाहता है कि आप पूछें, 'आप ठीक तो हैं? मैं आपके लिए कुछ कर सकता हूं क्या?' और 'क्या मुझसे कोई ग़लती हो गई?'

वे साइलेंट ट्रीटमेंट का इस्तेमाल इसलिए करते हैं क्योंकि वे अपनी भावनाओं को समझना और संभालना नहीं जानते, और वे चाहते हैं कि आप उनके पास जाएं और पूछें कि क्या हुआ है, ताकि उन्हें ख़ुद से कुछ महसूस या स्वीकार ना करना पड़े।

मेरी एक सहेली थी जो स्कूल के समय हमेशा ऐसा ही किया करती थी। एक पल सब कुछ ठीक होता, और अगले ही पल वह मुझसे बात करना बंद कर देती। और मुझे कभी समझ नहीं आता था कि मैंने क्या ग़लत किया। मैं उसे फ़ोन करने की कोशिश करती, कॉरीडोर में हैलो-हाय कहती, और कभी-कभी उस ग़लती के लिए माफ़ी भी मांग लेती जो मैंने शायद की ही नहीं थी।

वह कभी इस मुद्दे का कोई ज़िक्र नहीं करती, और फिर एक दिन अचानक वह तय कर लेती थी कि अब सब कुछ ठीक है और हम फिर से अच्छी सहेलियां बन जाते थे। जब वह दोबारा मुझसे बात करना शुरू करती थी, तो मैं बस इतना राहत महसूस करती थी कि सब कुछ सामान्य हो गया है, फिर मैं भी इस तरह का व्यवहार करने लगती थी जैसे कुछ हुआ ही नहीं।

अब मुझे यह समझ में आता है कि चुप्पी साधकर मुझे नजरअंदाज़ करना और खुलकर बातचीत से बचना उसके लिए ज़्यादा आसान था, बजाय इसके कि वह मेरे पास आकर यह बताए कि उसे कैसा महसूस हो रहा है। उसे यह करना आता ही नहीं था।

एक और बात जो समझनी ज़रूरी है वह यह कि इस ग़ुस्से, नाराज़गी या चुप्पी का वास्तव में आपसे कोई लेना-देना नहीं होता। जब कोई आपको साइलेंट ट्रीटमेंट (चुप्पी की सज़ा) देता है यानी बात करना बंद कर देता है, तो इसका असली कारण होता है उसकी खुद की भावनाओं को समझने में असमर्थता या फिर उसके अंदर के पुराने ज़ख़्म और बुरे अनुभव।

मैं इसे वास्तव में तब तक नहीं समझ पाई थी, जब तक मेरी मुलाकात डॉ. रमाणी दुर्वासुला से नहीं हुई — जो एक क्लीनिकल साइकोलॉजिस्ट, बेस्टसेलिंग लेखिका और नार्सिसिज़्म (आत्ममुग्धता) की दुनिया की प्रमुख विशेषज्ञ हैं। वह कई बार पॉडकास्ट पर आ चुकी हैं और उनके शोध ने मेरी ज़िंदगी बदल दी है। डॉ. रमाणी ने मुझे यह सिखाया कि "किसी के बदलने की उम्मीद करना ही वह जाल है जो आपको एक ऐसे रिश्ते में फंसा कर रखता है, जिसमें दूसरा व्यक्ति भावनात्मक रूप से अपरिपक्व या उससे भी बुरा, भावनात्मक रूप से शोषक होता है।" इसका आपसे कोई लेना-देना नहीं है। वह व्यक्ति नहीं बदलेगा। बदलने की ज़रूरत आपको है। और यही वह बिंदु है जहाँ लेट देम थ्योरी ज़िंदगी बदलने वाला सिद्धांत बन जाता है।

जब भी कोई वयस्क/बुज़ुर्ग आठ साल के बच्चे की तरह व्यवहार करे, तो उन्हें करने दें।

यह रणनीति आपका जीवन बदल देगी। आपके लिए हो सकता है आपके माता या पिता हों जो ग़ुस्सा होकर कमरे से बाहर निकल जाएं और कई दिनों तक किसी से बात ना करें।

या फिर मेरी एक पक्की सहेली के मामले में, उसकी मां ने अचानक उससे एक महीने तक बात ही नहीं की। और फिर एक दिन सुबह सीढ़िया उतरते हुए ऐसा लगा जैसे कुछ हुआ ही नहीं था। लेट देम थ्योरी, के ज़रिये आप आगे कभी किसी और की भावनात्मक अपरिपक्वता या भावनात्मक अत्याचार के शिकार नहीं बनेंगे, क्योंकि अब आपको ठीक-ठीक पता होगा कि ऐसी स्थिति में क्या करना है। शायद आपके लिए यह एक ऐसा पिता हो, जिसका व्यक्तित्व आत्ममुग्ध हो, या फिर एक बहन हो जो हमेशा खुद को पीड़ित दिखाती है, या कोई पूर्व प्रेमी जो हर समय आपको मैसेज पर मैसेज करता रहता है और फिर माफ़ी मांगता है। डॉ. रमणी कहती हैं : "वे लोग नहीं बदलने वाले।"जिसे बदलने की ज़रूरत है, वह आप हैं। और यह एक अच्छी ख़बर है, क्योंकि इसका मतलब है कि सत्ता आपके हाथ में है — और आप उस पर अपना अधिकार वापस पा सकते हैं, इस पर निर्भर करता है कि आप कैसी प्रतिक्रिया देते हैं।

लेट देम थ्योरी का उपयोग करके, आप कभी भी किसी और की भावनात्मक अपरिपक्वता या मानसिक प्रताड़ना के शिकार नहीं बनेंगे — क्योंकि तब आप ठीक-ठीक जानते होंगे कि क्या करना है।

सबसे पहली बात, किसी दूसरे वयस्क की भावनाओं को संभालना कभी भी आपकी ज़िम्मेदारी नहीं होती। जब कोई आपको साइलेंट ट्रीटमेंट दे, खुद को पीड़ित दिखाए, या ग़ुस्से में फट पड़े तो उन्हें *वैसा करने दें।* और फिर, मैं चाहती हूं कि आप कल्पना करें कि उनके शरीर के अंदर एक आठ साल का बच्चा फंसा हुआ है। जब आप इस तरह से सोचते हैं, तो कुछ अजीब-सा होता है। आपको उस व्यक्ति से डर नहीं लगता। बल्कि आपको उन पर तरस आता है। आपको नफ़रत की जगह उस पर दया आने लगती है।

आप यह भी समझ जाएंगे कि दुःख, असुरक्षा, निराशा, ग़ुस्सा, डर और अस्वीकृति जैसी सामान्य मानवीय भावनाओं को संभाल ना पाने की जो उनकी असमर्थता है, वह आपकी ग़लती नहीं है। और इस समस्या को हल करना आपका काम नहीं है। यह व्यक्ति बचपन से ही इस तरह की स्थितियों से जूझता आ रहा है।

उनकी भावनाओं का विचार करना, संभालना या उन्हें सुधारने की कोशिश करना आपकी ज़िम्मेदारी नहीं है। आपकी असली ज़िम्मेदारी है अपने आपको उनके भावनात्मक तूफ़ान से सुरक्षित रखना। स्थिति जैसी है वैसी ही देख पाना यानी आपके सामने एक ऐसा व्यक्ति है जो नहीं जानता कि अपनी भावनाओं को किस तरह से नियंत्रण में रखा जाए या उन्हें स्वस्थ तरीक़े से कैसे व्यक्त किया जाए।

उन्हें चुप्पी साध लेते हैं, चुप रह*ने दीजिए*। उन्हें ग़ुस्से में *फट पड़ने दीजिए।* उन्हें पीड़ित की भूमिका *निभाने दीजिए। उन्हें मुंह फुलाने दीजिए।* वे यदि कहते हैं कि कुछ नहीं हुआ, तो *वही सही*। उन्हें जो सोचना, करना है करने दीजिए। फिर, *मुझे भी मेरे हिसाब से करने दीजिए।* मुझे इस स्थिति में परिपक्व, समझदार और स्नेही वयस्क बने रहने दीजिए। मुझे तय करने दीजिए कि क्या मुझे इस विषय को सीधे तौर पर उठाना है या बिलकुल नहीं। मुझे अपने आपको यह याद दिलाने दीजिए कि किसी और की भावनाओं की परवाह करना मेरा काम नहीं है। *मुझे ख़ुद को* ऐसी किसी भी टेक्स्ट चेन, डिनर टेबल कन्वर्सेशन, रिलेशनशिप या फ्रेंड ग्रुप से अलग होने दीजिए जहां इस तरह की भावनात्मक अपरिपक्वता या नकारात्मक व्यवहार चल रहा हो।

दूसरों से बदलाव की उम्मीद करने के बजाय, अपने आपसे बदलाव की मांग करें। खुद को एक ऊंचे स्तर पर रखें और अब इस तरह के भावनात्मक रूप से अपरिपक्व व्यवहार की परवाह करना अपनी ज़िम्मेदारी ना मानें।

ऐसी परिस्थितियों में बने रहना बंद करें जहां किसी की बार-बार की भावनात्मक अपरिपक्वता अब अत्याचार जैसी लगने लगे। उन लोगों के लिए दुखी होना बंद करें जो हर बार खुद को पीड़ित की तरह पेश करते हैं। ऐसे लोगों के व्यवहार को बार-बार समझाते रहना बंद करें जिनका व्यवहार साफ़ तौर पर आत्म-मुग्धता दर्शाता है।

जिस रिश्ते में आप किसी ऐसे व्यक्ति पर अपना समय और ऊर्जा लगाते रहते हैं, जो आठ साल के बच्चे जैसा बर्ताव करता है, उसमें धीरे-धीरे आपको ऐसा लगने लगेगा जैसे आप

एक बच्चे के अभिभावक बन गए हों। जब आपको समझ आ जाए कि सामने वाला व्यक्ति अंदर से बहुत उलझा हुआ है, तो आप तय कर सकते हैं कि उसे कितना समय और ध्यान देना ठीक रहेगा। इससे आप अपने लिए बेहतर सीमाएं बना पाएंगे।

क्योंकि, जब तक यह व्यक्ति भावनात्मक समझदारी (इमोशनल इंटेलिजेंस) की क्षमता विकसित नहीं करता, जो कि बहुत ज़रूरी है, तब तक वह चुप्पी साधता रहेगा, खुद को पीड़ित दिखाता रहेगा या ताने मारने जैसा व्यवहार करता रहेगा। यह उस व्यक्ति के स्वभाव या व्यक्तित्व की स्थायी विशेषता नहीं है, बल्कि यह एक आदत बन चुका व्यवहार है जो बार-बार दोहराया जाता है।

पर अगर समस्या आप ही हैं तो?

अगर आप यह पढ़ते हुए महसूस कर रहे हैं कि अपनी ज़िंदगी में कई बार आप ही भावनात्मक रूप से अपरिपक्क रहे हैं, तो अब सबसे ज़रूरी सवाल है : अब आप क्या करें?

आप अपनी ही भावनाओं से घिर जाते हैं। आप मुंह फुला लेते हैं। चुप्पी साध लेते हैं। गुस्से में मेसेज भेजते हैं। खुद को पीड़ित साबित करते हैं। दूसरों पर झुंझला उठते हैं। हर बात को अपने ही इर्द-गिर्द घुमा देते हैं।

अगर आप यह सब पढ़ते हुए यह महसूस कर रहे हैं कि कभी-कभी आप भी ऐसा ही व्यवहार करते हैं, तो मैं आपसे सिर्फ़ एक बात कहना चाहती हूं कि आप अकेले नहीं हैं। मुझे भी अपने बारे में यही एहसास हुआ था।

दूसरों में भावनात्मक अपरिपक्वता को देख पाना बहुत आसान होता है, लेकिन ख़ुद में उसे पहचानने के लिए बहुत हिम्मत और भावनात्मक समझ चाहिए। मेरे लिए तो बात इतनी गंभीर थी कि मेरी भावनात्मक परिपक्वता शायद पांच साल के बच्चे जितनी रही होगी। मैं अपनी भावनाओं से इतनी जल्दी बहक जाती थी कि गुस्से में फूट पड़ती। कभी अपने पति पर भड़ास निकालती, कभी बच्चों पर किसी मामूली बात पर झल्ला उठती। मेरे जीवन में एक ऐसा समय भी था जब सब कुछ सिर्फ़ मेरे बारे में होता था यानी मैं स्वार्थी हो गई थी। और इस सोच ने मेरी कई दोस्तियां तोड़ दीं। यह आदत आज भी पूरी तरह नहीं गई है। जब काम बहुत ज़्यादा तनाव देने लगता है, तो मैं अपने बिज़नेस पार्टनर को गुस्से में भरे लंबे-लंबे मेसेज भेज देती हूं। इसमें जताती हूं कि मैं कितनी निराश और परेशान हूं। यह ठीक नहीं है।

यह सच है कि मैं लेट देम थ्योरी पर पुस्तक लिख रही हूं और अपने जीवन में इस सोच को अपना भी रही हूं, लेकिन आज भी मैं अपनी तमाम भावनाओं को शांत होकर पहचानने, स्वीकार करने और समझने की कोशिश कर रही हूं। लेट देम थ्योरी को सही मायनों में अपनाने का सबसे कठिन हिस्सा यही है कि अपनी त्वरित और तीव्र भावनाओं को बिना

तुरंत प्रतिक्रिया दिए महसूस करना सीखना। यह आसान नहीं है। अभी भी कई बार मैं खुद को रोक नहीं पाती, पलटकर जवाब देने या स्थिति को तुरंत क़ाबू करने की इच्छा बार-बार उभरती है। और हां, जब मैं ऐसा कर नहीं पाती, तो झुंझलाहट भी होती है। लेकिन असल बात मक़सद परिपूर्ण होना नहीं, बल्कि ख़ुद के प्रति दयालु रहते हुए लगातार आगे बढ़ते रहना है।

यह एक जीवनभर चलने वाली प्रक्रिया है और कई बार ऐसा लगता है जैसे मैं फिर से बिलकुल शुरुआत कर रहा हूं। मुझे पता है कि यह एक ऐसा हुनर है जिस पर मैं अपनी ज़िंदगी भर काम करता रहूंगी, और आप भी।

लेट देम थ्योरी ने मेरे लिए अपने प्रति अधिक संवेदनशील बनने में बहुत मदद की है। इसने मुझे यह गहराई से समझने में भी सहायता की है कि अपनी भावनाओं को कैसे संभालना, कैसे परवाह करनी है।

जब कोई और ग़ुस्से में आकर ज़िद करता है, तब लेट देम थ्योरी का इस्तेमाल करना आसान होता है। लेकिन जब आप इसे अपनी ही भावनाओं को समझने और संभालने में लगाते हैं, तभी आप असली निपुणता हासिल करते हैं। अब जब मुझे अपनी भावनाओं को संभालना अच्छे से आ गया है, तो मैं ज़्यादा पैसा कमा रही हूं, पहले से ज़्यादा समझदार हूं, और एक बेहतर अभिभावक, बेहतर जीवन-साथी और अच्छी दोस्त बन गई हूं।

जब आप अपनी भावनाओं को सेहतमंद ढंग से समझना और संभालना चाहते हैं, तो 'लेट देम थ्योरी'' को इस तरह अपनाएं: जब आपको लगे कि आपकी भावनाएं उभर रही हैं यानी ग़ुस्सा, झुंझलाहट, तकलीफ़, निराशा, दुख, शोक, आंसू या असफलता का एहसास हो रहा हो तो उन्हें रोकिए मत। उन्हें बाहर दीजिए। उन्हें महसूस होने दीजिए।

और फिर, अपने आपको किसी भी तरह की प्रतिक्रिया ना देने दें, फ़ोन ना उठाएं, टीवी ना चलाएं, शराब ना पीएं, फ्रिज ना खोलें, और भगवान के लिए किसी को मैसेज ना करें। सिर्फ इन भावनाओं को स्वीकारें और उन्हें उभरने दें- लेट देम।

आपको यह सीखना ज़रूरी है कि उन भावनाओं को कैसे उभरने देना है, क्योंकि जब वे ऊपर उठती हैं, तो वे ख़ुद-ब-ख़ुद शांत भी हो जाती हैं।

क्या आप जानते हैं कि भावना वास्तव में होती क्या है?

शोध बताते हैं कि यदि आप भावनाओं पर तुरंत प्रतिक्रिया ना करें, तो ज़्यादातर भावनाएं 90 सेकंड के भीतर उभरती हैं और फिर शांत भी हो जाती हैं।

आप अपनी भावनाओं को उठने से रोक नहीं सकते। ऐसा करने की कोशिश करना समय की बर्बादी है। इससे कहीं बेहतर रणनीति यह है कि आप उन्हें बस उठने दें और बिना

प्रतिक्रिया दिए खुद-ब-खुद शांत होने दें। और एक और सच्चाई यह है कि आप किसी और इंसान की भावनात्मक प्रतिक्रियाओं को कभी नियंत्रित नहीं कर सकते, चाहे आप कितनी भी कोशिश कर लें।

भावनाएं संक्रामक भी होती हैं। जब आप किसी और को उदास, भयभीत, घृणा से भरा हुआ या गुस्से में देखते हैं, तो वही भावनाएं आपके शरीर में भी पैदा हो सकती हैं। यही कारण है कि किसी की आवाज़ का लहजा, उनकी ऊर्जा में बदलाव, उनका ख़राब मूड या उनके हाव-भाव आपको तुरंत बेचैनी का एहसास करवा सकते हैं।

और एक बात और समझना ज़रूरी है कि जब भी आप या कोई और भूखे हों, थके हों, तनाव में हों, नशे में हों, अकेले हों, गुस्से में हों या आहत हों, तो भावनाएं और भी तीव्र हो जाती हैं। मैं यह इसलिए कह रही हूं, क्योंकि जब भी मैं कुछ ऐसा कहती या करती हूं, जिसका बाद में पछतावा होता है, तो अक्सर उसके पीछे तनाव, शराब या भूख शामिल होती है। इन बातों को जानना मुझे बदलाव करने में मदद करता है ताकि मैं अपनी भावनाओं को बेहतर ढंग से नियंत्रित कर सकूं और अपने बोलने, करने और सोचने पर नियंत्रण कर सकूं।

लेट देम थ्योरी से मैंने एक बड़ी सीख यह ली है कि आप कभी भी अपने आस-पास क्या हो रहा है, इसे नियंत्रित नहीं कर सकते। और आप अपनी भावनात्मक प्रतिक्रियाओं को भी नियंत्रित नहीं कर सकते, क्योंकि वे स्वतः होती हैं, जैसे तनाव के समय शरीर की प्रतिक्रिया अपने आप सक्रिय हो जाती है।

लेकिन आप हमेशा यह चुन सकते हैं कि दूसरों के प्रति, अपने आस-पास की दुनिया के प्रति, या अपने भीतर उठ रही भावनाओं के प्रति आप क्या सोचेंगे, क्या कहेंगे और क्या करेंगे। यही आपकी असली ताक़त है।

अगर आप यह सीख लें कि दूसरे बड़े लोग अपनी भावनाओं को खुद नियंत्रित करें, तो आपका जीवन बदल सकता है। इसी तरह, यह भी सीखना कि अपनी भावनाओं को आने-जाने दें और फिर भी ज़रूरी बात को कहें, चाहे वह कितनी भी तकलीफ़देह क्यों ना हो, तो आपके भीतर बड़ा बदलाव आएगा। और हां, जीवन में ऐसे क्षण भी आएंगे जब अपने लिए सही फ़ैसला लेना ही सबसे कठिन काम होगा।

अध्याय 8

सही फ़ैसले अक्सर ग़लत लगते हैं

हाल ही में द *मेल रॉबिन्स पॉडकास्ट* के एक श्रोता ने मुझे यह सवाल लिखकर भेजा :

> मेल, मैं सगाई कर चुका हूं और जल्द ही मेरी शादी होने वाली है। शादी को कुछ ही समय बाक़ी है। और मुझे पता है कि यह मेरी ज़िंदगी के सबसे सुखद पलों में से एक होना चाहिए। लेकिन ऐसा नहीं है। जैसे-जैसे शादी का दिन नज़दीक आ रहा है, मेरी मंगेतर और मेरे बीच झगड़े बढ़ते जा रहे हैं। मेरे अंदर एक अजीब सी घबराहट बनी हुई है जिसे मैं दूर नहीं कर पा रहा। दिल के किसी कोने में मुझे डर है कि मैं बहुत बड़ी ग़लती कर रहा हूं। मुझे समझ नहीं आ रहा कि मैं क्या करूं। निमंत्रण भेजे जा चुके हैं, मेरे माता-पिता और उसके माता-पिता ने शादी की तैयारियों के लिए एडवांस में पैसे दे दिए हैं। मैं अपने परिवार को निराश नहीं करना चाहता। मैं नहीं चाहता कि मेरे माता-पिता का पैसा बर्बाद हो। मैं अपनी मंगेतर का दिल नहीं तोड़ना चाहता। मैं यह भी नहीं चाहता कि उसके माता-पिता और हमारे जान-पहचान वाले मुझसे नाराज़ हों। मैं यह शादी कैसे रोकूं?

यह सवाल पढ़कर ही मेरा दिल बैठ गया। शायद आपका भी ऐसा ही कुछ लगा हो। जब हालात इतने गंभीर हों, तो सही फ़ैसला अक्सर ग़लत जैसा लगता है।

ऊपरी तौर पर देखें तो जवाब सीधा है, भले ही वह आसान ना लगे। उसे शादी रोक देनी चाहिए। अगर शादी का ख़याल ही डर पैदा कर रहा है, तो आप ग़लती कर रहे हैं। अगर बार-बार मन में इसे रोकने का विचार आ रहा है, तो ऐसा करना ही सही होगा।

सिर्फ़ इसलिए कि सही फ़ैसला साफ़ दिख रहा है, इसका मतलब यह नहीं कि उसे लेना आसान होता है। ऐसा इसलिए है क्योंकि हम जो भी सोचते, महसूस करते या फ़ैसले लेते हैं उन पर हमारे जज़्बात का गहरा असर होता है।

जो बात ऊपर से देखने पर तर्कसंगत लगती है, वही बात तब तर्कसंगत नहीं लगती जब आपको पता हो कि उससे दूसरों को बहुत तकलीफ़ होगी।

अक्सर ज़िंदगी में जब आप ऐसी दुविधा में होते हैं, तो आप वह फ़ैसला लेते हैं जिससे दूसरों को तकलीफ़ ना हो, भले ही उस स्थिति में ख़ुद को ही दर्द क्यों ना सहना पड़े। आप जानते हैं कि कौन-सा फ़ैसला आपके लिए सही है, लेकिन क्योंकि वह दूसरों के लिए कड़वा हो सकता है, इसलिए आप वह क़दम उठाने से बचते हैं।

जिस होने वाले दूल्हे ने मुझे पत्र लिखा, वह इस बात को अच्छे से समझता है कि उसे क्या करना चाहिए। दिमाग़ से वह जानता है कि सही क्या है। समस्या उसकी भावनाओं की है। उसने इसीलिए लिखा है क्योंकि वह आश्वासन चाहता है। उसे यह बिलकुल नहीं पता कि अपने अंदर उठ रही भावनाओं को कैसे संभाले, या दूसरों की भावनात्मक प्रतिक्रिया से कैसे निपटे।

जब कोई इंसान किसी मुश्किल फ़ैसले को लेकर बहुत सोचता-विचारता है, तो इससे यह पता चलता है कि वह मानसिक रूप से स्वस्थ है। और अगर वह दूसरों की चिंता कर रहा है, तो यह साफ़ है कि वह एक अच्छा इंसान है।

आपकी ज़िंदगी में कई बार ऐसा होगा जब लोग आपके किसी काम या बात से नाराज़, दुखी या निराश महसूस करेंगे। ऐसा होना तय है। ऐसे समय में आपको अपनी भावनाओं और दूसरों की भावनात्मक प्रतिक्रिया से ख़ुद को अलग करना सीखना होगा, ताकि आप सही फ़ैसला ले सकें।

आप अपनी भावनाओं को अपने फैसलों का आधार नहीं बना सकते, क्योंकि अक्सर यही भावनाएं आपको *सही* निर्णय लेने से रोकती हैं।

यह बात जितनी आसान लगती है, असल में उससे कहीं ज़्यादा मुश्किल होती है। कई बार सही फ़ैसला लेना बेहद तकलीफ़देह होता है। किसी को सच्चाई बताना दिल तोड़ देने वाला अनुभव हो सकता है। और जब आपका फैसला किसी ऐसे व्यक्ति को दुख पहुंचाता है जिसे आप प्यार करते हैं, तब तो ऐसा लग सकता है जैसे यह आपको भीतर से तोड़ देगा।

ज़रा उस होने वाले दूल्हे की स्थिति को ही देखिए जो अपनी शादी तोड़ना चाहता है लेकिन उसे समझ नहीं आ रहा कि कैसे करे। आपने जब उसका संदेश पढ़ा होगा, तो शायद आपके अंदर भी एक डर या बेचैनी सी उठी होगी, जबकि आप और मैं तो उस इंसान को जानते भी नहीं हैं।

भावनाएं इतनी ज़्यादा असर डालती हैं।

आपके सीने में एक बोझ-सा महसूस होता है जब आप कल्पना करते हैं कि वह अपनी मंगेतर को सामने बैठाकर कह रहा है, 'हमें बात करनी चाहिए।' आप सोच सकते हैं कि वह अपने माता-पिता को फ़ोन करके यह बता रहा है। उसकी मंगेतर की सिसकियां आपके कानों में गूंजती हैं। फिर वह अपने माता-पिता को फोन करती है, गले में रुंधा हुआ दर्द होता है।

उसके पिता के सीने में गुस्सा भर जाता है जब वह अपनी बेटी का दुख सुनते हैं। वह कहती है, 'पापा, उसने शादी तोड़ दी।'

आप सिर्फ़ इस स्थिति को पढ़ और सोच रहे हैं, और फिर भी आपके अंदर एक भावनात्मक प्रतिक्रिया पैदा हो रही है। यही वजह है कि किसी को निराश करना और किसी का दिल तोड़ना ज़िंदगी में सबसे कठिन कामों में से एक होता है।

बड़ी उम्र के लोग जो महसूस करते हैं, उन्हें वैसा महसूस करने का पूरा हक़ है और उन्हें गुस्सा होने का भी हक़ है। कमज़ोर महसूस करना, बुरी तरह दुखी होना, हताश होना, शर्मिंदा होना और आपसे बेहद नाराज़ होना- ये सब उनके अधिकार में है।

आप इसे नियंत्रित नहीं कर सकते।

लेकिन आप सच को झुठलाकर दूसरों की भावनाओं को कंट्रोल करने की कोशिश करते हैं। हम सबने ऐसा किया है। यही वजह है कि आप कई बार ग़लत रिश्तों में, ग़लत नौकरियों में या ग़लत आदतों में सालों तक फंसे रहते हैं।

इसी वजह से आपने अब तक आपकी पीठ पीछे आपकी बुराई करने वाले दोस्त को नहीं टोका, अपनी मां से किसी मुद्दे पर साफ़-साफ़ बात नहीं की, छुट्टी नहीं ली या अपने सबसे अच्छे दोस्त को यह नहीं बता पाए कि आप उनसे प्यार करते हैं।

इससे बचना आसान लगता है, क्योंकि बचने का मतलब होता है कि आपको उस सच्चाई का सामना नहीं करना पड़ेगा। लेकिन जो बात आज आसान लगती है, वही बात बाद में ज़िंदगी को और मुश्क़िल बना देती है। आज की टाल-मटोल अगले साल उस पेचीदा बातचीत को आसान नहीं बनाएगी।

वास्तव में, अपने अनुभव से मैं यह कह सकती हूं कि सही निर्णय लेने में आप जितना विलंब करते हैं, वह उतना ही पीड़ादायक होता जाता है। अपने लिए जो सही है, उसे न अपनाना केवल और केवल आपको और अधिक पीड़ा ही देगा। तो, क्या होने वाले दूल्हे ने शादी से इनकार कर दिया? मुझे नहीं पता। क्या मैं चाहती हूं कि उसने ऐसा किया हो? हां, मैं चाहती हूं, उसके भले के लिए भी और उसकी होने वाली दुल्हन के भले के लिए भी। हर किसी का हक़ है कि वह उस इंसान के साथ रहे जो सच में उसके साथ रहना चाहता हो।

ज़िंदगी में सबसे साहसी, सम्मानजनक और नेक काम यही होता है कि आप किसी को साफ़-साफ़ कह दें कि आप उसके साथ नहीं रहना चाहते। ईमानदार होना आसान नहीं होता, ख़ासकर तब जब सामने वाला भावनात्मक रूप से अपरिपक्व हो।

आप उनके अपराध-बोध, उलाहनों और चिड़चिड़े स्वभाव से जूझना नहीं चाहते, इसलिए आप उनसे कतराने लगते हैं। आप टकराव से नहीं बच रहे होते, आप दरअसल उनके भावनात्मक विस्फोट से बच रहे होते हैं। असली संघर्ष बाहर नहीं, अंदर होता है, उस आंतरिक उलझन से जो यह सोचकर पैदा होती है कि आपके फ़ैसलों से दूसरों की भावनाएं कैसे प्रभावित होंगी और वे किस तरह से प्रतिक्रिया देंगे।

इसी वजह से लोग टूट चुके वैवाहिक रिश्तों को भी सालो-साल निभाते रहते हैं, जबकि दिल से वे जानते हैं कि सब कुछ ख़त्म हो चुका है। इसी वजह से लोग किसी नौकरी में ज़रूरत से ज़्यादा देर तक टिके रहते हैं। लोग किसी विषय या करियर को इसलिए थामे रहते हैं, क्योंकि उन्हें डर होता है कि अगर उन्होंने कोई और निर्णय लिया, तो किसी और की भावनाएं आहत हो जाएंगी। लेकिन अगर आप यह समझ लें कि भावनाएं जीवन का सामान्य हिस्सा हैं और यह कि वयस्कों को भावनात्मक उतार-चढ़ाव महसूस करने की अनुमति है और वे इनसे उबर सकते हैं, तो आप ज़्यादा साहसी बनेंगे। दूसरों को उनकी भावनाएं महसूस करने से बचाना आपका काम नहीं है। आपका काम और आपकी ज़िम्मेदारी है ऐसी ज़िंदगी जीना जो आपके मूल्यों के अनुरूप हो और जो सचमुच आपको समझती हो, आपको अपनाती हो।

कभी-कभी आपके फ़ैसले से किसी को ठेस पहुंचेगी। किसी को निराशा होगी। जब आपको एहसास होता है कि आपकी चुनी हुई राह किसी और को तकलीफ़ देगी, तो वह बोझ दिल पर बहुत भारी पड़ता है। यही जीवन के सबसे मुश्किल फैसलों में से एक होता है। जब मुझे यह एहसास होता है कि मेरी कोई बात या निर्णय किसी को दुखी या निराश कर सकता है, तब मुझे डॉ. डामूर की बात याद आती है कि नकारात्मक भावनाएं भी जीवन की कठिन परिस्थितियों के प्रति मानसिक रूप से एक स्वस्थ प्रतिक्रिया होती हैं।

जब आप किसी से रिश्ता तोड़ते हैं तो दिल टूटना स्वाभाविक है। नौकरी जाने पर भी लोग उदास हो सकते हैं, यह उनका हक़ है।

तो फिर इस सब से कैसे निपटें? और जब आप कोई ऐसा कठिन फ़ैसला लेते हैं जो आपके लिए सही है, तब इस दौरान आपके भीतर उठने वाले उस भारी अपराध-बोध और असहजता को कैसे संभालें?

भावनाओं की लहर पर सवार होना सीखिए

मेरे लिए यह सोचना मददगार होता है कि भावनात्मक तकलीफ़ समंदर की लहरों जैसी होती है। लहरें उठती हैं और फिर नीचे आ जाती हैं, वैसे ही भावनाएं भी आती-जाती रहती हैं।

कुछ दिन आपके जीवन में सब कुछ शांत और ठीक रहेगा। लेकिन कुछ दिन ऐसे भी होंगे, जब ऐसा लगेगा जैसे तूफ़ान आ गया हो और आप डूब रहे हैं।

लेकिन आप डूबेंगे नहीं, तय है।

क्या शादी तोड़ना बहुत मुश्किल होगा? हां। क्या यह आपके जीवन के सबसे दर्दनाक अनुभवों में से एक होगा? हां। क्या उसके पिता आपसे बेहद नाराज़ होंगे? बिलकुल, कम से कम कुछ महीनों तक। क्या आपके माता-पिता की एडवांस में दी गई राशि डूब जाएगी और वे आपसे नाराज़ होंगे? हां। क्या उनका दिल भी टूटेगा, क्योंकि वे भी आपकी मंगेतर को बहुत चाहते हैं? हां।

वे उस चीज़ के खोने का दुख मनाएंगे, जिसे वे बहुत अच्छा और सुंदर मान बैठे थे।

और फिर धीरे-धीरे, जब आप उन्हें वो सब महसूस *करने देते हैं* जो वे चाहते हैं, और अपने आप को भी वो सब महसूस करने देते हैं जो आपको महसूस हो रहा है, उसे रोकने, बदलने या टालने की कोशिश किए बग़ैर, तो ज़िंदगी अपने आप एक नया संतुलन बनाने लगती है।

आख़िरकार आपके माता-पिता ना सिर्फ़ यह समझ जाएंगे कि आपने यह फ़ैसला क्यों लिया, बल्कि वे इस बात पर गर्व भी करेंगे कि आपने इतना साहस दिखाया। उन्हें उनके मनमुताबिक़ *समझने दीजिए*।

आप भी अपने हिसाब से सोचें *और करें*। इसका मतलब है ख़ुद को यह याद दिलाना कि यह समय भी गुज़र जाएगा। आप दूसरों की भावनात्मक प्रतिक्रिया से ज़्यादा मज़बूत हैं। लोगों को उनकी राय *रखने दीजिए*। लोगों को उनकी भावना को महसूस *करने दीजिए*। ख़ुद भी अपनी भावना को *महसूस कीजिए*। अपनी भावनाओं को उभरने दीजिए और उन्हें समझने का समय और स्थान दीजिए।

कभी भी किसी और की भावनात्मक प्रतिक्रिया को अपनी सच्चाई से बड़ा मत बनने दीजिए। मुझे अपने साथ और दूसरों के साथ ईमानदार रहने दीजिए। मुझे वह कठिन काम करने दीजिए जो अभी तो दर्द देता है, लेकिन आगे चलकर मुझे बहुत बड़े दुख से बचा सकता है। मुझे उस अवसर का लाभ *उठाने दीजिए* जो मुझे एक बेहतर जीवन जीने का अधिकार देता है।

तो आइए, अब तक सीखी गई बातों को संक्षेप में समझें। अभी आप दूसरों की भावनाओं के हिसाब से अपने फ़ैसले बदलते हैं। लेकिन लेट देम थ्योरी आपको यह ताक़त देती है कि जब कोई बड़ा बुज़ुर्ग व्यक्ति बच्चों जैसा जैसा व्यवहार करे, तो आप थोड़ा रुकें और शांति से सोचें।

1. **समस्या :** आप दूसरों की भावनात्मक अपरिपक्वता को अपने जीवन पर हावी होने दे रहे हैं। आप किसी और के गुस्से, अपराध-बोध दिलाने की कोशिशों और प्रतिक्रियाओं को अपने निर्णयों पर हावी होने दे रहे हैं। इसका नतीजा यह है कि आप बार-बार उनकी भावनाओं को संभालने में लगे रहते हैं और अपनी भावनाओं को नज़रअंदाज़ कर देते हैं। इसका मतलब है कि आप हमेशा दूसरों की भावनात्मक ज़रूरतों को अपनी खुशी से ज़्यादा महत्व दे रहे हैं।

2. **सच्चाई :** दूसरों की भावनात्मक प्रतिक्रियाओं को संभालना आपकी ज़िम्मेदारी नहीं है। आप यह नियंत्रित नहीं कर सकते कि कोई कैसा महसूस करेगा या कैसे प्रतिक्रिया देगा। और आप उनकी भावनात्मक अपरिपक्वता को ठीक भी नहीं कर सकते। अधिकतर वयस्कों की भावनात्मक समझ किसी आठ साल के बच्चे जैसी होती है और आप इसे बदल नहीं सकते।
3. **समाधान :** लेट देम थ्योरी की मदद से आप तब भी नियंत्रण में रह सकते हैं, जब कोई वयस्क बच्चे जैसा व्यवहार कर रहा हो और भावनात्मक रूप से कमज़ोर पड़ रहा हो। दूसरों को चाहे बुरा लगे, फिर भी आप वही फ़ैसला लें जो आपके लिए सही है। जब आप दूसरों की भावनाओं का बोझ उठाना बंद कर देते हैं और अपने मूल्यों के अनुसार काम करते हैं, तभी आप अपनी असली ताक़त बनाए रखते हैं।

जब आप कहते हैं *उन्हें उनके हिसाब से करने दें (लेट देम)*, तो आप दूसरों को उनकी भावनाएं महसूस करने की आज़ादी देते हैं। आप उनकी भावनाओं को संभालने या सुधारने की ज़िम्मेदारी नहीं लेते। जब आप कहते हैं *मुझे मेरी तरह से करने दें (लेट मी)*, तो आप वह हिम्मत जुटाते हैं जो आपके लिए सही फ़ैसले लेने के लिए ज़रूरी है, भले ही वे फ़ैसले दूसरों को ग़लत लगें।

अब समय आ गया है कि आप बड़े बनें और एक परिपक्व इंसान की तरह व्यवहार करें।

हर वक़्त तुलना करने की आदत छोड़ें

अध्याय 9

हां, ज़िंदगी हमेशा न्याय नहीं करती

यह सच है कि ज़िंदगी हमेशा सबके साथ कभी पूरी तरह न्याय नहीं करती। लेकिन एक समय आता है जब आपको इस सच्चाई को स्वीकार करना पड़ता है और यह समझना पड़ता है कि दूसरों के पास क्या है, वे कैसे दिखते हैं या उन्होंने क्या पाया है- इन सब बातों पर सोचते रहने का कोई फ़ायदा नहीं।

अब बात करते हैं उस परेशानी की, जिससे दुनिया का हर इंसान कभी न कभी गुज़रता है और वह है दूसरों की सफलता देखकर परेशान होना और थम जाना।

सच ये है कि आप किसी और की सफलता या क़िस्मत को नहीं बदल सकते। आप बस यह तय कर सकते हैं कि उन्हें देखकर आप क्या सीखेंगे और अब क्या करेंगे।

जब आप दूसरों की ज़िंदगी से अपने आपकी तुलना करके सोचने लगते हैं कि आप विफल हैं, आप अच्छे नहीं दिखते या नाक़ाबिल हैं, तब आप ख़ुद ही अपने रास्ते का सबसे बड़ा रोड़ा बन जाते हैं। सोशल मीडिया पर बिना सोच-समझ के स्क्रॉल करना या अपने आपको दूसरों से कमतर मानना आपको अंदर से थका देता है। आप सोचने लगते हैं कि आपके साथ कुछ भी ठीक नहीं होगा, जिंदगी की दौड़ में आप हमेशा पीछे ही रह जाएंगे। ऐसा करके आप अपने आपको बिना वजह तकलीफ़ दे रहे हैं। आप दूसरों को इतनी ताक़त दे रहे हैं कि वे आपको रोक सकें और इसी से आप टाल-मटोल करने लगते हैं, अपनी निंदा करने लगते हैं।

जब आप इस बात पर ध्यान केंद्रित करते हैं कि जीवन आपके प्रति कितना अन्यायपूर्ण है और दूसरों से अपनी तुलना करते रहते हैं, तो आप हतोत्साहित होते हैं, आपके भीतर आगे बढ़ने की प्रेरणा नहीं रहती। आप आगे बढ़ने से खुद को रोक लेते हैं। आपका डर ही आपकी हक़ीक़त बन जाता है। आप विफल इसलिए हो रहे हैं क्योंकि दूसरों से अपनी तुलना करने की यह आदत आपके भीतर गहराई से जड़ें जमा चुकी है।

समस्या आप ही हैं। और पहला क़दम है इस सच्चाई को स्वीकार करना कि जीवन न्यायपूर्ण नहीं होता। नहीं होता, तो बस नहीं होता।

यह न्यायसंगत नहीं है कि आप छात्र ऋण में डूबे हुए हैं, सिर्फ़ इसलिए क्योंकि आप फ़ीस नहीं चुका सके।

यह भी न्यायसंगत नहीं है कि आपकी बहन किसी मॉडल जैसी दिखती है और हर कोई बार में उसी की ओर खिंचा चला जाता है, जबकि आप एक कोने में बैठे हुए अपनी ड्रिंक खुद ही ख़रीद रहे होते हैं।

यह न्यायसंगत नहीं है कि आपका सुपरवाइज़र हर बार आपको सबसे बेकार शिफ़्ट देता है।

यह न्यायसंगत नहीं है कि आपका देश युद्ध से तबाह हो रहा है।

यह न्यायसंगत नहीं है कि आप डायबिटीज़ के साथ पैदा हुए और आपको पूरी ज़िंदगी इंसुलिन का ध्यान रखना पड़ा।

यह न्यायसंगत नहीं है कि आपके दोस्त के पास अच्छा घर या फ़्लैट है क्योंकि उसके माता-पिता ने उसके लिए भुगतान किया।

यह न्यायसंगत नहीं है कि आपके सहयोगी को पदोन्नति मिल गई और आपको नहीं। यह न्यायसंगत नहीं है कि आपको हाल ही में स्तन कैंसर का पता चला है। यह न्यायसंगत नहीं है कि आपके दोस्त का पारिवारिक जीवन बिलकुल परफ़ेक्ट दिखता है, जबकि आपका जीवन इतना बिखरा हुआ है कि किसी रिएलिटी शो में भी आपको नहीं दिखाया जाएगा। यह न्यायसंगत नहीं है कि आपकी दोस्त का मेटाबॉलिज़्म तेज़ है और वह जो चाहे खा सकती है। यह न्यायसंगत नहीं है कि आपको दमा है, सिर्फ़ इसलिए क्योंकि आप प्रदूषित इलाक़े में बड़े हुए। यह न्यायसंगत नहीं है कि जीवन-यापन का ख़र्च और पेट्रोल के दाम लगातार बढ़ते जा रहे हैं। यह न्यायसंगत नहीं है कि आपके चेहरे पर लगातार मुंहासे निकल रहे हैं।

आप सही हैं। यह वाक़ई न्यायसंगत नहीं है। मैं आपसे सहमत हूं।

सच्चाई यह है कि हर इंसान को जीवन में अलग-अलग हालात मिलते हैं और आप किसी और की जीवन-परिस्थितियों को नियंत्रित नहीं कर सकते। जितना ज़्यादा समय आप दूसरों को देखते हुए बिताते हैं, उतना ही आप अपने जीवन के असली मक़सद को खो देते हैं।

ज़िंदगी में आप दूसरों से मुक़ाबला नहीं कर रहे, आप उनके साथ चल रहे हैं। किसी के पास आपसे बेहतर चीज़ें होंगी ही। असली बात यह नहीं है कि आपको क्या मिला, बल्कि यह है कि आप उसे कैसे निभाते हैं।

और जब आप दूसरों से अपनी तुलना करने में लगे रहे, तब आप ज़िंदगी का एक बड़ा राज़ भूल गए कि दूसरे लोग आपको बेहतर बनना सिखाते हैं और यही असली जीत होती है।

यह सच है, बहुत से लोगों को ज़िंदगी में 'ज़्यादा भाग्यवान' या 'ज़्यादा सफल' हालात मिले हैं। तो, उन्हें वैसे ही *रहने दीजिए।*

वो लोग आपसे जल्दी आगे बढ़ेंगे। उन्हें पहले से बढ़त हासिल है। उनके पास ज़्यादा संसाधन हैं। उन्हें ज़्यादा सहारा मिला है। आप इस स्थिति को बदल नहीं सकते। यह एक सच्चाई है। तो, उन्हें वैसे ही रहने दीजिए।

क्योंकि इस बात की चिंता करना या ख़ुद को कमतर महसूस कराना, आपकी समझ या आपकी बुद्धि का अपमान है। आपमें यह समझ है कि आप जीत का रास्ता खोज सकते हैं। जो कुछ आपके पास है, आप उसी से शुरुआत करना सीख सकते हैं और वहीं से अपनी ज़िंदगी में वह सब बना सकते हैं, पा सकते हैं, जो आप चाहते हैं।

लेकिन आप यह सब कभी नहीं कर पाएंगे अगर आप अपनी पूरी ताक़त दूसरों से अपनी तुलना करने की बेवकूफ़ी भरी और नुक़सानदेह आदत में लगा देंगे। इसे अभी बंद कर दीजिए।

यह सोचना कि बार में सब आपकी बहन की बजाय आपके पास आते, या आप यूरोप घूमने जाते, या आप लंबे होते, या आपकी त्वचा ज़्यादा निखरी होती, या आपकी नौकरी बेहतर होती, या आपको शादी का प्रस्ताव मिला होता, या आपके पास ज़्यादा पैसा होता-ये सब सोचने से कुछ नहीं बदलेगा। इससे तो धीरे-धीरे आपके आत्म-विश्वास नष्ट ही होगा।

कोई भी माहिर खिलाड़ी आपको यही समझाएगा कि हुनर इस बात में नहीं है कि आपके हाथ में कौन-से पत्ते हैं, बल्कि इस बात में है कि आप उन्हें किस तरह इस्तेमाल करते हैं। ज़िंदगी का खेल जीतने के लिए ज़रूरी है कि आपके पास जो पत्ते हैं, उन पर ध्यान दें और तय करें कि आप उनसे क्या कर सकते हैं।

मैं समझती हूं कि जब आप अपनी हालत पर नज़र डालते हैं और लगता है कि आपको दुनिया की सबसे बदक़िस्मत ज़िंदगी मिली है, तो बुरा लगता है। 'मैं ही क्यों' यह कहना आसान है। ख़ुद पर तरस खाना आसान है। किसी और को देखकर अपने आपको कमतर महसूस करना आसान है, क्योंकि उसके पास सुंदर शरीर है, भरा-पूरा बैंक बैलेंस है, एक प्यार भरा रिश्ता है, बेहतरीन सेहत है, कार है, ट्रस्ट फंड है, सुरक्षा है, अच्छे दोस्त हैं... यह वाक़ई न्यायसंगत नहीं है। और जान लीजिए कि ज़िंदगी कभी भी न्यायसंगत नहीं होने वाली।

कुछ लोग वाक़ई बहुत क़िस्मतवाले होते हैं। मेरी कुछ सहेलियां ऐसी ही हैं जिनके बारे में सोचूं तो लगता है कि वे जैसे जन्म से ही जैसे सब कुछ सीख-समझ कर आई हों। ऐसा लगता है जैसे उन्हें जो चाहिए था, सब कुछ मिल गया। अच्छी चीज़ें और अच्छे अनुभव उनके आस-पास बस अपने-आप घटते रहते हैं। हर बात उनके हक़ में जाती दिखती है। तो, मन में सवाल उठता है, उन्हें इतनी क़िस्मत कैसे मिली और मुझे क्यों नहीं? खुद पर तरस खाना और उन लोगों से जलन महसूस करना बहुत आसान है, है ना? उनके पास दुनिया का सबसे अच्छा परिवार है, उन्हें कॉलेज में ही अपने जीवन का प्यार मिल गया, वे बहुत आकर्षक हैं और एक जन्मजात खिलाड़ी भी हैं। उनके जीवन में जैसे कुछ भी ग़लत नहीं होता। और जहां तक आप देख सकते हैं, उन्हें ना डिप्रेशन होता है, ना चिंता, ना बचपन के किसी गहरे ज़ख़्म

का बोझ, जैसा बाक़ी हम में से कई लोग झेलते हैं। लेकिन, किसी और की भाग्य से अपनी तुलना करना समय और ऊर्जा की बर्बादी है।

जब तुलना आपको अंदर से तोड़ने लगे

'लेकिन मेल, मैं खुद को रोक ही नहीं पाता... दूसरे लोग मुझसे ज़्यादा आकर्षक क्यों हैं, यही सोचता रहता हूं। काश मैं थोड़ा लंबा होता, काश मुझे अस्थमा ना होता, काश मेरे माता-पिता का तलाक़ ना हुआ होता, काश मेरा पारिवारिक जीवन थोड़ा अच्छा होता।'

खुद की दूसरों से तुलना करना पूरी तरह टालना तो मुश्क़िल है। यह इंसानी स्वभाव है। चारों ओर देखना, समझना कि बाक़ी लोग क्या कर रहे हैं और हम उनके सामने कहां खड़े हैं।

समस्या तुलना करने की आदत नहीं है,असल समस्या यह है कि आप उस तुलना को किस तरह से ले रहे हैं, उसका उपयोग किस तरह से कर रहे हैं- यही सबसे ज़्यादा मायने रखता है।

ऐसे में ख़ुद से पूछिए कि जब आप तुलना करते हैं, तो क्या कर रहे होतें हैं? क्या आप अपने आपको तकलीफ़ दे रहे हैं, या फिर कुछ ज़रूरी बात सीख रहे हैं?

सच तो यह है कि तुलना दो तरह की होती है, एक जो आपको तकलीफ़ देती है, और दूसरी जो आपको कुछ सिखाती है। अगर आप तुलना को अपने फ़ायदे के लिए इस्तेमाल करना चाहते हैं, तो सबसे पहले यह समझना ज़रूरी है कि आप किस तरह की तुलना कर रहे हैं। और अच्छी बात यह है कि इन दोनों के बीच का फ़र्क़ समझना बहुत आसान है।

तुलना का पहला प्रकार है- यातना। यह तब होता है जब आप किसी ऐसी चीज़ को लेकर उलझे रहते हैं, परेशान होते हैं, या ख़ुद को कोसते रहते हैं जिसे आप कभी बदल ही नहीं सकते। जब आप किसी और की ज़िंदगी की स्थायी बातों पर ध्यान लगाए रहते हैं, जैसे उनका क़द, रंग, परिवार, अतीत या जन्म से मिला कोई सौभाग्य, तो वह तुलना एक मानसिक यातना बन जाती है।

उदाहरण के लिए, किसी की जन्मजात सुंदरता, शरीर की बनावट, पारिवारिक पृष्ठभूमि, कद, मेटाबॉलिज़्म, माता-पिता, जन्म-स्थान, बीते अनुभव, या फिर ईश्वर से मिले गुण जैसे एथलेटिक क्षमता, स्वरों की उत्कृष्ट समझ, विलक्षण बुद्धि, भाषाओं को तत्काल सीख लेने की क्षमता, फ़ोटोग्राफ़िक मेमोरी या कला का गहरा हुनर... मैं क्या कहना चाहती हूं कि आप समझ ही गए होंगे। आप दूसरों की इन जन्म-जात विशेषताओं से ईर्ष्या कर सकते हैं, लेकिन सच्चाई यह है कि ये गुण उन्होंने मेहनत से नहीं पाए हैं, बल्कि उन्हें जीवन की शुरुआत में ही ये सुविधाएं और विशेषताएं मिल गई थीं। और अब ये ना तो उनके जीवन से हटने वाले हैं और ना ही आपकी कोशिश से आपको मिल सकते हैं। सबसे अहम बात यह है कि आप चाहे जितनी मेहनत कर लें, इन ख़ास गुणों को अपनी ज़िंदगी में नहीं ला सकते।

कोई चीज़ स्थायी है या नहीं, यह जानने का भी तरीक़ा है। तो ख़ुद से बस यह सवाल पूछिए : क्या मैं इसे अगले 30 सेकंड में बदल सकता/सकती हूं? अगर जवाब 'नही' है तो फिर आप उसे कभी नहीं बदल सकते।

इसलिए यह जानना बहुत ज़रूरी है कि किन स्थितियों को आप बदल सकते हैं और किन्हें नहीं। क्योंकि अगर आप किसी ऐसे व्यक्ति या उसकी ज़िंदगी के उस पहलू से अपनी तुलना कर रहे हैं जिसे आप लाख कोशिश करने के बावजूद नहीं बदल सकते, तो आप दरअसल ख़ुद को ही यातना दे रहे हैं।

इसलिए जब भी आप किसी और की ज़िंदगी के स्थायी पहलुओं को लेकर अपनी तुलना करते हुए उलझे रहते हैं, तो आप असल में खुद को ही तकलीफ़ दे रहे होते हैं। इससे ना तो आपके विकास में मदद मिलती है और ना ही आपकी ख़ुशी में बढ़ोतरी होती है। अगर आप उसे बदल नहीं सकते, तो आपको उसे स्वीकार करना सीखना होगा। उन्हें वैसे ही रहने दीजिए, जैसे हैं-*लेट देम*।

यह करना आसान नहीं है।

मैंने अपनी बड़ी बेटी सॉयर को सालों से इस पहले तरह की तुलना में उलझकर अपने आपको तकलीफ़ देते हुए देखा है। वह अपनी छोटी बहन केन्डल पर बहुत ज़्यादा ध्यान देती है। केन्डल की क़द-काठी, मेटाबॉलिज़्म और खेल-कूद की क्षमता बिलकुल अलग है। ऊपर से केन्डल को जन्म से ही बेहद सुरीली आवाज़ और परफ़ेक्ट पिच मिली है।

सॉयर इसे नहीं बदल सकती। केन्डल इसे नहीं बदल सकती। और मैं भी इसे नहीं बदल सकती।

लेकिन इधर कुछ सालों में मैंने देखा है कि सॉयर ने अपनी बहन के साथ तुलना करके ख़ुद को दुखी किया है। बस इस तकलीफ़देह तुलना में उलझकर अपनी बहुत-सी शक्ति खो दी है। इसका नतीजा यह हुआ कि वह अपने शरीर को नापसंद करने लगी है। वह अपने मेटाबॉलिज़्म को लेकर ख़ुद को कोसती रहती है। वह अक्सर शिकायत करती है कि वज़न घटाना कितना मुश्क़िल है और बढ़ाना कितना आसान। वह शिकायत करती है कि केन्डल उसके कपड़े पहन सकती है, लेकिन वह केन्डल के कपड़े नहीं पहन सकती, इसे वह अनुचित और अन्याय मानती है।

और... वह सही है। यह वाक़ई अनुचित है। और कोई भी कसरत, सप्लिमेंट या म्यूज़िक की क्लास उस अंतर को नहीं मिटा सकती, जिसे सॉयर अपने मन में महसूस करती है। ऐसा लगता है मानो केन्डल जीत रही है और वह हमेशा पीछे रह रही है।

इसे मनोवैज्ञानिक *ऊर्ध्वगामी तुलना (अपवर्ड कंपेरिज़न)* कहते हैं। ऊर्ध्वगामी तुलना का मतलब है अपने आप की तुलना उन लोगों से करना जिनकी विशेषताएं आपको अपनी तुलना में बेहतर लगती हैं। शोध बताते हैं कि यह आदत आत्म-सम्मान को नष्ट कर देती है।

आप शायद ही कभी *अधोमुखी तुलना (डाउनवर्ड कंपेरिज़न)* करते हैं। यानी आप यह नहीं देखते कि आप दुनिया के ज़्यादातर लोगों की तुलना में कितनी बेहतर स्थिति में हैं। संयुक्त राष्ट्र के अनुसार, हर चार में से एक व्यक्ति के पास साफ़ पीने का पानी नहीं है। सच्चाई यह है कि अगर आपके पास नल का पानी, बिजली और यह पुस्तक पढ़ने का समय है, तो आप दुनिया के ज़्यादातर लोगों से बेहतर हैं।

यही बात फिर से हमें उस पीड़ादायक तुलना की ओर ले जाती है, जहां आप अपने जीवन के उन पहलुओं को लेकर अपने आपको कोसते रहते हैं जिन्हें आप ना तो बदल सकते हैं और ना ही नियंत्रित कर सकते हैं।

सॉयर अपने आपको बहुत तकलीफ़ देती है और उसे देखकर मुझे दुख होता है। मैं उसे इस तरह की तुलना करने से नहीं रोक सकती। और ना ही कोई तारीफ़ या दिलासा उसकी यह आदत बदल सकती है। उसे ख़ुद ही यह बदलाव करना होगा।

क्योंकि जब तक सॉयर खुद को तकलीफ़ देना बंद नहीं करती, तब तक वह उस सुंदर, अद्भुत और विशाल जीवन को नहीं देख पाएगी जो उसकी बाहें थामने के लिए तैयार है।

वह अपने शरीर की ख़ूबसूरती को नहीं अपनाएगी। और वह हमेशा यह देखती रहेगी कि उसमें क्या नहीं है, बजाय इसके कि उसके पास क्या-क्या है। उसकी प्रतिभा, समझदारी और एथलेटिक क्षमता को वह देखना नहीं चाहती। जब वह अपनी बहन पर ध्यान लगाए रहती है, तब हम बाक़ी लोग उसकी जिस अलग पहचान और जिन खूबियों को देखते हैं, वह नहीं देख पाती।

आपको दूसरों की विशेषताओं पर ध्यान देना बंद करना होगा। जीवन कभी भी बराबरी वाला नहीं होता। कोई न कोई आपसे बेहतर विशेषताएं लेकर पैदा हुआ ही मिलेगा, और अगर आप अपनी तुलना उनसे करते रहेंगे, तो आप हमेशा हारते रहेंगे। दूसरों पर ध्यान देना छोड़िए। जीवन का खेल ऐसे नहीं जीता जाता। इस खेल में दूसरों के ख़िलाफ़ नहीं, उनके साथ खेलना सीखिए।

दुख की बात यह है कि मैंने बहुत से लोगों को सिर्फ़ इस तरह की तकलीफ़देह तुलना के कारण ईटिंग डिसऑर्डर, मानसिक स्वास्थ्य संबंधी समस्याएं, व्यसन या शर्म की भावना से जूझते देखा है। मैं यह बात हल्के में नहीं कह रही, क्योंकि मुझे पता है कि यह समस्या लोगों को बहुत गंभीर संघर्षों और चुनौतियों की ओर ले जा सकती है। इनमें वे लोग भी शामिल हैं जिन्हें मैं बहुत प्यार करती हूं।

मनोवैज्ञानिक बताते हैं कि बहुत-सी मानसिक बीमारियों की जड़ में ज़बरदस्त 'नियंत्रण की चाह' होती है। और जैसा कि आप इस पुस्तक के माध्यम से सीख रहे हैं कि जब भी आप किसी ऐसी स्थिति को नियंत्रित करने की कोशिश करते हैं जो आपके बस में नहीं है, तो इससे आपको और भी ज़्यादा बेबसी और अक्षमता महसूस होती है।

इसीलिए यह बहुत ज़रूरी है कि आप समझें जब आप पहली तरह की तुलना कर रहे होते हैं।

रुकिए। उन्हें उनका जीवन जीने दीजिए। *मुझे* मेरा जीवन जीने दीजिए।

इतनी समझदारी बरतें कि अपने आप को यूं तकलीफ़ देकर अपना जीवन बर्बाद ना करें। अपनी शक्ति को संभाल कर रखें, क्योंकि अपने जीवन की अनोखी संभावनाओं के रास्ते खोलने के लिए आपको उसी शक्ति की ज़रूरत पड़ेगी। मैंने सीखा है कि ख़ुश रहने के लिए सबसे पहले ख़ुद को ख़ुश रहने की इजाज़त देनी पड़ती है।

आप अगर बार-बार खुद को नीचा दिखा रहे हों तो ख़ुद से प्यार नहीं कर सकते। दोनों काम एकसाथ नहीं हो सकते।

अब चलिए दूसरी तरह की तुलना के बारे में बात करते हैं। यह आपके लिए बहुत फ़ायदेमंद हो सकती है।

अध्याय 10

तुलना को अपना शिक्षक कैसे बनाएं

आपने अभी-अभी पहली तरह की तुलना के बारे में जाना, जो खुद को तकलीफ़ देने जैसी होती है। अब बात करते हैं दूसरी तरह की तुलना की, जो आपको कुछ सिखाती है। और यह पहचानना आसान है कि यह तुलना अच्छी है या नहीं। जब आप किसी और की ज़िंदगी या सफलता के उन पहलुओं को देख रहे हैं, जिन्हें आप भी मेहनत और समय के साथ अपनी ज़िंदगी में ला सकते हैं, तो यह तुलना आपको सिखा रही है। इसमें करियर, सेहत या जीवनशैली से जुड़े वे पहलू शामिल हैं जिन्हें आप अपनी मेहनत, धैर्य और लगन से बदल सकते हैं।

यही तुलना आपके लिए प्रेरणा बनती है और यही वह तुलना है जो आपको आगे बढ़ने में मदद करती है।

आप जिन बातों को बदल सकते हैं, उनकी सूची बहुत लंबी है, जैसे अपनी नौकरी बदलना, अच्छे दोस्तों का नया समूह बनाना, अपने जीवन का मक़सद खोजना, अपने बच्चों के साथ ज़्यादा समय बिताना, छुट्टियों की योजना बनाना, आर्थिक रूप से स्वतंत्र होना, सुबह जल्दी उठना, अपने जीवन की सबसे सुंदर प्रेम-कहानी बनाना, बेहतरीन खाना पकाना सीखना, या ख़ुद को बहुत अच्छे शारीरिक रूप में ढालना, बड़ी -सी अंगूठी ख़रीदना, महंगी घड़ी लेना, या स्पोर्ट्स कार लेना, किचन का नवीनीकरण करवाना, दूसरा घर बनाना, अपने सौतेले माता-पिता से बेहतर संबंध बनाना, सेहतमंद आदतें विकसित करना, कोई पुस्तक लिखना, अपने मानसिक घावों को भरना, सोशल मीडिया पर ज़्यादा लोग जोड़ना, अपने लिए बेहतर सीमाएं तय करना और ज़्यादा समय निकालना, कोई व्यवसाय शुरू करना, या अपनी छवि को बेहतर बनाना।

मैंने जान-बूझकर इस सूची को लंबा किया है, क्योंकि सच्चाई यह है कि आपकी ज़िंदगी की 95 प्रतिशत स्थितियां ऐसी हैं जिन्हें आप खुद बना सकते हैं, बस आपको मेहनत करने,

नियमित रहने, अनुशासित होने और धैर्य रखने की ज़रूरत है। आपके जीवन में बहुत कम स्थितियां ऐसी हैं जो स्थायी हैं।

अगर किसी ने कुछ ऐसा कर दिखाया है जो आप कभी सोच भी नहीं सकते थे, कुछ बड़ा, बेहतर या ज़्यादा आकर्षक, तो उन्हें करने दीजिए। उन्हें उनकी सफलता हासिल करने दीजिए। वे आपसे पहले अपनी मंज़िल तक पहुंच रहे हैं, तो उन्हें पहुंचने दीजिए। उन्हें बड़ी समझदारी और स्टाइल में काम कर लेने दीजिए। उनकी सफलता आपको रास्ता दिखा सकती है, एक फ़ॉर्मूला दे सकती है। क्या आपको मेरी वह कहानी याद है जिसमें मैंने बताया था कि मैं सोशल मीडिया पर पोस्ट नहीं करती थी? बात यह है कि जो सफलता आप पाना चाहते हैं, उसे कोई और पहले ही हासिल कर चुका हो तो वही आपको उसका तरीक़ा भी दिखा सकता है। उन्हें आगे चलने दीजिए।

अपनी जिंदगी के बहुत सालों तक मैं ये बात नहीं समझ पाई। जब भी कोई वह सफलता हासिल कर लेता था जो मैं चाहती थी, तो मैं सोचती थी कि उसने मुझे हरा दिया। मैं अपने आस-पास देखती थी और दूसरों की जीत को अपनी हार समझती थी। लेकिन जब आप दूसरों की जीत को अपनी हार मान लेते हैं, तो आप शुरुआत करने से पहले ही खुद को हारा हुआ महसूस करने लगते हैं।

अगर आप सावधान नहीं रहे, तो तुलना ही वो वजह बन सकती है जिसकी वजह से आप खुद पर शक करने लगते हैं, काम टालते रहते हैं और वहीं के वहीं अटके रह जाते हैं। आप भी वही सफलता पा सकते हैं, लेकिन उसे पाने की मेहनत करने के बजाय आप अपने ही सपनों के ख़िलाफ़ तर्क देने लगते हैं। ये उस स्थिति का उदाहरण है जब आप दूसरों को अपने रास्ते की समस्या बना देते हैं। असल में ऐसा नहीं होना चाहिए।

सच ये है कि दुनिया में ख़ुशियां, सफलता और धन सभी के लिए पर्याप्त हैं और उसमें आपका हिस्सा भी शामिल है। ये सब असीमित मात्रा में उपलब्ध है।

कोई भी आपसे कुछ छीन नहीं रहा है। ख़ुशियां, सफलता और धन ये सभी लक्ष्य आपसे सिर्फ़ इतना चाहते हैं कि आप इन्हें पाने के लिए गंभीर हो जाएं। मैं फिर से कहूंगी कि किसी और की जीत आपकी हार नहीं है। इसलिए आपको दूसरों की सफलता को देखने का नज़रिया बदलना होगा।

सच्चाई यह है कि इस दुनिया में 8 अरब से ज़्यादा लोग हैं। अगर आप यह ढूंढ़ना चाहेंगे कि क्या कोई और आपसे ज़्यादा पैसे कमाता है, ज़्यादा स्टाइलिश कपड़े पहनता है, उसके दोस्त बेहतर हैं, वह ज़्यादा नामी स्कूल में पढ़ा है, उसकी क़द-काठी बेहतर है, उसने अपनी कंपनी बेच दी, वह *न्यू यॉर्क टाइम्स* का बेस्टसेलिंग लेखक है, उसने पूरी दुनिया की सैर की है, या फिर उसके पास वह सब कुछ है जो आप कभी चाहते थे... तो यक़ीन मानिए, आपको ऐसा कोई न कोई ज़रूर मिल जाएगा।

समस्या तुलना करने की आदत में नहीं है। असली समस्या यह है कि आप तुलना को अपने फ़ायदे के लिए इस्तेमाल नहीं करते। लेट देम थ्योरी की मदद से आप यह सीखेंगे कि कैसे तुलना को अपनी ज़िंदगी की एक बड़ी परेशानी से बदलकर अपना सबसे बड़ा शिक्षक बनाया जा सकता है।

तुलनाएं तो हमेशा से आपकी शिक्षक रही हैं

हाल ही में मेरी मुलाक़ात मेरी एक दोस्त मॉली से हुई। मॉली एक बेहद प्रतिभाशाली इंटीरियर डिज़ाइनर है। उसने एक सफल व्यवसाय खड़ा किया है, उसकी एक टीम है और वह अपने ग्राहकों के लिए बेहद सुंदर काम करती है।

पिछली कुछ मुलाक़ातों में जब भी मेरी मॉली से बात हुई, वह मुझसे सोशल मीडिया को लेकर सलाह मांगती थी। वह मुझसे पूछती थी, 'मेल, मैं लोगों तक कैसे पहुंचू? मुझे पता है कि मुझे सोशल मीडिया पर ज़्यादा सक्रिय होना चाहिए और अपने व्यवसाय और काम को ऑन-लाइन बेहतर तरीके से प्रचारित करना चाहिए, लेकिन मुझे समझ नहीं आता कि शुरुआत कहां से करूं।'

हर व्यवसाय के लिए एक फ़ॉर्मूला होता है, इसलिए मैंने मॉली को कुछ आसान सुझाव दिए। जैसे, रोज़ पोस्ट डालो। अपने प्रोजेक्ट्स के बारे में वीडियो बनाओ। पहले और बाद की तसवीरें पोस्ट करो। किसी इंटर्न को रख लो जो तुम्हारे लिए छोटे-छोटे वीडियो की लाइब्रेरी तैयार कर सके। सोशल मीडिया प्लेटफ़ॉर्म्स को बेहतर समझने के लिए कोई मुफ़्त ऑन-लाइन कोर्स कर लो और एक प्लेटफ़ॉर्म पर ध्यान केंद्रित करो।

बिल्कुल उसी तरह जैसे मैंने पहले आपको अपने स्पीकिंग बिज़नेस को शुरु करते समय का का उदाहरण दिया था। ज़रूरी क़दम हमेशा बहुत आसान होते हैं। समस्या यह नहीं होती कि आपको क्या करना है, समस्या होती है उन्हें करना। कुछ दिन पहले मॉली ने मुझे फ़ोन किया, और बात करते ही मुझे लगा कि कुछ ठीक नहीं है। मैंने पूछा, 'मॉली, तुम जैसी हमेशा होती हो, वैसी नहीं लग रही हो। क्या सब कुछ ठीक है, बच्चे ठीक हैं?'

उसने कहा, 'हां, हां, बच्चे तो ठीक हैं... लेकिन मैं ठीक नहीं हूं।' मैंने पूछा, 'क्या हुआ?' उसने कहा, 'मैंने परसों रात कुछ देखा, जिसने मुझे अंदर से हिला दिया। और तब से मैं परेशान हूं।' मैं ध्यान से सुन रही थी और सोच रही थी, *आख़िर ऐसा क्या हो गया? हे भगवान, मामला तो बहुत गंभीर लग रहा है।*

फिर उसने बताया कि उसी के पड़ोस में एक और महिला रहती है जिसे वह बहुत सालों से जानती है। लेकिन उस महिला को मॉली पसंद नहीं करती। वह कुछ इस तरह की महिला थी, जो हर समय लोगों ध्यान खींचना चाहती है और जिसकी हरकतें कुछ इस तरह की होती

हैं कि सामने वाले को अच्छा नहीं लगता। मॉली को भी उसके साथ कभी सहज महसूस नहीं हुआ। उनके बीच की ऊर्जा कभी मेल नहीं खाई।

पिछली रात, डिज़ाइन क्लाइंट्स के साथ लंबे और थकाऊ दिन के बाद, मौली ने बच्चों को सुलाया, सोफ़े पर बैठी और मोबाइल पर स्क्रॉल करने लगी। और ज़रा सोचिए, उसकी फ़ीड पर किसकी भरमार थी? वही चिढ़ दिलाने वाली औरत। यह महिला इंटीरियर डिज़ाइन के क्षेत्र में ना तो कोई अनुभव रखती है और ना ही उसकी कोई पेशेवर पृष्ठभूमि है। लेकिन अब वह 'डिज़ाइन' के काम में उतर गई है, सोशल मीडिया पर पोस्ट कर रही है और अचानक उसके पोस्ट बहुत वायरल हो रहे हैं। उसे हज़ारों लाइक्स मिल रहे हैं और जो बात मॉली को सबसे ज़्यादा कचोट रही है, वह यह है कि अब पूरे मोहल्ले में लोग उसी महिला की 'प्रतिभा' की चर्चा कर रहे हैं।

जैसे ही मॉली ने अपना गुस्सा ज़ाहिर किया, उसने कहा – 'ये तो बस उसके ही घर की तसवीरें हैं और उस घर को डिज़ाइन भी उसने नहीं किया!'

पिछली रात, एक लंबा दिन डिज़ाइन क्लाइंट्स के साथ गुज़ारने के बाद, मॉली ने बच्चों को सुलाया, सोफ़े पर बैठी और फोन पर स्क्रॉल करने लगी। और ज़रा सोचिए, उसकी फ़ीड पर कौन छाया हुआ था? वही परेशान करने वाली महिला।

मॉली खुद को रोक नहीं पाई। उसने हर एक कमेंट पढ़ा और उस महिला की वेब-साइट तक जा पहुंची। वेब-साइट एकदम मॉडर्न और आकर्षक लग रही थी, जबकि मॉली की वेब-साइट तीन साल से अपडेट नहीं हुई थी। जिस तरह से वह महिला खुद का प्रचार कर रही थी, वह काफ़ी आकर्षक तरीक़ा था। वह बहुत पेशेवर दिख रही थी, मानो वह इस काम में सालों से माहिर हो। और यहीं से मॉली अंदर ही अंदर बिखरने लगी।

वह चिल्लाने लगी, 'वो मेरी क्लाइंट्स छीन लेगी! अब सबको लगेगा कि वह मुझसे बेहतर है! उसने ये सब करना कहां से सीख लिया? मैंने अब तक ये क्यों नहीं किया? उफ़्फ़्फ़्फ़्फ़!'

जब मॉली ने मुझसे गुस्से में कहा, "मेल, ये तो बस उसके अपने ही घर की तसवीरें हैं, और उसने उसे डिज़ाइन भी नहीं किया!"फिर उसने गहरी साँस ली और पूछा, "तुम्हें क्या लगता है, मुझे क्या करना चाहिए?"

अब मैं वही बात आपसे साझा करने जा रही हूं, जो मैंने अपनी दोस्त मॉली से कही थी और मैं चाहती हूँ कि अगली बार जब आप खुद को किसी और से तुलना करते हुए या किसी की हरकतों पर गुस्सा होते हुए पाएं, तो इस बात को ज़रूर याद रखना। मैंने मॉली से कहा था, "तुम्हें उसका धन्यवाद करना चाहिए!"

अगर आप इस वक़्त किसी और की सफलता से जल रहे हैं, तो अच्छी बात है। मैं तो खुश हूं आपके लिए। क्योंकि जलन दरअसल आपके भविष्य का एक निमंत्रण है। यह जलन आपके भविष्य का एक न्यौता है। यह अफ़सोस की बात नहीं है। यह आपको किसी और को

ध्यान से देखने का आमंत्रण दे रही है ताकि आप खुद को छोटा महसूस करने के बजाय यह समझ सकें कि आपके लिए क्या-क्या संभव है।

इस महिला ने मॉली की सफलता नहीं छीनी थी। वह ना तो मॉली को अपनी वेब-साइट सुधारने से रोक रही थी, और ना ही सोशल मीडिया पर ध्यान देने से। इस महिला की ऑन-लाइन पर विजय, मॉली की हार नहीं थीं। क्योंकि कोई और कभी आपको उस सफलता को पाने से नहीं रोक सकता जो आपके लिए बनी है। कोई चाहकर भी नहीं रोक सकता। केवल आप ही ख़ुद को रोक सकते हैं।

यह महिला मॉली को याद दिला रही है कि सोशल मीडिया मायने रखता है। वह एक शिक्षक की तरह है, जो रास्ता दिखा रही है। लोग आपको झकझोर रहे हैं, तो उन्हें *ऐसा करने दें।* उसे सफल होने दें। उनकी ख़ूबसूरत वेब-साइट से आप चकित होते रहें।

उन्हें यह दिखाने दें कि जो सफलता आप चाहते हैं, उसे पाना संभव है

हो सकता है कि आप अपनी रोज़मर्रा की ज़िंदगी में इतने उलझ गए हों कि आपने अपने सामने मौजूद अवसरों पर ध्यान ही नहीं दिया। हो सकता है कि आप अब तक इतना छोटा सोचते आए हैं कि यह देख ही नहीं पाए कि आपकी ज़िंदगी कितनी बड़ी और ख़ूबसूरत बन सकती है। हो सकता है कि आप हमेशा किसी काम को एक ही तरीक़े से करते आए हैं, और अब किसी नए तरीक़े को अपनाने से हिचकिचा रहे हैं।

दूसरे लोग आपको यह दिखाते हैं कि क्या-क्या संभव है। जब आप तुलना को एक शिक्षक की तरह देखने लगते हैं, तो आपको यह एहसास होता है कि दूसरे लोग आपसे कुछ छीन नहीं रहे हैं, वे तो आपको कुछ दे रहे हैं। दूसरों के पास यह शानदार क्षमता होती है कि वे आपको आपके भविष्य की ऐसी झलक दिखा सकें, जिसे आप अभी पूरी तरह से देख नहीं पा रहे हैं। वे आपको उन संभावनाओं से रूबरू कराते हैं, जिनके बारे में या तो आप जानते नहीं थे या फिर यह मान बैठे थे कि आप उन्हें हासिल करने के क़ाबिल नहीं हैं।

जो भी व्यक्ति या स्थिति आपको जलन महसूस करवा रही है, वह अच्छी है। दूसरों की सफलता और उपलब्धियां आपके अवसरों को छोटा नहीं बनातीं, बल्कि उन्हें और बड़ा कर देती हैं। उन्हें *आगे बढ़ने दें।* अपनी जलन को प्रेरणा में बदल दें। उनके उदाहरण से यह देखना शुरू करें कि क्या-क्या संभव है। जिन लोगों से आप अपनी तुलना करते हैं, वे एक तरह से आईना होते हैं। वे आपको बड़ी संभावनाएं दिखाते हैं। या फिर, मॉली के मामले में कहें, वे उस फ़ॉर्मूले और काम की याद दिलाते हैं जिससे वह बच रही थी। और यही बात मैंने मॉली से कही कि *उस महिला को आगे बढ़ने दो।*

अब मैं एक बेहद ज़रूरी बात पर आती हूं कि यह कोई संयोग नहीं था कि वही औरत मॉली के दिल को चुभ गई। दरअसल, वही औरत मॉली को चुभनी चाहिए थी। ज़िंदगी में जब हम अपने आप किसी काम को करने के लिए तैयार नहीं होते, तब कोई तकलीफ़ या झटका ही हमें बदलने के लिए मजबूर करता है।

मॉली के मामले में बात यह थी कि वह सालों से मशहूर इंटीरियर डिज़ाइनरों को देख रही थी। वह सालों से यही कह रही थी कि उसे सोशल मीडिया पर कुछ करना चाहिए। लेकिन इसे अपनी प्राथमिकता नहीं बना पा रही है इसे लेकर वह हर बार कोई न कोई बहाना बना लेती थी। लेकिन अब उसके सामने अचानक मोहल्ले की वह चुभने वाली औरत आ गई, जिसे डिज़ाइन का कोई अनुभव नहीं था। मॉली ने देखा कि वह वही सब कुछ कर रही है जो मॉली करना चाहती थी और जिसे वह सालों पहले शुरू कर भी सकती थी।

मॉली जानती थी कि उस औरत के पास कोई ख़ास हुनर, साधन या सुविधा नहीं है। इसी बात से वह इतनी ज़्यादा खिन्न हो गई। क्योंकि अब वह महिला मॉली को एक सच्चाई से रूबरू करवा रही थी, *अगर मैं कर सकती हूं, तो तुम भी कर सकती हो।* यहीं पर तुलना वाक़ई दिलचस्प हो जाती है। ऐसे लोग आपकी ज़िंदगी में आते हैं और आपको मजबूर करते हैं कि आप आईने में अपनी ही आंखों में आंखें डालें और खुद से सच कहें।

तो, *उन्हें आपको गुस्सा दिलाने दें।* दरअसल, आपको उस इंसान का शुक्रिया अदा करना चाहिए जो आपको चिढ़ाता है, क्योंकि आप असल में उस पर गुस्सा नहीं हैं। जो गुस्सा अंदर ही अंदर आपको जला रहा है, वह दरअसल आपकी अपने आप से नाराज़गी है। क्योंकि आपको पता है कि आप पहले काम शुरू कर सकते थे, और आपको ये भी पता है कि आप यह सब कर सकते हैं। बस आपने अब तक किया नहीं।मेरे साथ भी ऐसा ही हुआ था जब मैंने बोलने (स्पीकिंग) के क्षेत्र में शुरुआत की थी। इसलिए मैं कहती हूं कि इस तरह की तुलना आपकी सबसे बड़ी गुरु हो सकती है।

ज़रूरी नहीं कि तुलना आपको केवल यह दिखाए कि आपको क्या करना चाहिए, बल्कि यह इसलिए भी महत्वपूर्ण है क्योंकि यह आपके भीतर की शक्ति को जगाती है और आपके भीतर का ग़ुस्सा ज़िंदा करती है। और आपको उस ग़ुस्से की ज़रूरत है, उस आग की जो आपको आगे बढ़ने की ताक़त दे।

तो जो भी इंसान आपको चुभ रहा है, उसे चुभने दें। उसे आपको चिढ़ाने दें। उसे आपको अंदर तक झुलसाने दें। और उसे आपको साफ़-साफ़ यह दिखाने दे कि आप क्या चाहते हैं, और उसे पाने के लिए आपको क्या करना होगा।

अब आइए बात करते हैं आपके बारे में

आप ईर्ष्या और झुंझलाहट के इन पलों से आप कुछ अच्छा कैसे बना सकते हैं? तुलना को प्रेरणा में कैसे बदल सकते हैं? तरीक़ा बहुत सरल है, कहिए, *लेट मी* मैं आज़माकर देखता/देखती हूं। और फिर दूसरों की सफलता को एक डेटा की तरह देखिए। जब भी आप ख़ुद को तुलना के खेल में उलझा हुआ पाएं, समझिए कि कुछ बहुत अच्छा और महत्त्वपूर्ण घटित हो रहा है।

तुलना आपको आपके जीवन के उन पहलुओं को दिखाती है, जिन पर आपको ज़्यादा ध्यान देने की ज़रूरत है।

इसका मतलब है कि सोचने और बहाने बनाने का समय अब ख़त्म हो चुका है। *अब मुझे* काम पर लगना है। लगातार अभ्यास करना है। मेरे दोस्त और बेस्टसेलिंग लेखक जेफ़ वॉकर हमेशा एक बात कहते हैं, 'सफलता का राज़ है बार-बार अभ्यास करना।' इसका मतलब क्या है? सीधा-सा है, सफल होने के लिए, वज़न घटाने के लिए, पुस्तक लिखने के लिए या यू-ट्यूबर बनने के लिए, आपको हर दिन हाज़िर होना पड़ेगा और वो उबाऊ, झुंझलाहट भरा और असहज काम करना पड़ेगा। आपको बार-बार अभ्यास करना ही होगा।

आप ज़रा सोचिए कि अगर आप अपनी ज़िंदगी में कोई बदलाव चाहते हैं, जैसे जिम जाना शुरू करना, तो वो कैसे होगा? मांसपेशियां कैसे बनती हैं? आप हर दिन जाते हैं और अभ्यास करते हैं। हाल ही में मशहूर क्वार्टरबैक टॉम ब्रैडी ने सफलता के बारे में कहा, 'सच ये है कि आपको ख़ास बनने की ज़रूरत नहीं है। आपको सिर्फ़ वह बनना है जो ज़्यादातर लोग नहीं बनते यानी लगातार प्रयास करने वाला, प्रतिबद्ध और मेहनत करने को तैयार।'

जो लोग आपकी जलन को उकसाते हैं, वे असल में आपको एक साफ़-साफ़ समझा रहे हैं कि जब आप बहाने बना रहे थे, तब वे लोग लगातार अभ्यास कर रहे थे, रोज़ थोड़ा-थोड़ा करके कठिन और उबाऊ काम करते जा रहे थे।

टॉम ब्रैडी के शब्दों में कहें तो, वे लोग कोई ख़ास नहीं हैं, बस उन्होंने वह काम किया जो आप नहीं कर पाए। वे निरंतर प्रयास करते रहे, उन्होंने हार नहीं मानी और मेहनत करने को तैयार रहे। यही मेरी सफलता का सबसे बड़ा राज़ है।

अब बात फिर से मेरी दोस्त मॉली पर आ जाती है। उसे कई साल पहले ही यह एहसास हो गया था कि उसे इन कामों को प्राथमिकता देनी चाहिए। आज जो दर्द हो रहा है, उसकी वजह यह है कि वह किसी और की मेहनत के नतीजे अपनी आंखों से देख रही है। और अगर आप अपने सपनों पर काम करना शुरू नहीं करते, तो यह सिलसिला आगे भी चलता रहेगा।

जिस शानदार वेब-साइट को देखकर मॉली को गुस्सा आया, वह एक रात में तैयार नहीं हुई। उस महिला ने महीनों लगकर उस पर मेहनत की। जिस सोशल मीडिया रणनीति को देखकर मॉली जल रही थी, वो अचानक नहीं बन गई। जब मॉली बहाने बना रही थी, तब वह

महिला रिसर्च कर रही थी, सीख रही थी, योजना बना रही थी और वही पोस्ट तैयार कर रही थी जो अब मॉली की आंखों के सामने हैं।

ऐसे लोग आपको इसलिए इतने परेशान करते हैं, क्योंकि आप जानते हैं कि आप भी यह सब कर सकते थे। और आप सिर्फ़ इस बात पर नाराज़ हैं कि आपने पहले क्यों नहीं शुरू किया। सच तो यह है कि केवल प्रेरणा से कोई काम शुरू नहीं होता।

यही वजह है कि गुस्सा ज़रूरी होता है। यही कारण है कि तुलना करना कभी-कभी आपके सबसे बड़े शिक्षकों में से एक बन सकता है। और मैं दावे से कह सकती हूं कि जब ऐसा होगा, तो शायद वह व्यक्ति कोई अनजान नहीं, बल्कि कोई अपना ही होगा। कोई ऐसा जिसे आप जानते हैं, और जो आपको गुस्सा दिला देगा। जैसे, आपके ऑफ़िस में ही काम करने वाले एरन को लें। अचानक उसने नौकरी छोड़ दी और अब वह पूरी तरह से अपने कस्टम बोट के बिज़नेस पर ध्यान दे रहा है, जिस पर वह कई महीनों से चुपचाप अपने वीक-एंड पर काम करता आ रहा था। जबकि आप दोस्तों के साथ मस्ती करने में व्यस्त थे।

इसीलिए जब आप उसे नौकरी छोड़कर जाते हुए देखते हैं, तो आपको जलन होती है। क्योंकि जब आपके जान-पहचान के लोग कुछ कर दिखाते हैं, तो आप यह बहाना नहीं बना सकते कि आप क्यों नहीं कर सकते। अगर आप पिछले एक साल से एरन के साथ दफ़्तर में बैठे हैं, तो आप जानते हैं कि उसके पास कोई जादुई शक्ति नहीं, विरासत में धन-दौलत नहीं मिली थी ना ही उस पर किसी का वरदहस्त था। उसने बस काम शुरू कर दिया और अब वह अपनी नौकरी छोड़ रहा है। यही बात आपको सबसे ज़्यादा चुभती है। और इसी वजह से ज़रूरी था कि वही आपको यह आईना दिखाए।

यह बिलकुल स्वाभाविक है कि जब आप किसी की सुंदर वेब-साइट देखें, किसी सहकर्मी को नई ज़िंदगी की ओर जाते हुए देखें, या किसी दोस्त के नए घर में क़दम रखें तो आपको थोड़ी टीस हो। लेकिन अगर आप वाक़ई सफल होना चाहते हैं, स्वस्थ रहना चाहते हैं, या अपने लक्ष्य हासिल करना चाहते हैं तो आपके पास दुखी होने का वक़्त नहीं है, और ना ही जलन करने में अपनी ऊर्जा बरबाद करने की गुंजाइश है। आपको अपनी ऊर्जा को बचाकर रखना है, क्योंकि आपके पास करने के लिए अपना काम है।

ये पल वाक़ई बहुत तकलीफ़देह होते हैं और ऐसे पल आपकी ज़िंदगी में बार-बार आएंगे, इसलिए इसके लिए तैयार रहिए। लेट देम थ्योरी की मदद से आप यह जान पाएंगे कि तुलना आपके लिए कोई सबक़ लेकर आई है। जलन आपके भविष्य का वह दरवाज़ा है जो थोड़ा-सा खुला है और अब आपकी ज़िम्मेदारी है कि उस दरवाज़े को पूरा खोलें और उसमें से होकर आगे बढ़ जाएं।

जब आप दूसरों की तरक्क़ी से डरने या जलने की बजाय उनसे सीखना शुरू करते हैं, तो आपको यह समझ आने लगता है कि अब तक जो बातें आपको रोक रही थीं जैसे डर, बहाने, या समय की बर्बादी, वही असल में आपके और आपकी चाही हुई ज़िंदगी के बीच में

बाधा बनकर खड़ी थीं। इस वक़्त जो बातें आपको अपनी ज़िंदगी की बागडोर संभालने से रोक रही हैं, वे सिर्फ़ वही बहाने, डर और भावनाएं हैं जिनके बारे में हमने इस पूरी पुस्तक में बात की है।

यह वह मोड़ होता है जहां आप दूसरों के बारे में सोचते रहने, उनकी भावनाओं और फ़ैसलों को नियंत्रित करने की कोशिश छोड़ देते हैं और अपनी ऊर्जा और समय का इस्तेमाल अपनी ज़िंदगी का सबसे अच्छा अध्याय लिखने में करने लगते हैं। यही सबसे ज़रूरी बात है, और इसे समझाने के लिए मैं आपको अपनी ज़िंदगी से एक और उदाहरण देना चाहती हूं।

इस कहानी का मकसद यह बताना है कि जलन या ईर्ष्या आपको क्या सिखा रही है यह हमेशा तुरंत साफ़ नहीं होता। जब मैं चालीस साल की थी, उस समय हम आर्थिक रूप से संघर्ष कर रहे थे। तब तक मैंने वह करियर नहीं बनाया था जो आज है। उसी दौरान मेरी एक सहेली अपने घर का बहुत बड़ा रिनोवेशन करवा रही थी।

जब भी हम लंच पर जाते या साथ टहलने निकलते, मैं बहुत उत्साहित होकर उसकी रिनोवेशन की बातें सुनती, तसवीरें देखती। यह सब बड़ा दिलचस्प लगता। लेकिन जैसे ही मैं उससे मिलकर अपने घर लौटती... मुझे भीतर से उदासी और निराशा महसूस होती।

इसका मतलब यह है कि कभी-कभी आप किसी चीज़ को पसंद करते हैं, उसके प्रति आकर्षित होते हैं, लेकिन वह आकर्षण छुपे हुए दुख को भी जगा देता है। और वही जलन आपके अंदर कुछ नया करने की प्रेरणा भी बन सकती है। यह समझना ज़रूरी है कि जलन सिर्फ दूसरों से नहीं, अपनी दबी हुई इच्छाओं से भी होती है।

मैं उस दिन को कभी नहीं भूलूंगी जब क्रिस और मैं अपनी उस सहेली के घर पहुंचे। उनका घर अब पूरी तरह से बन चुका था। एक लंबी, घुमावदार ड्राइव-वे से होकर हम अंदर पहुंचे और जैसे ही मैंने घर को देखा, मेरी आंखें फटी की फटी रह गईं। घर वाक़ई बेहद शानदार था।

जब मेरी सहेली हमें अपना घर दिखा रही थी, तो मैं खुद को अंदर ही अंदर तुलना के भंवर में डूबता हुआ महसूस करने लगी। मेरे मन में बार-बार यही सवाल चल रहा था कि,, नके पास इतना पैसा आख़िर आया कहां से?! बेशक, मैं इस बात से ख़ुश थी कि मेरी दोस्त ने इतना सुंदर घर बनाया.. लेकिन साथ ही मन में जलन भी ज़बरदस्त थी।

सच कहूं तो, उसने और उसके पति ने इस घर के लिए बहुत सालों तक मेहनत की थी। उन्हें उसके बारे में बात करने का, उसका आनंद लेने का और उस पर गर्व करने का पूरा हक़ था।

मेरी सहेली ने वह सब कुछ मेहनत से बनाया है, लेकिन फिर भी मैं ईमानदारी से उसके लिए ख़ुश नहीं हो पा रही थी। हर बार बहुत ज़्यादा जलन और हीन-भावना भी महसूस हो रही थी। जब उसने हमें खेलकूद का कमरा दिखाने के लिए दरवाज़ा खोला, तो मैं भीतर ही भीतर जैसे फट ही पड़ी। वह बोली, 'यह ऊपर वाला खेलकूद का लॉफ़्ट है, जहां बच्चों के

खेलने और दोस्तों के साथ वक़्त बिताने की जगह है। जब वे बड़े हो जाएंगे, तब भी यह उनके काम आएगा।'

यह कहकर उसने हमें एक आंख मारी और सब हंस पड़े।

फिर वह बोली, 'और यह है बंक रूम, जिसमें सारे बच्चे और उनके दोस्त आकर मस्ती करते हैं, यहीं सोते हैं। मेरे बच्चों को यह इतना पसंद है कि अब वे अपने कमरों में सोना ही नहीं चाहते।'

मेरे तो होश उड़ गए। अब समझ में आया कि मेरे बच्चे हमेशा मेरी उस सहेली के ही घर क्यों जाना चाहते थे और हमारे घर पर अपने दोस्तों को बुलाने में उनकी रुचि नहीं रहती थी। क्वीन-साइज़ बंक बेड? गैराज के ऊपर प्लेरूम? अरे भई, ये तो किसी भी बच्चे का सपना होता है! और ये तो मेरा भी सपना था। ऐसा घर जहां सारे बच्चे आकर खेलें, समय बिताएं, हंसे-खेलें।

उसके घर को देखते-देखते इस कमरे तक आते-आते मेरा मन कर रहा था कि नीचे जाकर एक वाइन की बोतल उठाऊं और उन क्वीन -साइज़ बंक बेड में से किसी एक में जाकर छुप जाऊं, इतनी बुरी हालत थी मेरी। मुझे ख़ुद पर इतना गुस्सा आ रहा था कि मेरी जलन मेरी सहेली के लिए मेरी सच्ची खुशी पर भारी पड़ रही थी। वो मेरी बहुत प्यारी सहेली है। उसे हर कोई चाहता है। वह भीतर-बाह से सुंदर है और अब उसके पास वह घर भी है जो हमेशा मेरा सपना था।

शाम गुज़रती रही और मैं अपने दिल के भारी बोझ को हल्का करने कोशिश करती रही। बाहर से ऐसा जताया कि मुझे कुछ भी फ़र्क़ नहीं पड़ा। लेकिन जब हम कार में बैठकर घर लौट रहे थे, तो अब मुझे अपनी जलन छुपाने की ज़रूरत नहीं थी... और मैंने सारा गुस्सा क्रिस पर निकाल दिया। मैं एक आठ साल के बच्चे की तरह बिलकुल बेक़ाबू हो गई, मानो किसी ने मुझसे मेरा सबसे पसंदीदा खिलौना छीन लिया हो। मैंने झल्लाते हुए कहा, 'हमारा घर कभी इतना सुंदर नहीं हो सकता। तुमको रेस्टोरेंट वाला काम ही चुनना था?'

क्रिस को समझ नहीं आया कि वह क्या जवाब दें। इसलिए हम दोनों चुपचाप, तनाव भरे माहौल में घर लौटे।

मैं आज इस घटना को इतने विस्तार से इसलिए साझा कर पा रही हूं क्योंकि हमने इसे कई बार अपने मैरिज काउंसलिंग के दौरान समझा है। ऊपर से देखने पर लग सकता है कि ये कहानी एक घर की है, लेकिन असली बात उससे कहीं गहरी थी। मेरी सहेली से तुलना करना और जो गुस्सा मैंने महसूस किया, वो मुझे एक ज़िंदगी बदल देने वाला सबक़ सिखा रहा था।

मुझे अपनी सहेली से नाराज़गी नहीं थी। मैं अपने पति से भी नाराज़ नहीं थी। मैं खुद से नाराज़ थी... क्योंकि मैंने ही अपने सपनों का पीछा करना छोड़ दिया था। मैंने मान लिया था कि मेरे पति सफल होंगे और वह मुझे वह सब देंगे जो मैं ज़िंदगी में चाहती हूं। लेकिन सच्चाई यह है आपकी ज़िंदगी की ज़िम्मेदारी आपकी है। अगर आपको आर्थिक रूप से सफल

होना है, तो उस सफलता के लिए स्वयं प्रयास करना होगा। अगर आप एक ऐसा घर चाहती हैं जिसमें क्वीन साइज़ बंक बेड हों और एक सुंदर रिनोवेटेड किचन हो, तो उसके लिए मेहनत भी आपको ही करनी होगी।

मैंने एक दशक तक उस ज़िम्मेदारी से बचने की कोशिश की थी। लेकिन इस अनुभव ने मुझे मजबूर कर दिया कि मैं आईने में ख़ुद को देखूं और पूरी ईमानदारी से स्वीकार करूं कि मैं असल में क्या चाहती हूं। जलन दरअसल मेरे भविष्य का एक संदेश था जो मुझे बताना चाहता था कि मैं क्या बन सकती हूं। जब मैंने अपनी दोस्त को जीतते देखा, तभी मैंने पहली बार ख़ुद के लिए भी वैसी ही जीत की संभावना को महसूस किया।

और फिर मैंने उस दरवाज़े को ठेलकर खोल दिया। और काम में जुट गई। मैं कोई ख़ास नहीं हूं। मैंने बस वह काम करना शुरू किया जो मैं पहले करने को तैयार नहीं थी। मैंने अपने जीवन में नियमितता लाई,अडिग रही और जो चाहती थी उसके लिए मेहनत करने को तैयार हो गई। मैंने लगातार अभ्यास किया, कोशिशें कीं, सीखा, गिरकर उठी। क्वीन-साइज़ बंक बेड पाने में मुझे 15 साल लग गए, लेकिन मैंने उन्हें हासिल किया। और अगर मैं कर सकती हूं... तो आप भी कर सकते हैं।

लेट देम थ्योरी आपको गहराई तक सोचने में मदद करेगी। यह समझाएगी कि जलन दरअसल आपको क्या सिखा रही है, और आपने ज़िंदगी में कहां अपने आप को पीछे छोड़ दिया है। अगर आप हमेशा दूसरों के बारे में सोचते रहेंगे या उन बातों पर ध्यान देंगे जो आपके बस में नहीं हैं, तो आप कभी यह नहीं जान पाएंगे कि आपकी ज़िंदगी में कितना कुछ मुमकिन है।

आपके पास एक सुंदर, अद्भुत जीवन है जिसे जीया जाना चाहिए। आपके भीतर वह क्षमता है जिसकी आप कल्पना भी नहीं कर सकते। आपकी ताक़त इस बात पर नहीं टिकी कि आप कहां रहते हैं या आपके हालात कैसे हैं। जो स्थितियां आपको रुकावट लगती हैं, वे असल में आपकी प्रगति में बाधा नहीं बन सकतीं। अगर आप चाहें, तो आप कुछ भी हासिल कर सकते हैं।

अगर आप अपने दिल से यह स्वीकार कर लें कि आपको सच में जीवन से क्या चाहिए और फिर उसकी ज़िम्मेदारी लेना शुरू कर दें, तो आप वह ज़रूर हासिल करेंगे। आपको कोई ख़ास इंसान बनने की ज़रूरत नहीं है। आपको बस रोज़ उठकर, एक-एक कदम बढ़ाते हुए, मेहनत करते रहना है। हर दिन थोड़ा बेहतर बनने की कोशिश करनी है। और एक दिन आप खुद पाएंगे कि आपने ना सिर्फ़ खुद को बदला है, बल्कि अब आप वही जीवन जी रहे हैं, जिसे देखकर पहले आप दूसरों से जलते थे।

तो आइए अब तक सीखी गई बातों का सार समझते हैं —आपने अब तक दूसरों की सफलता को देखकर खुद को रुक जाने दिया है। 'लेट देम थ्योरी' सिखाती है कि दूसरों को उनकी सफलता का आनंद लेने दीजिए और उसे प्रेरणा की तरह इस्तेमाल कीजिए — ताकि आप अपनी मनचाही ज़िंदगी खुद बना सकें।

1. **समस्या :** जब आप इस बात पर ध्यान देते हैं कि ज़िंदगी आपके साथ कितना अन्याय कर रही है और दूसरों से अपनी तुलना करते हैं, तो आप अपना क़ीमती समय और ऊर्जा उन बातों पर बर्बाद करते हैं जो आपके नियंत्रण में नहीं हैं। दूसरों की सफलता आपको भीतर से हिला देती है, जिससे आप ठहर जाते हैं, पीछे छूटे हुए और हताश महसूस करते हैं। यह सोच आपको टाल-मटोल और परफेक्शनिज़्म की ओर धकेलती है, जिससे आप अपने लिए सफलता गढ़ने की दिशा में क़दम ही नहीं बढ़ा पाते।
2. **सच्चाई :** हमेशा कोई न कोई आपसे ज़्यादा भाग्यशाली होगा, जिसके पास वे चीज़ें होंगी जो आप चाहते हैं, जो आपसे आगे बढ़ चुका होगा या आपसे ज़्यादा जल्दी सफलता पा चुका होगा। दूसरों से तुलना करना इंसान का स्वभाव है, लेकिन जब यह सोच आपको पूरी तरह घेर लेती है, तो यह आपके आत्म-विश्वास और प्रेरणा को कमज़ोर कर देती है। आप दूसरों की सफलता को नियंत्रित नहीं कर सकते, लेकिन आप उस पर अपनी प्रतिक्रिया को ज़रूर नियंत्रित कर सकते हैं।
3. **समाधान :** लेट देम थ्योरी का उपयोग करके अपने आपको इस मानसिक यातना से मुक्त करें और तुलना को अपने फ़ायदे में रुपांतरित करें। दूसरों को उनकी सफलता के साथ बढ़ने दें और उसे अपने सफ़र के ईंधन की तरह इस्तेमाल करें। दूसरों की सफलता इस बात का प्रमाण है कि आप भी उनकी तरह सफल हो सकते हैं। जब आप प्रेरणा को क्रिया में बदलते हैं, तभी आप अपने लिए वह असाधारण जीवन रचना शुरू करते हैं जिसके आप वास्तव में हक़दार हैं।

जब आप कहते हैं, *लेट देम* तो आप दूसरों की सफलता से सीखते हैं और उन्हें आगे बढ़ने देते हैं। जब आप कहते हैं, *लेट मी* तो आप अपनी परिस्थितियों पर ध्यान केंद्रित करते हैं, प्रेरणा को क्रिया में बदलते हैं और दूसरों के विरुद्ध नहीं बल्कि उनके साथ मिलकर जीत की ओर बढ़ते हैं।

अब वक़्त आ गया है कि आप अपनी ताक़त को पहचानें, सही चाल चलें और ज़िंदगी की इस बाज़ी को अपने नाम कर लें।

आपने इस पुस्तक का पहला भाग पूरा कर लिया है, और अब तक आप महसूस कर चुके होंगे कि लेट देम थ्योरी आपके जीवन में असर दिखाने लगी है। आपने यह भी सीख लिया है कि दूसरों के व्यवहार, राय और उम्मीदों पर अपनी ऊर्जा ख़र्च करना कितना व्यर्थ है। इसके बजाय जब आप ख़ुद पर ध्यान केंद्रित करते हैं, तो यह कितना मुक्तिदायक होता है।

जितना अधिक आप *लेट देम* और *लेट मी* कहने लगते हैं, उतनी ही आपकी मानसिक शांति, भावनात्मक ऊर्जा और वह समय लौटने लगता है, जिसके बारे में आपने कभी सोचा भी नहीं था। अब जब आपको यह आज़ादी मिल चुकी है, तो आप अपने लिए और अपने संबंधों को एक नए दृष्टिकोण से देख सकते हैं, क्योंकि यही वे क्षेत्र हैं जहां लेट देम का सबसे गहरा प्रभाव पड़ता है।

अगले भाग में हम यह जानेंगे कि इस थ्योरी का उपयोग वयस्कों के रिश्तों की संवेदनशील जटिलताओं को समझने और संभालने में कैसे किया जा सकता है। चाहे वह दोस्ती हो, पारिवारिक संबंध, रोमांटिक रिश्ता हो या सहकर्मी- आप यह सीखेंगे कि कैसे स्पष्ट सीमाएं तय की जाएं, रिश्तों को मजबूत किया जाए और दूसरों को संभालने की थकाऊ कोशिश को अंततः कैसे छोड़ा जाए।

इस समय आप शायद निराश, अकेले या यह सोचकर उलझन में हों कि क्या आप लोगों के साथ वैसा जुड़ाव पा सकते हैं, जैसा आप चाहते हैं।

लेकिन सच्चाई ये है कि आपके जीवन के सबसे अच्छे रिश्ते अभी आने बाक़ी हैं। सबसे सच्ची दोस्तियां, सबसे सुंदर प्रेम कहानियां और परिवार के साथ सबसे गहरे रिश्ते आपका इंतज़ार कर रहे हैं, बस शर्त ये है कि आप लोगों को जैसे वे हैं, वैसे ही स्वीकार करना सीखें, और किसी रिश्ते को ज़बरदस्ती कुछ और बनाने की कोशिश बंद कर दें।

जितना ज़्यादा आप अपनी उम्मीदों, नियंत्रण और दूसरों को 'ठीक' करने की ज़रूरत को छोड़ेंगे, उतना ही आपके रिश्ते खिलेंगे। सच्चे दोस्त पाने, रिश्तों में सुधार लाने, पारिवारिक संबंधों को मज़बूत करने या वैसा प्यार पाने में कभी देर नहीं होती जैसा आपने हमेशा चाहा है।

ज़रा सोचिए, आपकी ज़िंदगी के सबसे सार्थक पल और सबसे गहरे रिश्ते बस अगले मोड़ पर आपका इंतज़ार कर रहे हैं, कितनी रोमांचक बात है ना?

अगर आप लेट देम थ्योरी को अपनाते हैं, तो ये सब मुमकिन है। तो चलिए, शुरुआत करते हैं।

आपके रिश्ते और 'लेट देम थ्योरी'

वयस्क मित्रता को निभाना सीखें

दूसरों को बदलाव के लिए प्रेरित करना

संघर्षरत व्यक्ति की मदद करना

वह प्यार चुनना जिसके आप हक़दार हैं

आप जितना ज़्यादा दूसरों को उनके स्वभाव के साथ स्वीकार करना सीखेंगे, आपके रिश्ते उतने ही गहरे और बेहतर बनते जाएंगे।

— मेल रॉबिंस

वयस्क मित्रता को निभाना सीखें

अध्याय 11

वयस्क मित्रता के बारे में वह सच्चाई जो किसी ने आपको नहीं बताई

ईमानदारी से कहें तो बड़ों की यानी वयस्कों की दोस्ती आसान नहीं होती। मैं जितने भी लोगों को जानती हूं, सब अपनी दोस्ती में किसी न किसी तरह की समस्या से जूझ रहे हैं। कोई नई दोस्ती बनाने की कोशिश कर रहा है, किसी के पुराने दोस्त खो रहे हैं और कोई तो बस इतनी-सी कोशिश कर रहा है कि उसकी दोस्ती बरक़रार रहे।

अगर आप अपने जीवन के ऐसे मोड़ पर पहुंच गए हैं जहां आपको लगने लगा है, *मेरे सारे दोस्त ना जाने कहां चले गए !* तो ऐसा सोचने वाले आप अकेले नहीं हैं। शायद आपको ऐसा लग रहा होगा कि आपके पास अब दोस्त ही नहीं हैं। या फिर जिन लोगों के साथ आप कभी बहुत क़रीब थे, अब वे ज़िंदगी के किसी और दौर में हैं। हो सकता है आप ख़ुद को बेवजह की उलझनों में उलझा हुआ पाएं, किसी और की पहल करने का इंतज़ार कर रहे हों, या यह समझ ही नहीं पा रहे हों कि आप किसी के साथ दोस्ती में किस मुक़ाम पर हैं। या फिर ऐसा लग रहा हो कि बाक़ी सबकी ज़िंदगी किसी बड़ी पार्टी जैसी है और आप उसमें शामिल नहीं हैं। आप बेहतर दोस्ती चाहते हैं, पर समझ नहीं पा रहे कि वह कहां मिलेगी।

मैंने भी ये सब महसूस किया है।

इस हिस्से में हम वयस्क दोस्ती की बात करेंगे। इस दोस्ती को अब तक आपने ठीक उसी ढंग से लिया है जैसे बचपन में लिया करते थे। यानी बस उम्मीद करना कि दोस्ती अपने आप हो जाएगी। इसी सोच के कारण आपकी दोस्तियां वैसी नहीं बन पाईं जैसी बन सकती थीं।

सच्चाई यह है कि जब आप बड़े होते हैं, तो दोस्तियां बहुत बदल जाती हैं और यह बदलाव अक्सर किसी को दिखता ही नहीं। इसलिए ज़रूरी है कि आप अपनी ज़िंदगी के इस पहलू को संभालने के लिए लेट देम थ्योरी की मदद लें।

दोस्ती हमारे जीवन का सबसे अच्छा और सार्थक हिस्सा है। आप इस जीवन में बेहतरीन दोस्तियों के हक़दार हैं। दोस्त कमाल के होते हैं, वे आपकी ज़िंदगी को और ज़्यादा मज़ेदार और सुखद बना देते हैं, और कई बार तो आपके दोस्त आपके परिवार के सदस्य बन जाते हैं।

दोस्तियों का बड़ा बिखराव

वयस्क दोस्तियों को समझ पाना इसलिए मुश्क़िल होता है, क्योंकि बीस की उम्र में पहुंचते ही दोस्ती एक समूह में खेले जाने वाले खेल से बदलकर एक व्यक्तिगत जद्दो-जहद बन जाती है और यह कोई समझ ही नहीं पाता।

जब हमें यह बदलाव महसूस नहीं होता (और अमूमन किसी को नहीं होता), तो हम अपने पुराने तरीक़े से ही दोस्ती निभाने की कोशिश करते रहते हैं। इसी वजह से हम खुद को अकेला महसूस करने लगते हैं। और जिन लोगों से हम सच में प्यार करते हैं, उनसे भी जुड़े रहना मुश्क़िल हो जाता है क्योंकि यह दुनिया दिन-ब-दिन अधिक व्यस्त और भटकाव भरी होती जा रही है।

जैसे-जैसे आप बड़े होते हैं, आपका व्यक्तित्व बदलता है, आप नौकरी और शहर बदलते हैं, प्यार में पड़ते हैं और उससे बाहर भी निकलते हैं, वैसे-वैसे आपको बार-बार उस चुनौती का सामना करना पड़ता है जिसे हम कहते हैं – 'अपने लोगों को खोजना', नए स्थानों पर, जीवन के हर नए अध्याय में।

लेट देम थ्योरी आपको वयस्क दोस्ती को गहराई से समझने में मदद करेगी। यह ना सिर्फ़ आपको अपनी मौजूदा दोस्तियों को मज़बूत करने का हौसला देगी, बल्कि आपको उन प्रियजन से मिलने का रास्ता भी दिखाएगी, जिनमें से अनेक लोगों से आप अब तक मिले भी नहीं हैं।

तो फिर बदलता क्या है?

चलिए समझते हैं कि बचपन की दोस्ती और वयस्क होने के बाद की बदली हुई दोस्ती में क्या फ़र्क होता है।

जब आप छोटे थे, तो आपके दोस्त और आपके सहपाठी एक ही टीम जैसे लगते थे। ज़िंदगी के साथ एक ही रफ़्तार में, एक ही जगह से गुज़रते हुए। कक्षा की शुरुआत से लेकर हाई स्कूल तक आप सबकी दिनचर्या एक जैसी थी, एक जैसी बसों में सफ़र, एक जैसी पुस्तकें, और स्कूल में एक जैसे विषय।

आप अपने उम्र के हर व्यक्ति को हर वक़्त देखा करते थे, कक्षा में, गलियारों में, खेल के मैदानों में और अपने मोहल्ले में भी। आप सभी की ज़िंदगी में एक जैसे पड़ाव आते थे- जन्मदिन से लेकर ग्रैजुएशन तक, छुट्टियों का वही समय होता था, वही क्लब,

वही गतिविधियां, वही खेल और वही कक्षाएं। यह सब कुछ मिलकर आपके भीतर यह एहसास बनाता था कि ज़िंदगी में एक बड़ा समूह आपके साथ चल रहा है और आप भी उसी का हिस्सा हैं। इसीलिए उस समय दोस्ती किसी समूह में खेले जाने वाले खेल जैसी लगती थी। क्यों? क्योंकि हर कोई समूह में चलता था और हम सभी इसी तरीक़े से अपना बचपन जीते थे।

अपने जीवन के पहले बीस वर्षों तक दोस्ती की पूरी रूपरेखा पहले से तय होती थी। आपके माता-पिता, स्कूल सिस्टम, खेल की टीमें, कॉलेज के हॉस्टल, छात्र समूह या वे गतिविधियां जो आपको अपने ही उम्र के लोगों के साथ समय बिताने का अवसर देती थीं और वह भी ऐसे वक़्त में, जब आप सब लगभग एक जैसी परिस्थितियों से गुज़र रहे होते थे।

इसलिए ना सिर्फ़ दोस्ती करना आसान था, बल्कि आप सब एक-दूसरे के साथ इतना समय बिताते थे और इतने अनुभव साझा करते थे कि गहरी दोस्तियां बनने के लिए हर ज़रूरी बात अपने-आप मौजूद होती थी।

और दोस्ती तब एक समूह में खेले जाने वाले खेल जैसी लगती थी उसकी वजह यह थी कि अगर आप किसी टीम, किसी मित्र समूह या किसी क्लब का हिस्सा थे, तो यह स्वाभाविक था हर योजना में आपको शामिल किया जाना तय था।

आपका बचपन आपको यह विश्वास दिलाता रहा कि आपको हमेशा बुलाया जाएगा, दोस्ती अपने-आप होगी, दोस्तों से किसी भी समय मुलाक़ात हो सकेगी और जीवन में कुछ न कुछ मज़ेदार चलता ही रहेगा।

और फिर... धड़ाम! आप बीस की उम्र में क़दम रखते हैं और पहुंच जाते हैं दोस्ती के उस दौर में, जिसे मैं कहती हूं, *बड़ा बिखराव।*

दोस्तियों का यह बड़ा बिखराव कुछ ऐसा दिखता है : स्कूल या कॉलेज की पढ़ाई ख़त्म होती है और सारे दोस्त अलग-अलग दिशाओं में बिखर जाते हैं। अचानक, सब अलग-अलग जगहों पर रहने लगते हैं और थोड़े ही समय में आपके सारे दोस्त अपनी-अपनी ज़िंदगी के अलग-अलग पड़ावों पर होते हैं। अलग नौकरियां, अलग लोग, अलग ज़िंदगियां और सब अपने-अपने तरीक़े से आगे बढ़ रहे होते हैं।

और आपकी दोस्ती को जिस ढांचे ने अब तक थामा हुआ था वह ग़ायब हो जाता है। इसीलिए आपको अपनी ज़िंदगी के हर पहलू पर जैसे नियंत्रण छिनता हुआ महसूस होता है। अब कोई तय रास्ता नहीं है, ना कोई टेम्प्लेट, ना समय-सीमा, ना कोई पड़ाव जो बताए कि आगे क्या करना है, या कब करना है। अब सब कुछ आप पर निर्भर है।

दूसरे शब्दों में कहें तो आपकी वयस्क ज़िंदगी की असली शुरुआत होती है। ज़िंदगी में पहली बार आप पूरी तरह से अपने दम पर खड़े होते हैं। यह अब आप पर निर्भर है कि आप अपना समय कैसे बिताना चाहते हैं, कहां काम करना चाहते हैं, किस शहर में रहना चाहते हैं और किन लोगों के साथ उठना-बैठना चाहते हैं।

और जैसे-जैसे समय बीतता है, वे क़रीबी दोस्त जो किसी और शहर चले गए थे, अब मन से भी दूर लगने लगते हैं। किसी के पास फ़ुर्सत नहीं होती। एक साथ मिल बैठना ना-मुमकिन सा लगता है, क्योंकि सबकी अपनी-अपनी दिनचर्या और काम-काज होता है। दोस्ती के उस पूरे समूह को जो अब तक जोड़े हुए है वह बस एक मैसेज ग्रुप है, जिसकी हलचल दिन-ब-दिन कम होती जा रही है। स्वाभाविक रूप से, हर कोई अपनी ज़िंदगी जीने में व्यस्त है और अपने सामने मौजूद लोगों पर ही ध्यान केंद्रित किए हुए है।

और यहीं पर वह अकेलापन गहराई से महसूस होता है। यहीं से वयस्क मित्रता को निभा पाना कठिन हो जाता है। वह ढांचा, जो आपको हर रोज़, हर वक़्त अपने दोस्तों से मिलने का अवसर देता था और वह उम्मीद कि ऐसा होता ही रहेगा अब ख़त्म हो चुका है। फिर आप सोचने लगते हैं, *मेरे सारे दोस्त कहां चले गए?* आपको लग सकता है कि आपके हाथ से सबकुछ फिसलता जा रहा है। आप किसी रिलेशनशिप को थामने लगते हैं, उसमें व्यस्त जाते हैं, असुरक्षित महसूस करते हैं और उस रिश्ते को कसकर पकड़े रहते हैं।

असलियत यह है कि वयस्क जीवन में दोस्तियां आती भी हैं, जाती भी हैं। अगर आप इनसे हर वक़्त वही उम्मीद लगाए रखेंगे, तो वही उम्मीदें इन रिश्तों को तोड़ भी सकती हैं। इसलिए ज़रूरत है एक लचीले और सक्रिय नज़रिये की। और यही वजह है कि आप ख़ुद को बार-बार यह कहते पाएंगे, *लेट देम।*

वे दूर जाते हैं तो जाएं। वे अपने नए दोस्तों को प्राथमिकता दे रहे हैं, *तो कोई बात नहीं।* उनके पास मेरे लिए वक़्त नहीं है, तो कोई बात नहीं। मुझे मैसेज नहीं भेजते, *ना सही।* मुझे अपने साथ शामिल नहीं करते, *ना करें।* मेरे बिना ब्रंच पर जा रहे हैं, *तो जाएं।*

यह हम सभी के साथ होता है, लेकिन फिर भी यह बेहद उलझाने और परेशान करने वाला अनुभव हो सकता है। अब और हमेशा के लिए, यह आपकी ज़िम्मेदारी है कि आप वयस्क जीवन में दोस्ती को लेकर अपनी सोच को और दोस्तों के साथ जुड़ने के तरीक़े को बदलें, क्योंकि द ग्रेट स्कैटरिंग यानी अब बड़ा बिखराव हो चुका है और इस तरह की घटनाएं उम्र बढ़ने के साथ बार-बार होती रहती हैं।

अब तक जो दोस्त अविवाहित थे, वे शादी कर लेते हैं और हमसे बिखर जाते हैं। आपके दोस्तों की जब संतानें होती हैं, तो वे बिखर जाते हैं। जब लोग आपका शहर छोड़कर दूसरी जगह बसने लगते हैं, वे बिखर जाते हैं। जब लोग एम्टी नेस्टर बनते हैं या तलाक़ ले लेते हैं, तो वे बिखर जाते हैं। जब लोग बूढ़े होते हैं, या बड़े घर को बेचकर छोटे घर में रहने लगते हैं, या रिटायर होते हैं, या पति या पत्नी के गुज़र जाने से अकेले हो जाते हैं तो वे बिखर जाते हैं।

यह आपकी ज़िंदगी में और आपके दोस्तों के साथ बार-बार होने वाला है। यह बिलकुल स्वाभाविक है। यही वजह है कि आपको लेट देम थ्योरी की ज़रूरत है। यह आपको दोस्ती के प्रति अपने रवैये में अधिक लचीलापन रखना सिखाएगी, और यह भी बताएगी कि अपनी

ज़िंदगी का क़ीमती समय का किस समझदारी से इस्तेमाल करें ताकि आप अपने जीवन की सबसे अच्छी और सच्ची दोस्तियों को बना सकें।

दोस्ती के तीन स्तंभ

मुझे लगता है कि अच्छी दोस्तियों को संभव बनाने वाले तीन प्रमुख तत्व होते हैं-नज़दीकी, समय की अनुकूलता और तालमेल। यही तीन स्तंभ हैं, जिन पर हर दोस्ती की अदृश्य नींव टिकी होती है।

जब दोस्त दूर हो जाते हैं, संबंध बिखर जाते हैं या संपर्क टूट जाता है, तो उसकी जड़ में यही तीन में से कोई एक या एक से अधिक स्तंभों की कमी होती है। ज़्यादातर बार वयस्क जीवन में दोस्ती इसलिए नहीं टूटती कि कोई व्यक्ति बुरा है, बल्कि इसलिए लंबे समय तक नहीं चल पातीं क्योंकि ये तीनों ज़रूरी कारक यानी आपसी नज़दीकी नहीं हो पाती, समय का समायोजन नहीं हो पाता और आपसी ताल-मेल नहीं बैठ पाता।

अगर आप इन तीन कारकों की भूमिका को समझ लें, तो लेट देम थ्योरी का सही उपयोग कर पाएंगे और वयस्क दोस्तियों में ज़्यादा लचीलापन, समझदारी और सक्रियता ला सकेंगे।

दोस्ती का पहला स्तंभ है - नज़दीकी

नज़दीकी का मतलब है आप किसी के कितने क़रीब रहते हैं। यानी शारीरिक रूप से उनके आस-पास कितनी बार होते हैं। यह बात इसलिए मायने रखती है क्योंकि जब आप किसी के पास रहते हैं, तो स्वाभाविक रूप से आप ज़्यादा वक़्त उनके साथ बिताते हैं। अगर आप एक-दूसरे के पास नहीं रहते, तो मिलना-जुलना उतना आसान नहीं होता। जुड़े रहना मुमकिन तो है, पर उसमें ज़्यादा मेहनत लगती है।

आप ऐसा कर सकते हैं, लेकिन यह कठिन होता है। जिन लोगों को आप रोज़ाना देखते-मिलते हैं, उनके साथ गहरे संबंध बनाना ज़्यादा आसान होता है। और यह केवल सामान्य समझ की बात नहीं है-यह एक तथ्य है।

नज़दीकी के इस विचार पर बाक़ायदा शोध हुआ है और यह सिद्ध हुआ है कि आपसी नज़दीकी यह तय करती है कि आप किससे दोस्ती करेंगे, और किससे नहीं। यह बात इसलिए बेहद अहम है क्योंकि जितनी बार आप किसी से आमने-सामने मिलते हैं, उतने ही ज़्यादा मौक़े होते हैं उन्हें समझने के, उनके साथ वक़्त बिताने के, अनुभव साझा करने के। और यही सब मिलकर एक गहरी दोस्ती की नींव रखते हैं।

कैनसस यूनिवर्सिटी के एक अध्ययन के अनुसार, किसी से 'साधारण' दोस्त बनने के लिए आपको उसके साथ लगभग 74 घंटे बिताने पड़ते हैं। और 'गहरे' दोस्त बनने के लिए

200 घंटे से अधिक समय एक साथ बिताना ज़रूरी होता है। अब इस शोध को उस संदर्भ में देखें कि जब आप छोटे थे तब दोस्ती कैसे होती थी और वयस्क होने पर उसमें क्या बदलाव आता है।

स्कूल के दिनों में आप हर पांच-छह हफ़्तों में दोस्तों के साथ 200 घंटे बिता लेते थे। कॉलेज में तो और भी ज़्यादा वक़्त साथ गुज़रता था, क्योंकि आप साथ रहते थे। साथ खाना खाते थे, हर वीक-एंड साथ बिताते थे। यह नज़दीकी ही थी जो आपको अपने रिश्तों को मज़बूत करने, अनगिनत अनुभव और यादें साझा करने और आपसी विश्वास गहराने का समय देती थी।

अगर आप किसी के शारीरिक रूप से क़रीब रहते हैं, चाहे सामने वाली गली में, कॉलेज के हॉस्टल में, बग़ल वाले कमरे में, दफ़्तर में साथ वाली डेस्क पर या हर हफ़्ते अपने बच्चों के फ़ुटबॉल मैच में, तो आप स्वाभाविक रूप से उनके साथ ज़्यादा वक़्त बिताते हैं। यह सब भौतिक नज़दीकी की वजह से ही संभव होता है।

यह मायने रखता है, और बहुत ज़्यादा मायने रखता है। यह बात हमें यह भी समझाती है कि जब आप छोटे थे तो दोस्त बनाना इतना आसान क्यों था। उस समय आप लगातार अपने हमउम्र लोगों के आस-पास रहते थे। और यही वजह है कि बड़े होने पर, जब सब लोग बिखर जाते हैं और सबका समय अलग-अलग हो जाता है, तो नए दोस्त बनाना मुश्किल हो जाता है, क्योंकि किसी के साथ 200 घंटे बिताना वाक़ई बहुत समय होता है।

यह भी ध्यान रखिए कि जब आप बड़े हो जाते हैं, तो आपके पास उतनी फ़ुर्सत नहीं होती जितनी बचपन या जवानी में हुआ करती थी, क्योंकि अब आप काम कर रहे होते हैं। अमेरिकन टाइम स्टडी के अनुसार, वैज्ञानिकों ने पाया कि 21 से 60 वर्ष की उम्र के बीच आप अपने सहकर्मियों के साथ जितना समय बिताते हैं, वह आपके परिवार और दोस्तों-दोनों के साथ बिताए समय से ज़्यादा होता है।

इसका मतलब यह हुआ कि दोस्तों के साथ मिलने का समय अब सिर्फ़ काम के बाद या सप्ताहांत पर ही बचता है। अब सोचिए कि किसी नए वयस्क दोस्त के साथ 200 घंटे बिताने के लिए कितनी कॉफ़ी डेट्स, कितनी वॉक्स, और कितनी बारबेक्यू पार्टीज़ करनी पड़ेंगी! और यह सोचने वाली बात भी है कि अगर निकटता या नज़दीकी इतनी अहम है, तो फिर आप अपने सभी सहकर्मियों के अच्छे दोस्त क्यों नहीं बन जाते? आख़िरकार, ज़्यादातर समय तो आप उन्हीं के साथ बिताते हैं।

दोस्ती का दूसरा स्तंभ है - समय

समय का मतलब है जीवन का वह दौर जिसमें आप इस वक़्त हैं। अगर सामने वाला व्यक्ति आपके जीवन के उसी दौर में नहीं है, तो उससे जुड़ना कठिन हो जाता है, क्योंकि फिर आप दोनों के बीच साझा अनुभव बहुत कम रह जाते हैं। और टाइमिंग का असर

सबसे ज़्यादा साफ़ तौर पर सहकर्मियों के साथ मित्रता में दिखता है। जैसा कि आपने अभी जाना कि 21 से 60 वर्ष की उम्र के बीच आप अपने सहकर्मियों के साथ अपने परिवार और दोस्तों से ज़्यादा समय बिताते हैं। लेकिन बात यह है कि दफ़्तर में हर व्यक्ति अपने जीवन के अलग ही दौर में होता है। इसका मतलब है कि चार दशकों तक आप जिन लोगों के साथ सबसे ज़्यादा समय बिताते हैं, वे अक्सर आपके जीवन की ही तरह की स्थिति में नहीं होते।

उदाहरण के लिए अगर आपके सहकर्मी आपसे चालीस साल बड़े हैं, तो उनके साथ जुड़ाव महसूस करना स्वाभाविक रूप से कठिन हो सकता है। मेरी बेटी हमेशा कहती थी कि जब वह अपनी टीम की मीटिंग में शामिल होती, तो संवाद शुरू करने वाला सवाल कुछ ऐसा होता, 'आपने शादी कहां की थी?' या 'आपकी रिटायरमेंट योजना क्या है?'

उसे ऐसा लगता था मानो हर सोमवार सुबह उसे अपने जीवन के बारे में झूठ बोलना पड़ता है, जब सब लोग अपने बच्चों के साथ बिताए वीक-एंड की बातें कर रहे होते, जबकि उसने तो अपनी सहेलियों के साथ शराब पीकर मस्ती की थी।

इसी वजह से जीवन के हर दौर का समय मायनें रखता है। क्योंकि सहकर्मियों के साथ इतना समय बिताने के बावजूद, उनसे अच्छे संबंध होने के बावजूद और बहुतों को पसंद करने के बावजूद, वे सब जीवन के बहुत ही अलग दौर में थे। इसीलिए वे कभी वीक-एंड पर साथ नहीं निकलते थे और ना ही काम के बाद कभी साथ में डिनर पर जाते थे, क्योंकि काम के अलावा उनके बीच कुछ भी साझा नहीं था।

मैं आपको एक और उदाहरण दे सकती हूं कि कैसे जीवन या उम्र का दौर मित्रता को प्रभावित करता है। क्रिस और मेरे कुछ पारिवारिक मित्र हैं जिन्हें हम दोनों बहुत पसंद करते हैं। मुझे लगता है कि वे बेहद शानदार लोग हैं। उनके साथ समय बिताना मुझे बहुत अच्छा लगता है। लेकिन हम उनसे पंद्रह साल छोटे हैं और वे अब दादा-दादी बन चुके हैं। हमारे पास बात करने के लिए बहुत कम विषय होते हैं, क्योंकि हम जीवन के बहुत ही अलग-अलग चरणों में हैं।

अब आप पूछ सकते है कि क्या हम अब भी दोस्त हैं? बिलकुल! मुझे उनसे बेहद लगाव है। लेकिन वह दोस्ती बहुत गहराई तक नहीं जा सकती क्योंकि हम उनके पास नहीं रहते, अक्सर मिलते नहीं हैं और हमारे जीवन-चरण मेल नहीं खाते। हम जीवन के बहुत ही अलग-अलग दौर में हैं। और मुझे जो बात सबसे अच्छी लगती है इन मित्रता के तीन स्तंभों को समझने में, वह यह है कि इससे समझ आता है कि इनमें से कुछ भी व्यक्तिगत नहीं होता।

दोस्तियां होती हैं, खो जाती हैं। कभी आप बहुत क़रीब महसूस करते हैं, और कभी बहुत दूर। और इनमें से कुछ भी व्यक्तिगत नहीं होता, यह सिर्फ नज़दीकी और जीवन की अवस्था पर निर्भर करता है।

लेट देम सिद्धांत ने मुझे वयस्क जीवन की दोस्तियों को लेकर अपनी पकड़ ढीली करने में बहुत मदद की है। यह आपको भी वही करने में मदद करेगा, क्योंकि जैसे-जैसे आप जीवन में आगे बढ़ते हैं, वैसे-वैसे लोग आपके जीवन में आते हैं और फिर चले जाते हैं। उन्हें *जाने दें।*

जब आप यह अपेक्षा करना बंद कर देते हैं कि हर कोई आपका सबसे अच्छा दोस्त बने, या हर जगह आपको बुलाया जाए या हर अवसर में आपको शामिल किया जाए या हर किसी से आपकी तुरंत निभ जाए, तो दोस्ती कहीं अधिक सहज हो जाती है। वयस्क जीवन की मित्रता को देखने का एक बिलकुल अलग नज़रिया है लेट देम सिद्धांत और यह दृष्टिकोण आपके जीवन को कहीं अधिक संतोषजनक, सेहतमंद और सुखद बना सकता है।

दोस्ती का तीसरा स्तंभ है ऊर्जा

कुछ लोगों से आपकी दोस्ती निभ जाती है, और कुछ से नहीं। आप इसे समझा नहीं सकते और ना ही वे समझा सकते हैं, लेकिन आपको इस पर भरोसा करना होता है। ऊर्जा या तो जुड़ती है, या नहीं जुड़ती। इसके पीछे कोई वैज्ञानिक कारण नहीं होता। बस भरोसा करना पड़ता है।

और एक और कठोर सच्चाई यह है कि ऊर्जा समय के साथ बदलती है। कभी वह कमज़ोर पड़ती है और कभी और भी मज़बूत हो जाती है। और यह एक अच्छी बात है, क्योंकि इसका मतलब है कि आप और आपके जीवन के लोग अपने नए रूपों में विकसित हो रहे हैं।

उदाहरण के लिए, मान लीजिए कि कॉलेज के दौरान आप पांच दोस्तों के साथ रहते थे। आप उन्हें बहुत पसंद करते थे, आप सभी की ख़ूब निभती थी, और वह आपके जीवन का सबसे सुंदर अनुभव था। फिर कॉलेज के बाद आप में से दो लोग साथ रहने लगते हैं, लेकिन चार महीने के भीतर ही कुछ अलग-सा महसूस होने लगता है, जैसे सब कुछ पहले जैसा नहीं रहा। यह बिलकुल सामान्य बात है। इसका मतलब है कि आप दोनों बदल रहे हैं, आगे बढ़ रहे हैं। और इसका यह क़तई मतलब नहीं कि आपकी दोस्ती ख़त्म हो गई है।

हमसे जो सबसे बड़ी भूल होती है, वह यह कि हम यह सोचते रहते हैं कि आख़िर गड़बड़ क्या हो गई है। जबकि हमें बस स्वीकार करने, स्नेह देने और सामने वाले के प्रति सम्मान बनाए रखने पर ध्यान देना चाहिए। सिर्फ़ इसलिए कि जीवन के एक चरण में कोई आपका सबसे क़रीबी दोस्त था, इसका यह मतलब नहीं कि अगले चरण में भी वही रिश्ता वैसा ही रहेगा।

सच कहूं तो जब हम इस विषय पर बात कर ही रहे हैं तो मुझे *सबसे अच्छा दोस्त* शब्द ही पसंद नहीं। यह एक ऐसे रिश्ते पर अनावश्यक दबाव और अपेक्षाएं डालता है, जिसे विकसित होने और बदलते रहने के लिए जगह चाहिए होती है। लोग आपके जीवन में आते हैं और जाते हैं, उन्हें *आने दें*, *जाने दें*। जीवन की गति पर भरोसा रखें।

कुछ लोग आपके जीवन में कुछ विशिष्ट कालावधि के लिए आते हैं, कुछ किसी ख़ास वजह से आते हैं और कुछ पूरी उम्र आपके साथ रहते हैं।

यह एकदम सामान्य बात है। जब कोई धीरे-धीरे दूर हो जाए या उसकी ऊर्जा पहले जैसी ना लगे, तो उसे अपना दुश्मन मत बनाइए। जब कोई दोस्ती ज़बरदस्ती चल रही होती है, तो वह थकाने लगती है, बातचीत असहज लगती है, सब कुछ बनावटी महसूस होता है। उस एहसास पर भरोसा कीजिए। जब आप किसी रिश्ते को ज़बरदस्ती थामे रहते हैं, तो वह और बिगड़ जाता है, मैंने यह बात बहुत कठिन तरीक़े से सीखी है।

हम कई बार उन रिश्तों को पकड़कर रखते हैं जो हमारे लिए नहीं बने होते, क्योंकि हमें लगता है कि अगर हमने उन्हें छोड़ दिया, तो वो खुद ही ख़त्म हो जाएंगे। मेरे साथ भी बिलकुल ऐसा ही हुआ। एकदम अचानक मैंने ख़ुद को उस दोस्ती के दायरे के बाहर पाया, जिसे मैं अपना सबसे क़रीबी फ्रेंड ग्रुप समझती थी। मुझे समझ ही नहीं आया कि क्या करूं और सच कहूं तो मैंने उसे अच्छे ढंग से संभाला भी नहीं।

अध्याय 12

क्यों कुछ दोस्तियां धीरे-धीरे खुद-ब-खुद टूट जाती हैं

देखिए,क्या हुआ था।

मेरी ज़िंदगी के सबसे मस्ती भरे दिनों में से एक वो दौर था जब मैं तीन छोटे बच्चों की मां थी। हम एक ऐसे मोहल्ले में रहते थे, जहां मेरी बहुत सारी सहेलियां पास-पास रहती थीं। हम सब मिलकर बच्चों की परवरिश कर रही थीं, एक-दूसरे के घर आते-जाते रहती थीं और एक बहुत प्यारा, मज़बूत सा समुदाय बन गया था।

हम सबके बच्चे लगभग एक ही उम्र के थे और एक ही सरकारी स्कूल में पढ़ते थे। वह दौर बहुत ही मज़ेदार था, बड़ी मिलनसारिता थी। क्योंकि बच्चों की वजह से, स्कूल की वजह से और एक जैसी दिनचर्या होने की वजह से हम सहेलियों से बार-बार मिलते थे। सच कहूं तो ऐसा लगता था जैसे मैं फिर से स्कूल टाइम में लौट आई हूं। हर समय कोई योजना बन रही होती थी, कहीं से कोई बुलावा आ जाता था और लोगों का साथ हमेशा बना रहता था।

दो खास जोड़े थे जिनसे हमारी बहुत गहरी दोस्ती हो गई थी। हम बच्चों के साथ बहुत कुछ मिलकर करते थे वीक-एंड पर कहीं बाहर जाना, हैलोवीन पर बच्चों के साथ ट्रीटिंग करना, शनिवार सुबह फुटबॉल कोचिंग देना, रविवार की ब्रंच पार्टीज़, फुटबॉल मैच देखना, बार-बार बार्बेक्यू करना, यानी हम लगभग बहुत कुछ साथ करते थे।

क्रिस और मैं सच में बहुत ख़ुश थे। हमें लगता था कि कितनी अच्छी बात है कि हम ऐसे इलाक़े में आकर बस गए जहां पहले तो हम किसी को नहीं जानते थे और फिर इतने सारे अच्छे दोस्त मिल गए जिनके साथ समय बिताना हमें भी पसंद था और हमारे बच्चों को भी उनके बच्चों का साथ बहुत भाता था। यह सब कुछ किसी सपने जैसा लगता था।

उसी समय, हमारे बहुत ही ख़ास दोस्त जो किसी और शहर में रहते थे, अक्सर यह कहते थे कि उन्हें हमारी दोस्तों की मंडली से जलन होती है। हमें लगता था कि अब इससे

बेहतर कुछ हो ही नहीं सकता... सिवाय इसके कि वे लोग भी अपने बच्चों के साथ हमारे क़स्बे में आकर रहने लगें

तो क्रिस और मैंने उन्हें समझाना शुरू किया, 'आपको भी यहां आकर रहना चाहिए!'

और उन्होंने ऐसा ही किया। सच तो यह है कि उन्होंने उसी सड़क पर घर ले लिया जहां वे दो जोड़े रहते थे जिनके साथ हम हर काम मिलकर करते थे। शुरू में मैं बेहद उत्साहित थी। सोचिए ज़रा कि आपके सबसे क़रीबी दोस्तों में से एक न सिर्फ़ आपके शहर में आ जाए, बल्कि आपकी ही गली में रहने लगें और आपके मौजूदा दो सबसे अच्छे पारिवारिक दोस्तों के पड़ोसी बन जाएं! हमारा घर वहां से सिर्फ़ पांच मिनट की दूरी पर था। सब कुछ एकदम परफ़ेक्ट लग रहा था!

तो स्वाभाविक ही मुझे उम्मीद थी कि अब तो मानो एक बहुत बड़ी पार्टी जैसा माहौल होगा। चारों परिवार हर वक़्त साथ-साथ रहेंगे। और शुरुआत में सब कुछ वैसा ही हुआ जैसा मैंने सोचा था। वे हमें कॉल करते और कहते कि कार लेकर आ जाओ, आज रात डिनर साथ करते हैं। लेकिन फिर धीरे-धीरे कुछ ऐसा हुआ जिसकी मुझे बिलकुल उम्मीद नहीं थी। बुलावे कम होते चले गए। और जो बात साफ़ नज़र आने लगी, वह यह थी कि वे तीनों परिवार अब हमारे बिना ही साथ समय बिता रहे थे... हर वक़्त।

अब जब पीछे मुड़कर देखती हूं तो समझ में आता है कि ऐसा होना स्वाभाविक था। नज़दीकी का महत्व होता है। वे लोग एक-दूसरे के सामने वाली गली में रहते थे। अपने दरवाज़े से एक-दूसरे को हाथ हिलाकर बुला सकते थे। उनके बच्चे भी एक ही उम्र के थे, साथ में बस पकड़ते, खेलों के लिए कारपूल करते थे हर दिन।

और अब सोचती हूं तो यह भी समझ आता है कि मामला निजी बिलकुल नहीं था। जब आप किसी के साथ खड़े होते हैं और अपने बच्चों का स्कूल बस से उतरने का इंतज़ार कर रहे होते हैं, तो स्वाभाविक है कि आप मुड़कर पूछ ही लेते हैं, आज रात क्या कर रहे हो? हमारे घर चलो ना डिनर पर?

उन तीनों परिवारों का आपस में बहुत अच्छा दोस्त बन जाना बहुत स्वाभाविक था और उन्हें इसकी पूरी आज़ादी थी! लेकिन मेरी नज़र से देखा जाए तो मेरे लिए यह अनुभव ऐसा था, जैसे उस अटलांटा वाले परिवार ने धीरे-धीरे और बिना किसी झिझक के हमारी जगह ले ली हो। और मैं इस स्थिति को झेल नहीं पाई।

मैं बहुत ख़राब व्यवहार करने लगी

मैंने वही किया जो ज़्यादातर लोग तब करते हैं, जब वे खुद को अलग-थलग या असुरक्षित महसूस करते हैं। दरअसल, मुझे वयस्क मित्रता की समझ नहीं थी। मैं जलन और ग़ुस्से में घिरती चली गई। मेरे मन में बार-बार यही आता, *पहले ये सारी मौज-मस्ती तो हमारे साथ*

होती थी। हमारी दोस्ती का घेरा जैसे किसी ने हमसे *छीन* लिया हो। और जैसे ही मेरी ऊर्जा उनके लिए नकारात्मक होने लगी, सब कुछ बदलने लगा।

शुरुआत में मैंने कोशिश की कि मैं उनके सामने हल्की-फुल्की, मज़ेदार और सामान्य बनी रहूं, ताकि शायद सब पहले जैसा हो जाए। लेकिन जैसे ही मैं उस पूरे हालात के बारे में सोचती या उन्हें देखती, तो ऐसा लगता जैसे कोई और शक्ति मेरे मन, शरीर और आत्मा पर कब्ज़ा कर लेती।

मैं अपनी भावनाओं पर क़ाबू नहीं रख पा रही थी। मेरा व्यवहार रूखा और कड़वा हो गया था। मेरी ऊर्जा कुछ नकारात्मक सी हो गई थी और हर कोई उसे महसूस कर सकता था। क्रिस महसूस कर पा रहे थे और वे तीनों जोड़े भी। यहां तक कि हमारे कई दोस्त मेरे व्यवहार के परिवर्तन को महसूस कर सकते थे। मैं पूरी तरह से उदासीन और बदमिज़ाज हो गई थी, जबकि मैं ऐसी नहीं होना चाहती थी। मैंने उस बारे में ना सोचने की बहुत कोशिश की, लेकिन किसी भी शाम को जब हम घर पर डाइनिंग टेबल पर बैठकर स्पैगेटी खा रहे होते, हमारे सारे दोस्त पिछवाड़े में साथ मिलकर ग्रिल कर रहे होते। ये बात मुझे भीतर तक जला देती थी।

मैं जो कुछ महसूस कर रही थी उस पर मुझे शर्म आती है, मैंने कैसे बर्ताव किया और मेरी कितनी छोटी सोच थी और मैं भला क्यों अपने आपको असुरक्षित महसूस कर रही थी। लेकिन उस दौर में, मैं अपनी भावनाओं को समझती नहीं थी और ना ही यह जानती थी कि उन्हें संभालना कैसे है। मेरे पास लेट देम थ्योरी जैसा कोई नज़रिया नहीं था। मैं दोस्ती के लिए एक चलता-फिरता चेतावनी संकेत बन गई थी।अगर शनिवार की सुबह किसी फ़ुटबॉल मैच में, स्कूल की मीटिंग में, किसी कॉकटेल पार्टी में या फिर किराने की दुकान पर उन छह लोगों में से किसी को देख लेती, तो अंदर से बहुत तनाव महसूस करती। मैं सामान्य होना चाहती थी। मुझे वे लोग पसंद थे और मैं चाहती थी कि हालात बदलें। लेकिन मुझे बिलकुल नहीं पता था कि अपनी इन नकारात्मक भावनाओं से कैसे निपटूं।

मैं खुद पर क़ाबू नहीं रख पाती थी। मेरी आवाज़ का लहजा बदल जाता था। मेरे हाथ अपने आप छाती पर आकर क्रॉस हो जाते थे। और चूंकि, मैं वैसा महसूस नहीं करना चाहती थी, तो मुझे यह भी नहीं पता था कि इसे कैसे बदला जाए। मुझे नहीं लगता कि किसी ने जान-बूझकर मुझे या क्रिस को अपने से दूर किया था।

और अब जब मैं पीछे मुड़कर देखती हूं, तो मैं उस स्थिति को वैसा देख पाती हूं जैसी वो वास्तव में थी। मुझे साफ़ दिखता है कि मैं कितना गुस्से और जलन से भरी हुई थी। अगर मैं अपनी जगह किसी और को देखता, तो शायद मैं भी उसे बारबेक्यू पार्टी में बुलाना नहीं चाहती। मैं भी नहीं चाहती कि कोई इतनी नकारात्मक ऊर्जा लेकर वहां आए। असल में, उस समय की मेरी हालत देखते हुए तो अगर हमें कहीं निमंत्रित किया गया, तो यह किसी चमत्कार से कम नहीं था!

बेचारे मेरे पति। उन्हें इस बात से कोई फ़र्क़ नहीं पड़ता था कि दोस्तों के बीच की आपसी समझ-बूझ बदल गई है। वो किसी भी बात को दिल से नहीं लगाते थे। लेकिन मैं...मैं तो अपने अंदर की भावनाओं को बदल ही नहीं पा रही थी। आज भी, इस बारे में बात करना मेरे लिए बहुत तकलीफ़देह है। और, अपनी अधूरी परिपक्वता और अपने ज़हरीले बर्ताव के लिए मैं पूरी तरह से ज़िम्मेदारी लेती हूं। मैं बिलकुल किसी बच्चे जैसा व्यवहार कर रही थी। एक पल में रूठ जाती थी, दूसरे पल में दिखाने की कोशिश करता कि मुझे फ़र्क़ नहीं पड़ता, और अक्सर, अकेले में बेचारे क्रिस के सामने मैं अपनी पूरी झल्लाहट निकाल देती या मारे गुस्से के तूफ़ान खड़ा कर देती थी।

अगर उस वक़्त मेरे पास लेट देम थ्योरी होती, तो वे सभी मेरे दोस्त बने रह पाते। मैं उस स्थिति से ऊपर उठ पाती। मैं एक परिपक्व इंसान की तरह अपनी भावनाओं को समझने और उन्हें सही ढंग से नियंत्रित कर पाने की ज़िम्मेदारी ले पाती। लेकिन उस समय मुझे बिलकुल नहीं पता था कि अपनी भावनाओं से कैसे निपटना है या मैं अंदर से क्या महसूस कर रही हूं। सब कुछ मुझे एक निजी हमले जैसा लगता था। वे सभी लोग मेरी कहानी के खलनायक बन गए थे।

क्यों? मैं बताती हूं। किसी और को दोष देना और अपने गुस्से से मुंह फुलाकर बैठे कहीं अधिक आसान होता है, बजाय इसके कि आप अपनी ज़िम्मेदारी लें। मैं वयस्क मित्रता में होने वाली सबसे बड़ी ग़लती कर रही थी। मैं ये उम्मीद कर रही थी कि हम हमेशा दोस्त बने रहेंगे, ये उम्मीद कर रही थी कि मुझे हर गतिविधि में शामिल किया जाएगा, और ये उम्मीद कर रही थी कि ये सब आसान होगा।

मेरी यह कहानी बताती है कि नज़दीकी यानी भौगोलिक या रोज़मर्रा की मौजूदगी, वयस्क दोस्तियां बनाने और उन्हें बनाए रखने में बहुत बड़ा रोल निभाती है और यह हमेशा आपके नियंत्रण में नहीं होता। यह कहानी यह भी समझाती है कि आपकी ऊर्जा यानी आपका रवैया और आपका भावनात्मक असर किसी दोस्ती को तोड़ भी सकता है और यह बात आपके नियंत्रण में होती है। यह सब तब हुआ जब मैं अपनी उम्र के चालीसवें दशक में प्रवेश कर रही थी। लेकिन ऐसा जीवन के किसी भी चरण में हो सकता है। जीवन के किसी भी मोड़ पर आप महसूस करेंगे कि आप किसी दोस्ती से बाहर निकलते जा रहे हैं और यह बिलकुल सामान्य बात है।

क्योंकि जैसे-जैसे लोग आते-जाते हैं, ज़िंदगी की अलग-अलग दिशाओं में बिखरते हैं, अपनी ज़िंदगी बदलते हैं और उस इंसान में ढलते हैं जो उन्हें बनना होता है – वैसे-वैसे दोस्ती के तीनों स्तंभ बदल जाते हैं:नज़दीकी, समय का ताल-मेल, और ऊर्जा। और यही कारण है कि वयस्क मित्रता लचीलापन मांगती हैं। इसीलिए जब लोग आपकी ज़िंदगी में आते हैं और फिर चले जाते हैं, तो ज़्यादातर मामलों में ऐसा व्यक्तिगत कारणों से नहीं होता।

उन्हें जाने दें।

'मैंने तो उन्हें जाने दिया, लेकिन अब मेरे पास कोई दोस्त नहीं है।'

इस पुस्तक पर शोध करते समय और जो इस लेट देम थ्योरी का उपयोग कर रहे हैं, ऐसे हज़ारों लोगों के अनुभवों का विश्लेषण करते हुए मैंने यह जाना कि लोगों के लिए सबसे कठिन अनुभवों में से एक यह समझना है कि जिन लोगों को आप अपना दोस्त समझते थे, वो असल में आपके दोस्त हैं ही नहीं।

जब आप *लेट देम* कहना शुरू करते हैं, तो लोग ख़ुद-ब-ख़ुद बता देते हैं कि वे असल में कौन हैं और यह भी साफ़ हो जाता है कि उनके जीवन में आपकी क्या जगह है। आप पाएंगे कि आप इस लेट देम थ्योरी का सबसे ज़्यादा इस्तेमाल अपने दोस्तों के साथ कर रहे हैं। और तब आपको दिखने लगेगा कि कई रिश्तों में जो मेहनत और समय आप दे रहे थे, वो दरअसल एकतरफ़ा था।

आप ही वह इंसान हैं जो हमेशा फ़ोन करता है और जब आप फ़ोन करना बंद कर देते हैं, तो उधर से कोई कॉल नहीं आता। आप ही हमेशा पहल करते हैं, योजनाएं बनाते हैं और जब आप योजनाएं बनाना बंद कर देते हैं, तो अचानक कोई आपको बुलाता तक नहीं। जब आपको दिखने लगता है कि दोस्ती निभाने में सिर्फ़ आप ही प्रयास कर रहे थे तो यह सच्चाई बेहद तकलीफ़देह होती है। और जब ऐसा हो और यक़ीन मानिए, कभी न कभी होगा ही, तो मैं चाहती हूं कि आप फिर लौटें दोस्ती के तीन स्तंभों की ओर : नज़दीकी, समय का ताल-मेल और ऊर्जा।

जब कोई दोस्ती कमज़ोर पड़ती है, या कोई व्यक्ति अपनी असलियत दिखा देता है, तो अक्सर इन तीनों में से कोई एक स्तंभ डगमगाया होता है। कभी-कभी तीनों ही। इससे पहले कि आप ख़ुद पर तरस खाने लगें, अलग-थलग पड़ जाएं, या ग़ुस्से में भर जाएं, एक बार तथ्यों को देखें।

क्या आप या आपका दोस्त किसी नए रूप में आ गया है? क्या आपके जीवन की रफ़्तार और दिनचर्या अब पहले जैसी नहीं रही? क्या आप अब आपका आमना-सामना उतनी निरंतरता से नहीं होता, जितना पहले होता था? क्या आपके जीवन की गति और दिशा अलग हो चुकी है? क्या किसी एक के जीवन में कोई बड़ा बदलाव आया है जिसने आपकी आपसी ऊर्जा और समीकरण को बदल दिया है?

इन सवालों का सामना करना बहुत ज़रूरी है, क्योंकि अक्सर हम या तो ख़ुद को ग़लत मान लेते हैं, या सामने वाले को दोष देकर यह तय कर लेते हैं कि अब यह दोस्ती ख़त्म हो चुकी है।

लेकिन किसी भी दोस्ती से दूर जाने से पहले यह मानिए कि शायद सामने वाले की मंशा ठीक हो। कभी-कभी आप किसी ऐसे इंसान के दोस्त होते हैं जो स्वभाव से बहुत अंतर्मुखी

होता है, या जो कभी पहल नहीं करता, या फिर जिसकी ज़िंदगी इस समय बहुत बोझिल या उलझनों से भरी हुई है। इसका मतलब यह नहीं कि वह आपको नज़रअंदाज़ कर रहा है। हो सकता है वह अपने जीवन के इस कठिन दौर से थक चुका हो। उसका दूर हो जाना आपके ख़िलाफ़ नहीं है। और हो सकता है कि उस समय आप ही का भेजा हुआ एक छोटा-सा संदेश उसकी ज़िंदगी का एकमात्र सहारा हो।

इस पुस्तक के लिए किए गए शोध में मैंने देखा कि बहुत से लोग इस बात से आहत थे कि उनके दोस्त उन्हें मैसेज का जवाब नहीं दे रहे। लेकिन मैं यह बिलकुल नहीं चाहूंगी कि आप लेट देम सिद्धांत का इस्तेमाल करके अपनी दोस्ती सिर्फ़ इसलिए तोड़ दें कि कोई आपको उतनी बार जवाब नहीं दे रहा जितनी बार आप चाहते हैं।

दोस्ती कोई लेन-देन नहीं होती। इसमें हिसाब नहीं रखा जाता। आप लोगों से इसलिए जुड़ें क्योंकि आपका दिल कहता है, ना कि इसलिए कि आप जवाब की उम्मीद लगाए बैठे हैं। कोई कितनी जल्दी या कितनी बार जवाब देता है ये इस बात का सूचक नहीं है कि वो आपको कितना चाहते हैं। बल्कि यह ज़्यादा इस बात का संकेत होता है कि शायद वो इंसान कितना बोझ झेल रहा है। हर किसी की ज़िंदगी में कुछ न कुछ चलता रहता है, और 99 फ़ीसदी मामलों में आपको यह अंदाज़ा भी नहीं होता कि कोई और क्या झेल रहा है। इसलिए, ख़ासतौर पर दोस्ती में जब कोई जवाब ना दे, तो उसे जज मत कीजिए। उसकी मंशा को सही मानिए।

अगर वे जवाब नहीं दे रहे, तो जाने दें

मैं व्यक्तिगत अनुभव से यह कह सकती हूं कि पिछले चार साल मेरी ज़िंदगी के सबसे ज़्यादा थका देने वाले और डिमांडिंग रहे हैं, और इसका मेरे दोस्तों पर बहुत गहरा असर पड़ा है। मैं 26 साल तक बोस्टन के पास रही और फिर एक छोटे, ग्रामीण शहर में आकर बस गई। एक ऐसी जगह में, जहां मैं अपनी उम्र के किसी भी व्यक्ति को जानती-पहचानती नहीं थी।

उसी समय मेरी कंपनी बेहद तेज़ी से बढ़ रही थी और इससे पहले मुझे कभी ऐसा कोई व्यापारिक अनुभव नहीं हुआ था। मेरी सबसे बड़ी प्राथमिकता अपना समय अपने परिवार के साथ बिताना और नए समुदाय में रचना-बसना रही। इसलिए जो भी थोड़ा-बहुत ख़ाली समय मिला, मैंने वह परिवार को दिया और इस छोटे से शहर में नए दोस्त बनाने की कोशिश में लगा दिया।

मुझे यक़ीन है कि मेरे कई पुराने दोस्तों को लगता होगा कि मैंने उन्हें नज़रअंदाज़ किया है, या रिश्तों की अनदेखी की है, या फिर मैं एक अच्छी दोस्त नहीं रही। और उनकी नज़र से देखें, तो वे सही भी हैं। ऐसा नहीं है कि मुझे उनकी परवाह नहीं है। बल्कि बात यह है कि

पिछले तीन सालों में मैंने अपना समय और ऊर्जा कुछ दूसरी प्राथमिकताओं पर लगाई है और पुरानी दोस्तियों को नियमित रूप से बनाए रखना मेरी प्राथमिकता नहीं रह सकी। और यह भी ठीक है।

जब कोई आपसे 'संपर्क में नहीं रहता' तो इसका मतलब यह नहीं होता कि आपने उस दोस्त को खो दिया है। मुझे यह बात बहुत खलती है कि बहुत से लोग सोचते हैं कि अगर कोई व्यक्ति अब संपर्क में नहीं है, तो वह दुश्मन हो गया है। वे दूर हैं, तो रहने दें। सिर्फ़ इसलिए कि वे आपकी आंखों के सामने नहीं हैं, इसका मतलब यह नहीं कि वे आपके दुश्मन हैं। एक आदत बना लीजिए कि लोगों के लिए दिल से शुभकामनाएं दें और उनकी सफलता की कामना करें। मेरे कुछ रिश्तों में मैंने यह पाया है कि लोग कभी-कभी कुछ सालों के लिए 'ग़ायब' हो जाते हैं और बाद में पता चलता है कि वे अपने बुज़ुर्ग माता-पिता की देखभाल कर रहे थे, किसी संघर्ष कर रहे बच्चे के साथ व्यस्त थे, किसी बिगड़े हुए रिश्ते में उलझे हुए थे, या बहुत ज़्यादा डिमांडिंग करियर को संभाल रहे थे। इसका आपसे कोई लेना-देना नहीं था। वे अब भी आपके दोस्त हैं।

मैं यह इसलिए कह रही हूं ताकि आप इस थ्योरी का इस्तेमाल ग़लत ढंग से ना करें, ताकि आप बिना ज़रूरत के अनुमान लगाकर, अच्छे-भले रिश्तों को खत्म ना कर दें। सिर्फ इसलिए कि आपने लचीलापन नहीं दिखाया या लोगों को उनके जीवन की परिस्थिति के अनुसार आने-जाने की सुविधा नहीं दी, इसका मतलब यह नहीं कि वो रिश्ते ख़त्म हो गए। अक्सर तो सिर्फ एक संदेश या फोन कॉल ही काफ़ी होता है और आप फिर से उसी जुड़ाव में लौट सकते हैं।

अब जब मेरी बीते सालों की व्यस्तता कम हो गई है, हम अपने नए घर में व्यवस्थित ढंग से रहने लगे हैं, बोस्टन स्टूडियो फिर से चालू हो चुके हैं, मैंने अपने उम्रदराज़ माता-पिता के साथ ज़्यादा समय बिताया है और अब हमारे बच्चे अपनी-अपनी राह पकड़कर निकल चुके हैं तो ज़िंदगी का एक नया अध्याय शुरू हो चुका है। और इस नए अध्याय में पुराने दोस्तों को याद करना मेरी सर्वोच्च प्राथमिकता है।

अगर आपको कभी किसी ऐसे व्यक्ति का फ़ोन कॉल या संदेश मिला है जिससे आपका संपर्क टूट गया था, तो आप भी इस बात को महसूस करते होंगे कि यह दुनिया के सबसे सुखद आश्चर्यों में से एक होता है। मेरी ज़िंदगी में भी ऐसे कई लोग हैं जिनसे मैंने वर्षों तक बात नहीं की, लेकिन अगर हम आज साथ में कॉफ़ी पिएं, तो हम फिर से उसी गहरे और स्नेहपूर्ण संबंध में लौट आएंगे। और अपने जीवन के इस नए पड़ाव में या कहें नए अध्याय में मैं वही अनुभव दोबारा जीना चाहती हूं। *लेट मी।*

आपके और किसी व्यक्ति के बीच जो जुड़ाव होता है, वह कभी वास्तव में टूटता नहीं है। सिर्फ नज़दीकी और हालात बदलते हैं, जिससे संपर्क छूट जाता है। इसलिए पुराने दोस्तों से दोबारा कभी भी जुड़ा जा सकता है। और यह पूरी तरह आपके हाथ में होता है।

लेट देम का नज़रिया आपको लचीला बनाएगा, संवेदनशील बनाएगा और दूसरों को आपकी ज़िंदगी में आने-जाने की सहूलियत देगा। *लेट मी* आपको यह याद दिलाएगा कि आप बस इंतज़ार में ना बैठे रहें कि कहीं से निमंत्रण मिलेगा या किसी की नीयत पर सवाल करते हुए भी बैठे ना रहें। *लेट मी* आपको प्रेरित करेगा कि आप ख़ुद पहल करें, पुराने दोस्तों से संपर्क करें और नए रिश्ते बनाने के लिए आगे बढ़ें।

लेट देम थ्योरी आपकी मदद करेगी कि आप अपने लोगों को ढूंढ़ सकें, भले ही आपको एकदम शुरुआत से प्रयास करना पड़े। जब आप इसका इस्तेमाल करेंगे, तब आप अपने जीवन की कुछ बेहतरीन दोस्तियां बना पाएंगे। असल में, बहुत जल्दी आप यह महसूस करेंगे कि आपके कुछ सबसे पसंदीदा लोग तो आपसे अब तक मिले ही नहीं हैं। यह जानते हुए जीना कि इस जीवन में कितने अद्भुत लोग, संबंध और अनुभव आपका इंतज़ार कर रहे हैं-कितना रोमांचक है ना! इस बात के लिए आपको पहल करनी है और एक 'हैलो' कहना है।

तो चलिए, इस थ्योरी की मदद से उन्हें ढूंढ़ते हैं। मैंने भी ऐसा ही किया जब मैं 54 साल की उम्र में एक एकदम नई जगह में जाकर बसी। अब मैं आपको अपनी पूरी कहानी सुनाऊंगी और हम दोनों मिलकर दोस्ती के *लेट मी* हिस्से पर गहराई से विचार करेंगे।

अध्याय 13

अपने जीवन के बेहतरीन मित्र कैसे बनाएं

जब हम अपने नए शहर में आए, तो मुझे बहुत अकेलापन महसूस हुआ। मैं इस इलाक़े में बिलकुल नई थी। मेरा किसी से परिचय नहीं था। और सच कहूं तो मैं बहुत परेशान थी। आपके जीवन में भी कभी न कभी ऐसा समय ज़रूर आएगा। हर बड़ा बदलाव आपके दोस्तों के दायरे को भी बदल देता है। अगर आपके जीवन में ब्रेक-अप या तलाक़ होता है तो आप अनुभव करेंगे कि लोग आप दोनों में से किसी न किसी पक्ष की ओर खड़े हो जाएंगे। आप यह भी अनुभव करेंगे कि अगर आप या आपका कोई प्रियजन किसी बड़ी मुश्किल से गुज़र रहा हो और लोग यह नहीं समझ पाएंगे कि कैसे मदद करें या वे असहज महसूस करें और दूरी बना लेंगे। अगर आपको नौकरी, पढ़ाई या किसी भी वजह से किसी नए शहर में जाना पड़े तो भी आपको इस दूरी का अनुभव होगा। और यह ज़रूरी नहीं कि आप उस बदलाव को लेकर दुखी हों।

आप बहुत उत्साहित हों कि आपने अपने सपनों के कॉलेज में दाख़िला लिया हो, या अपने सपनों के शहर में पहुंचने की ख़ुशी हो, फिर भी लेकिन सच्चाई यह है कि जब आप वहां पहुंचते हैं, तो आपके पास कोई दोस्त नहीं होता। आपने शायद यह पहली बार तब महसूस किया होगा जब आप कॉलेज गए थे। आप सोचते हैं कि वहां पहुंचते ही आपको बहुत अच्छे दोस्त मिल जाएंगे, लेकिन ऐसा नहीं होता। हर कोई घबराया होता है और जो भी सबसे पहले मिलता है, उसी से जुड़ने की कोशिश करता है।

एक हफ़्ते के अंदर ऐसा लगता है कि हर कोई पहले ही किसी ना किसी फ्रेंड्स ग्रुप में शामिल हो गया है। लेकिन अगर आप कॉलेज या स्कूल के समय को याद करें, तो यह साफ़ समझ में आएगा कि जब तक आपने पढ़ाई पूरी की, तब तक आपकी दोस्ती का दायरा काफ़ी बदल चुका था। ऐसा इसलिए होता है क्योंकि उन लोगों को ढूंढ़ने में समय लगता है, जो वास्तव में आपके अपने होते हैं।

एक साल का समय दें

उस पहले साल में मैं क्या कर रही थी? मैं कोशिश कर रही थी, बार-बार, बार-बार, बिना रुके। मैं आपको यह कहानी इसलिए सुना रही हूं क्योंकि बदलाव के समय हम सब अकेलापन, असुरक्षा और पछतावा महसूस करते हैं। जब मेरी बेटी कॉलेज गई, वह हर समय रोते हुए मुझे फ़ोन करती थी और कहती थी, 'मैं ग़लत स्कूल में आ गई हूं, यहां मेरे लोग नहीं हैं, मुझे ट्रांसफ़र ले लेना चाहिए।' और मैंने हर बार उससे यही कहा, 'फ़ोन रखो, कैफ़ेटेरिया जाओ, किसी दिलचस्प इंसान के साथ वक़्त बिताओ। बाहर निकलो, और सबसे ज़रूरी बात- एक साल दो।'

उसे मेरी सलाह बिलकुल पसंद नहीं आई। वह मुझे सालभर फ़ोन करती रही— बार-बार। वह बहुत अकेली और निराश महसूस करती थी। और शुरु में उसने जो दो सहेलियां बनाई थीं, वे भी बिलकुल ऐसा ही महसूस कर रही थीं। (हैलो लेक्सी और मिकायला!) लेकिन तारीफ़ की बात ये है कि उन तीनों ने हार नहीं मानी। उन्होंने पूरे पहले साल लगातार कोशिश करते हुए नए-नए लोगों से मिलती रहीं, नए रिश्ते बनाने की कोशिश करती रहीं।

मैं जानती हूं कि मेरी बेटी सॉयर हर रोज़ लोगों से पूछती थी कि क्या वह उनके साथ बैठ सकती है, ऑन-लाइन लोगों को डायरेक्ट मैसेज भेजती थी कि चलो साथ में लंच करें, ढेरों क्लब्स में शामिल हुई, क्लब लैक्रॉस टीम के लिए ट्रायआउट दिया (और उसमें से बाहर हो गई), कैंपस में होने वाले इवेंट्स में जाती रही, लेकिन कोई भी उसके साथ जुड़ता नहीं था। उसे सच में पूरा एक साल लग गया कोशिश करते-करते। और फिर, स्कूल के आख़िरी कुछ हफ्तों में उसकी मुलाक़ात मेरी मारगरेट से हुई, जो आज उसकी सबसे क़रीबी दोस्तों में से एक है। उसी ने सॉयर (और उसकी दो सहेलियों को) को सात और लड़कियों से मिलवाया, जो आज भी उसके क़रीब हैं। उसे सच में पूरा एक साल देना पड़ा।

और जब मैं ख़ुद नए शहर में शिफ़्ट हुई, तो ना जाने कैसे, मैं अपनी ही सलाह भूल गई। मुझे अपने आपको याद दिलाने की ज़रूरत थी कि मुझे भी एक साल देना होगा। शिफ़्ट होने के सिर्फ एक हफ़्ते के अंदर ही मैं सोचने लगी कि मैंने बहुत बड़ी ग़लती कर दी है। साल भर मैं दुखी रही। मैं हर समय रोती रहती थी। और मैं पूरी तरह से मान चुकी थी कि मुझे कभी कोई ऐसा इंसान नहीं मिलेगा जिससे मैं क़रीबी संबंध बना सकूं या जिसे मैं समझ सकूं। लेकिन उस पहले साल में मैं कर क्या रही थी?

कुछ नहीं। बस अपने घर में बैठी रहती थी। अकेले।

मैं अपनी ओर से कोई कोशिश नहीं कर रही थी। मैंने लोगों से मिलने-जुलने के मौक़े तलाशने की कोशिश भी नहीं की। दुखभरे गाने सुनती थी और अपने हाल पर तरस खाती थी। रोती रहती थी और अपने पति से शिकायतें करती थी। मैंने अपने आपको पूरी तरह से अलग-

थलग कर दिया था। और मैंने यह ग़लती कर दी थी कि मुझे लगा दोस्ती तो बस आसमान से टपककर मेरी गोद में आ जाएगी। ऐसा नहीं होता।

मुझे यक़ीन है कि आपने भी कुछ ऐसा ही अनुभव किया होगा। शायद आप किसी नए शहर में गए हों, नौकरी बदली हो, किसी रिलेशनशिप में हों, किसी बीमार परिजन की देखभाल में लगे हों, या जब आपके बच्चे घर से दूर चले गए हों और ऐसा महसूस हुआ हो कि आपको फिर से सब कुछ शुरू करना पड़ रहा है। ऐसे पलों में, यक़ीनन आपने भी अकेलापन महसूस किया होगा। यह बिलकुल स्वाभाविक है।

और चाहे आपके बहुत अच्छे दोस्त क्यों ना हों, अगर वे आपसे दूर रहते हैं, तो भी जब आपके पास आस-पास कोई दोस्त नहीं होता, तो आप अकेलापन महसूस करते हैं। मेरी हालत इतनी बुरी हो गई थी कि एक दिन मैं अपनी बेटियों के साथ टहलने निकली और रास्ते में रोती जा रही थी कि मेरी कोई सहेली नहीं है और मुझे ये जगह बिलकुल पसंद नहीं है।

इसी दौरान हम एक ऐसे घर के पास से गुज़रे, जहां एक महिला रहती थी जिससे मैं छह महीने पहले सिर्फ़ एक बार मिली थी। मैंने अपनी बेटियों से कहा कि उस घर में जो महिला रहती है, वह मुझे अच्छी लगी थी। शायद वह दोस्त बन सकती है। और मेरी बेटियों ने ज़ोर देकर कहा कि मैं उसी समय उस महिला के घर जाऊं और दरवाज़ा खटखटाकर उससे बात करूं।

मेरा मन नहीं था। मुझे वाकई उस रास्ते पर चलने में बहुत डर लग रहा था। मुझे लगा जैसे मैं कोई हारा हुआ इंसान हूं। *क्या हालात इतने बुरे हो गए हैं?!*

हां, वाक़ई हालात ख़राब हो गए थे। और जब मैं इस बारे में गहराई से सोचती हूं, तो समझ में आता है कि यही बात तो मैंने अपनी बेटी सॉयर से कही थी, जब वह कॉलेज के पहले साल में रोते हुए मुझे फ़ोन करती थी।

उसके दरवाज़े पर दस्तक देते हुए मुझे शर्म आ रही थी। जैसे ही कुत्तों के भौंकने और किसी के क़दमों की आहट सुनाई दी, मेरा दिल तेज़ी से धड़कने लगा। और जब दरवाज़ा खुला, तो मेरे सामने वह महिला नहीं थी जिससे मैं पहले मिली थी, बल्कि उसके पति थे।

मैंने पूछा, 'क्या मिया घर पर हैं?' और फिर अचानक बोल पड़ी, 'मैं उनसे कुछ समय पहले मिली थी, मैं यहां नई हूं, बहुत अकेलापन महसूस कर रही हूं, तो सोचा कि आकर हैलो कह दूं...' मेरी बेटियां तुरंत बोल पड़ीं, 'हमारी मम्मी को सहेली चाहिए। उन्हें आपकी पत्नी बहुत अच्छी लगी थीं, तो हमने ज़बरदस्ती कहा कि जाकर हैलो बोलो।' वह बहुत ही विनम्र थे, हमें अंदर बुलाया, अपना घर दिखाया। हम कुत्तों से भी मिले, मिया बहुत खुश हुईं कि हम उनके घर गए, हमने नंबर एक्सचेंज किए और ठीक एक हफ़्ते बाद मिया और मैं उसी रास्ते पर साथ पर साथ-साथ टहल रहे थे। और वहीं से मेरी ज़िंदगी का यह हिस्सा बदलना शुरू हुआ। मैंने समझ लिया कि वयस्कों की दोस्ती अपने आप नहीं होती, इसे बनाना पड़ता है।

मुझे यह बताते हुए बहुत ख़ुशी हो रही है कि मिया के दरवाज़े पर वह तकलीफ़देह दस्तक और ऐसे ही सौ और असहज से पल-जैसे कि किसी कॉफ़ी शॉप में किसी अजनबी को अपना परिचय देना, गाड़ी रोककर किसी फूलों के खेत के मालिक से यह कहना कि उनके फूल अद्भुत हैं, या एक्सरसाइज़ क्लास में बग़ल वाले इंसान से हैलो बोलना, इन सबकी वजह से मैं धीरे-धीरे, पर यक़ीनन, अपने लिए एक नई छोटी-सी दुनिया बना सकी।

एक साल के अंदर मुझे अपने आस-पास के लोग सिर्फ़ जाने-पहचाने ही नहीं लगने लगे, बल्कि जब मैं उनसे जुड़ने लगी, तो मुझे अपने लोग मिल गए। इसलिए आपको *लेट मी* पर ध्यान देना चाहिए।

'पहल करने' की आदत

'आइए, पहले मैं अपना परिचय दे दूं। मैं यहां नई हूं, आप यहां कब से रह रही हैं?' 'अगर कभी टहलने जाना हो तो बताइएगा, मेरा नंबर यह है।' धीरे-धीरे, इस तरह की एक के बाद एक, थोड़ी अजीब-सी बातचीत के बाद, मैंने ना सिर्फ़ अपने लोग पाए, बल्कि इस छोटे से गांव में कुछ ऐसे लोग मिले जो मेरी ज़िंदगी के सबसे पसंदीदा लोगों में से हैं। और अगर मैं पचास की उम्र में शानदार दोस्त बना सकती हूं, तो आप भी बना सकते हैं – चाहे आप किसी भी उम्र में हों, किसी भी जगह रहते हों।

क्योंकि दोस्ती के लिए कभी देर नहीं होती। हर किसी को अपने जीवन में दोस्ती की ज़रूरत होती है। भले ही किसी के पास पहले से ही 'दोस्तों का ग्रुप' हो, फिर भी हमेशा एक ऐसे इंसान के लिए जगह होती है जिससे सच्चा जुड़ाव महसूस हो।

आपको बस पहल करनी है।

जो भी आपके आस-पास हो, उससे पहले 'हाय' कहने वाले आप बनिए। यही छोटी-सी बात बहुत बड़ा फ़र्क़ लाती है। मैंने बहुत समय तक ऐसा नहीं किया। जब मैं एक साल तक घर में बैठकर रोती रही, तब भी जब मैं बाहर जाती थी, तो किसी से बातचीत नहीं करती थी। मैं कॉफ़ी शॉप में जाती, वही लोग रोज़ दिखते, लेकिन मुझे किसी का नाम नहीं पता होता। क्योंकि मैंने कभी पूछा ही नहीं। इसलिए किसी से जान-पहचान नहीं हो सकी। मैं चुपचाप रहती, किसी से बात नहीं करती।

लेकिन जैसे ही मैंने 'पहल' करना शुरू किया, उसी कॉफ़ी शॉप में गई जहां मैं पूरे साल लगभग रोज़ जाती थी, और जैसे ही कैशियर ने मेरा बिल बनाया, मैंने कहा, 'मैं मेल हूं। आपका नाम क्या है?' उसने जवाब दिया, 'केविन।' जब उसने मुझे कॉफ़ी दी, मैंने कहा, 'शुक्रिया, केविन।'

और फिर जैसे ही मैं अपनी कॉफ़ी का कप लेकर, मैंने तुरंत अपना फ़ोन निकाला और कॉफ़ी शॉप के नाम से एक नई कॉन्टैक्ट फ़ाइल बनाई। नोट्स सेक्शन में लिखा, 'केविन,

ऊंचा-पूरा बारिस्ता, जिसकी दाढ़ी है।' मैंने यह काम तुरंत किया क्योंकि मुझे डर था कि अगर कार तक पहुंचने तक इंतज़ार किया, तो उसका नाम भूल जाऊंगी।

फिर मैंने उस जवान जोड़े की तरफ़ रुख किया जिन्हें मैं रोज़ सुबह कॉफ़ी शॉप में देखती थी, लेकिन कभी बात नहीं की थी। मैंने कहा, 'हाय! मैं आप दोनों यहां अक्सर देखती हूं। मैं अभी-अभी इस इलाक़े में शिफ़्ट हुई हूं। मैं मेल हूं। आप दोनों का नाम क्या है?'

ग्रेगॉरी और जॉर्डन। ये दोनों बहुत प्यारे इंसान थे। मैंने तुरंत उनके नाम अपनी उसी कॉफ़ी शॉप वाली कॉन्टैक्ट फ़ाइल में केविन के नीचे नोट्स सेक्शन में लिखे : 'शानदार विवाहित जोड़ा, लॉस एंजिलस से आया है, इनका बच्चा बहुत प्यारा है।' फिर मैंने पूछा कि वे यहां कब से रह रहे हैं। पता चला, वे भी एक साल पहले ही यहां आए थे।

उसके बाद मैंने पूछा कि वे क्या करते हैं। अब ज़रा यह अजीब संयोग देखिए कि ग्रेगॉरी पॉडकास्ट के क्षेत्र में काम करते हैं और जॉर्डन एक मनोवैज्ञानिक हैं। कितनी समानताएं थीं हममें! और सोचिए, मैं पूरे एक साल तक दो ऐसे लोगों से दस फ़ीट की दूरी पर बैठी रही जिनसे मेरी इतनी अच्छी दोस्ती हो सकती थी। मैं कॉफ़ी शॉप में जो बातचीत कर रही थी, वह सिर्फ़ 'छोटी-मोटी बात' नहीं थी, वह मेरे लिए एक समुदाय की शुरुआत थी।

आप दूसरों को जो अपनापन देते हैं, वह किसी न किसी रूप में आपके पास लौटकर आता ही है। आपके आस-पास के लोगों के सिर्फ़ नाम पूछना ही आपको उस जगह से अधिक जुड़ा हुआ महसूस करवा सकता है। और जितने ज़्यादा लोगों से आप मिलेंगे, उतनी ही जल्दी आप उन लोगों से जुड़ पाएंगे जो आपके अपने बन सकते हैं।

और इसके और भी फ़ायदे हैं। जब आप पहल करते हैं, तो आप एक ऐसा जुड़ाव बनाते हैं जो आपके मानसिक स्वास्थ्य और ख़ुशी पर बहुत गहरा असर डालता है और यह बात अक्सर अनदेखी रह जाती है। शोधकर्ताओं के अनुसार, वे लोग जिनके बग़ल में आप कॉफ़ी शॉप में बैठते हैं, या जिनके साथ लिफ़्ट में खड़े होते हैं, वे अनजान लोग नहीं होते, बल्कि उन्हें कहा जाता है-'कमज़ोर संबंध'।

ये लोग आपकी ज़िंदगी में बहुत ताक़तवर भूमिका निभा सकते हैं। ये वो बुनियाद बन सकते हैं जिससे आपकी रोज़मर्रा की ज़िंदगी थोड़ी हल्की, थोड़ी ख़ुशगवार हो सकती है। उनके नाम जानिए। हैलो कहिए। उनके कुत्तों को प्यार करिए। अपने कॉन्टैक्ट्स में उनके बारे में छोटे-छोटे विवरण लिखिए, ताकि अगली बार जब आप कॉफ़ी शॉप जाएं, तो उनके नाम और उनके विवरण याद रहें।

एक बातचीत से शुरुआत हुई और धीरे-धीरे मैंने अपने आस-पास एक सामाजिक ढांचा बनाना शुरू किया। एक ऐसा जाल, जिसमें ऐसे लोग थे जिनके नाम मुझे याद थे,'हाय केविन', 'हाय ग्रेगोरी', 'हाय जॉर्डन' और इसी ने मेरे अकेलेपन को थोड़ा कम कर दिया।

यही तरीक़ा था जिससे मैं अपने अब के सबसे क़रीबी दोस्तों में से एक, डेविड, से मिली। हम दोनों एक-दूसरे से सिर्फ़ एक मील की दूरी पर रहते थे, पूरे एक साल तक, लेकिन कभी नहीं मिले, क्योंकि हम दोनों अपने-अपने घरों में अकेले बैठे थे। अपने हाल पर दुखी होते हुए। हमारी दोस्ती एक साधारण 'हैलो' से शुरू हुई, एक कॉफ़ी शॉप में और आज वह मेरी ज़िंदगी के सबसे प्यारे इंसानों में से एक है। वह और उसका पति अब हमारे परिवार जैसे हो गए हैं।

अगर मैं यह कर सकती हूं, तो आप भी कर सकते हैं। लेट देम थ्योरी इसमें आपकी मदद करेगी।

क्या कुछ लोग थोड़े अजीब बर्ताव करेंगे? हां। उन्हें करने दीजिए।क्या ज़्यादातर लोग ग़र्मजोशी से और खुले दिल से मिलेंगे? हां। उन्हें मिलने दीजिए।

दोस्ती बनाना असल में *लेट मी* वाले हिस्से से शुरू होता है। और यहां मैं वे कुछ आसान उपाय दे रही हूं, जो मैंने पहल करने के लिए अपनाए :

1. जहां भी जाएं, लोगों की तारीफ़ करें

अगर आपको किसी की नेल पॉलिश का रंग पसंद है, तो कहिए। अगर उनका पहनावा अच्छा लग रहा है, तो कह दीजिए। अगर उनके मोज़े अच्छे लग रहे हैं, तो ज़रूर बोलिए! लोग तारीफ़ सुनकर अच्छा महसूस करते हैं, क्योंकि इससे उन्हें लगता है कि उन्हें देखा गया है और उनकी सराहना की जा रही है। और यह किसी अनजान व्यक्ति से बात शुरू करने का सबसे आसान और सहज तरीक़ा है।

2. जिज्ञासु बनें

लोगों से पूछें कि वे क्या पढ़ रहे हैं। पूछें कि उन्होंने क्या मंगवाया है। लोगों को अपने बारे में बात करना अच्छा लगता है। और भले ही बात बस 'धन्यवाद' तक ही पहुंचे, फिर भी आपको पहले पहल करने का श्रेय तो मिल ही जाता है।

3. हर किसी को मुस्कुराकर नमस्ते या हैलो कहें

एक ग़र्मजोश और सहज व्यक्ति बनना भी एक कला है। अगर आप इसका अभ्यास करेंगे, तो यह आपकी आदत बन जाएगी। जब आप खुले दिल से जीवन में आगे बढ़ते हैं, तो जीवन भी आपके लिए अपने रास्ते खोल देता है।

4. सबकुछ बिना किसी अपेक्षा के करें

अनजान लोगों से ग़र्मजोशी से पेश आने का कारण यह नहीं होना चाहिए कि बदले में कुछ

मिलेगा, बल्कि इसलिए कि इंसानों से जुड़ना ही अपने आप में जीवन को बेहतर बना देता है। जो अपनापन आप दूसरों को देते हैं, वह किसी न किसी रूप में लौटकर आपके पास ज़रूर आता है।

इस पर भरोसा रखें कि जब आप दूसरों से जुड़ने की कोशिश बिना किसी अपेक्षा के करेंगे, जैसे किसी ने आपको डिनर पर बुला लिया, या तुरंत गहरी दोस्ती हो गई, तो सही लोग और तेज़ी से आपके जीवन में आएंगे। आप इसे ऊर्जा मान सकते हैं। जब आप अपने भीतर की ऊर्जा बाहर देते हैं, तो जो लोग सच में आपके जीवन में आने के लिए बने हैं, वे उसी ऊर्जा से जुड़ जाते हैं।

अकेलापन हक़ीक़त है। लेकिन आप उसमें फंसे हुए नहीं हैं। ख़ुद को सामने लाना मुश्किल हो सकता है, लेकिन घर के अंदर अकेलेपन में बैठे रहना उससे कहीं ज़्यादा मुश्किल है। मैं तो असहज पलों को सह लूंगी, लेकिन फिर से अकेलापन नहीं झेलूंगी। और मुझे यक़ीन है, आप भी ऐसा ही चाहेंगे।

और अंत में, इसे एक वर्ष दें।

वयस्क जीवन में दोस्ती का एक अहम हिस्सा है ऐसा जुड़ाव बनाना जो आपको यह महसूस कराए कि आप किसी अपने जैसे लोगों के समुदाय का हिस्सा हैं। मुझे यह जानकर हैरानी हुई कि जब मैंने आस-पास के लोगों से बात करना शुरू किया, तो समझ आया कि मैं ही लोगों से कटी बैठी थी, जबकि दोस्ती की संभावनाएं तो मेरे चारों ओर बिखरी हुई थीं।

कहीं भी अपना समुदाय बनाना

मैंने ही अपने आपको अपने आस-पास मौजूद समुदाय से जुड़ने से रोके रखा। जब मैंने ख़ुद को सबसे काटकर अकेला कर लिया, तब मैंने अपने लिए उस समुदाय के दरवाज़े बंद कर दिए जो वास्तव में मेरा इंतज़ार कर रहा था। हो सकता है कि आज किसी कॉफ़ी शॉप में आपसे दो मेज़ दूर ही आपका सोलमेट या सबसे प्यारा दोस्त बैठा हो।

उनसे यह उम्मीद मत कीजिए कि वे आपको ढूंढ़ लेंगे। आप क़दम बढ़ाइए और आपको अपना दोस्त मिल ही जाएगा। और अगर आप जल्दी और बेहतर तरीक़े से उन लोगों से मिलना चाहते हैं जिनसे आप वास्तव में जुड़ सकते हैं, तो वे कुछ उपाय आज़माइए जो मैंने और मेरे पति ने किए थे :

1. ऐसे इवेंट्स और ग्रुप क्लासेस खोजिए जो आपको रुचिकर लगें

यह कुछ भी हो सकता है : क्रॉसफिट, योगा, दौड़ना, टहलना, खाना बनाना, पेंटिंग, इम्प्रोव,

या पुराना फ़र्नीचर ठीक करना। ये जगहें आपको उन लोगों से मिलवाती हैं जिन्हें उसी विषय में दिलचस्पी है, जिसमें आपको है। आप आसानी से साझा रुचियों वाले लोगों से जुड़ सकते हैं।

2. जब किसी से बात बनती लगे, तो उस बातचीत को क्लास से बाहर ले आइए

आप पहल कीजिए। उन्हें कॉफ़ी पीने या टहलने के लिए बुलाइए। जितने ज़्यादा लोगों से आप ऐसा करेंगे, किसी नए इंसान को आमंत्रित करने में आप उतना ही सहज महसूस करेंगे और उतनी ही जल्दी आप उन लोगों से मिल पाएंगे जो वास्तव में आपके अपने लोग बन सकते हैं।

3. जैसे-जैसे आप नए लोगों से मिलें, वैसे-वैसे अपनी पसंद के इवेंट्स पर नज़र रखें और जिन लोगों से आप जुड़ रहे हैं, उनसे पूछें कि क्या वे ग्रुप में वहां जाना चाहेंगे। इससे आपसी रिश्ता और मज़बूत होगा और आपके सामाजिक दायरे में जोश आएगा।

हो सकता है वह कोई संगीत कार्यक्रम हो, कोई लेक्चर, या फिर कोई वालंटियर डे। मैंने एक तरीक़ा यह अपनाया। एक महिला से मैं हेयर सैलून में मिली थी, उसी से मिलकर मैंने वॉकिंग ग्रुप शुरू किया। एक दिन वह अपनी एक दोस्त को भी साथ ले आई। धीरे-धीरे मैंने अपने अन्य परिचित लोगों को आमंत्रित करना शुरू किया। अब हर बुधवार सुबह 6:30 बजे, हम सभी मोहल्ले की एक तय लोकेशन पर मिलकर एक निश्चित रास्ते पर वॉक करते हैं।

तीन साल हो चुके हैं और यह सिलसिला अब भी जारी है। ग्रुप पर इतने लोग हैं कि अब उसमें किसी को जोड़ा नहीं जा सकता, फिर भी नए लोग आते ही रहते हैं। यह एक और उदाहरण है कि क्यों दोस्ती और समुदाय बनाने में पूरा एक साल लगता है।

और चलना तो बस एक उदाहरण है। मैंने लोगों को लोकल इन में जैज़ सुनने, क्रिसमस रीथ बनाने की क्लास में, ड्रैग क्वीन बिंगो इवेंट में और एक किसान की मदद करने के लिए बुलाया। यहां हमें मिट्टी से डैहलिया के फूलों के कंद निकालने थे।

मेरे पति क्रिस ने भी यही तरीका अपनाया। उन्होंने एक जिम जॉइन किया, गोल्फ़ लीग में नाम लिखवाया, पैडल टेनिस की कई क्लीनिक में गए। वह पास के स्की माउंटेन पर भी जाने लगे। और वह एक हॉस्पिस वालंटियर भी बने। इन सभी अनुभवों के ज़रिये उन्हें ऐसे लोग मिले जिनकी रुचियां उनसे मिलती थीं।

क्रिस ने फिर तलाशना शुरू किया कि हमारे शहर या आस-पास कहीं क्या कुछ मज़ेदार हो रहा है और हर बार किसी नए दोस्त को उसमें साथ चलने के लिए आमंत्रित किया। उन्होंने एक टीम जॉइन की जो पुरुषों की स्की रेस में भाग लेती थी। फिर उन्होंने एक ग्रुप शुरू किया : हर मंगलवार को सूरज निकलने से पहले पहाड़ पर चढ़ें और फिर स्की करते हुए नीचे आएं। वे एक पार्किंग लॉट में मिलते हैं। यह जानकारी लोगों तक फैल चुकी है और अब किसी

भी मंगलवार आप वहां 15 से 20 लोग देख सकते हैं। अलग-अलग उम्र के, आस-पास के शहरों से आए हुए लोग-जो सब मिलकर पहाड़ पर चढ़ रहे होते हैं।

तो इससे आपको क्या समझ में आता है?

यही कि धीरे-धीरे, लेकिन यक़ीनन, आप नए दोस्त बना सकते हैं और यह भी कि हम में से हर एक इंसान किसी न किसी तरह से जुड़ने का मौक़ा ढूंढ़ रहा है, नए रिश्ते बनाने की उम्मीद में जी रहा है।

इस बात का इंतज़ार मत कीजिए कि कोई और पहले पहल करे, कि कोई और हाइकिंग ग्रुप बनाए, वॉकिंग क्लब बनाए या बुक क्लब बनाए।आप आगे बढ़िए। लेट देम थ्योरी के ज़रिये आप सिर्फ़ अच्छे दोस्त ही नहीं बना पाएंगे, बल्कि एक बेहतर दोस्त भी बन जाएंगे। यह बात मायने रखती है, क्योंकि आपके रिश्ते ही आपकी ज़िंदगी को सुंदर बनाते हैं। अच्छे दोस्त आपको ज़्यादा ख़ुश रखते हैं, आपको सेहतमंद बनाते हैं और आपकी ज़िंदगी को अर्थ देते हैं। ज़िंदगी भर जिन चीज़ों को आप सबसे ज़्यादा संजोकर रखेंगे, उनमें दोस्ती सबसे ऊपर होगी।

लेट देम थ्योरी आपको वही दोस्तियां बनाने में मदद करेगी, जिनके आप हक़दार हैं। इसके लिए आपको थोड़ा लचीला बनना होगा। याद रखिए, दोस्त आते हैं, और चले भी जाते हैं। निमंत्रण का इंतज़ार करना बंद कीजिए। जब चीज़ें बदलने लगें, तो उन्हें कसकर पकड़ने के बजाय उन्हें जाने दीजिए। और यह देखना शुरू कीजिए कि आप ख़ुद कैसे जुड़ते हैं, कैसे सामने आते हैं। *लेट देम* नज़रिया आपको लचीला बनाएगा, आपको चीज़ों को दिल पर लेने से रोकेगा, और सही लोगों को आपकी ज़िंदगी में आने देगा और जो नहीं टिकने वाले हैं, उन्हें शांति से जाने देगा।

लेट देम थ्योरी आपको दोस्त बनाने के अजीब से दौर से गुज़रने में भी मदद करेगी। अगर आप कॉफ़ी शॉप में किसी से हंसकर मिलें और वे ज़्यादा मिलनसार ना हों तो *जाने दें।* अगर वे इतने व्यस्त हों कि वॉक के लिए समय ना निकाल पाएं-तो कोई बात नहीं। अगर वे इस हफ़्ते का कोई प्लान कैंसल कर दें क्योंकि उनका हफ़्ता बहुत थका देने वाला रहा तो *करने दें।* अगर उन्हें किसी से प्यार हो जाए, या उनके घर बच्चा आ जाए और आप अब उनकी प्राथमिकता ना रहें-तो *यही सही*। अगर वे किसी और शहर चले जाएं और अपनी ज़िंदगी का नया अध्याय शुरू करें तो उन्हें वैसा ही *करने दें।* अगर वे अब आपके कॉल का जवाब ना दें-*कोई बात नहीं।* अगर वे किसी और की दोस्ती या अपने काम को प्राथमिकता दें-तो वह भी ठीक है। अगर समय, दूरी या ऊर्जा मेल नहीं खा रही-*कोई बात नहीं।*

लोग आपकी ज़िंदगी में आएंगे भी और जाएंगे भी। और आप जितने लचीले होंगे, ये प्रक्रिया उतनी ही सुंदर और सहज हो जाएगी। *लेट देम* एक बहुत ही सुंदर सिद्धांत है। आपका ध्यान होना चाहिए- *लेट मी* पर, क्योंकि वही आपके नियंत्रण में है। क्यों ना मैं समझदारी दिखाऊं - *लेट मी*। क्या बुराई है कि मैं पहल करूं-*लेट मी।* बिना किसी अपेक्षा के

मैं ही हाल-चाल लूं, तो क्या हर्ज़, सिर्फ़ इसलिए क्योंकि मुझे परवाह है। मैं ही प्लान बना लूं तो क्या बिगड़ जाएगा। किसी की अचानक याद आ जाए तो क्यों ना मैं ही फोन कर लूं या मैसेज भेज दूं। मैं *चलिए,* मैं ही इस विश्वास के साथ आगे बढ़ूं कि शायद मेरे पसंदीदा दोस्त अभी मिले ही नहीं हैं।

चलिए, *मैं ही* पहल करूं।

तो आइए, अब यह समझें कि वयस्क जीवन में दोस्ती को कैसे निभाया और निभवाया जाए। अब तक आप दोस्ती को वैसे ही देख रहे थे जैसे बचपन में देखते थे। बस यूं ही हो जानी चाहिए थी। लेकिन *लेट देम थ्योरी* आपको यह सिखाती है कि अब यूं ही कुछ नहीं होगा। वयस्क जीवन में दोस्ती अपने आप नहीं होती, बनानी पड़ती है, निभानी पड़ती है। यह थ्योरी आपको यह सामर्थ्य देती है कि आप अब अपेक्षा करना छोड़ें और दोस्ती को सच में बनाएं अपनी तरफ़ से पहल करके।

1. **समस्या :** द ग्रेट स्कैटरिंग हुई यानी सारे दोस्त बिखर गए और आपको पता ही नहीं चला। आप अब तक दोस्ती को उसी नज़रिये से देख रहे थे जो पहले काम करता था यानी कि लोग ख़ुद बुलाएंगे, दोस्त अपने आप साथ बने रहेंगे, हर मेसैज का जवाब मिलेगा। आपको उम्मीद थी कि सामने वाला जवाब देगा। इसी उम्मीद ने आपके रिश्तों में दूरी, ला दी, अकेलेपन में डाल दिया और नए या पुराने संबंधों की ओर बढ़ने में हिचकिचाहट होने लगी।
2. **सच :** वयस्क जीवन की दोस्ती तीन स्तंभों पर टिकी होती है – नज़दीकी, समय का ताल-मेल और ऊर्जा। इन तीनों को समझना और अपनाना अब आपकी ज़िम्मेदारी है। आपको लचीला बनना होगा, पहल करनी होगी। सच्चाई यह है कि आपके जीवन के कुछ शानदार और उपयुक्त दोस्त बस आपकी एक पहल का इंतज़ार कर रहे हैं।
3. **समाधान :** लेट देम थ्योरी अपनाइए। बिना किसी अपेक्षा के रिश्ते बनाइए। आप पहले क़दम बढ़ाइए। लोगों से 'हैलो' कहिए, मुस्कराइए, बात कीजिए। जहां आप रहते हैं, वहीं एक समुदाय बनाइए। कोई क्लास जॉइन कीजिए, बुक क्लब बनाइए, वह मेसैज भेज दीजिए जिसका आप इंतज़ार कर रहे थे। एक अटपटी बातचीत से शुरू करके धीरे-धीरे आप अपने लोगों को खोज लेंगे। यही तरीक़ा आपको एक ऐसा समुदाय बनाने की ताक़त देगा जो आपके भीतर के व्यक्तित्व से मेल खाता हो- सच्चा, सहयोगी और गहराई से जुड़ा हुआ।

जब आप कहते हैं *लेट देम*, तो आप उन दोस्तों को जाने देने की अनुमति देते हैं जो अब आपके जीवन में अर्थ नहीं रखते और इसी से आपके जीवन में उन रिश्तों के लिए जगह बनती है जो वास्तव में मायने रखते हैं। और जब आप कहते हैं *लेट मी*, तो आप अपने सामाजिक जीवन की ज़िम्मेदारी उठाते हैं, पहल करते हैं, संवाद शुरू करते हैं और ऐसे संबंधों को पोषित करते हैं जो आपके मूल्यों से मेल खाते हैं और आपको ख़ुशी देते हैं।

अब इंतज़ार ख़त्म करने और कुछ नया करने का समय है। अपने जीवन के बेहतरीन दोस्त बनाने का और खुद को ऐसे लोगों के साथ जोड़ने का, जो आपको सच्चे मन से सहारा दें और प्रेरित करें। आपके जीवन में ढेर सारी हंसी-ख़ुशी, यादें और अद्भुत अनुभव आने वाले हैं-बस ज़रूरत है पहल करने की।

आप क़दम बढ़ाने की पहल तो कीजिए।

दूसरों को बदलाव के लिए प्रेरित करना

अध्याय 14

लोग तब ही बदलते हैं जब वे सच में बदलना चाहते हैं

सालों से एक सवाल बार-बार पूछा जा रहा है, 'मैं किसी और को बदलाव के लिए कैसे प्रेरित करूं?'

और इसका सीधा जवाब है, आप ऐसा नहीं कर सकते।

असल सच्चाई यह है कि लोग तब तक नहीं बदलते जब तक वे खुद अंदर से बदलना ना चाहें। आप किसी को कितना भी बदलने के लिए कहना चाहें – अगर उन्हें खुद नहीं लगता कि उन्हें बदलना चाहिए, तो वे नहीं बदलेंगे। इससे फ़र्क़ नहीं पड़ता कि आपके पास कितने अच्छे और सही कारण हैं। इससे भी फ़र्क़ नहीं पड़ता कि आप अपने सुझाव में कितने सही हैं, या यह बदलाव उनके लिए कितना ज़रूरी है। अगर सामने वाले को अभी बदलाव महसूस नहीं हो रहा, तो कुछ भी काम नहीं करेगा। और इससे भी बड़ी बात – जब आप किसी को ज़बरदस्ती बदलने की कोशिश करते हैं, तो क्या होता है? रिश्तों में खींचातानी, नाराज़गी और दूरी बढ़ जाती है। मैं यह बात साबित कर सकती हूं।

ज़रा एक पल के लिए उस इंसान के बारे में सोचिए जिससे आप प्यार करते हैं और चाहते हैं कि वह बदल जाए। वो कोई भी हो सकता है: आपकी मां, आपकी भांजी, आपका रूममेट, भाई, पति, पूर्व-पति/पत्नी, आपके बच्चे, आपकी भाभी, आपका सबसे अच्छा दोस्त या जीवन-साथी- कोई भी हो सकता है।

आप चाहते हैं कि वह कोई बेहतर नौकरी ढूंढ़े, वज़न घटाए, ज़्यादा प्रेरित होकर काम करे, सुबह जल्दी उठे, ख़र्च पर नियंत्रण रखे, साफ़-सफ़ाई का ध्यान रखे, ग़लत लोगों की संगति बंद करे, ज़्यादा सक्रिय हो, शराब कम पिए, पालतू कुत्ते की देखभाल में मदद करे, हर वक़्त नकारात्मक ना रहे, राजनीति पर अपने विचार बदले, लोगों की क़द्र करना सीखे, सिगरेट छोड़ दे, बच्चों के साथ ज़्यादा वक़्त बिताए, या सिंक में जूठे बर्तन छोड़ना बंद करे। आप उनके लिए चिंतित रहते हैं।

आपको यह समझ नहीं आता कि उन्हें यह समस्या क्यों नहीं दिख रही या वे ख़ुद को प्रेरित क्यों नहीं कर पा रहे। आपने शायद यह भी सोचा होगा, *इतनी सी बात इसे क्यों समझ में नहीं आती? मैं तो उनकी भलाई ही चाहता/चाहती हूं!* मैं आपकी भावना समझती हूं।

लेकिन सच्चाई यह है कि जब आप किसी पर ज़ोर डालते हैं, तो वे ज़्यादा प्रतिरोध करने लगते हैं। आप इंसानी स्वभाव के बुनियादी नियम के ख़िलाफ़ काम कर रहे होते हैं। हर इंसान को यह महसूस होना चाहिए कि वह अपने फ़ैसलों पर नियंत्रण रखता है। आप अपने जीवन में मौजूद लोगों को बदलते देखना चाहते हैं, लेकिन जब आप उन पर दबाव बनाते हैं, तो वे और ज़्यादा बदलने से इनकार करने लगते हैं।

हो सकता है अच्छी नीयत से काम कर रहे हों, लेकिन उसका नतीजा बुरा निकल रहा हो। ऐसा इसलिए होता है क्योंकि जब भी आप इंसानी स्वभाव के ख़िलाफ़ जाते हैं, आप हारते हैं। आप जो कुछ सीखने जा रहे हैं, वह इतना प्रभावशाली है कि इस किताब के हर अध्याय में से, यही एक अध्याय है जिसे मैंने सबसे ज़्यादा अपने प्रियजनों के साथ साझा किया है। क्योंकि सच तो यह है कि हम सभी की ज़िंदगी में कोई न कोई ऐसा होता है जिसे हम बदलते हुए देखना चाहते हैं। लेकिन सच्चाई यह है कि लोग तभी बदलते हैं जब वे खुद बदलने का मज़बूत एहसास करें। और *एहसास* शब्द के मायने उससे कहीं ज़्यादा गहरे हैं जितना आप सोच सकते हैं। अगर कोई व्यक्ति खुद को बदलने जैसा महसूस नहीं करता, तो इसका मतलब यह नहीं होता कि वह आलसी है या कि वह अंदर से बदलना नहीं चाहता। ज़्यादा संभावना यही होती है कि वह हताश महसूस कर रहा है — उसे लगता है कि वह बदल ही नहीं सकता, यह तरीक़ा उसके लिए कारगर नहीं होगा, या फिर यह बहुत मुश्किल होगा और वह असफल हो जाएगा।

यह केवल मेरी राय नहीं है — यह उन शोधों पर आधारित है जिन पर दुनिया के सबसे सम्मानित विशेषज्ञों ने पिछले 50 वर्षों में काम किया है। इस अध्याय में हम आप और मैं मिलकर गहराई से समझेंगे कि लोग आख़िर क्यों जाम हो जाते हैं, क्यों वे बदलाव की राह पर आगे नहीं बढ़ पाते। हम बदलाव और प्रेरणा के पीछे का न्यूरोसाइंस भी समझेंगे। लेट देम थ्योरी और कुछ अद्भुत विशेषज्ञों की मदद से, आप एक बिलकुल नया तरीका सीखेंगे — उन परिस्थितियों से निपटने का, जब आप किसी और को बदलते देखना चाहते हैं।

यह बिलकुल सच है : आप किसी और को ज़बरदस्ती नहीं बदल सकते। लेकिन मैंने यह कभी नहीं कहा कि आप उन्हें प्रभावित नहीं कर सकते।

जब मैं आपको अपने जीवन के उदाहरणों के ज़रिये यह बताऊंगी कि कैसे आप, लेट देम थ्योरी का उपयोग करके किसी और को बदलने के लिए प्रेरित कर सकते हैं, तो मैं चाहूंगी कि आप अपने रिश्तों के बारे में सोचें, उन लोगों के बारे में जो आपको सबसे ज़्यादा खिझाते हैं।

किसी के बदलने की इच्छा रखना

'काश तुम अपना ज़्यादा ख़याल रखते।'

मेरी एक क़रीबी सहेली की शादी एक ऐसे व्यक्ति से हुई है जिससे वह बेहद प्यार करती है, लेकिन उसकी सेहत ठीक नहीं है और उसे बेहतर देखभाल की ज़रूरत है। शायद आप भी किसी ऐसे इंसान को जानते हों या उससे जुड़े हों, जिसकी सेहत को लेकर आप चिंतित रहते हैं। पिछले कई सालों में उस सहेली ने अपने पति को स्वास्थ्य के प्रति जागरूक करने के लिए हरसंभव कोशिश की।

उसने अपने पति से कई बार सीधे कहा, कभी मिन्नत की, कभी इशारों में बात की और कई बार तो इस विषय पर रो भी पड़ी। पति की सेहत उसे बेहद परेशान करती है... बहुत ज़्यादा।

उसने गुस्सा भी किया है और कई बार तंज़ भी कसे हैं। उसने जिम की सदस्यता दिलवाई, नए स्पोर्ट्स शूज़ ख़रीदे, सेहतमंद खाना पकाया और यहां तक कि घर पर वर्क-आउट के लिए एक पेलोटन (एक्सरसाइज़ मशीन) भी मंगवाया।

लेकिन सब बेकार। अब हालत यह है कि हर छोटी-बड़ी बात उसे नाराज़ कर देती है, चाहे उसके पति का रेस्तरां में ऑर्डर देना हो, एक्सरसाइज़ से बचना हो, खाने के बाद मीठा खाना हो, या हर रात घंटों तक टीवी देखना वह कुछ भी करे, मेरी सहेली को बहुत चिढ़ होती है।

हालांकि, ईमानदारी से कहें तो उस आदमी ने कोशिश की है। उसने डाइटिंग शुरू की, कभी-कभी जिम भी गया, और कुछ पेलोटन क्लासेज़ भी कीं, लेकिन कुछ भी लंबे समय तक टिक नहीं पाया। नतीजतन, उसकी सेहत को लेकर वह और उसकी पत्नी एक अजीब सी जकड़ में फंसे हुए हैं, जहां ना कोई आगे बढ़ पा रहा है, ना पीछे हट पा रहा है।

वह इस बात से नाराज़ है कि उसका पति बदलना नहीं चाहता, और पति इस बात से झुंझलाया हुआ है कि उसकी पत्नी उसे बार-बार टोके जा रही है। आपको यह कहानी जानी-पहचानी लग रही है? मुझे तो लगती है।

और यक़ीनन आपको भी लग रही होगी, जब आप अपने जीवन के उस व्यक्ति के बारे में सोचते हैं जिसे आप चाहते हैं कि वह कुछ अच्छा बदलाव करे।

मैं जानती हूं कि आप उसकी बेहतरी चाहते हैं इसलिए आप चाहते हैं कि वह बदले। आप उसे प्यार करते हैं, इसलिए इस स्थिति को लेकर परेशान हैं। इसीलिए आप चाहते हैं कि वह ज़्यादा स्वस्थ रहे। कोई बेहतर नौकरी पाए। पढ़ाई में मेहनत करे। थेरेपी ले। तलाक़ के बाद ज़िंदगी में आगे बढ़े और फिर से डेटिंग शुरू करे। या कम से कम घर से बाहर निकले और दोस्तों के साथ थोड़ा समय बिताए।

किसी अपने के लिए यह चाहना कि वह बेहतर बने, ज़्यादा खुश और स्वस्थ रहे यह एकदम स्वाभाविक बात है। आप किसी के लिए एक अच्छी ज़िंदगी की कामना करें, इसमें बुराई क्या है? यह तो बहुत अच्छी बात है कि आप किसी अपने में बड़ी संभावनाएं देख पा रहे हैं। और यह बहुत ज़रूरी है कि आप किसी के जीवन में सुधार लाने, उसकी क्षमताओं को पाने और उसके लक्ष्य पूरे करने की उसकी योग्यता पर विश्वास करें।

समस्या यह नहीं है कि आप किसी के लिए यह सब कुछ चाहते हैं, बल्कि समस्या यह है कि आप इस विषय को किस तरह से पेश कर रहे हैं, और यह आपके और उस व्यक्ति के बीच के रिश्ते पर किस तरह असर डाल रहा है।

या फिर हो सकता है कि जब आप यह पढ़ रहे हैं, तो आपको एहसास हो रहा हो कि कोई दूसरा आप पर बदलने का दबाव डाल रहा है। उसे आपके काम, आपकी आदतों या आपके साथी के बारे में कुछ कहने की ज़रूरत भी नहीं पड़ती, उसका व्यवहार ही यह साफ़ कर देता है कि वह आपको वैसे स्वीकार नहीं करता जैसे आप अभी हैं। वह चाहता है कि आप अपनी ज़िंदगी किसी और तरीके से जीएं। यह बात चिढ़ाने वाली होती है, है ना? और आपका स्वाभाविक जवाब होता है उस पर पलटवार करना।

लेट देम थ्योरी ने मुझे इस बात पर गंभीरता से सोचने पर मजबूर किया है कि जब हम किसी पर दबाव डालते हैं तो वह तुरंत क्यों विरोध करता है और आख़िर बदलाव करना किसी के लिए इतना मुश्क़िल क्यों होता है।

बदलाव इतना कठिन क्यों होता है?

मेरा मतलब है, जब आप चाहते हैं कि कोई आपके कहने पर बदले, तो क्या आप ये नहीं मान लेते कि उनके लिए तो... बस ऐसा करना आसान ही होगा?

मैं ख़ुद ऐसी स्थिति से गुज़र चुकी हूं। आपको तो बस सामने वाले को साफ़-साफ़ बात बतानी होती है, है ना? उसे कह दीजिए कि अगर वह कसरत करेगा, तो उसे कितना अच्छा महसूस होगा। या बार-बार उसे याद दिलाइए कि वह बेहतर नौकरी पा सकता है और अच्छी तनख़्वाह उसके सारे आर्थिक झंझट खत्म कर देगी। या ये कि वह अगर सारा वीक-एंड सोफ़े पर बैठे-बैठे वीडियो गेम खेलता रहेगा, तो ज़िंदगी में कोई ख़ास इंसान नहीं मिलने वाला। मतलब, ज़ाहिर है कि उसने इन बातों पर कभी ख़ुद विचार ही नहीं किया होगा... है ना?

अब ज़रा इसको पलटिए, कितनी बार किसी ने आपको भी ऐसी ही 'सीधी-सादी' बातें समझाने की कोशिश की है? जैसे कि आप पहले से नहीं जानते कि कसरत करने से वज़न घटेगा। या अकेले कमरे में रोने से आपका एक्स वापस नहीं आएगा। या नर्सिंग स्कूल में दाख़िले के लिए पहले वहां आवेदन देना पड़ता है।

जब कोई आपके साथ ऐसा करता है, तो वो बात अपमानजनक लगती है। जैसे कोई आपको नीचा दिखा रहा हो। और, तब तो और भी ज़्यादा चिढ़ होती है जब कोई ऊंचाई से बैठकर आपको यह जताता है कि बस अंगुलियां चटकाइए और सब बदल जाएगा, नई नौकरी, ज़्यादा पैसा... सबकुछ मिल जाएगा। आख़िर वे यह कैसे मान सकते हैं कि उन्हें आपसे बेहतर पता है कि आपके लिए क्या सही है?

असल बात तो ये है कि परिवर्तन सबके लिए कठिन होता है, आपके लिए भी। कोई भी ये नहीं चाहता कि आप उस पर और दबाव डालें, क्योंकि वह पहले से ही अपने भीतर बहुत दबाव महसूस कर रहा है।

मेरी एक दोस्त और उसके पति की ही बात ले लीजिए। उसका पति ख़ुद भी फिट होना चाहता है! वह वज़न घटाना चाहता है। 50 पाउंड अतिरिक्त वज़न ढोना आसान नहीं होता। उसे यह बात बहुत अखरती है कि दोस्तों के बीच वही सबसे मोटा दिखता है। यह उसके दिल की सेहत के लिए भी ठीक नहीं है, और उसे यह सब मालूम है। वह कोई मूर्ख नहीं है। उसे यह भी पता है कि यह रास्ता कितना कठिन होने वाला है और इसमें कितनी मेहनत लगेगी।

सुबह जल्दी उठना, शराब कम पीना, जिम में शर्मिंदगी महसूस करना, नई डाइट शुरू करना- ये सब आसान नहीं है। ठीक वैसे ही जैसे किसी स्मोकर के लिए सिगरेट छोड़ना कठिन होता है, या जो व्यक्ति ज़रूरत से ज़्यादा ख़र्च करता है, उसके लिए बजट में रहना मुश्क़िल होता है। अकेले रहना भी एक चुनौती है, इसीलिए लोग कई बार ऐसे रिश्तों में टिके रहते हैं जो अब नहीं टिकने चाहिए। अगर किसी को नौकरी से निकाला गया हो, तो फिर से ख़ुद पर भरोसा करना और अच्छी नौकरी ढूंढ़ना भी बहुत भारी पड़ता है।

बदलाव कभी भी आसान रास्ता नहीं होता। अगर यह वाकई आसान और मज़ेदार होता, तो जिसे आप प्यार करते हैं, वह अब तक बदल चुका होता। इसलिए सबसे अच्छा काम जो आप कर सकते हैं, वह है उस पर दबाव डालना छोड़ देना और उसे जैसा वह है, वैसे ही स्वीकार कर लेना। इस समय आप उससे जो अपेक्षा कर रहे हैं, वह अव्यवहारिक है और आपका तरीक़ा उलटा असर कर रहा है। आपके पास कोई और विकल्प नहीं है, बस उसे अपने हाल पर *छोड़ देना होगा।* उसे एक वयस्क की तरह जीने देना होगा।

यही है लेट देम थ्योरी। यह थ्योरी आपको यथार्थ के धरातल पर वापस लाएगी और आपको अपने रिश्तों को ज़्यादा करुणा, सहानुभूति, विनम्रता और प्रभावी तरीक़े से जीने का मार्ग दिखाएगी। लेकिन इसके लिए पहले आपको प्रेरणा और परिवर्तन के पीछे छिपे विज्ञान को समझना होगा, ताकि आप जिस राह पर चल रहे हैं वह वास्तव में काम करे।

सच नंबर 1 : वयस्क तभी बदलते हैं जब वे स्वयं ऐसा चाहते हैं।

लोगों को मोटिवेट करने की यानी प्रेरित करने कोशिश करना बंद कर दीजिए, यह उपाय काम नहीं करता। शोध के अनुसार, बदलाव की प्रेरणा व्यक्ति के भीतर से ही आनी चाहिए।

लोग अक्सर *मोटिवेशन* शब्द को बहुत पसंद करते हैं, शायद आप भी करते हों। मेरी एक दोस्त अक्सर शिकायत करती है कि उसका अपना ध्यान रखने के लिए 'मोटिवेटेड' नहीं है। और शायद आप भी इसी बात से परेशान हैं कि जिसे आप बदलना चाहते हैं, वह भी मोटिवेटेड नहीं है।

लेकिन बात इतनी सीधी नहीं है। पहले समझते हैं मोटिवेशन का मतलब। इसका मतलब है, 'किसी काम को करने का आपका मन है। और जैसा कि आप अब तक समझ चुके हैं, वयस्क लोग वही करते हैं जो उनका मन करता है। आपके पति को एक्सरसाइज़ करने का मन नहीं है, इसलिए वे मोटिवेटेड नहीं हैं। वह करना नहीं चाहते। आप उन्हें मोटिवेट नहीं कर सकते, क्योंकि 'कुछ करने का मन होना' ये भावना उनके अंदर से ही आनी चाहिए।

मोटिवेशन के साथ परेशानी यह है कि जब सबसे ज़्यादा ज़रूरत हो, तभी वह साथ नहीं देता। अगर मोटिवेशन अपने आप आ जाता, तो हर पुरुष सिक्स-पैक ऐब्स वाला, बैंक में लाखों रुपये होते और दुनिया का सबसे बेहतरीन साइड-बिज़नेस होता। और अगर आप किसी को किसी भी काम के लिए अचानक 'मन बना देने' की ताक़त रखते, तो वह मोटिवेशन नहीं, माइंड कंट्रोल होता।

मैं भी इस मामले में ग़लतियां कर चुकी हूं।

मैंने भी सालों तक दूसरों को उसी तरह 'मोटिवेट' करने की कोशिश की, जैसे मैंने अपने आपको किया, लोगों के पीछे पड़कर। मैंने अपनी सबसे अच्छी सहेली को दोबारा डेटिंग शुरू करने के लिए ज़बरदस्ती उकसाया, अपने भाई को जबरन पर्सनल ट्रेनर दिला दिया और मां को थेरेपी के लिए मजबूर किया। लेकिन नतीजा क्या हुआ? सब कुछ पूरी तरह से नाकाम रहा।

और यह तो होना ही था, क्योंकि जब आप किसी के पीछे पड़ते हैं, तो वह अक्सर पलटकर और ज़ोर से पीछे की ओर धक्का देता है।

सच नंबर 2 : इंसान की प्रकृति है कि वह उसी दिशा में बढ़ता है जो इस पल अच्छा महसूस हो।

दबाव डालने का उपाय कारगर क्यों नहीं होता इसकी एक वजह और है। क्योंकि इंसानी दिमाग़ की संरचना ही ऐसी है कि हम उसी चीज़ की ओर खिंचते हैं जो उस समय अच्छा लग रहा हो और उस से दूर भागते हैं जो इस समय कठिन या तकलीफ़देह लगे।

यह कोई मनगढ़ंत बात नहीं, न्यूरोसाइंस है। इस विषय पर शोध करते समय मैंने हार्वर्ड से प्रशिक्षित मनोचिकित्सक डॉ. आलोक कनोजिया ('डॉ. के' के नाम से ऑन-लाइन बहुत मशहूर हैं) से बात की। मोटिवेशन और व्यवहार परिवर्तन (बिहेवियर चेंज) पर दुनियाभर में उनका बड़ा नाम है। डॉ. के ने साफ़-साफ़ कहा कि जब आप दूसरों पर दबाव डालते हैं,

तो वह उलटा असर करता है, क्योंकि आप यह नहीं समझते कि इंसान का दिमाग़ कैसे काम करता है।

डॉ. के कहते हैं कि आपको सिर्फ़ यह समझने की ज़रूरत है कि एक इंसान हमेशा उसी विकल्प को चुनेगा जो उसे उस पल सुखद लगेगा और उस काम से बचेगा जो कष्टदायक महसूस हो। परिवर्तन का प्रयास इस पल कठिन लगता है, मेहनत भरा लगता है, इसलिए कोई भी सहज रूप से इसके लिए प्रेरित नहीं होता, चाहे उसे यह अच्छी तरह पता हो कि लंबे समय में यह उसके लिए फ़ायदेमंद है।

मेरी दोस्त का पति अच्छी तरह जानता है कि सेहत सुधारने के लिए उसे बार-बार जिम जाना होगा और साथ ही अपनी जीवन-शैली में भी कई बड़े बदलाव लाने होंगे। लेकिन जिस सोफ़े पर वह बैठा है, वह अभी के लिए आरामदायक है। जो चिप्स का पैकेट वह खा रहा है, वह इस समय बहुत स्वादिष्ट है। जो मैच वह देख रहा है, वह उसे इसी पल मनोरंजन दे रहा है।

उसे पता है कि ट्रेडमिल और बेंच प्रेस जैसी एक्सरसाइज़ धीरे-धीरे अच्छे नतीजे देंगी, लेकिन वो संतुष्टि अभी नहीं मिल रही। बल्कि जब वह अपने आप को उस सोफ़े से खींचकर ट्रेडमिल पर चढ़ने की कोशिश करेगा, तो सबसे पहले उसे महसूस होगी... तकलीफ़।

ट्रेडमिल और बेंच प्रेस थका देंगे। शरीर में दर्द होगा। बहुत मेहनत लगेगी। और अगर वह इस रुटीन को निभा नहीं सका तो? अगर इसका कोई फ़ायदा नहीं हुआ तो? अगर वज़न कम नहीं हुआ? अगर वह कर ही नहीं पाया? तो क्या यह बेहतर नहीं कि चिप्स का पैकेट ख़त्म कर लिया जाए और सोचा जाए कि कल से फिर कोशिश करेंगे?

बिलकुल, यही तो वजह है! और इसी कारण वह बदलाव के लिए प्रेरित नहीं है। वह ऐसा नहीं कर रहा, क्योंकि उसे इस समय करने का मन नहीं है।

डॉ. के ने मुझसे कहा कि जब हम दूसरों पर बदलाव के लिए दबाव डालते हैं, तो हम अपनी पूरी ज़िंदगी उल्टी दिशा में तैरने में लगा देते हैं। हम अपने भीतर की प्रेरणा की संरचना को समझने के बजाय उससे लड़ने की कोशिश करते हैं। उसका उपयोग करने की जगह, उसे जीतने की कोशिश करते हैं।

जब आप किसी पर दबाव डालते हैं, तो आप इंसानी दिमाग़ की संरचना के ख़िलाफ़ जा रहे होते हैं। इंसान उसी दिशा में बढ़ता है जहां उसे इस पल सुख महसूस होता है। डॉ. के कहते हैं कि कोई भी व्यक्ति तभी अपने भीतर परिवर्तन कर सकता है, जब वह इस पल मिलने वाले दर्द और उसे जो काम करना है, उसके बीच फ़र्क़ करना सीख जाए।

यानी जब वह व्यक्ति सोफ़े पर बैठा है, तब उसे ख़ुद से कहना पड़ेगा, 'एक्सरसाइज़ करने में बहुत कठिनाई होने वाल है, लेकिन फिर भी मुझे करना है।' उसे अपने आपको उस तकलीफ़ से अलग करना होगा, उसे अपने एहसासों को पीछे छोड़कर, ख़ुद को आगे बढ़ाना होगा। और यह कोई दूसरा उसके लिए नहीं कर सकता। इसलिए, उसे सोफ़े पर बैठे रहने *दीजिए।*

और बात यहीं ख़त्म नहीं होती। ऐसे कई और गहरे मनोवैज्ञानिक कारण हैं जिनकी वजह से किसी पर दबाव डालना हर बार उलटा असर करता है।

सच नंबर 3 : इस दुनिया का हर इंसान अपने आपको अपवाद मानता है।

इस विषय पर शोध करते हुए मेरी बातचीत डॉ. टैली शारॉट से भी हुई। डॉ. शारॉट बिहेवियरल न्यूरोसाइंटिस्ट हैं और यूनिवर्सिटी कॉलेज लंदन और एमआईटी में अफ़ेक्टिव ब्रेन लैब की निदेशक हैं। उनका शोध न्यूरोसाइंस, व्यवहारिक अर्थशास्त्र (बिहेवियरल इकोनॉमिक्स) और मनोविज्ञान (साइकोलॉजी) को जोड़कर यह समझने का प्रयास करता है कि भावनाएं और व्यवहार लोगों की सोच और फ़ैसलों को किस तरह प्रभावित करते हैं।

उनकी एक खोज तो वाक़ई चौंकाने वाली है कि ज़्यादातर लोग मानते हैं कि चेतावनियां और जोख़िमों की बातें दूसरों के लिए होती हैं, उनके लिए नहीं।

और, इसीलिए मेरी दोस्त का पति यह मान लेता है कि वह शायद दुनिया का अकेला ऐसा व्यक्ति है जिसे मोटा और निष्क्रिय रहते हुए भी कभी हार्ट अटैक नहीं आएगा। वह ख़ुद को यह यक़ीन दिला लेता है कि वह जैसा है वैसा ही बना रह सकता है और उसके साथ कुछ भी बुरा नहीं होगा।

इसीलिए आपकी दोस्त को लगता है कि वह अकेली इंसान है जो दिन में कई बार वेप (ई-स्मोकिंग) कर सकती है और फिर भी फेफड़ों पर इसका कोई असर नहीं होगा। इसी वजह से आपको लगता है कि आप अपनी नौकरी में देर से आना, जल्दी निकल जाना और काम में लापरवाही कर सकते हैं और कोई पकड़ नहीं पाएगा। यही वजह है कि आपका जीवन-साथी तब भी नहीं मानता जब आप कहती हैं, 'अगर तुम नहीं बदले तो मैं छोड़कर चली जाऊंगी।'

हर किसी को लगता है कि उनके साथ बुरा नहीं होगा, वे अपवाद हैं। और, यही कारण है कि आपके आंसू, बार-बार की मिन्नतें और अल्टीमेटम भी उलटा असर करते हैं।

हमारा दिमाग़ वाक़ई में बुरे नतीजों को नज़रअंदाज़ कर देता है इसीलिए आपकी खीझें भी किसी काम की नहीं होतीं।

उन्हें लगता है कि वे अपवाद हैं। (और सच कहें तो, जब आपकी अपनी ज़िंदगी में बदलाव की बात आती है, तब आप भी खुद को अपवाद ही समझते हैं।) जब आप ताना मारते हैं, बार-बार बात को दोहराते हैं या डराने-धमकाने की कोशिश करते हैं, तो इसका नतीजा हमेशा नकारात्मक होता है।

और ज़रा ध्यान दें- डॉ. शैरट ने बताया कि जब कोई आपसे नकारात्मक बात कहता है जैसे, 'अगर तुम पीना नहीं छोड़ोगे तो मैं तुम्हें छोड़ दूंगी' या 'जिस इंसान को तुम डेट कर रहे हो वो स्वार्थी है', तब हमारे दिमाग़ का सुनने वाला हिस्सा बंद हो जाता है!

स्कैन में साफ़ दिखता है कि जब कोई ऐसी बात सुनता है जो उसे पसंद नहीं आती, तो दिमाग़ उसे ग्रहण ही नहीं करता। इसका मतलब क्या हुआ?

इसका मतलब ये हुआ कि आपके सारे अल्टीमेटम, डराने वाले तर्क, तिरस्कार से भरी निगाहें और भावनात्मक हथकंडे सामने वाले के दिमाग़ में दर्ज ही नहीं हो रहे। आप बस अपनी ऊर्जा, अपने शब्द और अपनी सांसें बर्बाद कर रहे हैं। यही वजह है कि आप इतनी झुंझलाहट और तनाव महसूस कर रहे हैं।

इसीलिए आपको एक अलग तरीक़ा अपनाना होगा और लेट देम थ्योरी इस वैज्ञानिक सच्चाई के अनुरूप आपकी ऊर्जा और समय को ज़्यादा असरदार और सहानुभूतिपूर्वक इस्तेमाल करने में मदद करेगी।

और अगर आपने इसे सही ढंग से अपनाया, तो मुमकिन है कि जिसे आप प्यार करते हैं, वह स्वयं ही परिवर्तन के लिए प्रेरित होगा।

चलिए अब वापस मेरी सहेली और उसके पति के उदाहरण पर लौटते हैं और उसके पति की स्थिति को ज़रा अपने जीवन में रखकर सोचते हैं।

मान लीजिए, आप काम से थके-हारे घर लौटते हैं। और आपका जीवन-साथी बहुत मज़े से सोफ़े पर बैठा है, बास्केटबॉल का मैच देखते हुए चिप्स खा रहा है। वह वहां बैठे-बैठे पूरी तरह संतुष्ट है। सच कहें तो, उसे वहां बैठना बहुत अच्छा लग रहा है। वह मुस्कुराते हुए कहता है, 'हाय हनी!'

लेकिन आप... आप जैसे ही उसे देखती हैं, तनाव सिर चढ़कर बोलने लगता है और दिमाग़ का ऐमिगडाला सक्रिय हो जाता है। आप तुरंत चिढ़ जाती हैं। भीतर ही भीतर ग़ुस्सा उबाल मारने लगता है। और आप ख़ुद को रोक नहीं पाती, एक लंबी सांस लेकर कहते हैं, 'ओह, हाय।'

आप अभी तक जो भी मानव मस्तिष्क, प्रेरणा के विज्ञान या इस विषय पर पढ़ा और जाना है, वो सब भूल चुकी हैं। आप बस यही सोच रही हैं कि उसे उठकर कुछ और करना कितना आसान हो सकता है, कुछ भी, बस अपने आलसी शरीर को सोफ़े से हटाकर करना शुरू कर दे।

आप इस समय स्वीकृति नहीं, बल्कि निर्णयात्मक दृष्टिकोण से देख रही हैं। इसलिए आप यह नहीं सोच पा रही हैं कि उसे जिम जाने के लिए कितने छोटे-छोटे क़दम उठाने होंगे और वह सब उसके लिए कितना कष्टदायक है।

आप यह नहीं सोच रहीं कि उसे पहले कमरे में जाना होगा, कसरत वाले कपड़े पहनने होंगे, पानी की बोतल भरनी होगी, चाबी ढूंढ़नी होगी, गाड़ी चलाकर जिम जाना होगा, जिम के अंदर जाना होगा, कोई मशीन ढूंढ़नी होगी और फिर वहां वास्तव में वह मेहनत करनी होगी।

इसके बजाय आप उस वास्तविकता, उस विज्ञान और उस सच्चाई को नज़रअंदाज़ कर देती हैं कि बदलाव सभी के लिए कितना मुश्क़िल होता है और आप सीधे ग़ुस्से से उबलने लगती हैं, सिर्फ़ इस बात पर कि सामने वाला वही नहीं कर रहा जो आप चाहती हैं, उस समय नहीं कर रहा जब आप चाहती हैं।

असलियत में, उस स्थिति में तिरस्कार नहीं बल्कि सहानुभूति की ज़रूरत होती है... और आपकी झुंझलाहट और चिड़चिड़े व्यवहार से वह व्यक्ति सोफ़े से उठने वाला नहीं है। बल्कि, ऐसा करने से तो वह वहीं सोफ़े पड़ा रहेगा, यहां तक कि रिमोट खो जाए, तो भी।

चाहे आपके इरादे कितने ही नेक और परवाह करने वाले हों, लेकिन आपका लहज़ा ऐसा लग रहा है जैसे आप उन्हें ठीक करने की कोशिश कर रही हैं और यह बात उन्हें तकलीफ़देह लगती है। उन्हें आपकी बातें आलोचना जैसी लगती हैं। ज़िससे वे रक्षात्मक हो जाते हैं और यह उन्हें बदलाव की भावना से और ज़्यादा दूर कर देता है।

टकराव की घड़ी

दबाव से बदलाव नहीं आता। दबाव तो बदलाव के प्रति प्रतिरोध पैदा करता है।

जब आप किसी और के व्यवहार पर नियंत्रण जमाने की कोशिश करते हैं, तो वह स्वाभाविक रूप से आपकी कोशिशों का विरोध करता है। आपका उद्देश्य किसी को बदलने की प्रेरणा देना होता है, लेकिन आपकी यह कोशिश नियंत्रण की लड़ाई में बदल जाती है।

जब मैंने डॉ. शारोट से बात की, तो उन्होंने फिर से यह बात साफ़ की कि इंसानों में यह प्रवृत्ति जन्मजात होती है कि वे अपने जीवन पर नियंत्रण रखना चाहते हैं। यह एक तरह की सुरक्षा की भावना है। जब हमें लगता है कि हम अपने फ़ैसले ख़ुद ले रहे हैं, तब हमें सुरक्षित महसूस होता है। और यही बात आपके आसपास के हर व्यक्ति पर भी लागू होती है।

चाहे वह आपके जीवनसाथी हों, रूम-मेट, मां, बॉस या दोस्त, हर कोई तभी सुरक्षित महसूस करता है जब उसे लगता है कि वह अपनी ज़िंदगी का नियंत्रण ख़ुद संभाले हुए है।

इसका मतलब यह है कि जब आप किसी पर दबाव डालते हैं, ज़बरदस्ती करते हैं या यह बताते हैं कि उसे क्या करना चाहिए, तो आप उसके अंदर मौजूद नियंत्रण की ज़रूरत को चुनौती दे रहे होते हैं। आप उसके स्वायत्तता के *रास्ते* में आ रहे होते हैं, यानी वह भावना कि हम अपनी सोच, फ़ैसलों और जीवन के मालिक ख़ुद हैं।

जब आप किसी को यह कहकर इशारा देते हैं, 'बाहर दौड़ने के लिए आज का मौसम अच्छा है', जबकि सामने वाले का बिलकुल मन नहीं है, तो आप अनजाने में उसे धमकी

दे रहे होते हैं। आपका सुझाव, चाहे वह कितनी भी अच्छी नीयत से दिया गया हो, सामने वाले को ऐसा महसूस करवा सकता है जैसे आप उसकी यह आज़ादी छीनने की कोशिश कर रहे हों कि वह अपना फ़ैसला खुद ले सके, जब चाहे जो करना चाहे वह कर सके। इसीलिए ज़रूरी है कि आप वयस्कों को वयस्कों की तरह ट्रीट करें। *उन्हें उनके मन का करने दें।*

व्यक्ति जैसा है उसे वैसा ही स्वीकार करना ही एक स्वस्थ और प्रेमपूर्ण संबंध की बुनियाद है। जब किसी को यह एहसास होता है कि आप उसे ज्यों का त्यों स्वीकार करते हैं, तो उसे आपके साथ सुरक्षित महसूस होता है। इसके ठीक उलट होता है जब आप किसी पर दबाव बनाते हैं, उसे बदलने की कोशिश करते हैं, आलोचना करते हैं, उसे मजबूर करते हैं या उससे यह अपेक्षा रखते हैं कि वह वैसा बर्ताव करे जैसा वह स्वाभाविक रूप से नहीं करता। इस तरह का दबाव आप दोनों के बीच नियंत्रण का संघर्ष पैदा कर देता है, चाहे आपको इसका एहसास हो या नहीं।

डॉ. के का शोध याद है? हमारा दिमाग़ ख़ुशी की ओर बढ़ता है और दर्द से दूर भागता है। जब किसी को आपके दबाव में दर्द महसूस होता है, तो वह आपसे दूर जाने लगता है। और फिर आप और ज़ोर लगाने लगते हैं, जिससे वह और ज़्यादा विरोध करता है।

यह आप दोनों के बीच एक अंतहीन संघर्ष बन जाता है और इस संघर्ष को खत्म करने की ताक़त सिर्फ़ आपके पास है। उसे आराम से सोफ़े पर *बैठे रहने दीजिए*, क्योंकि अगर आप चाहते हैं कि यह टकराव ख़त्म हो, तो आपको ही पहले रुकना होगा।

अगर आप मेरी उस दोस्त और उसके पति के उदाहरण को याद करें, तो सोचिए, इस पूरे हालात में नियंत्रण किसके पास है? पति के पास। जब तक वह अपनी पत्नी की बातों को नज़रअंदाज़ करता रहेगा, वह अपने जीवन, अपने फ़ैसलों और अपने व्यवहार पर नियंत्रण बनाए रखेगा।

जैसे ही वह व्यक्ति पत्नी की बात मानता है, वह अपनी स्वतंत्र इच्छा खो देता है और पत्नी को लगता है कि वह 'जीत' गई। अब यह बहस कसरत को लेकर नहीं रह जाती, बल्कि इस बात पर आ टिकती है कि असली नियंत्रण किसके पास है।

यह भी साफ़ होता है कि वह पत्नी इस मामले को क्यों नहीं छोड़ पाती। पति की सेहत उसे भीतर तक डरा देती है और उसे ऐसा लगता है जैसे उसने अपने जीवन के एक बेहद अहम हिस्से पर नियंत्रण खो दिया है...इसलिए वह लगातार कोशिश करती है कि उसे कंट्रोल करे, ताकि उसे यह महसूस हो सके कि वह अभी भी अपनी ज़िंदगी के इस हिस्से पर नियंत्रण रखे हुए है।

लेकिन इससे पति को ख़तरे का एहसास होता है और वह ख़ुद को बचाने के लिए पीछे हटता है। जैसे-जैसे वह और ज़्यादा ज़िद्दी बनता है, वैसे-वैसे पत्नी का दबाव भी बढ़ता जाता है।

क्या आप देख सकते हैं कि यह रिश्ता कैसे एक ऐसे मोड़ पर पहुंच जाता है जहां सब कुछ थम जाता है और फिर हालात धीरे-धीरे और भी ज़्यादा बिगड़ते जाते हैं?

और शायद आप इसी तरह की स्थिति को अपने किसी बच्चे, बुज़ुर्ग माता-पिता या जीवन-साथी के साथ महसूस कर रहे हों। या फिर हो सकता है कि आप पर कोई और दबाव बना रहा हो और उसी वजह से आप इस टकराव से गुज़र रहे हों।

सच्चाई यह है कि कोई भी नहीं चाहता कि उसके अपने चाहे वह दोस्त हों, परिवार या कोई प्रिय व्यक्ति उस पर दबाव डालें। हर कोई चाहता है बिना शर्त का प्रेम, स्वीकृति, दयालुता और सहानुभूति। कोई भी यह नहीं चाहता कि उसे कंट्रोल किया जाए। हर कोई चाहता है कि उसे पूरे दिल से स्वीकार किया जाए, जैसा वह है और जहां वह अपनी ज़िंदगी में इस समय खड़ा है।

यही वह बात है जो आपको पूरी तरह आप बनने की आज़ादी देती है और आपके रिश्तों में सुरक्षा का एहसास कराती है। आप बिलकुल नहीं चाहेंगे कि आपकी सबसे अच्छी सहेली आपको यह कहे कि उसे आपका बॉय-फ्रेंड पसंद नहीं है, या आपका पार्टनर आपको जबरन जिम की मेंबरशिप, पेलोटन मशीन और ऑर्गेनिक सामान थमा दे।

और यहीं एक और सच्चाई सामने आती है।

अक्सर ऐसा होता है कि सामने वाला व्यक्ति भीतर ही भीतर वाक़ई में बदलना चाहता है। डॉ. के ने इस भीतरी तनाव के बारे में बहुत कुछ बताया है। यह वह तनाव है जो तब होता है जब किसी को मालूम होता है कि उनकी आदतें या व्यवहार लंबे समय में उनके लिए ठीक नहीं हैं।

यही तो मेरे दोस्त के पति को भी महसूस हो रहा है। इसी वजह से वो बीच-बीच में कोशिश करता है, रुकता है, फिर से शुरू करता है। इसी वजह से वो जूझ रहा है।

बदलाव हर किसी के लिए कठिन होता है। और जब कोई आप पर लगातार दबाव डाल रहा हो, तो यह और भी मुश्क़िल हो जाता है। क्योंकि तब आपको ना केवल उनके दबाव का सामना करना होता है, बल्कि जब आप सच में कुछ बदलने लगते हैं, तब ये भी स्वीकार करना पड़ता है कि दबाव बनाने वाला सही था।

डॉ. के बार-बार इस बात पर ज़ोर देते हैं कि बदलाव की पहल खुद उस व्यक्ति की ओर से होनी चाहिए, आपका दबाव नहीं होना चाहिए। पति के पास ऐसा कोई ऐसा कारण चाहिए जो उसे मेहनत करने के लिए प्रेरित करें, सिर्फ़ पत्नी को चुप करने के लिए नहीं करना चाहिए। अगर बदलाव की वजह केवल यही हो कि सामने वाला व्यक्ति शांत हो जाए, तो वो बदलाव टिकाऊ नहीं होगा। और नतीजा यह होगा कि उनके बीच की नाराज़गी और कड़वाहट और ज़्यादा बढ़ती जाएगी।

लोग वही करते हैं जो उनका मन करता है

लोग तभी बदलते हैं जब वे खुद उस बदलाव के लिए तैयार होते हैं। आप अपनी तय की हुई समय-सीमा पर उनके ना बदलने के लिए उन्हें सज़ा देना बंद कीजिए। उन्हें किसी ऐसे काम के लिए प्रेरित करने की कोशिश करना छोड़ दीजिए जिसे वे साफ़ तौर पर करना नहीं चाहते।

इससे ना केवल आपका समय बर्बाद होगा, बल्कि आपको तनाव ही होगा, आपके रिश्ते बिगड़ेंगे और सबसे बड़ी बात इससे आप दोनों के बीच एक दीवार खड़ी हो जाएगी।

सच्चा प्रेम यही कहता है कि आप सामने वाले को वहीं उसी तरह स्वीकार करें, जो वह इस समय है। आपको यह सीखना होगा कि वयस्कों को वयस्क की तरह जीने देना चाहिए। यही वजह है कि लेट देम थ्योरी इतनी असरदार है।

जब आप उन्हें *वैसे ही रहने देते हैं जैसे वे हैं*, तो आप उन्हें उसी रूप में अपनाते हैं। उन्हें उनके अपने समय पर *जीने दीजिए।* उन्हें अपने करियर में विफल *होने दीजिए।* उन्हें वेप *करने दीजिए।* उन्हें हार *मानने दीजिए।* उन्हें उस दुखद रिश्ते में *रहने दीजिए।* उन्हें वादे करके भूल *जाने दीजिए।* उन्हें अस्त-व्यस्त *रहने दीजिए।* उन्हें डिनर पार्टी में ट्रैकपैंट पहनकर *आने दीजिए।* उन्हें सारा वीक-एंड वीडियो गेम *खेलने दीजिए।* उन्हें अपनी निष्क्रियता के नतीजे महसूस *करने दीजिए।* उन्हें सोफ़े पर पड़े *रहने दीजिए*, चाहे वे कभी जिम ना जाएं। उन्हें अपना जीवन अपने ढंग से *जीने दीजिए।*

यह बात सुनने में आसान लगती है, लेकिन इसका मतलब यह नहीं कि इसे अपनाना भी आसान है। मुझे पता है, आप इसे पढ़ते हुए सोच रहे होंगे, 'तो क्या अब मैं कुछ कर ही नहीं सकता?' लेकिन ऐसा नहीं है। हमेशा कुछ न कुछ ऐसा होता है जो आप कर सकते हैं। और वह है अपने आपको बदलना। जिस एक बदलाव पर आपका पूरा नियंत्रण है, वो है आपका अपना व्यवहार। और यहीं से आपकी असली ताक़त शुरू होती है।

आपके व्यवहार में पहला बदलाव यह होना चाहिए कि दबाव बनाना बंद करें और स्वीकार करना शुरू करें। उन्हें जैसा वे हैं, वैसा ही रहने दें। जब आप उन्हें वैसे ही स्वीकार कर लेते हैं, जैसे वे हैं, तो नियंत्रण के लिए होने वाली वह थकाऊ और बेकार जंग वहीं ख़त्म हो जाती है और आप सकारात्मक बदलाव की असली लड़ाई जीतने की दिशा में क़दम रखते हैं।

यह बात विज्ञान भी मानता है।

लेकिन अब आप शायद यह सोच रहे होंगे, 'अगर दबाव नहीं डालना है, तो फिर काम कैसे चलेगा?' मैंने यह ज़रूर कहा कि आप किसी और का व्यवहार नहीं बदल सकते... लेकिन मैंने यह नहीं कहा कि आप उसका असर नहीं डाल सकते। यहीं से *लेट मी* की शुरुआत होती है और आप प्रभाव डालने की असली ताक़त को समझ पाते हैं।

दशकों की रिसर्च यह कहती है कि आप किसी को बदलाव के लिए मजबूर नहीं कर सकते, लेकिन आप उन्हें बदलाव की ओर प्रेरित ज़रूर कर सकते हैं और इस तरह कि उन्हें लगे कि यह तो उनकी अपनी सोच थी।

मैं अगले अध्याय में आपको यह बताऊंगी कि कैसे आप बिना किसी पर कोई दबाव डाले बिना किसी के भीतर बदलाव की स्वाभाविक इच्छा को जगा सकते हैं- वे जो चाहें वही करने दीजिए-*लेट देम*। और फिर सही समय पर सही शब्द और सही व्यवहार अपनाकर, वैज्ञानिक तरीक़े से अपना प्रभाव डालिए।

अध्याय 15

अपने प्रभाव की ताक़त को जगाइए

आपके प्रभाव की शक्ति तब जादुई रूप ले लेती है जब आप लोगों को बदलने के लिए उन पर दबाव डालना बंद कर देते हैं और उन्हें जैसे *वे* हैं, वैसा ही स्वीकार कर लेते हैं। अब आपके पास समय और ऊर्जा होती है अपनी सकारात्मक उपस्थिति के प्रभाव को जगाने के लिए।

मनुष्य सामाजिक प्राणी है और अपने आस-पास के लोगों से बहुत गहराई से प्रभावित होता है, यह बात मानव व्यवहार पर दशकों की रिसर्च से बार-बार सिद्ध हुई है। यही कारण है कि जब आप ऑन-लाइन किसी को किसी प्रोटीन पाउडर की तारीफ़ करते देखते हैं, या किसी नई जीन्स की स्टाइल को लेकर उत्साहित पाते हैं, तो आप भी अचानक उसे ख़रीदने का मन बना लेते हैं या फिर कोई प्रोफ़ेशनल गोल्फ़र जब कहता है कि किसी ख़ास क्लब ने उसका खेल सुधार दिया, तो आपका भी मन करता है कि उस क्लब को जॉइन कर लें।

जब आप देखते हैं कि कोई चीज़ किसी और के लिए सकारात्मक परिणाम ला रही है, तो आप भी उसकी ओर आकृष्ट होते हैं। चाहे आपको इसका एहसास हो या ना हो, जब कोई और किसी चीज़ में बहुत आनंद ले रहा होता है, या वैसा परिणाम पा रहा होता है जैसा आप चाहते हैं, या किसी कार्य को सहजता और आनंद के साथ करता हुआ दिखता है, तो आपका मन भी उसकी ओर स्वतः खिंच जाता है। इसीलिए जब कोई मित्र किसी पुस्तक की बहुत तारीफ़ करता है, तो आप भी स्वाभाविक रूप से उसे पढ़ना चाहते हैं।

रिसर्च बताती है कि अगर कोई व्यक्ति ट्रेन में बैठकर सेब खाना शुरू करता है, तो उसके आस-पास बैठे लोगों को भी सेब खाने की इच्छा होने लगती है। अगर कोई सहकर्मी दोपहर के खाने के समय बाहर टहलने जाता है, तो अचानक आपको भी टहलने का मन करने लगता है।

प्रभाव इसलिए काम करता है क्योंकि यह मानव व्यवहार पर दशकों की रिसर्च से सिद्ध हुआ है। हम सामाजिक प्राणी हैं और अपने आसपास के लोगों से गहराई से प्रेरित और

प्रभावित होते हैं। डॉ. शैरट इसे 'सोशल कंटेजन' कहती हैं। यह एक सुंदर शब्द है यह बताने के लिए कि लोगों का व्यवहार संक्रामक होता है।

इसे अपने जीवन के लोगों के साथ इस्तेमाल करना बहुत सरल है : जो बदलाव आप दूसरों में देखना चाहते हैं, वही पहले आप खुद दिखाइए। आप जो कह रहे हैं, उसे अपने आचरण में उतारिए। अगर किसी भी रूप में आपके पास यह संभावना है कि आप किसी को उस व्यवहार की ओर प्रेरित कर सकते हैं, जिसकी आप उनसे उम्मीद करते हैं, तो सबसे पहले उन्हें दिखाइए कि वह बदलाव अपनाना कितना आसान है। आप किसी और को यह नहीं कह सकते कि वे सेहतमंद खाएं जबकि आप अभी-अभी आपने क्रोइसां (फ्रेंच पेस्ट्री) खायी और उसकी तारीफ़ करते फिर रहे हैं। लेकिन अगर आप ख़ुद हमेशा पौष्टिक भोजन करते हैं और कहते हैं कि इसका स्वाद कितना अच्छा है, तो आप उन पर असर डाल सकते हैं।

आप फ़ोन चलाते हुए किसी से यह नहीं कह सकते कि वे अपना फ़ोन देखना बंद करें। लेकिन आप उन पर तब असर डाल सकते हैं अगर आप अपना फ़ोन किसी और कमरे में रख दें और अपने गैजेट्स का सीमित इस्तेमाल करके बेहतर उदाहरण पेश कर सकते हैं। जो व्यवहार आप दूसरों में देखना चाहते हैं, वही पहले आप खुद अपनाइए।

इस रिसर्च की जो बात मुझे सबसे पसंद है, वह यह है कि यह किसी को बदलने का एक चुपचाप असर करने वाला तरीक़ा है। जिससे उन्हें यह महसूस होता है कि यह बदलाव उनका *अपना* फ़ैसला था।

चलिए उसी सहकर्मी का उदाहरण लेते हैं जो हर दिन टहलने जाता है। अगर आप किसी को लगातार कुछ हफ़्तों तक रोज़ ऐसा करते हुए देखते हैं, तो वह आपको अनजाने में प्रभावित करने लगता है। आप रोज़ देखते हैं कि वह लंच के समय बाहर जाता है, फिर टहलकर लौटता है। उसका मूड अच्छा होता है, उसमें ऊर्जा होती है, और वह मुस्कुरा रहा होता है। और फिर अगला दिन आता है, जब वह बाहर जा रहा होता है और आप अपनी मेज़ पर बैठे होते हैं, एक हाथ में सैंडविच दबाए, लंच ब्रेक में भी काम करते हुए।

आधे घंटा बाद, वह सहकर्मी लौटता है, तरोताज़ा, ऊर्जा से भरा हुआ और ख़ुश। उसका यह उदाहरण आपको प्रभावित करता है, भले ही आप इसे सोच-समझकर महसूस ना कर रहे हों। और ज़रा सोचिए, अगर आप यह दृश्य बार-बार देखते हैं, और हर बार वह इसका आनंद लेते हुए दिखता है, तो क्या होता है? एक दिन अचानक आप खिड़की से बाहर देखते हैं, मौसम अच्छा है, हल्की धूप है और आपको भी पहली बार ऐसा लगता है कि क्यों ना आज लंच ब्रेक में थोड़ा टहला जाए, जैसे आप आमतौर पर नहीं करते। अब मैं जो कहना चाहती हूं, उसे समझिए। मुझे इस प्रभाव की ताक़त में सबसे अच्छी बात यह लगती है कि जैसे ही आप दरवाज़ा खोलकर टहलने निकलते हैं, आपको लगता है यह तो आपका ख़ुद का विचार था। लेकिन नहीं, यह था आपके सहकर्मी का प्रभाव, जो चुपचाप आपके दिमाग़ पर असर कर रहा था। और उन्होंने ऐसा करने की कोई कोशिश भी नहीं की थी! वो

तो बस टहलने जा रहे थे...और उसका आनंद ले रहे थे। है ना बात पूरी तरह से समझ में आने वाली?

यही है आपके प्रभाव की असली ताक़त और आप इस रिसर्च का इस्तेमाल अपने जीवन में किसी को भी प्रेरित करने के लिए कर सकते हैं। कैसे? आइए जानें :

सबसे पहले तो उन्हें जैसे हैं, *वैसे ही रहने दें।*

उन पर बदलाव के लिए दबाव डालना बंद कर दीजिए। यह स्वीकार कीजिए कि आप उनके व्यवहार या कर्मों को नियंत्रित नहीं कर सकते। वयस्क लोग वही करते हैं जो उनका मन करता है। आपका काम है उन्हें जैसे वे हैं और जहां पर वे हैं, उसी रूप में स्वीकार करना। उन्हें उन जैसा रहने दीजिए।

लेट देम और आपको जो करना है, आप करते रहिए। *लेट मी।*

अपने प्रभाव का उपयोग कीजिए

याद रखिए, असली ताक़त आपके प्रभाव में है। इसका मतलब है कि आप उस बात पर ध्यान दें, जो आपके नियंत्रण में है यानी आपका अपना व्यवहार। आप जैसा बदलाव देखना चाहते हैं, पहले उसे खुद अपनाइए और उसे आसान व आनंददायक बनाकर दिखाइए।

डॉ. शैरट की रिसर्च बताती है कि आपका प्रभाव वास्तव में असरदार होता है, लेकिन इसके लिए बहुत धैर्य चाहिए, क्योंकि आपके सकारात्मक प्रभाव को किसी और के मस्तिष्क में असर दिखाने में समय लगेगा।

इसलिए आपको बार-बार ख़ुद से कहना होगा *लेट देम।* आपको सिर्फ़ अपने व्यवहार और अपने नज़रिये पर ध्यान देना है। यह उम्मीद नहीं करनी है कि वे बदलेंगे। आपको अपनी उम्मीदें इसलिए छोड़नी होंगी, क्योंकि अगर आप यह सब किसी के बदलने की अपेक्षा से कर रहे हैं, तो जब वे नहीं बदलेंगे, तो आपके भीतर नाराज़गी आने लगेगी। ख़ुद पर ध्यान दें, वह व्यवहार और सकारात्मक दृष्टिकोण अपनाइए क्योंकि वह आपको अच्छा लगता है और इस भरोसे को बनाए रखें कि आपके प्रभाव का जादू एक दिन उन पर असर करेगा। इसे असर करने में छह महीने या उससे ज़्यादा भी लग सकते हैं, इसलिए तैयार रहें। मुझे पता है, आप सोच रहे हैं-

छह महीने?!

हां, बिलकुल-छह महीने। आपको लगातार छह महीने या उससे भी ज़्यादा समय तक जिम जाना पड़ सकता है, उसे आसान और आनंददायक दिखाना पड़ सकता है, और जब आपके भीतर असाधारण बदलाव आने लगते हैं तब शायद आपके जीवन में जो व्यक्ति है, वह ख़ुद से प्रेरित होकर व्यायाम शुरू करने के बारे में सोचे। अगर आपको इतनी देर तक इंतज़ार नहीं करना है या फिर अगर आप पहले से ही किसी प्रिय व्यक्ति के साथ थकाऊ और

निराशाजनक स्थिति में फंसे हुए हैं तो अब समय आ गया है प्रभाव विज्ञान (साइंस ऑफ़ इन्फ़्लूएंस) की कुछ उन्नत तकनीकों को आज़माने का।

एबीसी लूप

एबीसी लूप एक ऐसा टूल है जिसे मैंने तैयार किया है। यह विशेषज्ञों की सलाह लेकर बनाया गया है, और मैंने इसे एक सरल सूत्र (फ़ार्मूला) के रूप में प्रस्तुत किया है जिसे आप अपने जीवन में किसी के साथ भी प्रयोग कर सकते हैं।

एबीसी लूप में तीन चरण होते हैं :

ए : अपॉलजाइज़ (माफ़ी मांगना) और फिर ऐसे सवाल पूछना जिनके जवाब खुलकर दिए जा सकें।

बी : बैक ऑफ़ (पीछे हटिए) और उनके व्यवहार को ध्यान से देखिए।

सी : सेलिब्रेट (प्रगति का उत्सव मनाइए) और साथ ही बदलाव का उदाहरण बनकर उसे जारी रखिए।

आइए इन तीनों चरणों को एक-एक करके समझें कि इन पर कैसे अमल करना है, साथ ही यह भी समझें कि लेट देम थ्योरी और वैज्ञानिक दृष्टिकोण से यह तरीक़ा क्यों कारगर है।

1. मूल नियम : एबीसी लूप का उपयोग कैसे करें

अगर आप उन्नत तकनीकों का इस्तेमाल करना चाहते हैं, तो आपको थोड़ी पूर्व-तैयारी करनी होगी।

एबीसी लूप की शुरुआत एक बातचीत से होती है, जो एक प्रमाणित और वैज्ञानिक तकनीक पर आधारित है। यह बातचीत पहले की किसी भी बातचीत से बिलकुल अलग होगी, जो आपने इस मुद्दे पर की है। इस बार आप एक शोध-सिद्ध तरीक़ा अपनाने जा रहे हैं, जिसे चिकित्सा क्षेत्र में विशेषज्ञ क्लिनिकल सेटिंग्स में इस्तेमाल करते हैं।

इस बातचीत को सफल बनाना है, तो इसे गंभीरता से लेना ज़रूरी है और इसकी तैयारी पहले से करनी होगी।

अगर यह समस्या काफ़ी समय से चली आ रही है, तो आपके मन में इसके प्रति बहुत सारी दबाई हुई निराशा और भावनाएं जमा हो चुकी होंगी। यही भावनाएं अक्सर बातचीत को टकराव की ओर ले जाती हैं। इसीलिए तैयारी और बातचीत को सही ढंग से तय करना ज़रूरी है ताकि आपकी भावनाएं शांत हों और आप ज़्यादा प्रभावशाली ढंग से संवाद कर सकें।

यह बातचीत आमने-सामने होनी चाहिए, ना कि फ़ोन पर, ना ही किसी जल्दबाज़ी या शराब के नशे में। इसे किसी अनचाहे माहौल में, जैसे चलते-फिरते, या तब जब सिर्फ़ 20 मिनट का समय हो- ऐसे नहीं करना चाहिए। इसका मक़सद है किसी ऐसे व्यक्ति से गहराई से जुड़ना, जिसकी परवाह आपको है, उस मुद्दे पर जो आपको परेशान कर रहा है।

यह समय है सहानुभूति और जिज्ञासा दिखाने का। यह मौक़ा आपको अपनी कुंठा या चिंता निकालने के लिए नहीं मिला है। इस प्रक्रिया का उद्देश्य 'सही' साबित होना नहीं है। असली उद्देश्य है, एक ऐसा संवाद रचना जो तनाव को ख़त्म करे और सकारात्मक बदलाव की गुंजाइश बनाए।

इसका सबसे अच्छा तरीक़ा है पूरी निष्ठा से सामने वाले को सुनना, रोक-टोक के बिना। अगर आप इस फ़ॉर्मूले का पालन करते हैं, तो चिंता की कोई बात नहीं, क्योंकि आप प्रेम (और विज्ञान) की भावना से आगे बढ़ रहे हैं। आप यह ज़रूर कर सकते हैं।

2. तैयारी का चरण : '5 व्हायज़' (क्यों) विधि का उपयोग

बातचीत शुरू करने से पहले, यह बहुत ज़रूरी है कि आप खुद के भीतर पूरी स्पष्टता पा लें कि आख़िर कौन-सी बात आपको इतनी चिढ़ दिला रही है और आप क्यों चाहते हैं कि सामने वाला बदले। यह इसलिए ज़रूरी है क्योंकि किसी और से ईमानदारी से बात करने से पहले, आपको अपने आप से पूरी सच्चाई से, बिना बहाने के, ईमानदारी से बात करनी होगी।

तो अब सवाल उठता है कि अपने भीतर की सच्चाई तक कैसे पहुंचा जाए? एक खाली काग़ज़ लीजिए, अपनी डायरी खोलिए या अपने फ़ोन में नोट्स ऐप चालू कीजिए।

मक़सद यह है कि आप अपनी भावनाओं से ऊपर उठें और यह जानने की कोशिश करें कि यह बात आपको इतना क्यों परेशान करती है। इसके लिए आप एक प्रमाणित तकनीक का उपयोग करेंगे, जिसे कहते हैं '5 व्हायज़ मेथड' (5 'क्यों' विधि)। यह तकनीक टोयोटा कंपनी के संस्थापक और आविष्कारक साकीचि टोयोडा ने बनाई थी। उन्होंने इसे इंजीनियरों को किसी समस्या की जड़ तक पहुंचने में मदद करने के लिए विकसित किया था। आज यह विधि दुनियाभर के बिज़नेस स्कूलों और इंजीनियरिंग प्रोग्राम में पढ़ाई जाती है।

मैंने ख़ुद '5 व्हायज़ मेथड' का उपयोग अपने जीवन, व्यवसाय और वैवाहिक जीवन में तब किया है, जब मैं किसी ऐसी समस्या में फंसी जिसका समाधान मुझे नहीं मिल रहा था, इस तकनीक ने मुझे बहुत गंभीरता से सोचने में मदद की है।

इस विधि में आपको क्या करना है? बस एक ही सवाल पांच बार पूछिए, 'क्यों?' जब तक आपको ऐसा ना लगे कि आप अपनी परेशानी की जड़ तक पहुंच गए हैं।

देखिए, *आप '5 व्हायज़ मेथड'* का उपयोग कैसे कर सकते हैं :

ख़ुद से पूछिए: *इस व्यक्ति का व्यवहार (या यह स्थिति) मुझे इतना परेशान क्यों करती है?*

थोड़ा रुकिए, सोचिए और फिर अपना जवाब लिखिए या बोलिए।

अब दोबारा वही सवाल पूछिए :

यह बात आपको क्यों परेशान करती है?

फिर तीसरी बार : यह बात आपको क्यों परेशान करती है?

फिर चौथी बार : यह बात आपको क्यों परेशान करती है?

और आख़िरी बार, पांचवीं बार पूछिए : यह बात आपको क्यों परेशान करती है?

यहां एक उदाहरण देखिए-

मेरी एक सहेली अपने पति के स्वास्थ्य को लेकर परेशान है। चलिए उसके मन में झांकते हैं :

यह व्यवहार/स्थिति आपको क्यों परेशान करती है? क्योंकि वह अपनी सेहत की परवाह नहीं करते।

यह बात आपको क्यों परेशान करती है? *क्योंकि वह बच्चों के सामने ग़लत आदतों का उदाहरण बन रहे हैं।*

यह बात आपको क्यों परेशान करती है *ऐसा लगता है जैसे वह ज़िंदगी की अहम बातों को नज़रअंदाज़ कर रहे हैं। सिर्फ़ एक और बीयर, टीवी, और एक आइसक्रीम के लिए... और अब वह मुझे आकर्षक भी नहीं लगते।*

यह बात आपको क्यों परेशान करती है? वह मेरी ज़िंदगी का प्यार हैं और मुझे लगता है कि वह स्वार्थी हो गए हैं। *मैं नहीं चाहती कि उन्हें दिल का दौरा पड़े। वह थोड़ी वर्ज़िश तो कर ही सकते हैं ना?*

यह बात आपको क्यों परेशान करती है? मुझे डर है कि कहीं मैं उन्हें समय से पहले ही ना खो दूं।

देखा आपने, यह टूल किस तरह काम करता है? जब आप पांच बार 'क्यों' पूछते हैं, तो यह साफ़ नज़र आने लगता है कि मामला सिर्फ़ पति पर गुस्सा होने का नहीं है, बात उससे कहीं ज़्यादा गहरी है। यही वजह है कि यह स्थिति उसे इतना तनाव देती है।

और अब एक और ज़रूरी बात जान लीजिए:आपके जवाब सिर्फ़ आपके लिए ही होंगे और बहुत ही निजी होंगे। आप इस प्रक्रिया के ज़रिये अपनी किसी असहज या तकलीफ़देह सच्चाई तक भी पहुंचने की कोशिश करें। भले ही वह सच्चाई आपके बारे में कुछ ऐसा दिखाए जो 'बुरी' लगे।

मैंने यह अभ्यास हज़ारों लोगों के साथ किया है और एक बात बार-बार सामने आती है कि हम सामने वाले को जज करते हैं और यह देखना बहुत मुश्क़िल होता है कि उनके व्यवहार को देखकर हम अपने बारे में क्या सोचने लगते हैं या ये महसूस करते हैं कि उनका व्यवहार हमारी छवि को नुकसान पहुंचा रहा है (चाहे वह सच हो या सिर्फ़ हमारा भ्रम)।

उदाहरण के लिए, हो सकता है कि आप '5 क्यों' वाला अभ्यास करें और इस नतीजे पर पहुंचें कि किसी के शराब पीने को लेकर आपकी नाराज़गी की असली वजह यह है कि आपको यह कहने में शर्म आती है कि आपका बेटा शराब की समस्या से जूझ रहा है। या फिर शायद आप इस बात को लेकर शर्मिंदा हैं कि आपने ऐसे व्यक्ति से शादी की है जो सफल नहीं है। और जो कुछ भी आप इस '5 क्यों' विधि से जानें वह सिर्फ़ आपके लिए है, ज़रूरी नहीं कि वह उस व्यक्ति के साथ साझा करना पड़े। हां, अगर आपको लगे कि उससे माफ़ी मांगने में मदद मिलेगी या आपने उस पर ज़्यादा दबाव डाला है, तो साझा कर सकते हैं। लेकिन इस अभ्यास का असली उद्देश्य है आपके भीतर की झुंझलाहट की असली वजह तक पहुंचना, और वह वजह अक्सर यही होती है कि सामने वाले के व्यवहार ने आपको अपने नियंत्रण के बाहर महसूस कराया।

ईमानदार बनिए। जब आपको यह समझ में आने लगे कि यह पूरा मामला दरअसल शुरू से आपके संबंध में था और आपके भीतर की उस ज़रूरत के बारे में था, जो सब कुछ नियंत्रण में रखना चाहती है, तो उस दबाव को छोड़ पाना आसान हो जाता है। और तब आप सामने वाले को अपने हाल पर छोड़ देने (*लेट देम*) की स्थिति में आ जाते हैं। और यही समझ आपको एक स्थिर और संतुलित स्थिति में पहुंचा देती है, जिससे आप शांति और स्पष्टता के साथ एबीसी लूप के ज़रिए बातचीत शुरू कर सकते हैं।

जो शुरू होता है इस पहले चरण से :

एबीसी लूप

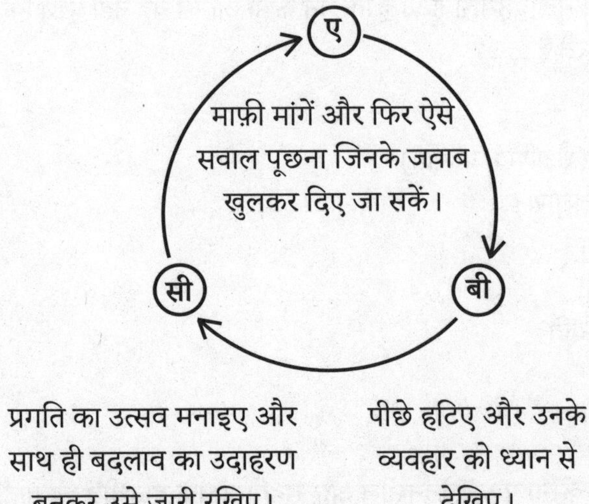

चरण ए : अपॉलजाइज़ (माफ़ी मांगें) और फिर ऐसे सवाल पूछें जिनके जवाब खुलकर दिए जा सकें।

यह पहला चरण एक प्रमाण-आधारित तकनीक का उपयोग करता है, जिसे *मोटिवेशनल इंटरव्यूइंग* कहा जाता है, जो किसी के भीतर परिवर्तन लाने में मदद करता है। मैंने इसके बारे में डॉ. के. से जाना।

डॉ. के. का कहना है कि यह उन कुछ गिनी-चुनी प्रभावी विधियों में से एक है, जिनसे आप किसी दूसरे व्यक्ति के भीतर परिवर्तन की प्रेरणा जगा सकते हैं। यही तकनीक वह अपने मरीज़ों के साथ भी अपनाते हैं जो जीवन में बदलाव लाने की प्रेरणा खोजने के लिए संघर्ष कर रहे होते हैं।

इस तकनीक की मुझे जो बात सबसे ज़्यादा पसंद है, वह यह है कि इसमें खुलकर बातचीत होती हैं यानी ऐसे सवाल पूछना जिनके जवाब विस्तृत हो सकते हैं। इस सोच के पीछे का सिद्धांत यह है कि जब आप सामने वाले को यह कहने का अवसर देते हैं कि वह क्या महसूस कर रहा है, तो वह अपने वर्तमान व्यवहार और अपनी वास्तविक इच्छाओं के बीच के अंतर को लेकर सोचने लगता है।

यह दबाव डालने जैसा बिलकुल नहीं है। इसमें यह यह रवैया नहीं होता कि आप मान लेते हैं कि किसी और को क्या करना चाहिए। बल्कि आप जिज्ञासा से, समझने की भावना से, खुली बात करते हैं।

इस बातचीत की शुरुआत करने का सबसे अच्छा तरीका है पहले माफ़ी मांगें। आप कुछ इस तरह कह सकते हैं : 'मैं आप पर जजमेंट पास करने और दबाव डालने के लिए माफ़ी चाहता/चाहती हूं। मुझे एहसास हुआ है कि मैंने कभी आपसे यह नहीं पूछा कि आप इस बारे में क्या महसूस करते हैं...'

स्वास्थ्य
अंक/नंबर (शैक्षणिक प्रदर्शन)
नौकरी की तलाश
अकेले होना
जीवन-शैली
वैवाहिक स्थिति
नशा
वित्तीय स्थिति

माफ़ी से शुरुआत करना एक संवेदनशील और सहयोगात्मक बातचीत का माहौल बनाता है। सच में ध्यान से सुनें, पूरी संलग्नता के साथ सामने वाले की बातों को समझें और यह जानने की कोशिश करें कि यह व्यक्ति इस मुद्दे को लेकर क्या महसूस करता है।

वे जो कुछ भी कहें, आप बस उनसे ऐसे सवाल पूछते रहें जो उनकी अभी-अभी दी गई जानकारी की ही दिशा में हों। मेरी मित्र के लिए यह कुछ ऐसा हो सकता है, 'आप अभी अपनी सेहत को लेकर कैसा महसूस कर रहे हैं?'

डॉ. के कहते हैं कि यह सवाल उस इंसान को सोचने पर मजबूर करता है कि वो अपनी हालत से सच में कैसा महसूस करता है और फिर भी वो कुछ क्यों नहीं कर रहा। वह समझाते हैं, 'आपका हर काम व्यक्तिगत होता है। मोटिवेशनल इंटरव्यू की मदद से हम लोगों को यह बात समझने में मदद करते हैं कि उन्हें अपनी जिंदगी और हालात को खुद समझना और बदलना होगा।'

फिर, चाहे उनका जवाब कुछ भी हो आप अपनी भावनाएं नहीं बताएंगे। आप बस उनके जवाब को दोहराएंगे, जैसे, 'तो मतलब आपको लग रहा है कि...'

तो मतलब आपको अपनी सेहत को लेकर सब ठीक लग रहा है?

अगर उनका जवाब सिर्फ़ एक शब्द का हो, जैसे 'ठीक' तो भी कोई दिक़्क़त नहीं। उसे एक विस्तृत जवाब की संभावना वाले सवाल में बदल दीजिए

ऐसा क्या है जिससे आपको लगता है कि सब ठीक है?

इसके बाद बस ध्यान से सुनिए जिज्ञासा और स्वीकार्यता के साथ। जवाब में आप बस वही कहें जो उन्होंने कहा हो, खुले अंदाज़ में।

जैसे, लगता है आपको इसलिए ठीक लग रहा है क्योंकि आप लंबे समय से स्वस्थ हैं।

डॉ. के द्वारा सुझाए गए कुछ फ़ॉलो-अप (आगे पूछने वाले) सवाल, जो लगभग किसी भी विषय पर काम आते हैं, इस प्रकार हैं :

आप इसके बारे में कैसा महसूस करते हैं?

तो इसका मतलब है कि आप इस स्थिति के आदी हो चुके हैं।

आप कह रहे हैं कि आप सहज हैं, लेकिन मुझे थोड़ा-सा ऐसा लग रहा है कि यह शायद हार मान लेने जैसा है। क्या आपको लगता है कि बदलाव लाना बहुत मुश्क़िल होगा?

इसमें सबसे मुश्क़िल हिस्सा क्या लगता है?

आपको लगातार मेरी टोका-टोकी और ज़्यादा की उम्मीद करना बहुत निराशाजनक लगता होगा।

क्या आप मुझे थोड़ा बता सकते हैं कि आप इस तरह कब से महसूस कर रहे हैं?

तो आप कह रहे हैं कि आपको मेरी ओर से कुछ करने की ज़रूरत नहीं है?

और मुझे एक बार फिर से आपको याद दिलाना है कि इस बातचीत में आप सिर्फ़ सवाल पूछ रहे हैं। आपकी राय का इस समय कोई मतलब नहीं है, और यह बातचीत उसके लिए नहीं है। जैसे ही आप अपनी राय देने लगते हैं, आप सामने वाले पर दबाव डालना शुरू कर देते हैं और यही इस तकनीक की प्रभावशीलता को ख़त्म कर देगा। और यह एक सवाल है

जिसे डॉ. एबलॉन अपने क्लीनिकल प्रैक्टिस में उपयोग करते हैं और जो मुझे बेहद पसंद है : *क्या आपने सोचा है कि आप इस बारे में क्या करना चाहेंगे?* मुझे इस सवाल की सबसे अच्छी बात यह लगती है कि यह दिखाता है कि आप सामने वाले को कुछ करने के लिए मजबूर नहीं कर रहे। यह ठीक इसका उल्टा है। आप उनके साथ मिलकर किसी समाधान तक पहुँचना चाहते हैं। जब आप ऐसे खुले सवाल पूछते हैं, तो आप उस व्यक्ति से दबाव हटा देते हैं। है ना यह कितना शक्तिशाली तरीक़ा? यह उस व्यक्ति को—जिससे आप प्यार करते हैं—इस बात का एहसास कराता है कि नियंत्रण उसी के हाथ में है। और यही एहसास उसे और भी अधिक सक्षम और आत्मविश्वासी बना देता है।

यह तकनीक शोध और चिकित्सकीय अनुभवों में सिद्ध हो चुकी है कि यह लोगों को इस सच्चाई को स्वीकारने में बहुत कारगर होती है कि उनके वास्तविक चाह और उनके वर्तमान व्यवहार के बीच बहुत बड़ा अंतर है।

और यही आपका लक्ष्य है-उन्हें उनके चाहत और वास्तविक व्यवहार के बीच मौजूद इस तनाव को महसूस कराना। मैं ज़ोर देकर कहना चाहता हूँ: अगर सामने वाला सिर्फ़ एक शब्द का जवाब दे या बार-बार बात बदलने की कोशिश करे, तो भी निराश मत होइए। इस तकनीक का उद्देश्य यह नहीं है कि वे आपके सामने सारी सच्चाई बोल दें। इसका उद्देश्य यह है कि उनके भीतर एक बेचैनी पैदा हो, जो उन्हें ख़ुद महसूस हो।

यह अंदरूनी तनाव बेहद ज़रूरी है, क्योंकि वही अंततः उनके अंदर बदलाव लाने की प्रेरणा बनता है। जब वे अपनी इच्छा और अपने वर्तमान व्यवहार के बीच के इस अंतर को महसूस करते हैं, तब वे खुद से बदलाव की दिशा में बढ़ते हैं। इसलिए आप ख़ुद को बीच में मत लाइए। आप बस एक माध्यम हैं, जो उन्हें यह विरोधाभास अनुभव करने में मदद कर रहा है, वह भी प्रेम, सहानुभूति और जिज्ञासा के साथ। आप बस यह जानना चाहते हैं कि वे इस विषय के बारे में क्या महसूस करते हैं।

यह बातचीत उनके अंदर बदलाव की प्रेरणा जगाने का एक महत्वपूर्ण चरण है। तो उन्हें *बोलने दीजिए।* और आप *सुनते रहिए।*

चरण बी : बैक ऑफ़ (पीछे हटिए) और उनके व्यवहार को ध्यान से देखिए

अब जब आपने अपने व्यवहार के लिए माफ़ी मांग ली है और उनसे खुलकर सवाल पूछ लिए हैं, तो अब आपको *पीछे हटना* होगा और उन पर दबाव डालना बंद करना होगा।

यह उम्मीद मत कीजिए कि वे तुरंत कुछ करने लगेंगे। उन्हें इस पर विचार करने के लिए समय चाहिए। उन्हें इसे अपने भीतर धीरे-धीरे महसूस करने देना होगा। इसीलिए यह ज़रूरी है कि आप ख़ुद वह बदलाव दिखाएं और उसे आसान और आनंददायक बनाकर दिखाएं ताकि वे यह महसूस कर सकें कि यह बदलाव संभव है और सुखद भी। और तब तक, उन्हें यह स्वतंत्रता दें कि वे खुद समझें कि यह विषय उनके लिए क्यों मायने रखता है।

सोचिए उस सहकर्मी के उदाहरण के बारे में जो हर दिन टहलने जाता है। हो सकता है कि उसे ऐसा करते हुए महीनों बीत जाएं, और फिर एक दिन आप खुद को प्रेरित महसूस करें कि आप भी टहलने जाएं। और अगर आप गहराई से सोचें, तो जब-जब आप अपने सहकर्मी को टहलते हुए देखते हैं और आप लंच ब्रेक में भी डेस्क पर बैठे काम कर रहे होते हैं, तो आपके शरीर में एक हल्का तनाव महसूस होता है। धीरे-धीरे वही तनाव प्रेरणा में बदल जाता है और वही प्रेरणा एक दिन आपको बाहर ले जाती है।

इसीलिए, इस प्रक्रिया को समय देना ज़रूरी है। तनाव को प्रेरणा में बदलने में वक़्त लगता है। उन्हें अपने हाल पर *छोड़ दीजिए।* जब आप सवाल पूछ चुके हैं, तब आपका काम सिर्फ़ एक ही होता है, बस उनका व्यवहार देखना और ख़ुद को उन्हें बदलने की कोशिश से रोकना।

अगर आप बदलाव देख रहे हैं, तो यह बहुत अच्छी बात है। अगर नहीं भी देख रहे, तब भी उन्हें अपने हाल पर *छोड़ दीजिए।*

यह प्रक्रिया ख़ासकर तब और भी ज़्यादा समय लेती है जब वह व्यक्ति कोई ऐसा हो जिससे आप बहुत प्रेम करते हैं। इसलिए थोड़ा पीछे हटिए। उन्हें इतना स्थान, समय और दूरी दीजिए कि उन्हें यह ना लगे कि अगली बार आप कहेंगे, 'मैंने तो पहले ही कहा था'। आपके द्वारा दिया गया यह स्पेस उन्हें उनकी सोच तक पहुंचने में मदद करता है। और यह समय उनके भीतर के तनाव को धीरे-धीरे प्रेरणा में बदल देता है।

चरण सी : सेलिब्रेट (प्रगति का उत्सव मनाइए) और साथ ही बदलाव का उदाहरण बनकर उसे जारी रखिए।

जब आप सवाल पूछ चुके हों और थोड़ा पीछे हट चुके हों, लेकिन ख़ुद बदलाव को जीते हुए एक अच्छा उदाहरण पेश कर रहे हों, तो अगला क़दम होता है : किसी भी प्रगति का जश्न मनाना, फिर वह छोटी ही क्यों ना हो। जब भी वे थोड़ा-सा भी आगे बढ़ते नज़र आएं, तो उसकी ख़ुशी मनाइए।

डॉ. शैरेट के शोध के अनुसार, तुरंत दिया गया सकारात्मक प्रोत्साहन किसी के व्यवहार में बदलाव लाने का एक बहुत ही प्रभावी ज़रिया है। उदाहरण के लिए, मान लीजिए आपका जीवन-साथी एक दिन अचानक बेसमेंट में जाकर पेलोटन पर चढ़ता है, तो यह बहुत बड़ी बात है। जब वह ऊपर वापस आए, तो उन्हें गले लगाइए। उन्हें बताइए कि आप उन पर गर्व महसूस कर रहे हैं।

डॉ. शैरेट कहती हैं कि सबसे असरदार तरीक़ों में से एक यह है कि जब कोई व्यक्ति एक्सरसाइज़ पूरी कर लेता है या आप जैसा चाहते थे, वैसा कुछ करता है, तो उसी पल आप उन्हें यह महसूस कराएं कि वे कितने आकर्षक लग रहे हैं, या उनके गाल पर एक प्यारा-सा चुंबन दें।

शायद यह सुनने में थोड़ा फ़िल्मी या बनावटी लगे, लेकिन सच यह है कि यह तरीक़ा काम करता है।

हर कोई अच्छा महसूस करना चाहता है

शोध कहते हैं कि जब कोई व्यक्ति कोई कठिन काम करता है और तुरंत उसे सकारात्मक प्रतिक्रिया या इनाम मिलता है, तो उसकी भीतरी प्रेरणा यानी दोबारा वही काम करने की इच्छा बढ़ जाती है। जब आप उनके प्रयास की सराहना करते हैं, तो वह उनके लिए ईंधन जैसा काम करता है, जो उन्हें आगे बढ़ने की शक्ति देता है।

कठिन काम का जुड़ाव उस सुखद अनुभव से हो जाता है जो आप उन्हें अपनी प्रतिक्रिया के रूप में देते हैं। और याद रखिए, डॉ. के ने हमें सिखाया है कि मानव मस्तिष्क की प्रकृति ही ऐसी है कि वह सहज, सुखद और आनंददायक चीज़ों की ओर बढ़ता है।

जब भी मेरी सहेली अपने पति की तारीफ़ करती है, उन्हें गले लगाती है या वर्क-आउट के बाद कहती है कि वह अच्छे लग रहे हैं, तो धीरे-धीरे उसका पति वर्क-आउट को इन अच्छी बातों से जोड़कर देखने लगता है। उसे महसूस होने लगता है कि उसकी पत्नी उसे पसंद करती है और उसकी तारीफ़ करती है। यही तारीफ़ और प्यार वो ख़ुशी है, जिसकी अब तक कमी थी।

यह सिर्फ़ मनगढ़ंत बात नहीं है-यह न्यूरोसाइंस है। आपने सीखा है कि इंसान उन बातों की ओर बढ़ते हैं जो तुरंत सुख देती हैं, जैसे अच्छी बातें, उत्सव, प्यार। अक्सर हम बदलाव लाने के लिए डराने, दबाव डालने या नकारात्मक तरीक़ों का सहारा लेते हैं, जबकि असली असर तब होता है जब आप सामने वाले को अपनापन, सहानुभूति और दिल से समर्थन देते हैं।

बात में दम है? *बेशक है।*

वयस्क वही करते हैं, जो उनका मन करता है। आपकी असली ताक़त आपके सकारात्मक प्रभाव में है। उन्हें उनके हाल पर छोड़ दीजिए और मुझे विज्ञान का सहारा लेने दीजिए ताकि बदलाव की प्रेरणा दी जा सके। *उन्हें उनके मन का करने दें* (लेट देम) आपको भावनाओं और रिश्तों की उलझनों से ऊपर उठने में मदद करता है, जबकि *मुझे मेरे मन का करने दें* (लेट मी) उन लोगों में सकारात्मक बदलाव लाने का ज़रिया बनता है जिन्हें आप प्यार करते हैं। हो सकता है वे तुरंत बदल जाएं। शायद एक हफ़्ते में। शायद कई महीनों में। कई साल भी लग सकते हैं। और शायद वे कभी ना बदलें।

तो, इसमें भी कोई हर्ज़ नहीं।

पुस्तक के अगले हिस्से में हम यह चर्चा करेंगे कि जब आपने एबीसी लूप अपनाया, छह महीने तक पीछे हटे रहे, और फिर भी कोई सकारात्मक बदलाव नहीं हुआ-तब क्या करें।

जब ऐसा होता है, तो आपको तय करना होगा कि यह आपके लिए एक निर्णायक मोड़ है या नहीं। किसी रिश्ते में लगातार किसी और की शिकायत करते हुए बने रहना न्यायसंगत नहीं है। आपके पास हमेशा यह शक्ति होती है कि या तो आप कुछ बेहतर करें या जैसा है वैसा स्वीकार करना सीखें।

किसी भी रिश्ते में सबसे ज़रूरी बदलाव वह होता है जिसे आप नियंत्रित कर सकते हैं-यानी अपने आप में बदलाव। आप लोगों से पेश आने का तरीक़ा बदलते हैं। आप अपने प्रियजन पर दबाव डालना बंद करते हैं और अधिक स्नेही बन जाते हैं।

यही आपको प्रभावशाली बनाता है।

और यदि आप यह काम सही ढंग से करते हैं, तो केवल अपने और अपने प्रियजन के बीच की खटास ही नहीं घटती, बल्कि आप इस प्रक्रिया में अपने रिश्ते को भी बेहतर बना लेते हैं।

लेकिन जब मामला ज़्यादा गंभीर हो, जैसे कि केवल अच्छी सेहत पाने या काम में थोड़ी प्रेरणा बढ़ाने या घर के कामों में ज़्यादा भागीदारी दिखाने से कहीं ज़्यादा-तब क्या?

अगर जिसे आप प्यार करते हैं, वह अंदर से टूटता जा रहा हो तो क्या आप बस उसे वैसे ही *छोड़ देंगे?* क्या आप बस उसे शराब पीते रहने देंगे? क्या आप बिस्तर पर डिप्रेशन में *पड़े रहने देंगे?* क्या आप उसे *बिखरने देंगे?*

इस पुस्तक पर शोध करते समय मुझे बार-बार ऐसे ही सवालों का सामना करना पड़ा। अगले अध्याय में आप एक बिलकुल नया तरीक़ा जानेंगे कि जब कोई व्यक्ति संघर्ष कर रहा हो, तो लेट देम थ्योरी और नवीनतम विशेषज्ञ शोध की मदद से आप उसकी कैसे सहायता कर सकते हैं।

लेकिन उससे पहले, आइए संक्षेप में समझ लें कि दूसरों को बदलाव के लिए कैसे प्रेरित किया जाए। हां, आप अपने जीवन में मौजूद लोगों में बदलाव देखना चाहते हैं, लेकिन दबाव डालने से तो केवल उनका विरोध ही बढ़ेगा।

लेट देम थ्योरी आपको यह सिखाती है कि आप दूसरों को स्वीकार करें, खुद पर ध्यान दें, और दबाव के बजाय सकारात्मक प्रभाव से बदलाव की प्रेरणा दें।

1. **समस्या :** दबाव से बदलाव नहीं आता दबाव केवल विरोध पैदा करता है। आप भले ही बहुत अच्छे इरादे से काम कर रहे हों, लेकिन उसका नतीजा सबसे बुरा निकल रहा है। हर बार जब आप किसी पर दबाव डालते हैं, तो वह आपसे दूर होता जाता है। आप ना केवल अपने रिश्तों पर बोझ डाल रहे हैं, बल्कि किसी के दिमाग़ और शरीर की प्राकृतिक संरचना के विरुद्ध

भी जा रहे हैं। आपको लगता है कि तनाव और निराशा इसलिए है, क्योंकि सामने वाला आपकी बात नहीं मान रहा। लेकिन आप ग़लत हैं-असली तनाव और दूरी आपके दबाव की वजह से पैदा हो रही है।

2. **सच :** वयस्क तभी बदलते हैं जब वे खुद बदलाव चाहते हैं। इंसानों में यह स्वाभाविक प्रवृत्ति होती है कि वे अपने जीवन के हर पहलू पर नियंत्रण रखना चाहते हैं। जब भी किसी व्यक्ति को ऐसा लगेगा कि उसे कुछ करने के लिए मजबूर किया जा रहा है, तो वह उसका विरोध करेगा और आप ख़ुद को नियंत्रण की लड़ाई में फंसा पाएंगे। इंसान स्वीकार्यता और प्रेम की अनुभूति चाहता है। लोगों को अपने विचारों, कर्मों और फ़ैसलों पर नियंत्रण चाहिए। आपका असली प्रभाव आपकी प्रेरणा में है, ना कि आपके दबाव में।

3. **समाधान :** लेट देम थ्योरी के ज़रिये आप प्रभाव के नियमों का इस्तेमाल करके किसी और के भीतर से आने वाली प्रेरणा को जाग्रत कर सकते हैं। एबीसी लूप (प्रश्न पूछना, अपने व्यवहार से उदाहरण पेश करना, और प्रगति का उत्सव मनाना) के माध्यम से आप दूसरों में बदलाव लाने की शक्ति का सही उपयोग करते हैं। इसकी सबसे अहम बात यह है कि आप सामने वाले को इतना स्पेस देते हैं कि वह यह महसूस कर सके कि बदलाव का विचार उसका अपना है, ना कि आपका।

जब आप कहते हैं *लेट देम*, तो आप दूसरों को बिना तनाव और दबाव के वैसे ही स्वीकार कर रहे होते हैं जैसे वे हैं। उन्हें अपने जीवन के तरीक़े पर नियंत्रण रखने की पूरी आज़ादी देते हैं। और जब आप कहते हैं *लेट मी*, तो आप न्यूरोसाइंस को अपने पक्ष में इस्तेमाल करते हैं और अपनी प्रभावशाली शक्ति से किसी को बदलाव के लिए प्रेरित करते हैं।

वयस्कों को वयस्क रहने दें और अपने प्रभाव को उनकी प्रेरणा बनने दें।

संघर्षरत व्यक्ति की मदद करना

अध्याय 16

जितना ज़्यादा आप बचाएंगे, उतना ज़्यादा वे डूबेंगे

मैं जानती हूं आप क्या सोच रहे होंगे – वयस्कों को उनके हाल पर छोड़ दिया जाए। लेकिन अगर कोई व्यक्ति सचमुच गंभीर मुश्क़िल में है तो? क्या मैं उसे यूं ही गिरते हुए *देखता रहूं?* क्या मैं उसे शराब पीकर गाड़ी *चलाने दूं?*

बिलकुल नहीं।

अगर कोई व्यक्ति कुछ ख़तरनाक या ऐसा काम कर रहा है जिससे उसे नुक़सान हो सकता है, तो आप *लेट देम* (जो चाहे, सो करे) का विकल्प नहीं चुनते। आप आगे बढ़ते हैं, गाड़ी की चाबी छीनते हैं, या जो कुछ भी ज़रूरी हो वह उपाय करते हैं ताकि उनकी जान बचाई जा सके। चाहे वह मदद के लिए फ़ोन करना हो, पुलिस को बुलाना हो, उन्हें डिटॉक्स सेंटर ले जाना हो, या संकट के वक़्त उनके साथ बने रहना हो।

समस्या यह है कि ज़्यादातर लोग जो अपने जीवन में संघर्षरत हैं, वे यह बात आपसे छिपाते हैं। वे आपके सामने नशा नहीं कर रहे होते, वे इसके बारे में आपसे झूठ बोल रहे होते हैं। वे काम पर हंसते-खेलते दिखते हैं, लेकिन भीतर से अवसाद से टूटे हुए होते हैं।

जो लोग संघर्ष कर रहे होते हैं, उनके साथ सबसे बड़ी चुनौती यही होती है कि जब तक कि मामला बेहद गंभीर ना हो जाए या बहुत देर ना हो जाए, उन्हें अपनी स्थिति का पता ही नहीं होता है। मैं आपको यक़ीन दिलाती हूं कि आपके जीवन में कम से कम एक ऐसा इंसान ज़रूर है जो भीतर से बहुत ज़्यादा जूझ रहा है और आपको उसकी ज़रा भी भनक नहीं है।

जब लोग कठिनाइयों से गुज़र रहे होते हैं, तो वे शर्मिंदगी महसूस करते हैं और अक्सर इस सच्चाई को स्वीकार ही नहीं कर पाते। वे पहले से ही ख़ुद को बोझ समझते हैं और मन ही मन यह कहते रहते हैं कि वे सबको निराश कर रहे हैं। इसी वजह से वे मदद नहीं मांगते या खुलकर अपनी बात नहीं कहते।

अपने किसी प्रियजन को मानसिक परेशानी, गहरे शोक या नशे की लत से जूझते हुए देखना जीवन के सबसे कठिन अनुभवों में से एक होता है। और इससे भी कठोर सच्चाई यह है कि हर कोई ठीक होने या सुधरने के लिए तैयार नहीं होता। हर कोई नशा छोड़ने, मेहनत करने, अपने हुनर का इस्तेमाल करने, या अपनी समस्याओं का सामना करने की स्थिति में नहीं होता। और हर कोई ऐसा कर भी नहीं सकता।

भले ही आप किसी से बेहद प्यार करते हों, उन पर भरोसा करते हों और उनकी तकलीफ़ दूर करने के लिए कुछ भी कर गुज़रने को तैयार हों लेकिन उनकी सेहत, उनका ठीक होना या उनका नशा छोड़ना, आपके चाहने भर से नहीं हो सकता। अगर उस इंसान के अंदर बदलने की इच्छा नहीं है, तो आपका चाहना भी बेअसर रहेगा।

इस खंड में हम समझेंगे कि किस तरह आप किसी की मदद करने की कोशिश में अनजाने में ही उन्हें अपनी समस्याओं का सामना करने से रोक रहे होते हैं। जितना ज़्यादा आप उन्हें 'बचाने' की कोशिश करते हैं, उतनी ही आशंका होती है कि वे उन्हीं समस्याओं में और गहरे डूबते जाएं। जब तक कोई अपने कर्मों के स्वाभाविक परिणामों का सामना नहीं करता, तब तक असली बदलाव आना मुश्क़िल होता है। सच्चाई यही है कि वयस्क लोग तभी बेहतर स्थिति में आते हैं जब वे सचमुच उस बदलाव के लिए तैयार हों। वे तो तैयार होते नहीं और आप हैं कि ठान कर बैठ जाते हैं। यह बात कठोर लग सकती है, लेकिन यही सच है।

अब तक हमने जो कुछ भी रिश्तों, दोस्ती और इंसानी स्वभाव के बारे में सीखा है, उससे एक क़दम आगे बढ़ाएंगे और देखेंगे कि ये तथ्य सबसे कठिन परिस्थितियों में भी कैसे लागू होते हैं। जीवन में कठिन दौर से गुज़र रहे किसी इंसान को सहारा देने का आप एक बिलकुल नया तरीक़ा सीखेंगे। यह तरीक़ा इस विश्वास पर आधारित है कि सामने वाला इंसान ख़ुद अपनी भलाई के लिए मेहनत कर सकता है।

लेकिन उससे पहले एक बहुत अहम बात साफ़ करना ज़रूरी है कि एक वयस्क (एडल्ट) को सहारा देने और एक बच्चे को सहारा देने में बड़ा फ़र्क होता है। अगर कोई बच्चा संघर्ष कर रहा है, तो आप उसके भावनात्मक, आर्थिक और शारीरिक सहारे की पूरी ज़िम्मेदारी उठाते हैं। लेकिन जब बात किसी वयस्क की हो, तो आप उस ज़िम्मेदारी को उठाने के लिए बाध्य नहीं हैं।

उपचार (हीलिंग) का कड़वा सच

जैसा कि आपने पहले जाना, किसी को बदलने के लिए दबाव डालना बदलाव के प्रति प्रतिरोध पैदा करता है और आपकी झुंझलाहट और आलोचना उस व्यक्ति की स्थिति को और भी बदतर बना देती है जो पहले से ही संघर्ष कर रहा है। जितनी बड़ी चुनौती होती है, सामने वाले में शर्म और ठहराव की भावना उतनी ही ज़्यादा गहराती है।

लोग तभी ठीक होते हैं जब वे खुद इसके लिए तैयार होते हैं। और अगर वे अब तक नहीं बदले हैं, तो इसका मतलब है कि वे अभी तैयार नहीं हैं। जब कोई अपना अंदरूनी संघर्ष झेल रहा होता है, तो वह आपके लिए, बच्चों के लिए, या परिवार के लिए नहीं बदलेगा। उसे अपने लिए बेहतर होना होगा।

आपको शायद यह समझ ना आए। आप सोच सकते हैं कि अगर आप उस जगह होते, तो अलग तरह से व्यवहार करते। लेकिन यह सब मायने नहीं रखता। आपकी हर ऐसी सोच असल में एक प्रकार का निर्णय है। और जब आप किसी के लिए सोचते हैं कि उन्हें क्या करना चाहिए, तो वह आपका निर्णय बन जाता है, जो फिर दबाव का रूप ले लेता है।

आपको अपनी आलोचना और फ़ैसलों को निकालने के लिए कोई जगह चाहिए, जैसे कोई थेरेपिस्ट या दोस्त। क्योंकि इन्हें संघर्षरत इंसान पर थोपने से कोई फ़ायदा नहीं होगा। जब कोई जीवन में मुश्किल दौर से गुजर रहा हो, तो उसे आपकी सलाह नहीं, आपकी स्वीकार्यता चाहिए। उसे अपने संघर्ष से *गुज़रने दीजिए।*

लोग तभी ठीक होते हैं जब वे खुद से ठीक होना चाहते हैं। ये नितांत व्यक्तिगत और कठिन संघर्ष होते हैं... और इनसे वही व्यक्ति लड़ सकता है जब वह स्वयं इसके लिए तैयार हो। आप उन्हें मजबूर नहीं कर सकते कि वे इस लड़ाई को लड़ें। आप उन्हें नशा छोड़ने, आर्थिक रूप से ज़िम्मेदार बनने या ठीक होने के लिए मजबूर नहीं कर सकते।

हां, उन्हें आपके प्यार और साथ की ज़रूरत है, लेकिन ये याद रखिए : उन्हें 'बचाए' जाने की ज़रूरत नहीं है। मैं फिर दोहराऊंगी कि जितना ज़्यादा आप किसी को उसकी परेशानी से बाहर निकालने की कोशिश करेंगे, उतनी ही देर तक वो उस परेशानी में डूबा रहेगा। और जितना ज़्यादा आप किसी के व्यवहार की आलोचना करेंगे, वह आपसे झूठ बोलने में उतना ही माहिर हो जाएगा। ये समझना बहुत ज़रूरी है कि किसी को बचाना असल में उसे सहारा देना नहीं होता और किसी की आत्म-विनाशकारी आदतों को बढ़ावा देना उसे सच्चा प्यार देना नहीं होता। सहयोग और एनेबलिंग यानी बढ़ावा देने के बीच बहुत बारीक़ अंतर होता है।

एनेबलिंग का मतलब है कि जब आप किसी के ग़लत या नुक़सानदायक व्यवहार को इस सोच के साथ सहारा देते हैं कि आप उनकी मदद कर रहे हैं। उदाहरण के लिए, जैसे किसी वयस्क बच्चे को बार-बार पैसे देना, जबकि वह उनका सही इस्तेमाल नहीं कर रहा और नौकरी की तलाश भी नहीं कर रहा। या फिर किसी के शराब पीने के बाद उसके लिए बहाने बनाना, अपने जीवन-साथी के ग़ुस्से को नज़रअंदाज़ करना, या टकराव से बचने के लिए समस्या को ना देखना।

अक्सर, किसी से सच्चा प्यार करने का मतलब होता है उन्हें उनके अनुभवों से ख़ुद सीखने देना, भले ही वह रास्ता कठिन क्यों ना हो। कई बार, अपनी शक्ति को वापस पाने का मतलब होता है दूसरों की हर समस्या को सुलझाना बंद करना और उनके ग़लत व्यवहार के लिए सफ़ाई देना बंद कर देना।

जब आप किसी की मदद पैसे, शब्दों या कामों के ज़रिये कुछ इस तरह करते हैं कि वे अपनी ग़लतियों से सीखते नहीं हैं, तो आप उनकी आत्म-निर्भरता को बढ़ावा नहीं दे रहे होते, बल्कि उनकी परेशानी को और लंबा खींच रहे होते हैं। आप सोचते हैं कि आप चीज़ें आसान बना रहे हैं, लेकिन असल में आप उनकी ठीक होने की प्रक्रिया को और कठिन बना देते हैं और उसके साथ-साथ अपनी भी।

वयस्कों को उनके कर्मों के स्वाभाविक परिणामों का सामना करने और उन्हें महसूस करने देना उनके ठीक होने की दिशा में सबसे ज़रूरी क़दमों में से एक है। जिस भी विशेषज्ञ से मैंने इस पुस्तक के लिए शोध करते समय बात की, उसने इस बात को बार-बार दोहराया। यही कारण है कि मैं आपको (और खुद को भी) बार-बार इस सच्चाई की याद दिलाती रहूंगी।

लेट देम थ्योरी यह सिखाती है कि दूसरों की मदद करने का मतलब उनकी समस्याएं खुद हल करना नहीं है, बल्कि उन्हें इतना स्पेस, सहयोग और साधन देना है कि वे ख़ुद उन्हें हल करने की कोशिश करें।

उपचार को एक ऐसे खेल की तरह समझिए जिसे वह व्यक्ति, जिसे आप प्यार करते हैं, तब तक नहीं खेल सकता जब तक वह स्वयं ना चाहे। आपकी मदद उस बॉल को देने जैसी है, आप उसे बार-बार फेंक सकते हैं, लेकिन उसे उसे पकड़ना और मैदान में दौड़ना ख़ुद तय करना होगा। 'एनेबलिंग' तब होती है जब आप हर बार बॉल ख़ुद पकड़ लेते हैं और उसके लिए मैदान में दौड़ने लगते हैं।

वह बॉल गिराता है *तो गिराए।* मुझे बॉल फेंकना बंद *करना होगा।* मुझे बॉल उठाकर दौड़ने का लोभ संवरण *करना होगा।* जो कुछ चल रहा है, उस पर *मुझे* झूठ बोलना *बंद करना* होगा। *मुझे* यह स्वीकार करना होगा कि वह अभी बदलने के लिए तैयार नहीं है।

मैं इस बात को समझती हूं कि अपने किसी प्रियजन को संघर्ष करते हुए देखना बहुत कठिन है। मैं कोई कठोर दिल वाली इंसान नहीं हूं। मैंने अपने कई प्रिय लोगों को निराशा और व्यसन के कारण खो दिया है। काश, उन्होंने वह बॉल पकड़ ली होती। लेकिन चाहने भर से कोई वापस नहीं आता, और न ही आपकी चाह किसी संघर्ष कर रहे इंसान को बेहतर होने के लिए मेहनत करने पर मजबूर कर सकती है।

आपके लिए सबसे ज़रूरी है कि आप उस हालात को समझें और स्वीकार करें जिनमें आप इस समय हैं। अगर सामने वाला इंसान बॉल पकड़ने को तैयार नहीं है, तो आपको उसे बार-बार फेंकना बंद करना होगा। लेकिन हम दोनों दिल से जानते हैं कि जैसे ही वह इंसान बॉल पकड़ने के लिए तैयार होगा, आप उसे दोबारा थमाने के लिए पहले से तैयार खड़े रहेंगे।

वयस्क तभी स्वस्थ होते हैं जब वे कठिन मेहनत के लिए तैयार होते हैं

आप किसी और की नशामुक्ति, उनके उपचार, उनकी आर्थिक स्वतंत्रता, उनके उत्साह या उनकी ख़ुशी को उनसे ज़्यादा तो नहीं चाह सकते। आप उनके बेहतर होने का इंतज़ार करते रहते हैं। यही वजह है कि आपको स्थिति के प्रति अपनी प्रतिक्रिया पर नियंत्रण रखना होगा। क्योंकि आप ऐसे व्यक्ति से सामना कर रहे हैं जो इस समय ना तो तर्कपूर्ण सोचने की स्थिति में है और ना ही स्वस्थ निर्णय लेने की।

जब यही समस्या किसी बच्चे के साथ होती है तो वह सोचने-समझने की अवस्था में नहीं होते, क्योंकि बच्चों का मस्तिष्क पूरी तरह विकसित नहीं होता। इसीलिए आप किसी बच्चे को अपनी स्वयं की उपचार प्रक्रिया को नहीं चलाने दे सकते। विशेषज्ञों के अनुसार, विकास की दृष्टि से एक इंसानी मस्तिष्क पूरी तरह 25 वर्ष की उम्र तक ही परिपक्व हो पाता है। क़ानूनी रूप से भले ही 18 साल की उम्र में कोई बालिग़ हो जाए, लेकिन न्यूरोसाइंस के अनुसार 18 से 25 की उम्र के व्यक्ति को अब भी काफ़ी मार्गदर्शन की ज़रूरत होती है।

इसलिए आपको समझदारी से काम लेना होता है, मदद लेनी होती है और हालात को संभालना होता है। लेकिन 25 साल से ज़्यादा उम्र के लोगों के लिए बात अलग होती है। वे अपनी परेशानियों के लिए खुद ज़िम्मेदार होते हैं और उन्हें ठीक करने की ताक़त भी उनमें होती है।

लेकिन चाहे जिस भी उम्र का इंसान क्यों ना हो जो संघर्ष कर रहा है, तंत्रिका तंत्र के नज़रिये से देखा जाए, तो वह शायद पूरी तरह से सिर्फ़ ज़िंदा रहने की कोशिश में है। ख़ास तौर पर अगर कोई डिप्रेशन, नशे की लत या किसी दुखद हादसे से जूझ रहा हो, तो वह लगातार 'फ़ाइट, फ़्लाइट या फ़्रीज़' जैसे तनावपूर्ण हालात में होता है। यही बात इसे और कठिन और दर्दनाक बना देती है। आप किसी को इस स्थिति से बाहर नहीं निकाल सकते। आप उन्हें गले लगाकर, उनके साथ बैठकर या उनकी बात सुनकर उस पल में सुकून ज़रूर दे सकते हैं, लेकिन आप उन्हें उस लंबे तनाव से बाहर नहीं निकाल सकते जिसमें वो फंसे हुए हैं। उन्हें खुद ही उस दिशा में मेहनत करनी होगी।

अब तक आपने जो कुछ सीखा, जैसे तनाव से कैसे निपटें, दूसरों में बदलाव कैसे लाएं और दिमाग़ कैसे काम करता है - वह सब यहां भी लागू होता है। डॉ. के ने समझाया था कि इंसानी दिमाग़ हमेशा उसी ओर बढ़ता है जो पलभर के लिए आसान या सुकूनदायक लगता है और जो चीज़ कठिन या दर्द देती है, उससे बचना चाहता है। जब आप डिप्रेशन में होते हैं, तो बिस्तर में पड़े रहना आसान लगता है। जब आप दुख में होते हैं, तो लगता है कि आप इससे कभी बाहर नहीं आ पाएंगे। जब आप संघर्ष में होते हैं, तो शराब जैसी चीज़ें दर्द को कम करने का आसान तरीक़ा लगती हैं।

इसीलिए आपके अपने लोग कभी-कभी सालों तक एक ही तकलीफ़ से जूझते रहते हैं। वे बेहतर होना चाहते हैं, पर शायद उन्हें खुद पर यक़ीन नहीं होता कि वे ठीक हो भी सकते हैं।

जब मेरी ज़िंदगी में कुछ ऐसे दौर आए, जहां मैंने बेहद गंभीर प्रसवोत्तर अवसाद (पोस्टपार्टम डिप्रेशन) या तीव्र चिंता (एंग्ज़ायटी) का सामना किया, तब मेरा एक बड़ा डर यही था कि शायद मैं कभी इससे बाहर नहीं आ पाऊंगी। इसलिए हर बार जब कोई इंसान बेहतर होने की कोशिश करता है, तो उसकी शुरुआत हमेशा और भी ज़्यादा दर्दनाक लगती है। यही वजह है कि लोग इस रास्ते से बचते हैं और ऐसे व्यवहार करते हैं जो समझ से बाहर होते हैं।

मैंने एक बार एक नशा विशेषज्ञ (एडिक्शन स्पेशलिस्ट) को कहते सुना था कि कोई भी तब तक नशा छोड़ता नहीं है, जब तक कि नशे में रहना उस स्थिति का सामना करने से ज़्यादा दर्दनाक ना हो जाए, जिससे वह भाग रहा है। ये बात मुझे बेहद सही लगी। इससे मुझे किसी की आलोचना करने की बजाय उसे समझने और उस पर दया रखने का नज़रिया मिला।

परिवर्तन के लिए इच्छा शक्ति को जगाने के लिए दर्द ज़रूरी होता है।

ये बात हर संघर्ष पर लागू होती है। कोई भी व्यक्ति खाने की बीमारी (ईटिंग डिसऑर्डर) से तब तक उबरता नहीं है, जब तक खाने पर नियंत्रण रखना उस समस्या का सामना करने से ज़्यादा तकलीफ़देह ना हो जाए जिससे वह भाग रहा है। कोई भी व्यक्ति यौन व्यसन (सेक्स एडिक्शन) का सामना तब तक नहीं करता, जब तक उसे छिपाना सच का सामना करने से ज़्यादा दुख देने वाला ना बन जाए।

इस पुस्तक की रिसर्च के दौरान मैंने जिन-जिन विशेषज्ञों से बात की, उन सभी का कहना था कि संघर्ष इंसानी अनुभव का एक अहम हिस्सा है और बेहतर होने का फ़ैसला लेने के लिए यह ज़रूरी प्रक्रिया है।

ध्यान दीजिए, यहां शब्द है *फ़ैसला लेना।*

जो व्यक्ति संघर्ष कर रहा होता है, वह अपनी समस्याओं से भाग रहा होता है, अपने दर्द को सुन्न कर रहा होता है। लेकिन इलाज और सुधार एक चुनाव है। और यही बात हमारे लिए एक बड़ी चुनौती बन जाती है, क्योंकि हमें हमेशा उस व्यक्ति को उसके संघर्ष में छोड़ देने और उसी समय उसकी पीड़ा को दूर करने की बेताबी के बीच झूलना पड़ता है।

मैंने भी ये ग़लती की है। मैंने सोचा, *अगर मैं उनका जीवन थोड़ा आसान बना दूं, तो शायद बदलाव भी आसान हो जाएगा, है न?* लेकिन नहीं। ये सोच ग़लत थी।

किसी की तकलीफ़ को दूर करने की कोशिश और ऐसा सहारा देने में बहुत बड़ा फ़र्क़ है जो उन्हें ख़ुद अपना काम करने का मौक़ा दे। मुश्किल यह है कि हर स्थिति अलग होती है, और आपको यह समझना होगा कि आपके लिए किसी को सहारा देना किस रूप में सही है।

ये दर्दनाक अनुभव वही प्रेरक तंत्र हैं जिनका ज़िक्र डॉक्टर के. ने किया था। मतलब ये कि अगर किसी के लिए अपनी समस्या से बचना आसान है, तो वह कभी उस समस्या का सामना नहीं करेंगे।

'लोगों को ज़िंदगी से सीखने दें।'

डॉ. रॉबर्ट वॉल्डिंगर एक अनुभवी मनोचिकित्सक और मनोविश्लेषक हैं, साथ ही हार्वर्ड मेडिकल स्कूल में मनोचिकित्सा के क्लिनिकल प्रोफ़ेसर भी हैं। वह हार्वर्ड स्टडी ऑफ़ एडल्ट डेवलपमेंट के प्रमुख भी हैं। यह वयस्क जीवन पर आधारित सबसे बड़े और लंबे समय तक चलने वाले रिसर्च प्रोजेक्ट्स में से एक है। जब मैंने उनसे इस विषय पर बात की, तो उन्होंने इसे समझाया :

> लोगों को उनके जीवन से सीखने दें। उन्हें उनके फ़ैसलों के परिणामों से मत बचाइए। अगर कोई कहे, 'मुझे नौकरी नहीं करनी है,' तो पूछिए, 'ठीक है, तो आप किराया कैसे देंगे?'' हम दूसरों की ज़िंदगी की चुनौतियों से उन्हें बचाकर नहीं, बल्कि उन चुनौतियों का सामना करने में मदद करके उन्हें सचमुच सहारा दे सकते हैं। यह बात अक्सर नशे की लत जैसी स्थितियों में हमारे अपनों के साथ होती है। हमें उन्हें नौकरी खोने का, या किसी रिश्ते के टूटने का दर्द महसूस करने देना होगा, क्योंकि वे किसी नशे के आदी हैं। हर बार उनके लिए सब कुछ ठीक करने मत दौड़िए। जब हम किसी को उनके फ़ैसलों के असली परिणामों का सामना करने देते हैं, तो उम्मीद की जाती है कि वे उनसे सीखेंगे।

हो सकता है, उन्हें एक रात जेल में बितानी पड़े। हो सकता है, उन्हें अपनी नौकरी या अपना परिवार खोना पड़े। संभव है, आपको उन्हें कॉलेज से निकालना पड़े। हो सकता है, उन्हें आपके साथ रहने की ज़रूरत हो, क्योंकि इस समय उन्हें अपने परिवार की सबसे ज़्यादा ज़रूरत है। या फिर, वे इतने भटक चुके हैं कि बेघर हो जाना उनकी नियति बन जाए। हर स्थिति अलग होती है, और कभी-कभी जीवन की सख़्त सच्चाइयां ही किसी इंसान को बदलने के लिए ज़रूरी होती हैं। और यह बात सिर्फ नशे की लत या गंभीर मानसिक बीमारी जैसे चरम मामलों में ही लागू नहीं होती। यही सिद्धांत तब भी सच होता है जब कोई व्यक्ति घर की याद, चिंता या आत्म-संशय से जूझ रहा हो।

हार्वर्ड मेडिकल स्कूल में क्लिनिकल साइकोलॉजिस्ट और लेक्चरर डॉ. लुआना मार्केस ने मुझे बताया कि जब कोई व्यक्ति किसी चुनौती का सामना करता है, तो उससे बचने की आदत और उसका सामना ना करने का तरीक़ा बहुत आम है।

आपका प्रियजन उन परिस्थितियों, बातों या बदलावों से बचने की कोशिश करेगा जो उसे कठिन लगते हैं। यह इंसानी स्वभाव है कि हम आसान स्थितियों की ओर बढ़ते हैं और मुश्क़िल से दूर भागते हैं। यही वजह है कि इस सच्चाई को स्वीकार करना ज़रूरी है, ताकि आप इस स्थिति को भावनाओं से नहीं, बल्कि समझदारी और विज्ञान की नज़र से संभाल सकें।

समस्या से भागना बंद करें

मैं आपको अपने जीवन का एक उदाहरण देती हूं, जब मेरी एक बेटी कठिनाई में थी। मैंने उस स्थिति को सही ढंग से नहीं संभाला। अपनी बेटी की बेचैनी को कम करने की कोशिश में, मैंने अनजाने में सब कुछ और भी बिगाड़ दिया।

हालांकि यह पुस्तक वयस्क संबंधों पर केंद्रित है, लेकिन इंसानी स्वभाव के जो नियम हैं, वे नौजवानों की परवरिश में भी उतने ही लागू होते हैं। बस एक बात याद रखें कि जब आप अभिभावक होते हैं, तो अपने बच्चे की शारीरिक, मानसिक और भावनात्मक ज़रूरतों के लिए आप ज़िम्मेदार होते हैं।

जब हमारी बेटी मिडिल स्कूल में थी, तो उसे किसी बात की एंग्ज़ाइटी सताती थी। यह चिंता दिन भर धीरे-धीरे बढ़ती जाती और आधी रात को वह घबराकर उठ जाती और अपने कमरे में अकेले नहीं रहना चाहती थी। वह हमारे कमरे में आ जाती और मैंने शुरुआती कुछ रातों में उसे अपनी बिस्तर में सुलाने की ग़लती कर दी।

हर रात जब मैंने उसे हमारे कमरे में सोने की इजाज़त दी, मैं उसकी एंग्ज़ाइटी को कम करने में उसकी मदद कर रही थी। मुझे लगा मैं उसका तनाव कम कर रही हूं, लेकिन असल में मैं उसकी उस परेशानी का सामना करने की ताक़त कम कर रही थी।

वह ठीक आधी रात से पहले उठ जाती और हमारे कमरे में आ जाती। मैं उसे समझाने की कोशिश करती, लेकिन वह अकेले ऊपर जाने को तैयार ही नहीं होती। अब मैं थकने लगी थी और कई रातों तक मेरे बिस्तर में सोने के बाद, मैंने उसके लिए कमरे के फ़र्श पर छोटा-सा बिस्तर लगाना शुरू कर दिया।

ये सिलसिला पूरे छह महीने तक, हर रात चलता रहा।

यही बात डॉ. मार्केस ने समझाई थी जब उन्होंने समझाया, 'जब कोई संघर्ष कर रहा होता है, तब बचाव एक तरह की आदत बन जाती है।' हमारी बेटी को अपने कमरे में सोने से डर लगता था, इसलिए वह उससे बच रही थी। और जब मैंने उसे हमारे कमरे के फ़र्श पर सोने दिया, तो असल में मैं उसकी चिंता को और बढ़ा रही थी।

हर दिन जब मैं कहती, 'तुम हमारे कमरे के फ़र्श पर सो सकती हो,' तो मैं अपने व्यवहार से यही संकेत दे रहा था, 'मैं मानती हूं कि तुम इतनी मज़बूत नहीं हो कि इस डर का सामना कर सको।'

शायद यह पढ़ने-सुनने में बड़ी ना लगे, लेकिन यह बहुत गंभीर बात है। अगले कुछ सालों में उसकी एंग्ज़ाइटी और बढ़ गई, क्योंकि मैंने ही उसे सिखा दिया था कि डर का हल है उससे भागना। और यही आदत उसकी एंग्ज़ाइटी और बढ़ाती चली गई और समस्या से भागने की उसकी आदत और मज़बूत हो गई।

अब हर काम से उसे बेचैनी होने लगी थी, स्कूल जाना, कार में अकेले बैठना, किसी दोस्त के घर सोना या गिटार की प्रैक्टिस पर जाना। कोई भी छोटी-सी सामान्य घबराहट की स्थिति बढ़कर ऐसा डर बन जाती थी, जहां उसे लगता था कि उसे 'मेरी ज़रूरत है।'

मैं एक बार अपने पति के साथ छुट्टियां मनाने बाहर गई थी, लेकिन मुझे बीच में ही घर लौटना पड़ा, क्योंकि मेरी बेटी बेहद बेचैन हो गई थी। बच्चों की देखभाल करने वाली महिला को कुछ समझ नहीं आ रहा था कि उसे कैसे संभालें और सच कहूं तो मुझे भी समझ में नहीं आता था। मुझे अपनी ग़लती का एहसास है। मैं मां हूं और मैंने हम दोनों यानी मां-बेटी को इस कठिन परिस्थिति का सामना करने से रोककर रखा। मैं उसे बार-बार बचा रही थी, जबकि सच यह था कि उसमें अपनी चिंता और डर से बाहर निकलने की ताक़त, क़ाबिलियत और हिम्मत थी। वो सीख सकती थी कि जब उसे घबराहट या असहजता महसूस हो, तो खुद को कैसे संभालना है।

आख़िरकार जब क्रिस (मेरे पति) ने साफ कह दिया कि बहुत हो चुका, अब और नहीं, तब हमने उसे एक थेरेपिस्ट के पास ले जाना शुरू किया। वहीं हमें यह सिखाया गया कि कोई भी व्यक्ति तभी मज़बूत बनता है, जब वह उन स्थितियों का सामना करता है जिनसे वह ख़ुद को कमज़ोर महसूस करता है। यही बात लेट देम थ्योरी में भी सिखाई जाती है।

सच तो यह है कि रात को नींद खुलना और बेचैनी महसूस होना एक सामान्य बात है। यह ज़रूरी नहीं था कि वो बेचैनी छह महीने तक चलती। यह ज़रूरी नहीं था कि चिंता मेरी बेटी की ज़िंदगी की सबसे बड़ी परेशानी बन जाए और उसका असर आने वाले दस सालों तक दिखे।

आप अपनी ताक़त और क़ाबिलियत को जितना समझते हैं, आप उससे कहीं ज़्यादा सक्षम हैं और जिस इंसान से आप प्यार करते हैं, वह भी। आप यह नियंत्रित नहीं कर सकते कि कोई चिंताग्रस्त होगा या नहीं। आप यह भी नहीं तय कर सकते कि वह आधी रात को उठकर आपके कमरे में आ आएगा या नहीं। लेकिन आप हमेशा यह नियंत्रित कर सकते हैं कि आप उस स्थिति में क्या सोचते हैं, क्या करते हैं और क्या कहते हैं।

जब आपका कोई प्रिय व्यक्ति किसी मुश्किल से जूझ रहा हो, तो ज़रा कल्पना कीजिए कि आप उसके कंधे पर अपना हाथ रखकर उसे सहारा दे रहे हैं — और बड़े प्यार से उसे उस सच्चाई का सामना करने के लिए प्रोत्साहित कर रहे हैं, जिससे वह बच रहा है। डॉ. एब्लॉन इसे *उनके साथ* वाला दृष्टिकोण कहते हैं।

आप उनकी चिंतित या घबराई हुई प्रतिक्रियाओं को नियंत्रित नहीं कर सकते। आपकी असली शक्ति आपकी अपनी प्रतिक्रिया में होती है। *लेट मी* के ज़रिए आप अपना समर्थन इस तरह दे सकते हैं :

उनके एहसास को *स्वीकार करें* और कहें, 'ओह मेरी बच्ची, मुझे दुख है कि तुम इतनी चिंतित हो।'

उनकी भावनाओं से अपनी भावनाओं को अलग रखते हुए कहें, 'तुम्हें इतना उदास देखकर मुझे भी दुख हो रहा है।'

मैं उस संघर्षरत इंसान को *दिलासा* दूं जिससे मैं प्यार करता/करती हूं - गले लगाना अक्सर जादुई असर करता है।

और फिर मैं उसे यह भरोसा दिलाकर सहारा दूं कि उसके अंदर इतनी ताक़त है कि वह कठिन लग रही परिस्थिति का अच्छी तरह से सामना कर सकता है।

फिर, जब वे कोई मुश्किल काम कर रहे हों, तो उनके साथ खड़े रहें, जैसे मेरे लिए इसका मतलब था आधी रात को उठकर अपनी बेटी को उसके कमरे तक ले जाना और उसे फिर से उसके बिस्तर पर सुलाना।

और मैं झूठ नहीं बोलूंगी, पहले कुछ रातों तक जब वह रोती और मिन्नतें करती, तो मुझे लगता कि मैं कोई राक्षस हूं। मैं तो मन ही मन उस थेरेपिस्ट को बदल देना चाहती थी, इस प्लान को ही छोड़ देना चाहती थी और उसे फिर से अपने साथ फ़र्श पर सोने देना चाहती थी। *आख़िरकार, एक दिन तो वह ख़ुद ही अपने बिस्तर में सोना चाहेगी, है ना?!*

लेकिन मैंने ऐसा नहीं किया। इसमें लगभग पांच दिन लगे और यह मेरे लिए बिलकुल भी आसान नहीं था, उसे रोते और मिन्नतें करते देखना, उसे उसके बिस्तर में सुलाना और फिर उसके दरवाज़े के बाहर खड़ा रहना जब तक वह दोबारा सो ना जाए। कई रातों में वह दोबारा उठ जाती, एक नहीं बल्कि कई बार, और मैं हर बार उसे ढाढ़स बंधाती, उसे संभालती और उसके साथ सीढ़ियां चढ़ती ताकि वह उस डर का सामना कर सके जिससे वह भाग रही थी।

लोगों के संघर्ष को इस तरह देखें कि यह उनके अंदर छिपी ताक़तों को खोजने का एक अवसर है। अगर कोई यह मान ले कि वह बहुत कमज़ोर है और अपने दुखों और डर से लड़ नहीं सकता, तो वह कभी यह जान ही नहीं पाएगा कि उसके लिए क्या-क्या संभव है।

अगर आप हर बार किसी की मुसीबत से उसे निकालने दौड़ पड़ते हैं, तो धीरे-धीरे वह यह मान लेगा कि जब भी ज़िंदगी मुश्क़िल होगी, आप तो उसे बचाने आ ही जाएंगे। लेकिन अगर वह आपको अपने साथ खड़ा पाता है, तो आप उसे यह सिखाते हैं कि वह उससे कहीं ज़्यादा सक्षम है जितना वह खुद को मानता है।

लोगों को उनकी समस्याओं से बचाने की बजाय, ऐसे बर्ताव कीजिए जैसे आप सचमुच उनके भीतर इन समस्याओं का सामना करने की ताक़त देखते हैं। आपके शब्द नहीं, बल्कि आपके कर्म सबसे गहरी और सच्ची भाषा होते हैं। जब आप किसी को उसका डर सामना करने में सहयोग करते हैं, तो आपका व्यवहार यह कहता है, 'मैं तुम पर विश्वास करता हूं। तुम यह कर सकते हो। और मैं तुम्हारे साथ हूं।'

संघर्ष करते हुए किसी का साथ देना वाक़ई बहुत कठिन काम है। यह थका देने वाला होता है। इसमें समय, धैर्य और भावनात्मक ऊर्जा की भारी मांग होती है। यह कई बार चिढ़

पैदा करता है। इसलिए बहुत से लोग आसान रास्ता चुन लेते हैं, उन्हें सहारा देना या उनकी समस्याओं से उन्हें बचा लेना।

उन्हें फ़र्श सोने देना, स्कूल बदल देना, नौकरी छुड़वा देना, समस्या को नज़रअंदाज़ करना और यह उम्मीद करना कि सब ठीक हो जाएगा-ये सब आसान रास्ते हैं। और सबसे आम तरीक़ा जिससे लोग दूसरों को सक्षम नहीं, बल्कि निर्भर बनाते हैं-उन्हें पैसा दे देना।

तो असली सवाल यह है कि आप किसी का असरदार तरीक़े से साथ कैसे दें?

अध्याय 17

सही तरीक़े से सहायता कैसे प्रदान करें

बहुत से लोगों ने यह पूछा कि किसी की मदद करते समय सहयोग और बचाव के बीच संतुलन कैसे बनाएं। तो मैं एक बहुत ही व्यावहारिक सुझाव साझा करना चाहती हूं, जो लगभग हर विशेषज्ञ ने मुझे दिया।

जब आप किसी वयस्क की मदद कर रहे होते हैं, जो कठिन समय से गुज़र रहा होता है, तो आपके पास सबसे बड़ा असर डालने वाला साधन यह होता है कि आप पैसा कहां और कैसे ख़र्च करेंगे और कहां नहीं।

अगर आप किसी को आर्थिक रूप से मदद दे रहे हैं, तो आपको साफ़-साफ़ बताना चाहिए कि वह मदद किन शर्तों पर दी जा रही है।

अगर आप बिना किसी शर्त के पैसा दे देते हैं, तो अंततः आपके भीतर गुस्सा और खीझ भर जाएगी। याद रखिए यह पैसा उपहार नहीं है। और बिना शर्त प्यार का मतलब यह नहीं है कि आर्थिक मदद भी बिना शर्त हो।

बहुत बार, बिना शर्त सच्चा प्यार दिखाने का मतलब यह होता है कि आर्थिक मदद वापस ले ली जाए। यह करना बहुत मुश्क़िल होता है, ख़ा कर जब आपके वयस्क बच्चे मुश्किल में हों। और यही कारण है कि यह 'आख़िरी हथियार' की तरह इस्तेमाल किया जाता है।

नशा मुक्ति या मानसिक स्वास्थ्य की दुनिया में एक शब्द चलता है-*रॉक बॉटम।* हम आम तौर पर इसका इस्तेमाल उस व्यक्ति के लिए करते हैं जो संघर्ष कर रहा है और जब वह अपने जीवन की सबसे निचली, सबसे कठिन अवस्था में पहुंच जाता है। लेकिन जो बात अक्सर नहीं कही जाती, वह यह है कि आप, जो उस व्यक्ति से प्यार करते हैं, आपके लिए भी एक रॉक बॉटम पल आता है।

यह पल तब आता है जब आप कह चुके होते हैं, 'मैंने सब कुछ आज़मा लिया है।' कुछ भी काम नहीं कर रहा। आप थक चुके होते हैं, पीड़ा में होते हैं। और फिर अचानक एक बात आपको भीतर तक झकझोर देती है, 'एक चीज़ है जो मैंने अभी तक नहीं की : मैंने उनकी ज़िंदगी को आर्थिक रूप से सहारा देना बंद नहीं किया।' किसी मोड़ पर, आप यह समझते हैं कि किसी का किराया देना, उनके बिल भरना, उनकी फ़ीस चुकाना या उन्हें अपने घर में रहने देना, वह भी बिना किसी शर्त के असल में आप उनके आत्म-विनाशकारी व्यवहार को ही मज़बूत कर रहे हैं।

आपको याद है डॉ. वॉल्डिंगर ने क्या कहा था? 'उन्हें उनके चुने हुए रास्तों के परिणामों से मत बचाइए।'किसी न किसी मोड़ पर, आप यह फ़ैसला लेंगे कि अब आप किसी ऐसे इंसान की ज़िंदगी को सहारा देना बंद कर देंगे, जो ना तो मेहनत करने को तैयार है और ना ही अपनी हालत सुधारने के लिए पेशेवर मदद लेने को।

डॉ. वॉल्डिंगर और जिन भी विशेषज्ञों से मैंने बात की, वे इस बात को लेकर बेहद स्पष्ट और दृढ़ थे कि आप दूसरों को प्रेम, स्वीकार्यता और सहानुभूति देना तो ज़रूर अपना फ़र्ज़ मान सकते हैं, लेकिन आपको किसी को पैसा देना ज़रूरी नहीं है। क्योंकि अगर आप किसी ऐसे व्यक्ति की ज़िंदगी का कोई भी हिस्सा आर्थिक रूप से चला रहे हैं जो ना तो इलाज लेना चाहता है, ना नौकरी करता है, ना पढ़ाई में रुचि लेता है, या जो झूठ बोलता है, चोरी करता है, या ऐसे व्यवहार में लगा है जो टाल-मटोली वाला और संदेहास्पद है, तो आप खुद भी उस समस्या का हिस्सा बन जाते हैं। बिना शर्त दिया गया पैसा दरअसल ऐसी स्थिति को बढ़ावा देता है।

लेकिन जब पैसा शर्तों के साथ दिया जाए, तब वह एक सहारा बनता है। और उसका स्वरूप ऐसा हो सकता है: 'अगर तुम नशे से दूर रहो तो यहाँ रह सकते हो।' 'मैं थेरेपी का ख़र्च उठाऊंगा, लेकिन तभी जब तुम और तुम्हारा थेरेपिस्ट इस बात पर सहमत हो कि हर महीने एक बार मुझसे बातचीत होगी।' 'मैं ट्यूशन फ़ीस तब तक भरूंगा, जब तक तुम 3.0 ग्रेड बनाए रखो।' 'मैं तुम्हारा किराया, फ़ोन बिल और कार की किस्तें दूंगा, अगर तुम अपने ईटिंग डिसऑर्डर के लिए अस्पताल में इलाज कराने जाओ।'

सबसे कठिन स्थिति तब बनती है जब वे इन शर्तों को मानने से इनकार कर देते हैं। क्योंकि अगर वे इलाज के लिए तैयार नहीं होते या नौकरी नहीं करना चाहते, तो आपको सारी आर्थिक मदद बंद करनी पड़ती है, यानी उनका किराया देना बंद, या उन्हें घर से बाहर करना पड़ता है।

और मेरा मतलब है पूरी आर्थिक मदद बंद करना। वे आपके फ़ोन प्लान पर नहीं रहेंगे, आप उनका किराया नहीं भरेंगे, उन्हें अपनी नेटफ्लिक्स या किसी भी स्ट्रीमिंग सेवा की लॉग-इन नहीं देंगे, उनके लिए राशन या ऊबर नहीं मंगवाएंगे। और हां, यह भी हो सकता है कि

आपने उनके अपार्टमेंट की लीज़ पर गारंटी दी हो, तो आपको इसके लिए तैयार रहना होगा कि इससे आपकी विश्वसनीयता प्रभावित हो सकती है।

वे आपसे नफ़रत करेंगे। शुरुआत में शायद उनका व्यवहार और भी बिगड़ जाए। लेकिन जब वे आपके द्वारा तय की गई शर्तों का सम्मान नहीं करते, तो आपको एक ज़िम्मेदार वयस्क बनकर खड़ा होना होगा। मुझे यह जानकर अचरज होता है कि कितने ही माता-पिता ऐसे वयस्क बच्चों को आर्थिक रूप से सहारा दे रहे हैं, जो खुद कोई ज़िम्मेदारी उठाने को तैयार नहीं हैं और लगातार संघर्ष कर रहे हैं।

उन्हें संघर्ष *करने दीजिए।* उन्हें आपकी सहायता की शर्तों को *तोड़ने दीजिए।* और फिर, आप उन्हें आर्थिक रूप से मदद करना पूरी तरह बंद *कर दीजिए।*

बहुत कम लोग ऐसा कर पाते हैं, क्योंकि यह कठोर क़दम लगता है। इसी कारण अक्सर लोग बस पैसा फेंककर किसी स्थिति को संभालने की कोशिश करते हैं। लेकिन सच्चाई यह है कि अपनी आर्थिक सहायता वापस लेना ही एकमात्र उपाय बचता है, जब बाक़ी कुछ भी काम नहीं करता। क्योंकि यही वो आख़िरी ताक़त है जो आपके पास बची होती है। आपके पास शक्ति है। और हो सकता है, यही वो झटका हो जिसकी आपके किसी प्रियजन को ज़रूरत हो, एक सच्चा चेतावनी संकेत की।

और अगर आप यह पढ़ रहे हैं, और आपके माता-पिता आपकी थेरेपी, किराया, पढ़ाई, फ़ोन बिल या जीवन के किसी भी हिस्से का खर्च उठा रहे हैं, तो एक बात साफ़ है : उन्हें यह अधिकार है कि वे आपकी ज़िंदगी के तौर-तरीक़ों पर अपनी राय दें।

आप ऐसा नहीं कर सकते कि कोई और आपकी ज़िंदगी की पूरी आर्थिक ज़िम्मेदारी उठाए और फिर जब वह आपसे यह पूछे कि आप उसका पैसा कैसे इस्तेमाल कर रहे हैं, तो आप नाराज़ हो जाएं। अगर आपके माता-पिता आपकी थेरेपी का खर्च दे रहे हैं और आप उन्हें अपने थेरेपिस्ट से बात नहीं करने दे रहे तो यह भावनात्मक भ्रम फैलाने (गैसलाइटिंग) का एक रूप है।

अगर आप अपने माता-पिता की राय से तंग आ चुके हैं कि आपको क्या करना चाहिए, तो अपनी ज़िंदगी के ख़र्च खुद उठाना शुरू कीजिए। जब तक आपकी आर्थिक ज़िंदगी किसी और से बंधी हुई है, तब तक उनका पैसा उन्हें आपके जीवन में दख़ल देने का अधिकार देता है, चाहे आपको अच्छा लगे या ना लगे। अगर आप सचमुच स्वतंत्रता चाहते हैं, तो आर्थिक रूप से स्वतंत्र बनकर अपनी बात साबित कीजिए।

और आइए ईमानदारी से बात करें : आपको अपने माता-पिता की राय इतनी परेशान क्यों करती है, इसका असली कारण यह है कि आपको उनकी आर्थिक मदद की ज़रूरत है और आप यह बात जानते हैं। आप असल में उनसे नाराज़ नहीं हैं, आप खुद से नाराज़ हैं इस बात के लिए कि आप अभी तक आर्थिक रूप से स्वतंत्र नहीं हो पाए हैं।

वयस्कों की ज़िम्मेदारियों का बोझ अपने सिर लेना बंद कीजिए

मैं आपको एक व्यक्तिगत उदाहरण दे सकती हूं कि बिना शर्त दूसरों को बार-बार आर्थिक संकट से निकालना क्यों बंद करना ज़रूरी है। मैंने पहले ज़िक्र किया था कि जब मेरी उम्र चालीस साल की थी, तब क्रिस और मैं बड़े क़र्ज़ में डूबे हुए थे।

हमारा घर गिरवी रखा हुआ था और हम 8 लाख डॉलर के क़र्ज़ में थे। क्रिस का रेस्टोरेंट बिज़नेस बुरी तरह से लड़खड़ा रहा था। हम कर्मचारियों की तनख़्वाह समय पर नहीं दे पा रहे थे। क्रिस को महीनों से कोई वेतन नहीं मिला था, मेरी नौकरी भी छूट चुकी थी और हमें ज़रूरत की चीज़ों जैसे कि राशन या पेट्रोल भरवाने तक के लिए परेशानी हो रही थी।

यह समय हमारे लिए वाक़ई बहुत डरावना था। क्रिस और उनके बिज़नेस पार्टनर जी-जान से कोशिश कर रहे थे कि किसी तरह पैसे जुटाकर बिज़नेस को डूबने से बचा लें। मुझे याद है, क्रिस ने अपने भाई से बिज़नेस के लिए कुछ पैसे उधार मांगे थे।

उनके भाई ने मना कर दिया और साथ में यह भी कहा, 'मुझे अफ़सोस है अगर मेरी यह ना तुम्हारे बिज़नेस के डूबने और तुम्हारे दिवालिया होने की वजह बनती है, लेकिन मैं तुम्हें इस मुसीबत से नहीं निकाल सकता। तुम्हें खुद ही रास्ता निकालना होगा।'

क्या यह उनके भाई की निष्ठुरता थी? नहीं। यह ईमानदारी थी। क्रिस की बिज़नेस समस्याओं के लिए उनका भाई ज़िम्मेदार नहीं था, क्रिस स्वयं थे। और ना ही उनका भाई किसी डूबते हुए बिज़नेस को टिकाए रखने या क्रिस की आर्थिक मुश्किलों से उसे बचाने का ज़िम्मेदार था। यह सुनना क्रिस के लिए बहुत तकलीफ़देह था, लेकिन यह सच्चाई थी।

कुछ हफ़्तों बाद, क्रिस अपनी बेहद ख़राब स्थिति में पहुंच गए। उन्हें बिज़नेस से पिछले छह महीनों से वेतन नहीं मिला था और बिज़नेस अब यह पूरी तरह से ख़त्म होने के कगार पर था। क्रिस और उसका पार्टनर सालों से लगातार मेहनत कर रहे थे कि यह बिज़नेस किसी तरह चल निकले। लेकिन उनके भाई की बातों ने क्रिस को यह समझा दिया कि अब इसे छोड़ देना ही बेहतर है।

यह बिज़नेस दो मालिकों को नहीं झेल सकता था। साथ ही, क्रिस को शराब की लत लग चुकी थी। वह तनाव को शराब में डुबो रहे थे और उनका व्यवहार ऐसा था जो उन्हें बर्बादी की धकेल रहा था। वह डिप्रेशन में थे, उन्हें एंग्ज़ाइटी थी और वह जानते थे कि अब वह इस तरह नहीं जी सकते। यही उनका रॉक बॉटम यानी निम्नतम बिंदु था।

अगर भाई ने क्रिस को पैसे उधार दे दिए होते, तो वह बस इस बर्बादी भरी स्थिति को और लंबा खींच देता। जब उसके भाई ने 'ना' कहा, तो क्रिस के पास कोई रास्ता नहीं बचा सिवाय इसके कि वह ख़ुद को इस हालत से बाहर निकाले। यही होता है रॉक बॉटम यानी ज़िंदगी का वह पल जो आपको भीतर से झकझोर देता है और आपके जीवन को बेहतर दिशा

में मोड़ता है। क्योंकि जब आप सच में उस बिंदु पर पहुंचते हैं, तो अपने भीतर किसी ठोस चीज़ से जुड़ते हैं और वह है बदलाव लाने का संकल्प।

यह समझना ज़रूरी है कि क्रिस के भाई ने भले ही पैसे देने से इनकार किया, लेकिन इसका मतलब यह नहीं था कि वह उनकी मदद नहीं कर रहा था। उसने क्रिस की समस्या सुनी, उनकी भावनाओं को समझा, उस पर दया की और अंततः पैसे ना देकर असल में यह कहा, 'मुझे तुम्हारी क़ाबिलियत पर भरोसा है कि तुम ख़ुद इस संकट से बाहर निकल सकते हो।'

और आप जानते हैं क्या हुआ? क्रिस ने वाक़ई रास्ता खोज लिया। सही समाधान यह नहीं था कि रेस्तरां को किसी तरह और बचाकर रखा जाए। समाधान यह भी नहीं था कि उस स्थिति से भागा जाए। सही समाधान यह था, 'मैं अब यह सब नहीं कर रहा। मैं इसे छोड़ रहा हूं।'

ज़िंदगी बदलने का पहला क़दम यही है कि यह स्वीकार करना कि आपकी ज़िंदगी सही नहीं चल रही है। इसलिए ज़रूरी है कि आप अपने चाहनेवालों को सच्चाई का सामना करने दें, ना कि उन्हें उससे भागने का रास्ता दिखाएं। आपका काम है उन्हें प्यार देना, उनकी मेहनत करने की क्षमता पर विश्वास करना और एक सुरक्षित दूरी से उन्हें सहारा देना, ठीक वैसे जैसे क्रिस के भाई ने किया। क्योंकि जिस तरह किसी समस्या को हल करने के लाख रास्ते हो सकते हैं, उसी तरह सहायता देने के भी लाख तरीक़े हो सकते हैं।

स्वस्थ होने के लिए उपयुक्त माहौल कैसे बनाएं

मेरे पसंदीदा तरीक़ तरीक़ों में से एक यह है कि जब किसी की मदद करनी हो, तो मैं यह सोचती हूं कि ऐसा माहौल कैसे बनाया जाए जो उसकी सेहत को बेहतर बनाने में मदद करे। इसका मतलब क्या है? बहुत सारे शोध यह बताते हैं कि आपका भौतिक वातावरण यानी आपकी मानसिक, आत्मिक और शारीरिक सेहत पर असर डालनेवाला माहौल आपकी स्थिति को बहुत प्रभावित करता है। यह उस जगह से जुड़ा होता है जहां आप रहते हैं, आपके आस-पास फैला सामान, आपके फ्रिज में रखा खाना, वे लोग जिनके साथ आप समय बिताते हैं, और आपके कैलेंडर में दर्ज प्लान।

ख़ुद से यह सवाल पूछिए, *मैं ऐसा वातावरण कैसे बना सकता हूं जो बदलाव और स्वस्थ होने की प्रक्रिया को आसान बनाए?* आप यह काम लाख तरीक़ों से कर सकते हैं, लेकिन मैं अपनी ज़िंदगी से एक उदाहरण से शुरुआत करना चाहती हूं।

जब हमारी पहली बेटी का जन्म हुआ, तब मेरा प्रसव बहुत जटिल था और मुझे बहुत अधिक रक्तस्राव हुआ। जब मुझे अस्पताल से छुट्टी मिली और मैं घर आई, तो मैं ना सिर्फ़ शारीरिक रूप से टूट चुकी थी बल्कि मानसिक रूप से भी गंभीर प्रसवोत्तर अवसाद (पोस्टपार्टम डिप्रेशन) से जूझ रही थी।

मेरा हाल इतना ख़राब था कि मुझे अपनी बेटी के साथ पहले चार महीनों तक अकेले नहीं छोड़ा जा सकता था। मैं दवाइयां ले रही थी उस वजह से बेटी को दूध नहीं पिला सकती थी। और मैं इतनी थकी और कमज़ोर थी कि दिन का ज़्यादातर समय या तो सोते हुए बीतता या फिर मैं सोफ़े पर बैठी रहती, किसी निर्जीव ज़ोंबी की तरह।

मुझे याद है कि किसी ने मुझसे नहीं पूछा कि वे मेरी किस तरह मदद कर सकते हैं। मेरे परिवार वाले लोग बस मेरे घर आ गए और बिना कुछ पूछे ऐसा माहौल बना दिया जिसमें मैं धीरे-धीरे ठीक हो सकूं।

मेरी चचेरी बहन ने आकर घर की सफ़ाई की। मेरे माता-पिता बहुत दूर से आए और हफ़्तों तक मेरे साथ रहे। मेरी एक नई दोस्त जोनी, जो उस समय गर्भवती थी वह बस मेरे पास बैठने आ जाती थी ताकि क्रिस (पति) काम पर जा सकें। जब मुझे नींद आ जाती, तो वह चुपचाप कपड़े धो देती या खाना बना देती।

मेरे ससुरालवाले एक हफ़्ते के लिए आए और हर दिन कुछ न कुछ प्लान बनाते थे। बिना मुझसे पूछे ही वे कह देते, 'चलो, अब हम बोस्टन फ़्लावर शो जा रहे हैं।' और फिर वे मुझे और बच्चे को कार में बैठा देते। और भले ही मैं अब भी एक ज़ोंबी जैसी हालत में थी और भीतर से गहरे अवसाद में डूबी हुई थी, उन्होंने ऐसा वातावरण बनाया जिसमें मैं घर से बाहर निकलने लगी और धीरे-धीरे दोबारा ज़िंदगी की ओर लौटने लगी।

किसी ने मुझसे यह नहीं पूछा, 'तुम्हें किस चीज़ की ज़रूरत है?' किसी ने यह नहीं कहा, 'क्या मैं कपड़े धो दूं?' किसी ने यह नहीं पूछा, 'क्या मैं रात का खाना लेकर आऊं?' उन्होंने बस ये सभी काम चुपचाप किए। और यही बात हमें उन लोगों के बारे में समझनी चाहिए जो किसी मानसिक या भावनात्मक संघर्ष से गुज़र रहे होते हैं।

लेट देम का मतलब उन्हें अकेला छोड़ना नहीं है।

जब आप कठिन दौर से गुज़र रहे होते हैं, तो अक्सर आपको ख़ुद नहीं पता होता कि आपको क्या चाहिए या आप क्या चाहते हैं। कुछ दिनों बाद तो यह भी समझ नहीं आता कि आज कौन-सा दिन है। क्या आपने कभी ग़ौर किया है कि जब आप किसी दुख से गुज़र रहे, किसी रिश्ते के टूटने से जूझ रहे या अस्पताल से अभी-अभी स्वस्थ होकर लौटे हुए दोस्त से पूछते हैं कि आप उसकी क्या मदद कर सकते हैं, तो वह अक्सर कहता है, 'मैं ठीक हूं', 'कुछ नहीं' या 'मुझे कुछ नहीं चाहिए'?

जब आप संघर्ष कर रहे होते हैं तो आप किसी और पर बोझ नहीं बनना चाहते, क्योंकि अंदर ही अंदर आप पहले से ही ख़ुद को एक बोझ की तरह महसूस कर रहे होते हैं। ऐसे में हमें चाहिए कि हम आगे बढ़कर ऐसा माहौल बना दें जो उनकी ठीक होने में मदद करे।

आप बहुत कुछ कर सकते हैं : उनके घर जाकर दरवाज़े पर खाना दे आएं, उनके अपार्टमेंट की सफ़ाई में मदद करें, उनके फ्रिज में सेहतमंद खाना रख दें, उनके कमरे में जाकर परदे हटाएं और खिड़कियां खोलें ताकि ताज़ी हवा आए, उनका कपड़े धो दें, अच्छे गानों की

प्लेलिस्ट बना दें, उन्हें ऐसे पॉडकास्ट भेजें जो उनमें आशा जगाएं, उनके लिए ध्यान और स्नेह से भरे केयर पैकेज भेजें या एक डिजिटल फ़ोटो फ्रेम खरीदकर उसमें परिवार और दोस्तों की तसवीरें डाल दें, ताकि उनका माहौल उन्हें हर पल यह याद दिलाए कि वे अकेले नहीं हैं और उनका जीवन कभी कितना सुंदर था, और दोबारा हो सकता है।

मेरे पसंदीदा कामों में से एक, ख़ास तौर पर किसी नई मां के लिए है-पेपर की प्लेटें और कपों का एक बड़ा पैक ले जाकर उसके घर छोड़ देना, ताकि नवजात की देखभाल करते हुए उसे बर्तन ना धोने पड़ें। यह मदद मनोचिकित्सक के.सी. डेविस की सलाह पर आधारित है।

और जब हम इसी विषय पर बात कर रहे हैं, तो किसी दोस्त को कॉल या मैसेज करके कहें, 'मैं शनिवार को आ रहा/रही हूं और बच्चों या कुत्ते को पार्क ले जा जाऊंगा/ जाऊंगी, ताकि तुम थोड़ी राहत पा सको।'

अपने रूम-मेट को ब्रेक-अप के बाद नेल आर्ट करवाने या किसी नए म्यूज़ियम प्रदर्शनी में घुमाने ले जाएं। किसी को हर हफ़्ते एक बार टेक्स्ट करें और लिखें, 'मैं तुम्हारे बारे में सोच रहा/ रही हूं, तुम इस कठिन दौर में अकेले नहीं हो, तुम्हें इस मैसेज जवाब देने की ज़रूरत नहीं है, मैं बस ये चाहता/ चाहती हूं कि तुम्हें पता हो मैं हमेशा तुम्हारे साथ हूं।'जिस दोस्त का अभी-अभी को इलाज पूरा हुआ हो, उसे हर बुधवार सुबह योगा क्लास के लिए बुलाएं, और भी अच्छा हो अगर आप उसे ख़ुद लेने जाएं।

आप सकारात्मक बदलाव के लिए ऐसा माहौल बना सकते हैं जिसमें थेरेपी की पेशकश हो, सेहतमंद खाना पकाया जाए, खुलकर बातचीत हो। आप देख सकते हैं कि ये उदाहरण किसी को पैसे देने या उसकी समस्याओं से उसे बचाने से बिलकुल अलग हैं। ये सब वे तरीक़े हैं जिनसे किसी के लिए दोबारा ज़िंदगी में लौटना थोड़ा आसान हो जाता है।

आप कभी नहीं जान सकते कि कोई व्यक्ति अंदर से क्या झेल रहा है। लेकिन आप यह ज़रूर तय कर सकते हैं कि आप एक कैसे दोस्त, क़रीबी या परिवार के सदस्य बनना चाहते हैं। इस पुस्तक में हमने कई बार इस बात पर ज़ोर दिया है कि आप इस तरह किसी की मदद के लिए हाथ बढ़ाएं कि बाद में आपको खुद पर गर्व हो।

जब आप किसी की मदद करें, तो बिना किसी अपेक्षा के करें। अस्पताल में भर्ती दोस्तो को सिर्फ़ इसलिए मैसेज करें क्योंकि आपको उसके लिए कुछ करना अच्छा लगता है, ना कि इसलिए कि आपको उसकी तरफ़ से जवाब चाहिए। हाल में मां बनी स्त्री को खाना पहुंचाएं, इसलिए नहीं कि आपको उससे धन्यवाद की उम्मीद है, बल्कि इसलिए क्योंकि आपको यह जानकर सुकून मिलता है कि आप अपने चाहने वालों के लिए खड़े होते हैं।

याद रखें, जब कोई संघर्ष कर रहा होता है, तब वह अक्सर इतना थका-हारा होता है कि उसके पास आपको अप-डेट देने या शुक्रिया कहने की भी ऊर्जा नहीं होती। लेकिन यक़ीन रखें कि आपकी वह सहानुभूति और सहायता उनके लिए बहुत मायने रखती है, चाहे वह आपको जताएं या नहीं।

आपका काम है उनके पास, उनके साथ खड़े रहना और उम्मीद की रोशनी को थामे रखना। उम्मीद का एक दीपक बनिए। उनके बेहतर होने की संभावना में विश्वास रखिए।

लोग इसलिए अपने ज़ख़्मों को भरने से बचते हैं क्योंकि उन्हें यक़ीन नहीं होता कि वे उस दर्द का सामना कर पाएंगे जिससे वे भाग रहे हैं। तो ऐसे में उन्हें आपसे थोड़ा विश्वास उधार *लेने दीजिए।* क्योंकि जब कोई व्यक्ति यह महसूस करता है कि उसे स्वीकारा गया है, उससे प्यार किया जा रहा है और उसे सहायता मिल रही है तब उसके लिए भी यह यक़ीन करना आसान हो जाता है कि उसका जीवन दोबारा पटरी पर आ सकता है।

आइए अब यह समझें कि किसी संघर्ष करते व्यक्ति की मदद कैसे करें। इस भाग को पढ़ते हुए शायद आपने यह महसूस किया हो कि आप अनजाने में दूसरों को उनके संघर्षों का सामना करने से रोक रहे हैं। लेट देम थ्योरी हमें सिखाती है कि किसी की मदद करने का मतलब यह नहीं कि आप उनके लिए उनकी समस्याएं सुलझाएं, बल्कि यह कि आप उन्हें इतना स्पेस और ज़रूरी साधन उपलब्ध कराएं कि वे ख़ुद अपनी राह तलाश सकें।

1. **समस्या :** जब आप लोगों को उनकी समस्याओं से बचाने की कोशिश करते हैं, तो वे उन समस्याओं में और डूबते चले जाते हैं। जब आप अपने पैसे, शब्दों या कार्यों से दूसरों को सहारा देते हैं, तो आप उनकी आत्म-निर्भरता को बढ़ावा नहीं देते, बल्कि उनके घावों को भरने की प्रक्रिया को रोक देते हैं। आप उनके दुःख, क़र्ज़ और टूटन को लंबा खींचते हैं और साथ ही, अपने जीवन में भी तनाव बढ़ाते हैं।
2. **सच्चाई :** लोग तभी ठीक होते हैं जब वे खुद को बदलने के लिए तैयार हों। अक्सर आप यह चाहते हैं कि वे जल्दी से ठीक हो जाएं, लेकिन वे अभी उस बिंदु पर नहीं पहुंचे होते हैं। आपकी नीयत चाहे जितनी भी अच्छी हो, बार-बार उनकी समस्याओं को हल करना एक निर्भरता पैदा करता है, जिससे उन्हें ज़िम्मेदारी लेने में देरी होती है। आप किसी और के ठीक होने की इच्छा उनसे ज़्यादा नहीं रख सकते।
3. **समाधान :** लेट देम थ्योरी का उपयोग करते हुए आपको एक क़दम पीछे हटना होगा और वयस्कों को उनके कार्यों के स्वाभाविक परिणामों का सामना करने देना होगा। मदद करने के बजाय, शर्तों के साथ समर्थन दें। यह तरीक़ा उन्हें ख़ुद की भलाई और विकास की ज़िम्मेदारी लेने में मदद करता है और यह दर्शाता है कि आप उनके भीतर बेहतर बनने की क्षमता पर भरोसा करते हैं।

जब आप कहते हैं, *लेट देम* तो आप दूसरों पर भरोसा करते हैं और उन्हें यह सामर्थ्य देते हैं कि वे अपनी कठिनाइयों को खुद संभालें। इस बात को समझें कि संघर्ष का सामना करना ही विकास का एक ज़रूरी हिस्सा है। जब आप कहते हैं *लेट मी* तो आप यह तय करते हैं कि आप बिना नियंत्रण किए, सिर्फ़ सहारा देंगे। ऐसा वातावरण तैयार करेंगे, जिसमें वह व्यक्ति ख़ुद अपनी बेहतरी की राह पर चल सके।

समस्या से उबरने की उनकी क्षमता पर विश्वास रखें और ऐसा वातावरण बनाएं जहां बदलाव मुमकिन हो सके।

वह प्रेम चुनना जिसके आप हक़दार हैं

अध्याय 18

दूसरों को उनकी असलियत ज़ाहिर करने दीजिए

आपके जीवन के अंत में वे अंतिम शब्द क्या होंगे जो आप किसी के सुनना चाहेंगे? 'मुझे तुमसे प्यार है।' प्यार दुनिया की सबसे शक्तिशाली शक्ति है। आप इस योग्य हैं कि आपको प्यार मिले, आप प्यार करें, प्यार में पड़ें, प्यार को व्यक्त करें, और जीवन के सबसे बड़े सुखों में से एक को महसूस करें—एक सच्चे प्रेमपूर्ण रिश्ते में होना।

चाहे आप अकेले हों, तलाक़शुदा हों, किसी के साथ रह रहे हों, सगाई हो चुकी हो, किसी उलझे हुए रिश्ते में हों, या बहुत लंबे समय से विवाह में बंधे हुए हों - मैं मानती हूं कि अब तक आपने जो भी प्रेम अनुभव किया हो, उससे भी बढ़कर और गहरा प्रेम भविष्य में आपके जीवन में आने वाला है। हर रिश्ता, चाहे वह कितना ही अच्छा क्यों ना हो, और अधिक अर्थपूर्ण बन सकता है। किसी के साथ आपका जुड़ाव और भी गहरा हो सकता है क्योंकि प्रेम असीम होता है।

अगर आप अकेले हैं, तो समझिए कि आपकी प्रेम-कहानी अभी ख़त्म नहीं हुई है। आपके जीवन का सच्चा प्रेम आपके अतीत में नहीं, वह तो आपके भविष्य में आपकी प्रतीक्षा कर रहा है। अब तक जो कुछ भी हुआ है, जिन रिश्तों से आप गुज़रे हैं, उन्होंने आपको तैयार किया है, उस प्रेम के लिए जो अब आने वाला है।

जब मैं इस पुस्तक के लिए शोध कर रही थी, तो मुझे बहुत से प्रश्न मिले, ख़ास कर लेट देम थ्योरी को प्रेम में कैसे अपनाएं। तो आने वाले तीन अध्यायों में हम साथ-साथ बात करेंगे प्रेम की शुरुआत यानी डेटिंग की, प्रतिबद्धता की, कैसे जानें कि कोई रिश्ता आपके लिए सही है या नहीं, प्रेम को स्थायी कैसे बनाएं और जब रिश्ता टूट जाए तो उससे कैसे उबरें।

अंत में, हम यह भी समझेंगे कि कैसे आप बार-बार उस प्रेम को स्वीकार करते हैं, जो आपके योग्य नहीं है।

हक़ीक़त यह है कि वयस्क यह तय करते हैं कि वे किससे प्रेम करेंगे और कैसे करेंगे और कई बार वे आपको नहीं चुनते। लोगों का व्यवहार सच बयां करता है कि वे आपके बारे में कैसा महसूस करते हैं। अक्सर आप प्रेम के पीछे दौड़ते हैं या उस कल्पना के पीछे जो आपको लगता है कि प्रेम हो सकता था और इस चक्कर में आप अपने मूल्यों से समझौता कर बैठते हैं। पर याद रखिए, जब आप प्रेम के पीछे भागते हैं, तो आप उसी गहरे, अर्थपूर्ण रिश्ते को दूर कर देते हैं जिसके आप वास्तव में योग्य हैं।

प्रेम जितना विलक्षण होता है, उतना ही वह पीड़ा का कारण भी बन सकता है। आप चाहेंगें कि कोई आपको इतना प्रेम करे, कि आप अपने भीतर की शक्ति भी उन्हें सौंप बैठें।

उदाहरण के लिए, हो सकता है कि कोई अनजान व्यक्ति जिससे आप कभी ऑन-लाइन मिले थे, वह आज आपके मूड को नियंत्रित कर रहा हो। या फिर कोई जिसने अचानक आपसे रिश्ता तोड़ लिया, आपके आत्म-सम्मान को चकनाचूर कर चुका हो। या फिर आपका जीवन-साथी ही इतना उपेक्षापूर्ण व्यवहार कर रहा हो, मानो आप उसके लिए केवल एक रूम-मेट हैं और आप भी अब इसे ही सामान्य मान चुके हैं।

अपने प्रेम-जीवन में आप इस जाल में फंस सकते हैं कि दूसरे लोग अपनी ही तकलीफ़ों और मानसिक उलझनों के साथ आपको इस क़दर प्रभावित करें कि आप अपने ही मानकों से समझौता कर बैठें। और फिर उस प्रेम को स्वीकार कर लें, जो ना तो आपकी आत्मा को तृप्त करता है और ना ही आपके भीतर की ज़रूरतों को पूरा करता है।

जब दिल शामिल होता है, तो बुद्धि पीछे छूट जाती है। आप अपने ही मन को समझाने लगते हैं कि किसी का बुरा बर्ताव तो चल ही सकता है, या फिर एक ऐसी कहानी गढ़ लेते हैं जो सिर्फ़ कल्पना होती है और सच्चाई को स्वीकारने से बचते हैं। आप खुद को यह भी यक़ीन दिला सकते हैं कि यह विफल रिश्ता भी किसी अनजानी तन्हाई से बेहतर है। और इस सोच के कारण आप उसी रिश्ते में बने रहते हैं, जो पहले ही टूट चुका होता है।

लेकिन याद रखिए कि आप एक विलक्षण प्रेम-कहानी के हक़दार हैं। और उससे कम किसी भी बात पर समझौता नहीं करना चाहिए।

लेट देम थ्योरी के माध्यम से आप यह सीखेंगे कि प्रेम को पाना और प्रेम के पीछे भागना इन दोनों में कितना बड़ा अंतर है। आप जानेंगे कि कौन वास्तव में आपके समर्पण के योग्य है और कौन नहीं। आप यह भी सीखेंगे कि इस सिद्धांत को कैसे अपनाएं ताकि आप अपने जीवन का सबसे सुंदर, सहयोगपूर्ण और समर्पित रिश्ता बना सकें।

सच्चाई यह है कि सबसे अच्छे रिश्ते समय के साथ बढ़ते और बदलते हैं। और जब आपको सही ढंग से प्रस्तुत करते हैं, तब आप वह संबंध बना पाते हैं जिसकी आप सच्चे अर्थों में पात्रता रखते हैं।

तो आइए शुरुआत करें... प्रेम को कैसे पाया जाए?

आज के दौर में प्रेम तलाशना यानी डेटिंग सच में बहुत कठिन हो चुका है। मैंने आज तक किसी को यह कहते नहीं सुना कि उन्हें डेटिंग पसंद है, या यह कोई आसान और मज़ेदार अनुभव है।

लगभग हर इंसान यह सोच-सोचकर डरता है कि उसे फिर से अपने आपको प्रस्तुत करना होगा, डेटिंग ऐप्स पर जाना होगा और एक ऐसे माहौल में प्रवेश करना होगा जो अक्सर सतही, अस्वस्थ और केवल शारीरिक संबंधों पर टिका हुआ लगता है। तो अगर आप अकेलेपन को लेकर निराश हैं, हतोत्साहित हैं या अपने अंदर हीन भावना महसूस कर रहे हैं तो आप अकेले नहीं हैं। यह एक सामान्य अनुभव है, और इसका एक बड़ा कारण यह है कि आजकल डेटिंग ऐप्स और सोशल मीडिया ने प्रेम और रिश्तों को एक खेल, एक उद्योग और एक प्रतियोगिता बना डाला है।

एक और वजह जिससे यह सब थकाने वाला लगता है, वह यह है कि आजकल मिलने वाली ज़्यादातर सलाह बस यही होती है कि किसी को कैसे आकर्षित करें? अगली मुलाक़ात कैसे पक्की करें? ऐप पर ज़्यादा लाइक्स कैसे पाएं? यही बात मैं समझाना चाहती हूं कि आज के दौर की डेटिंग एक होड़ बन चुकी है। लेकिन यह प्रेम का सही रास्ता नहीं है। प्रेम कोई खेल नहीं है। आपका उद्देश्य किसी को बहला-फुसलाकर अपने जीवन में लाना नहीं होना चाहिए। आपको यह सोचकर नियम नहीं बनाने चाहिए कि कब मैसेज करना है या क्या बोलना है।

आपका असली काम है ख़ुद को पूरी सच्चाई और सहजता से प्रस्तुत करना। और उस भरोसे के साथ जीना कि कोई ऐसा भी है, जो ठीक वैसे ही इंसान की तलाश में है जैसे आप हैं। जो भी लोग आपको यह सिखा रहे हैं कि किसी को पाने के लिए कोई चाल या तकनीक अपनाओ, वे आपको अपने सच्चे स्वरूप से दूर ले जा रहे हैं। वे आपको ऐसी सतही दुनिया में धकेल रहे हैं जहां आप केवल ग़लत लोगों से ही मिलेंगे। इसलिए, यह सोचने के बजाय कि मुझे अपने आपको बदलना चाहिए या मुझे कुछ अलग करना चाहिए, मैं आपको यह सिखाऊंगी कि आपको क्या-क्या करना बंद कर देना चाहिए।

प्रेम को पाना हां कहने से ज़्यादा ना कहने का विषय है। जब आप अपने लिए और अपने रिश्ते के स्तर के लिए ऊंचे मापदंड रखते हैं, तब डेटिंग एक छंटाई की प्रक्रिया बन जाती है। लेट देम थ्योरी आपको अपने साथ ईमानदार रहने में मदद करेगी और यह आपको इतना साहस देगी कि आप दूसरों को वैसा ही बनने दें जैसे वे असल में हैं, जबकि आप स्वयं अपने सच्चे रूप में डटे रहें।

जब आप अपने सच्चे स्वरूप में सामने आने का साहस रखते हैं, तो आप नियंत्रण करने की स्थिति में होते हैं क्योंकि आप तय करते हैं कि किसे अपने समय और ऊर्जा का हिस्सा बनाना है और किसे नहीं।

इतना ही नहीं, यह भी साहस का काम है कि आप यह सच स्वीकार करें कि कोई आपमें दिलचस्पी नहीं रखता। इसके लिए आत्म-विश्वास की ज़रूरत होती है कि आप अपने को याद दिला सकें कि आपको मैसेज करना आसान है, लेकिन अगर वे वाक़ई आपसे मिलना चाहते, तो वे मिलने की योजना भी बनाते।

जैसे ही आप किसी के व्यवहार को लेकर अपने मन में बहाने गढ़ने या कल्पनाएं बनाने लगते हैं, उसी पल आप अपनी शक्ति उन्हें सौंप देते हैं। डेटिंग के दौरान दूसरों के व्यवहार को लेकर आपका दृष्टिकोण बिलकुल साफ और दो-टूक होना चाहिए और यही सबसे कठिन हिस्सा है। लेट देम थ्योरी की मदद से आप यह सीखेंगे कि बार-बार ग़लत रिश्तों के पीछे भागते रहने के बजाय कैसे सही रिश्ते को चुनना है।

डेटिंग का मक़सद सिर्फ़ 'एक सही व्यक्ति' को ढूंढ़ना नहीं है

डेटिंग को कठिन मानने का एक बड़ा कारण यह है कि आप इसके असली उद्देश्य को नहीं समझते। इसका मक़सद सिर्फ़ 'एक सही व्यक्ति' को ढूंढ़ना नहीं है। डेटिंग एक ऐसा अनुभव है जो आपको खुद के बारे में और यह समझने में मदद करता है कि आपको क्या चाहिए और क्या नहीं। हर एक व्यक्ति के साथ, आप यह सीखते हैं कि आपको क्या पसंद है और क्या बिलकुल नहीं।

इसलिए आपके जीवन की हर डेटिंग से जुड़ी छोटी-बड़ी और यहां तक कि बुरी से बुरी घटना भी आपको कोई अहम बात सिखाती है।

इनमें सबसे ज़रूरी सबक़ यह जानना होता है कि आप किस तरह के व्यवहार को स्वीकार नहीं करेंगे, और आप वास्तव में किस तरह के व्यक्ति के साथ रिश्ता चाहते हैं। अगर आप सिर्फ़ 'एक सही व्यक्ति' को ढूंढ़ने के जुनून में लग जाते हैं, तो आप उन तमाम सबक़ से चूक जाएंगे जो डेटिंग आपको आपके जीवन में प्रेम के मूल्य को लेकर सिखाना चाहती है।

आप इस धरती पर किसी की पत्नी या पति बनने के लिए नहीं भेजे गए हैं। आप यहां इसलिए हैं ताकि आप अपने सपनों को पूरा कर सकें, अपनी कहानी साझा कर सकें और एक बड़ा, सुंदर और अद्भुत जीवन रच सकें।

आपके लिए वह जीवन कोई और नहीं रचेगा। जिसे आप प्रेम करते हैं, वह सिर्फ़ उस जीवन का साझेदार बनता है। इसीलिए मैं चाहूंगी कि आप चयनशील बनें।

जब आप डेटिंग कर रहे हों, तो आनंद लें, कई लोगों से मिलें, लेकिन इस बड़ी सच्चाई को कभी ना भूलें कि आप ऐसे व्यक्ति की तलाश में हैं जो आपको आपके बेहतरीन रूप तक पहुंचाने में सक्षम हो और जो आपके साथ मिलकर एक सुंदर जीवन रच सके।

इसलिए, डेटिंग का मक़सद सिर्फ़ 'एक सही व्यक्ति' को ढूंढ़ना क़तई नहीं है।

इसीलिए आपको डेटिंग को एक ऐसे अवसर की तरह देखना चाहिए, जो आपको विभिन्न अनुभवों के ज़रिये अपने बारे में और अधिक जानने का मौक़ा दे और अंततः आपको ऐसा कोई मिल सके, जिसे आप चुनें और वह भी आपको पूरे मन से चुने।

सबसे कठिन बात यह है कि कोई व्यक्ति आपको चुनेगा या नहीं, इस पर आपका नियंत्रण नहीं हो सकता। आप इस पर भी नियंत्रण नहीं रख सकते कि आपके जीवन का समय किसी और के जीवन के समय से मेल खाएगा या नहीं।

लोग तय करते हैं कि वे किसे और कैसे प्रेम करेंगे और कई बार वह व्यक्ति आप नहीं होंगे। लेकिन यह बात कभी ना भूलें कि यह चुनाव आपके हाथ में भी है। आप भी तय करते हैं कि आप किसे और कैसे प्रेम करना चाहते हैं। आप तय करते हैं कि आपका समय और ऊर्जा किसके लिए योग्य है और यह भी तय करते हैं कि आप अपने साथ किस तरह का व्यवहार चाहते हैं।अक्सर डेटिंग में यह चुनाव इस तरह होता है कि आप वहां से किनारा कर लेते हैं जहां आपको मनमुताबिक और हैसियत के मुताबिक़ व्यवहार नहीं मिलता।

और यहीं एक सच्चाई सामने आती है: लोगों का व्यवहार आपको साफ़-साफ़ बता देता है कि वे आपके बारे में क्या महसूस करते हैं।

आपका काम यह नहीं है कि आप उस व्यवहार की व्याख्या करें या उसे बार-बार सोचते रहें। आपको तो बस लोगों को स्वयं को प्रकट करने देना है और जैसा वे वास्तव में महसूस करते हैं उसे स्वीकार करना है। और यह बात रिलेशनशिप के हर चरण में समान रूप से लागू होती है।

शुरुआती दिन

जब आप लोगों से खुलकर मिलना-जुलना शुरू करते हैं, तो आपको बहुत से लोग 'अच्छे' लग सकते हैं या उनमें आपकी 'रुचि' हो सकती है, क्योंकि इस दुनिया में बहुत से आकर्षक, मज़ेदार और दिलचस्प लोग हैं।

शुरुआती दिन बहुत जोश और उत्साह से भरे होते हैं... और इसी वजह से आप शायद बहुत से ऐसे लोगों को 'हां' कह देंगे जो असल में आपके लिए सही नहीं हैं। जब कोई दिखने में अच्छा हो, जब आप अचानक कोई भावनात्मक जुड़ाव महसूस करें, या जब आपके पास वीक-एंड में करने को कुछ और ना हो, या आप अकेले रह-रहकर थक गए हों, तो किसी को

'हां' कहना बहुत आसान होता है। या इस डर से भी आप 'हां' कर देते हैं कि कहीं आपको कभी कोई मिले ही नहीं ।

डेटिंग इसलिए मुश्क़िल है, क्योंकि ज़्यादातर लोग अकेले रहने से डरते हैं और एक परी-कथा जैसी प्रेम-कहानी की तलाश में इतने बेचैन रहते हैं कि वे उस स्थिति की सच्चाई को देखने में उतने सजग नहीं रहते, जितनी ज़रूरत होती है।

कितनी बार आपने ख़ुद को समझाया है कि रिश्ता असल में जितना दिख रहा है, उससे ज़्यादा ख़ास है? या यह सोच लिया है कि ये रिश्ता आगे बढ़ने वाला है? या यह मान लिया है कि बार-बार नशे की हालत में की गई मुलाक़ातों का मतलब है कि वह भी आपको पसंद करता है? या यह सपना देखा है कि आप दोनों साथ में भविष्य बनाएंगे?

एक मशहूर कहावत है, 'अगर कोई आपको चाहता है, तो आपको पता चल जाएगा। और अगर वह नहीं चाहता, तो आप भ्रम में रहेंगे।' डेटिंग में उलझन बहुत ख़तरनाक होती है, क्योंकि अगर आपको वह व्यक्ति अच्छा लगता है, तो आपकी पहली प्रतिक्रिया यही होगी कि आप ख़ुद को समझाने लगें कि उन्हें भी आप अच्छे लगते हैं। ऐसा हरगिज़ मत कीजिए। वह आपको उलझन में डालें तो *डालने दीजिए*, लेकिन आप खुद को धोखा मत दीजिए।

क्या आपने कभी ध्यान दिया है कि जो लोग आपको उलझन में डालते हैं, वे वही होते हैं जो आपको वापस पसंद नहीं करते? इस उलझन को उसी तरह समझिए जैसी वह है यानी इसका मतलब है कि वह व्यक्ति आपको उस तरह पसंद नहीं करता है, जैसी उम्मीद आप कर रहे हैं।

जब आप खुद को ये यक़ीन दिलाते हैं कि कुछ हो रहा है जबकि साफ़-साफ़ कुछ नहीं हो रहा, तो आप प्यार के पीछे भाग रहे होते हैं। और जब आप प्यार के पीछे भागते हैं, तो वह और दूर चला जाता है। ग़लत इंसान के पीछे भागना हमेशा आपको ग़लत रास्तों पर ले जाता है। किसी संभावना को पकड़ने की कोशिश करना यह दिखाता है कि आप जानते हैं कुछ गड़बड़ है लेकिन आप सच को नज़रअंदाज़ कर रहे हैं।

और आपको कैसे पता चलेगा कि आप उसके पीछे भाग रहे हैं?

आप ही हमेशा पहले मेसेज भेजते हैं, कॉल करते हैं, बात शुरू करते हैं। आप सोचते हैं कि नशे में हुई मुलाक़ातें किसी ख़ास रिश्ते की ओर जा रही हैं। आप बार-बार उनके पास रहने की कोशिश करते हैं, यह उम्मीद करते हुए कि वो आपको पसंद करने लगेंगे।

आप उनकी बातों पर यक़ीन कर लेते हैं, भले ही उनका व्यवहार कुछ और कहता हो। आप सोचते हैं कि वक़्त के साथ सब ठीक हो जाएगा। आप मानते हैं कि उनके लिए सबसे अच्छा विकल्प आप ही हैं। आप सिर्फ़ तब मिलते हैं जब बाहर बार में होते हैं। आप सोचते हैं कि आप उन्हें ठीक कर सकते हैं। आप सोचते हैं कि आपका कोई एक मेसेज तो ऐसा होगा जो उन्हें वापस आपकी तरफ़ खींच लाएगा।

ये सारी बातें उस स्थिति की मिसाल हैं जिसे संभावना के पीछे भागना कहते हैं और उस सच्चाई को ना देखना जो साफ़-साफ़ सामने होती है। आप किसी रिश्ते को 'चलाने' की ज़िद में इतना नहीं उलझ सकते कि बार-बार उसी के पीछे दौड़ते रहें जो साफ़ तौर पर आपके लिए ठीक नहीं है। ये ठीक वैसा ही है जैसे कोई जूता आपको पसंद आ गया हो और आप ज़बरदस्ती उसमें अपना पैर ठूंसने की कोशिश कर रहे हों, जबकि वो दो नंबर छोटा है। आपका पैर अचानक छोटा नहीं हो जाएगा और जैसे जूता बड़ा नहीं होगा, वैसे ही वो इंसान भी वैसा नहीं बन जाएगा जैसा आप चाहते हैं। इसीलिए आपको रुकना होगा।

जितना ज़्यादा समय आप ग़लत लोगों के पीछे लगाते हैं, उतनी देर सही इंसान को मिलने में लगती है। उन्हें आपको नज़रअंदाज़ *करने दीजिए*। आप *आगे बढ़िए।*

उन लोगों पर अपना समय और ऊर्जा खर्च करना बंद कीजिए जो बदले में कुछ नहीं देते। उनके बुरे व्यवहार को समझाने की कोशिश मत कीजिए। अपना प्यार उन पर मत बरसाइए जो आपको वापस प्यार नहीं देते। उन लोगों के लिए बहाने मत बनाइए जिन्हें आपमें कोई दिलचस्पी है ही नहीं। उन लोगों के पीछे मत भागिए जो आपको पसंद ही नहीं कर रहे। ये खेल खेलना बंद कीजिए।

बेशक, डेटिंग मुश्किल है। बेशक, आपके जज़्बात बेक़ाबू हो सकते हैं। बेशक, किसी के द्वारा नकारा जाना तक़लीफ़ देता है।

हां, शारीरिक रिश्ता बनाना यानी सेक्स बहुत अच्छा है। हां, वो इंसान बहुत मज़ाक़िया है। हां, अपने फ्रेंड सर्कल में सिंगल ना होना अच्छा लगता है। हां, जब कोई आपकी तरफ़ दिलचस्पी दिखाता है, तो अच्छा लगता है। हां, किसी के साथ वीक-एंड प्लान होना या किसी बात का इंतज़ार करना अच्छा लगता है। हां, कुछ बार ऐसा भी होगा जब इंसान सही होगा लेकिन वक़्त ग़लत होगा।

लेकिन याद रखिए कि आपको सही रिश्ता तब मिलेगा जब आप ग़लत रिश्तों को 'ना' कहने लगेंगे। जितनी जल्दी आप 'ना' कहेंगे, उतनी जल्दी आप उस प्यार को 'हां' कह पाएंगे जो वाक़ई आपके लायक़ है। लेट देम थ्योरी आपके सच्चे प्यार को खोजने में क्रांतिकारी साबित हो सकती है, क्योंकि यह आपको मजबूर करती है कि आप उस रिश्ते की सच्चाई को ईमानदारी से देखें, यह समझें कि सामने वाला कौन है और वह आपके बारे में सच में क्या महसूस करता है।

होश में आइए, उन्हें आप पसंद नहीं हैं

आप किसी इंसान की ज़िंदगी में क्या स्थान रखते हैं ये समझने और जानने का एकमात्र सही तरीक़ा उनके व्यवहार को परखना है। जो वे कहते हैं, वो भूल जाइए। जो वे करते हैं, उसे ध्यान से देखिए। ये करना आसान नहीं होता, क्योंकि शुरुआत में आपके जज़्बात और हार्मोन

आपको सच से दूर रख सकते हैं। आपको यह समझ ही नहीं आता कि आपके साथ असल में किस तरह का बर्ताव हो रहा है।

इस भ्रम से बाहर आने का एक सरल उपाय है, अपने आप से पूछिए कि अगर मेरी सबसे अच्छी दोस्त के साथ ऐसा हो रहा होता, *तो मैं उसे क्या कहता/कहती? आपका जवाब वही होगा जो आपको खुद के लिए भी सुनना चाहिए।*

लेट देम थ्योरी का एक मूल सिद्धांत यह है कि लोगों का व्यवहार आपको साफ़-साफ़ बता देता है कि आप उनकी ज़िंदगी में क्या मायने रखते हैं। आपको समझना होगा। ये बात बिलकुल साफ़-साफ़ दिखाई देती है। आप या तो उनकी प्राथमिकता हैं या फिर नहीं। बीच का कोई रास्ता नहीं होता।

उन्हें ख़ुद को साबित करने दीजिए।

अगर आप किसी के पीछे भाग रहे हैं, तो आप कभी वह सच नहीं देखना चाहेंगे कि सामने वाला आपको उतना नहीं चाहता, जितना आप उन्हें चाहते हैं। अगर कोई बार-बार भ्रम में डालने वाले संकेत भेज रहा है, तो इसका मतलब सिर्फ़ इतना है कि उसे आपमें दिलचस्पी नहीं है। मिले-जुले संकेतअसल में 'मिले-जुले' नहीं होते। वे एकदम साफ़ होते हैं कि आप उनकी प्राथमिकता नहीं, सामने वाला बस आपको इस्तेमाल कर रहा है अपनी सहूलियत के लिए।

उदाहरण के लिए, अगर कोई लगातार आपको मैसेज भेज रहा है, लेकिन कभी मिलने का कोई पक्का प्लान नहीं बनाता, तो वह सच में रिश्ते में दिलचस्पी नहीं रखता। उसे भेजने दीजिए। *लेट देम।* अगर कोई हर बार जब भी शहर में होता है तब आपसे मिलना चाहता है, लेकिन बाहर जाते ही कभी संपर्क नहीं करता, तो उसे सिर्फ़ शारीरिक संबंध चाहिए, भावनात्मक नहीं। उसे वैसा ही रहने दीजिए। *लेट देम।* असल समस्या वे नहीं, आप हैं। क्योंकि आप अपने समय और भावनाओं की क़द्र नहीं कर रहे। आप उस रिश्ते को थामे हुए हैं, जिसका कोई नतीजा नहीं निकलने वाला।

अब ज़रूरत है *लेट मी* हिस्से को अपनाने की। अब मुझे जागना होगा, होश में आना होगा। मुझे अब अपने आपसे ईमानदारी से बात करनी होगी। जितना ज़्यादा आप उस इंसान के पीछे भागते हैं, जितना ज़्यादा आप उन्हें मैसेज भेजते हैं, जितना ज़्यादा आप अपने मन में यह कल्पना करते हैं कि सामने वाला एक दिन वह ज़रूर समझेगा कि हम एक-दूसरे के लिए बने हैं-उतना ही कम आप उस इंसान से मिल पाएंगे, जो सच में आपको चाहता है।

लेट मी मतलब अब मैं अपना इतना सम्मान करूं कि यह मान सकूं कि इस रिश्ते का कोई मतलब नहीं। अगर कोई आपको उलझाकर रख रहा है, तो उन्हें रखने दीजिए। आप आगे बढ़िए-*लेट देम।* लेकिन यह मत भूलिए कि डोर काटने की ताक़त आपके ही हाथ में है। आप इस उलझाव में खुद भी भागीदार हैं क्योंकि आप उन्हें ऐसा करने दे रहे हैं। सोचिए, अगर आप इस वक़्त किसी अच्छी, सच्ची रिलेशनशिप में होते, तो अगर कोई

आपको अचानक बस यूंही मिलने के लिए मेसेज भेजता तो आप मुस्करा कर नज़रअंदाज़ कर देते। इसलिए ईमानदारी से इस बात को मान लीजिए कि आप ख़ुद ही अपने दर्द का कारण बन रहे हैं। अब समय है अपनी ताक़त वापस लेने का।

मैं अपने आपको याद दिलाऊं कि मैं ऐसा रिश्ता नहीं चाहता जिसमें सामने वाला मुझे चाहता ही नहीं है। सच्चे और अच्छे रिश्ते की सबसे पहली निशानी होती है परस्परता। परस्पर कोशिश, परस्पर सम्मान, परस्पर भावना, परस्पर आकर्षण और परस्पर दिलचस्पी। अगर आप किसी की लापरवाही, बेरुख़ी को बार-बार टाल रहे हैं, तो रुक जाइए। उन्हें अपना असली रूप दिखाने दीजिए- *लेट देम। दिखाने दीजिए* कि क्या वे सच में रिश्ता निभाने कोशिश करते हैं या नहीं, क्या उन्हें आपकी परवाह है या नहीं।

डेटिंग सबसे ज़्यादा तब उलझन भरी बन जाती है जब आप मानने से इनकार कर देते हैं कि सामने वाले को आपकी वैसी परवाह नहीं है, जैसी आप चाहते हैं। हम सब इस दौर से गुज़र चुके हैं। किसी को पसंद करना और उस पसंद का लौटकर ना आना यानी उस व्यक्ति का आपको पसंद नहीं करना बहुत तकलीफ़ देता है। लेकिन यह सच्चाई है कि आप यह तय नहीं कर सकते कि कोई किससे प्यार करे।

जो आपसे सच्चा प्यार नहीं करता, उसका प्यार पाने के लिए अपने आप को मत बदलिए, अपना असली स्वरूप मत मिटाइए।

रिलेशनशिप की शुरुआत में इस जाल में फंसना बहुत आसान होता है। बहुत जल्दी यह मान लेना आसान होता है कि सामने वाला आपके लिए परफ़ेक्ट है। चाहे आपके भीतर कोई अलार्म बज रहा हो कि कुछ तो ग़लत है, फिर भी। यह मानना भी आसान होता है कि सामने वाला भी आपके साथ वैसा ही महसूस करता होगा, जैसा आप करते हैं। यह सोच लेना भी आसान होता है कि अगर आप थोड़े और बदल जाएं तो शायद वह आपसे प्यार कर ले। यह भी आसान होता है कि आप इस भ्रम में जीते रहें कि वह किसी और से नहीं मिल रहा/रही, भले ही वह आज तक कोई साफ़ कमिटमेंट नहीं दे पाया है या कहता है कि उसे 'रिश्तों को नाम देना पसंद नहीं।' कभी-कभी सिर्फ़ इसलिए भी किसी अधूरी और खोखली रिलेशनशिप में पड़ना आसान लगने लगता है ताकि आपको कोई 'सिंगल फ्रेंड' ना कह सके। यह सब तात्कालिक तौर पर तो अच्छा लगता है, लेकिन आगे चलकर आपका दिल टूट जाएगा।

भावनात्मक परेशानी से जूझते रहना, अपनी पहचान भुला देना, हर पल यह सोचते रहना कि आप उनके लिए क्या मायने रखते हैं - इसका कोई फ़ायदा नहीं। एक बात फिर से समझ लीजिए कि अगर कोई सच में आपको पसंद करता है, तो आपको साफ़ महसूस होगा। अगर वह पसंद नहीं करता, तो आप हर वक़्त भ्रम में रहेंगे।

वे पलटकर मेसेज नहीं करते-*मत देने दीजिए।* नशे में वादे करते हैं, *करने दीजिए।* दोबारा मिलने का वादा करके फिर फ़ोन नहीं करते-*मत करने दीजिए।* भ्रम में डालने वाले, गुस्सा दिलाने वाले संकेत देते हैं, *देने दीजिए।*

उनके बर्ताव को ही उनका असली जवाब बनने दीजिए। 'उन्हें जो करना है, करने देना' आसान है, मुश्क़िल है ख़ुद से यह कहना, अब मैं सच्चाई स्वीकार करता/ करती हूं। ख़ुद से कहिए, अब मैं उन्हें वैसा ही देखूंगा/देखूंगी जैसा सामने वाला वास्तव में है। मैं उनके व्यवहार की इस सच्चाई को स्वीकार करूंगा/करूंगी कि मैं उनकी प्राथमिकता नहीं हूं। अब ऐसे लोगों के पीछे भागना बंद कीजिए जो आपको नहीं चाहते।

अगर वे इस रिलेशनशिप को बनाने-बढ़ाने की कोशिश नहीं कर रहे, तो वे आपके समय और प्रयास के लायक़ नहीं हैं।

अध्याय 19

अपने रिश्ते को अधिक मज़बूत और सच्चा कैसे बनाएं

'...पर मेल,... वे तो मुझे वो ध्यान दे रहे हैं जो मैं डिज़र्व करता/करती हूं। मुझे पता है कि वे मुझे पसंद करते हैं क्योंकि उन्होंने ख़ुद कहा है... वैसे तो उनका व्यवहार पूरी तरह से सही है... बस सबसे ज़रूरी बात को छोड़कर, वे मुझसे कोई वादा नहीं करना चाहते।'

ऐसा अक्सर होता है और यह कई रूपों में दिख सकता है। जैसे वे इस रिश्ते को कोई "नाम' नहीं देना चाहते, एक्सक्लूसिव नहीं होना चाहते, आधिकारिक रूप से रिश्ते में बंधना नहीं चाहते, साथ में नहीं रहना चाहते, सगाई या शादी नहीं करना चाहते।

अब सबसे पहले आपको ख़ुद से यह पूछना होगा कि *क्या ये मेरी आदत बन चुकी है कि मैं ऐसे लोगों के पीछे भागता/भागती हूं जो कभी कोई वादा नहीं करते*? या फिर यह सिर्फ इसी एक व्यक्ति के साथ मामला है? मैं इन दोनों बातों को अलग-अलग समझाऊंगी, क्योंकि ये दो बिलकुल अलग मुद्दे हैं।

अगर आप हमेशा ग़लत लोगों को ही चुनते हैं

अगर आप बार-बार ख़ुद को ऐसे लोगों को डेट करते हुए पाते हैं जो उपलब्ध नहीं हैं या कमिट नहीं कर सकते, तो यह महज़ संयोग नहीं है। शायद आप ऐसे लोगों की तरफ़ आकर्षित होते हैं जिनके बारे में आपको लगता है कि आप उनका मन बदल सकते हैं, उनका मन जीत सकते हैं, या जो पहले से ही किसी और के साथ हैं या भावनात्मक रूप से अनुपलब्ध हैं।

ख़ुद से पूछिए कि क्या आप हमेशा ऐसे लोगों को डेट कर रहे हैं जो कभी पूरी तरह कमिट नहीं करते? क्या आप वह गर्लफ्रेंड हैं जिनसे उन्होंने अपनी पत्नी से मिलने से पहले संबंध रखा था? क्या आप ऐसे लोगों को डेट कर रहे हैं जिन पर आप पूरी तरह भरोसा नहीं कर सकते? क्या वे ईर्ष्या या नियंत्रण करते हैं? क्या आप सिर्फ़ इसलिए उनके साथ शारीरिक

संबंध बनाते हैं कि शायद इससे आपकी रिलेशनशिप में गंभीरता आए? क्या आप ऐसे लोगों से जुड़ते हैं जो बहुत संघर्ष कर रहे हैं और जिन्हें आप 'बचाना' चाहते हैं? क्या आप ऐसे लोगों से मिलते हैं जो आपको धोखा देते हैं, या जिनसे आप खुद किसी को धोखा देकर मिलते हैं? और जब रिश्ता टूटता है तो क्या आप अपने दोस्तों से कहते हैं, 'अरे वो तो पागल था/थी?'

अगर इन सवालों का जवाब 'हां' है, तो अब ईमानदार बनना होगा। आप 'पीछा करने' के खेल में फंसे हुए हैं। यह आपकी आदत है और यह एक समस्या बन चुकी है। आपकी रिलेशनशिप कल्पना में चल रही है। आप संभावना से प्यार करते हैं, सच्चाई से नहीं।

जब तक आप इस पैटर्न को तोड़ते नहीं, आपके जीवन में ऐसा होता रहेगा। शोध से पता चला है कि लोग अनजाने में एक ही टाइप के लोगों को बार-बार चुनते हैं तो ऐसा उनके पुराने रिश्तों या बचपन के अनुभवों पर आधारित होता है।

यूनिवर्सिटी ऑफ़ अल्बर्टा की एक आठ साल लंबी स्टडी बताती है कि 'हनीमून फेज़' के बाद हर नया रिश्ता लगभग उसी पैटर्न को दोहराता है, जो पुराने रिश्तों में था। लोग अपने पुरानी रिलेशनशिप की ही ऊर्जा नए रिश्तों में ले आते हैं और अपनी मूल समस्याओं का सामना करने से बचते हैं। नतीजा यह होता है कि कि बार-बार वही अधूरे-बिखरे रिश्ते बनते हैं।

अगर यह सब कुछ आपके साथ भी हो रहा है, तो आपको वाक़ई किसी थेरेपिस्ट से बात करनी चाहिए और अपनी समस्याओं की जड़ तक जाना चाहिए। क्योंकि ऐसी समस्याएं किसी नई रिलेशनशिप में पड़ने से नहीं सुलझेंगी। सच तो यह है कि अगर आप फिर से किसी रिश्ते के पीछे भागते हैं, तो आप हर बार सच्चे और स्वस्थ प्यार से दूर होते रहेंगे।

दूसरी रिलेशनशिप इसका समाधान नहीं है। सच तो यह है कि इस समय अगर आप किसी और रिलेशनशिप में पड़ते हैं, तो आपकी समस्या और बढ़ेगी।

आपको अकेले रहना ज़रूरी है।

मैं फिर कहती हूं कि आपको अकेले रहना ज़रूरी है।

अगर आप वाक़ई में इस चक्र को तोड़कर वह स्वस्थ और प्यार भरा रिश्ता पाना चाहते हैं जिसकी आपने हमेशा कल्पना की है, तो आपको कम से कम एक साल तक अकेले रहकर यह समझना होगा कि आप अपने साथ ख़ुश कैसे रह सकते हैं और अपने भीतर की टूटन को कैसे भर सकते हैं।,

'पर, मेल... मुझे अकेले नहीं रहना और मुझे नहीं लगता कि यह कोई बड़ी समस्या है। बस अब तक सही लोग नहीं मिले। समस्या उनमें थी, मुझमें नहीं। मुझे बस कोई और व्यक्ति चुनना है।'

'नहीं! समस्या आपमें ही है। और मुझे पता है, जब मैं यह कह रही हूं, तो आप मन ही मन सोच रहे होंगे कि आप इस रिसर्च के अपवाद हैं।

याद है इस पुस्तक की शुरुआत में आपने एमआईटी की डॉ. शेरट से मुलाक़ात की थी, जिन्होंने बताया था कि आप दूसरों को नहीं बदल सकते? क्योंकि, हर इंसान ख़ुद को अपवाद समझता है और यही अभी आपके साथ हो रहा है।

अगर आपके रिश्तों का पैटर्न यह है कि आप हमेशा प्यार के पीछे भागते हैं, लेकिन कभी भी एक स्वस्थ, स्थायी रिश्ते तक नहीं पहुंच पाते, तो आप अपवाद नहीं हैं। समस्या आप हैं। और आपकी सबसे बड़ी चुनौती यही होगी कि आप समझें कि यह वाक़ई एक पैटर्न है जिसे सुधारना ज़रूरी है और अगर आप फिर से किसी रिलेशनशिप में जाते हैं तो आप इस समस्या को कभी हल नहीं कर पाएंगे।

आप एक शानदार प्रेम-कहानी के हक़दार हैं, लेकिन तब तक वह प्रेम-कहानी संभव नहीं होगी जब तक आप यह नहीं समझते कि आप बार-बार ऐसे लोगों को क्यों चुनते हैं जो आपके लिए सही नहीं हैं या जो आपसे जुड़ना ही नहीं चाहते।

और मैं यह बात आपसे प्रेमपूर्वक कह रही हूं।

अब बात करते हैं कि जब आप किसी को डेट कर रहे होते हैं या किसी रिश्ते में होते हैं और आप उस रिश्ते को आगे बढ़ाना चाहते हैं, लेकिन आपको यह नहीं समझ आ रहा होता कि दूसरा व्यक्ति क्या सोच रहा है या आप बिना अपनी शक्ति खोए हुए गहरे रिश्ते की बात कैसे छेड़ें, तो ऐसे समय में लेट देम थ्योरी को कैसे अपनाएं।

संवाद में प्रतिबद्धता

किसी भी रिलेशनशिप में एक समय ऐसा आता है जब आपको यह सोचने की ज़रूरत महसूस होती है कि यह रिश्ता आख़िर किस दिशा में जा रहा है। क्या हम दोनों एक ही दिशा में सोच रहे हैं? जैसे ही आपके मन में यह सवाल उठे, समझ लीजिए कि अब बात करने का वक़्त आ गया है।

आपको अपने हक़ की बात करते समय ना तो संकोच होना चाहिए, ना बुरा लगना चाहिए। प्रतिबद्धता जैसे गंभीर बात के लिए कभी संकेतों में बात ना करें। एक सच्चा, स्वस्थ और प्रेमपूर्ण रिश्ता ईमानदार बातचीत की नींव पर ही टिकता है।

इसलिए इस बातचीत से डरिए मत, आगे बढ़िए। अगर रिश्ता सच्चा है, तो यह बातचीत उसे और मज़बूत ही बनाएगी। याद रखिए कि सच्चे दिल से की गई बातचीत कभी भी किसी सच्चे रिश्ते को नहीं तोड़ती, सिर्फ़ नकली रिश्तों को उजागर करती है।

अब सवाल उठता है कि यह बातचीत कैसे शुरू की जाए। इसकी रूपरेखा मैं यहां आपके साथ साझा कर रही हूं। इसकी प्रेरणा मुझे मेरे मित्र मैथ्यू हसी से मिली। मैथ्यू हसी *न्यू यॉर्क टाइम्स* के बेस्टसेलिंग लेखक हैं और पिछले 17 वर्षों से लोगों का आत्म-विश्वास वापस जगाने और रिश्तों में स्पष्टता पाने में मदद कर रहे हैं। उनका यूट्यूब चैनल दुनिया में सबसे

ज़्यादा देखा जाने वाला चैनल है, जिसे अब तक आधे अरब से ज़्यादा बार देखा जा चुका है। यह प्रेम-संबंधों पर आधारित है।

इस पुस्तक पर काम करते समय जब मैंने मैथ्यू से पूछा कि लोग जब रिश्ते को अगले स्तर पर ले जाना चाहते हैं, तो आम तौर पर क्या ग़लतियां करते हैं। तो, उन्होंने अपने निजी जीवन की एक बहुत सच्ची कहानी सुनाई। उन्होंने बताया कि जब वह अपनी पत्नी ऑड्री से मिले, उस समय वह एक साथ कई लोगों को डेट कर रहे थे। वे दोनों अलग-अलग शहरों में रहते थे, और सब कुछ बहुत ही कैज़ुअल था। उन्होंने बड़ी ईमानदारी से माना कि वह ऑड्री को थोड़े समय तक टालते रहे। (बातचीत के दौरान ऑड्री हमारे सामने बैठी थीं) लेकिन फिर एक दिन ऑड्री ने आमने-सामने बैठकर कुछ अलग ढंग से बातचीत की। जो चौंकाने वाली थी।

ऑड्री ने उन्हें लज्जित नहीं किया। उन्होंने यह भी नहीं कहा कि वे मैथ्यू को कितना पसंद करती हैं या उन पर दिल आ गया है। असल में उन्होंने पूरी बातचीत में इस पर ज़ोर दिया कि उनका समय कितना क़ीमती है और वह अपने जीवन में क्या चाहती हैं, मैथ्यू को भला-बुरा नहीं कहा।

जैसा कि मैथ्यू ने मुझे अपनी कहानी में बताया कि जब भी कोई रिश्ता अगले स्तर पर ले जाने की कोशिश करता है, तो लोग अपनी बात रखने के बजाय सामने वाले पर ध्यान केंद्रित करने की ग़लती करते हैं, जबकि उन्हें अपने समय की क़ीमत और जीवन में जो वे चाहते हैं उस पर ध्यान देना चाहिए। और यही बात असरदार साबित हुई, क्योंकि मैथ्यू ने तुरंत दूसरी लड़कियों को छोड़ दिया, ऑड्री के साथ पूरी तरह प्रतिबद्ध हो गए, और अब वे दोनों पति-पत्नी है। एक साथ बिज़नेस भी करते हैं।

मैथ्यू ने मुझे बताया कि उन्होंने इस अनुभव से क्या सीखा, अब वह इसे दूसरों को कैसे सिखाते हैं। आप भी इस तरह की बातचीत कर सकते हैं। देखिए, आपको क्या करना है :

एबीसी लूप की ही तरह इस बातचीत को भी आप बार में, फ़ोन पर या तब नहीं करेंगे जब आपके पास समय कम हो। और आप इसे टेक्स्ट तो बिलकुल नहीं करेंगे। यह बेहद ज़रूरी है कि जब आप यह बातचीत शुरू करें, तो यह अपेक्षा ना रखें कि सामने वाला आपकी ही तरह कुछ चाहता है। आप सिर्फ़ स्पष्टता चाहते हैं, क्योंकि अब आप इस मुक़ाम पर आ चुके हैं जहां यह जानना ज़रूरी है कि अगर यह रिश्ता आगे नहीं बढ़ने वाला है, तो इसमें आपको समय नहीं लगाना चाहिए।

यह बातचीत उस उत्तर को पाने के लिए नहीं की जा रही जो आप सुनना चाहते हैं, बल्कि यह जानने के लिए है कि सच्चाई क्या है, वास्तव में आपकी रिलेशनशिप की स्थिति क्या है और आप उसमें कहां खड़े हैं। यह बातचीत ज़्यादा भावुक नहीं होती। यह बातचीत आपके समय और ऊर्जा की अहमियत से जुड़ी सीधी-सच्ची बातचीत है।

मैथ्यू ने जो तरीक़ा सुझाया, उसे आप अपने हिसाब से ढाल सकते हैं। बात कुछ इस तरह हो सकती है :

> मुझे आपके साथ समय बिताकर वास्तव में बहुत अच्छा लगा। मैं एक प्रतिबद्ध रिश्ते की तलाश में हूं। मैं यह बातचीत इसलिए करना चाहता हूं ताकि समझ सकूं कि क्या हम दोनों इस रिलेशनशिप को लेकर एक जैसी सोच रखते हैं। मैं अपने समय और ऊर्जा की अहमियत जानता हूं और मैं नहीं चाहता कि मैं इसे वहां लगाऊं जहां यह रिश्ता आगे नहीं बढ़ने वाला हो। और आपके साथ अब मैं उस मोड़ पर पहुंच गया हूं जहां यह बात साफ़ करना ज़रूरी हो गया है। हमारी रिलेशनशिप अब तक बहुत अच्छी रही है, मुझे आपके साथ समय बिताना पसंद है, लेकिन अब मैं तभी आगे आपके साथ समय बिताना चाहूंगा जब हम इसे कुछ और आगे बढ़ाना चाहें। अगर आप मेरी तरह नहीं सोचती हैं, तो भी कोई बात नहीं। यह अनुभव बहुत अच्छा रहा। लेकिन मैं जानता हूं कि मुझे अपना समय वहां लगाना है, जहां सामने वाला वही चाहता हैं, जो मैं चाहता हूं।'

वाह! काश जब मैं डेट कर रही थी तब मुझे यह पता होता। मैथ्यू और ऑड्री के तरीक़े की जो बात सबसे ज़्यादा प्रभावित करती है, वह है उसकी सादगी और साफ़गोई।

जब आप इसे पढ़ते हैं, तो क्या आप उस व्यक्ति की इज़्ज़त नहीं करते जो यह कह रहा है कि वह अपने समय और ऊर्जा को महत्व देता है? और क्या आपने यह भी नोटिस किया कि उस व्यक्ति ने सामने वाले की कितनी तारीफ़ की?

ना कोई अपराध-बोध दिलाना, ना कोई इल्ज़ाम, ना कोई दुखभरी कहानी। बस दो समझदार वयस्क जो एक-दूसरे के साथ अच्छा समय बिता रहे हैं और अब उनमें से एक यह साफ़ कर रहा है कि वह जीवन में क्या चाहता है।

क्या आप इसकी इज़्ज़त नहीं करते? मैं तो पूरी तरह करती हूं। क्या आप भी अपने समय को इतनी ही अहमियत नहीं देना चाहते? ज़ाहिर है, देना चाहते हैं। और क्या आप किसी ऐसे इंसान के साथ नहीं होना चाहेंगे जो इतना दमदार हो कि वो अपने समय की इतनी क़द्र करे?

और क्या आपने यह भी देखा इस बातचीत में कोई उम्मीद नहीं जताई गई थी? सामने वाले के लिए विकल्प खुला था कि वह 'ना' कह सके।

यही सबसे कठिन हिस्सा है : कभी-कभी जिन लोगों को आप चुनते हैं, वे आपको नहीं चुनेंगे। ये बुरा लगेगा। दिल टूटेगा। आप निराश महसूस करेंगे। और फिर भी आप ठीक रहेंगे। और सबसे अहम बात ये है कि चाहे वो 'ना' कहें, फिर भी आख़िर में आप ही तय करते हैं कि उसके बाद आप क्या करेंगे।

अगर वो आपको कह दें, 'मैं तुम्हारे साथ नहीं रहना चाहता', 'मैं तुम्हारा बॉयफ्रेंड या गर्लफ्रेंड नहीं बनना चाहता/चाहती', 'मैं लॉन्ग डिस्टेंस नहीं निभा सकता/ सकती', 'मैं शादी नहीं करना चाहता/चाहती', 'मैं बच्चे नहीं चाहता/चाहती' या 'मैं तुम्हारे शहर वापस नहीं लौटूंगा/लौटूंगी', तो समझ लीजिए, उन्होंने आपको वही दिया है जो उनके पास देने को था।

उनका साथ बस, यहीं तक था।

उन्हें *जाने दीजिए।*

जैसा कि मेरी मित्र और बेस्टसेलर लेखिका पास्टर सारा जेक्स रॉबर्ट्स कहती हैं, 'क्या आप वाक़ई इस रिश्ते की खुरचन से संतुष्ट हैं, या आप ज़िंदगी में किसी पांच सितारा भोजन जैसे संपूर्ण प्रेम की तलाश में हैं?'अगर किसी ने साफ़-साफ़ कह दिया है कि वह आप जैसे व्यक्ति में अपने भविष्य की कल्पना नहीं करते और फिर भी आप उस रिश्ते में बने रहते हैं तो ये अब उनकी नहीं, आपकी ज़िम्मेदारी है। अगर आप किसी ऐसे इंसान के साथ टिके रहते हैं जो प्रतिबद्ध नहीं होना चाहता, तो आपका अगला फ़ोन कॉल अपने थेरेपिस्ट को करना चाहिए, क्योंकि कहीं न कहीं आपके भीतर कुछ न कुछ गड़बड़ है।

एक दोस्त के नाते मैं आपसे पूछूंगी कि आप क्यों उस इंसान से जुड़कर रहना चाहते हैं जो आपसे जुड़ना ही नहीं चाहता?आप क्यों उस रिलेशनशिप में रहना चाहते हैं जो आपको वैसा भविष्य नहीं देगा जैसा आप चाहते हैं?

बेशक, अकेले रहना डरावना लग सकता है। हां, यह बात निराशाजनक है कि छह महीने और यूं ही निकल गए। हां, डेटिंग की दुनिया में दोबारा लौटने से आसान बचे-खुचे रिश्ते को पकड़ कर रखना लगता है।

आपको लग सकता है कि आपको कभी सच्चा प्यार नहीं मिलेगा। आपको लग सकता है कि ऐसा कोई दोबारा नहीं मिलेगा जो इतना समझदार हो, इतना हंसमुख हो, इतना आकर्षक हो, जो आपकी इतनी तारीफ़ करता हो, या जो अतरंग संबंध बनाने में इतना अच्छा हो।

लेकिन... आप ग़लत सोच रहे हैं। यह सच नहीं है।

खुरचन मत स्वीकार कीजिए।

हिम्मत दिखाइए। ग़लत हालात को ना कहना ही सही व्यक्ति तक पहुंचने का रास्ता है। उन्हें अपनी असलियत *दिखाने दीजिए*, और साबित *करने दीजिए* कि आप उनके जीवन में कहां खड़े हैं।

फिर ध्यान दीजिए *लेट देम थ्योरी* के दूसरे हिस्से पर यानी *लेट मी* पर।

क्यों ना मैं उस रिश्ते को ख़त्म करने दूं जिसमें प्रतिबद्धता नहीं है।

क्यों ना मैं इस पर भरोसा करूं कि यह निर्णय मुझे उस प्रेम की ओर एक और क़दम आगे ले जा रहा है, जिसका मैं हक़दार हूं।

क्यों ना मैं अब इस रिश्ते की संभावनाओं के पीछे भागना बंद कर दूं, और हक़ीक़त को स्वीकार करूं।

क्यों ना मैं यह मान लूं कि मैं अपने लिए सही इंसान चुनने के एक क़दम और क़रीब पहुंच गया हूं।

क्यों ना मैं आत्मबल वापस पा लूं, क्योंकि मुझे मेरा सच्चा प्रेम अब बस मिलने ही वाला है।

अध्याय 20

हर अंत, एक सुंदर शुरुआत भी होता है

जब मैं इस पुस्तक के लिए शोध कर रही थी, तो एक सवाल बार-बार सामने आया कि कैसे पहचाना जाए कि किसी रिलेशनशिप की कौन-सी परेशानियों को हल किया जा सकता है और कौन-सी बातें ऐसी हैं जिन्हें बस स्वीकार करना होगा?

कब आपका ज़्यादा सोचना, झुंझलाहट और छोटी-छोटी नोंक-झोंक सामान्य हैं और कब ये इस बात का संकेत हैं कि भीतर कुछ दरक चुका है? कब आपको बस लेट देम कहकर उन्हें वैसे ही रहने देना चाहिए और कब यह स्वीकार कर लेना चाहिए कि यह रिश्ता अब आपके लिए ठीक नहीं है?

लगभग तीस वर्षों की शादी-शुदा ज़िंदगी के अनुभव के बाद मैं इतना ज़रूर कह सकती हूं कि किसी भी सफल रिश्ते की बुनियाद होता है आपसी समझौता और बराबरी का लेन-देन। कोई इंसान परिपूर्ण नहीं होता, कोई रिश्ता पूरी तरह आदर्श नहीं होता और समय के साथ हर रिश्ता बदलता है।

एक लंबे रिश्ते में कुछ पल बेहद खूबसूरत होंगे और कुछ दौर बहुत कठिन भी आएंगे। लेकिन हर वो जोड़ा जिसने अपने रिश्ते को निभाया है, वहां दो अहम बातें हमेशा मौजूद थीं, पहली बात यह कि दोनों यह चाहते थे कि उनका रिश्ता चले। और दोनों इस रिश्ते को बेहतर बनाने के लिए मेहनत करने को तैयार थे। दूसरी बात यह कि जो समस्याएं आईं, वे इतनी बड़ी नहीं थीं कि किसी एक को अपने सपने छोड़ने पड़ें या अपने मूल्यों के साथ समझौता करना पड़े।

तो अगर आप अभी बैठे-बैठे यह सोच रहे हैं कि क्या आप सही रिलेशनशिप में हैं, तो यह एक अच्छी बात है। क्योंकि इसका मतलब है कि आप ऐसा साथी चाहते हैं जो आपके भीतर की सबसे अच्छी अच्छाइयों-बुराइयों को बाहर लाए और जो आपके साथ मिलकर एक सुंदर जीवन बनाने के लिए तैयार हो। मैंने अपने जीवन में जो सबसे कठिन अनुभव किया है, वह यह था कि किसी ऐसे इंसान के साथ रहना जो वाक़ई एक अच्छा इंसान था, लेकिन दिल के किसी कोने में यह भी था कि वह मेरे लिए सही व्यक्ति नहीं है।

या फिर कुछ मामलों में, किसी बहुत अच्छे इंसान के साथ होना, और यह एहसास होना कि मेरी मानसिक स्थिति सही नहीं है, और मैं उनके लिए सही इंसान नहीं हूं।

"या फिर कुछ मामलों में, किसी वाकई अच्छे इंसान के साथ होना और यह जानना कि मानसिक रूप से मैं सही स्थिति में नहीं था, और उनके लिए सही इंसान नहीं था।" सच कहूं तो मुझे उस वक़्त किसी रिलेशनशिप में होना ही नहीं चाहिए था। (अब जब मैं अपने कॉलेज और लॉ स्कूल के बॉयफ्रेंड्स के बारे में सोचती हूं, तो उन सब माफ़ीनामों की याद आती है जो मैंने बाद में मांगी थीं। बीस की उम्र में मेरी मानसिक स्थिति बहुत ख़राब थी और मैंने उस दौरान कई ऐसी बातें कीं जिन पर मुझे आज भी गहरा पछतावा है।)

किसी रिश्ते को लेकर यह स्वीकार करना कि यह अब काम नहीं कर रहा दुनिया के सबसे कठिन अनुभवों में से एक है। ख़ास कर तब जब आप उस इंसान से प्यार करते हैं। अक्सर यह स्पष्ट नहीं होता कि असल परेशानी क्या है। कोई बड़ा झगड़ा नहीं होता, ना कोई गंभीर शिकायत नहीं होती, पर रोज़मर्रा की दिनचर्या और एक-दूसरे की आदत बन जाने के बाद भीतर ही भीतर कुछ ऐसा होता है जो ठीक नहीं लगता।

व्यक्ति से प्रेम करें, संभावनाओं से नहीं

जब भी आपको यह सवाल परेशान करे कि क्या यह रिश्ता आपके लिए सही है या नहीं, तो खुद से यह पूछिए कि क्या आप इस व्यक्ति को जैसे हैं, *वैसे ही पूरी तरह स्वीकार कर सकते हैं और फिर भी उनसे प्रेम कर सकते हैं?*

इसका मतलब यह है कि क्या आप सच में अपने प्रेमी, प्रेमिका, पति, पत्नी या साथी को जैसे वे अभी हैं, वैसे ही प्रेम करते हैं? या फिर आप उस इंसान से प्रेम कर रहे हैं जो वे कभी थे, या जिस रूप में आप उन्हें देखना चाहते हैं?

यह सच है कि कुछ बातें आपको परेशान कर सकती हैं, लेकिन जरूरी नहीं कि वे इतनी बड़ी हों कि रिश्ता ही टूट जाए। हो सकता है कि वे बातें स्वीकार करनी हों और अगर आप इस रिश्ते को आगे बढ़ाना चाहते हैं, तो यह काम आपको करना ही होगा।

उन्हें वैसा ही रहने दीजिए जैसे वे हैं।

लेट देम।

उदाहरण के लिए, हो सकता है कि आपको उनकी वेपिंग बिलकुल पसंद ना हो, वह अपनी सेहत का ध्यान नहीं रखते, इतने अस्त-व्यस्त रहते हैं कि आपको पागल कर देते हैं, कभी कोई योजना नहीं बनाते, उनके साथ अंतरंग संबंध उबाऊ होते हैं, वे कुछ भी करना नहीं चाहते, या वे किसी नए शहर में शिफ़्ट होने या विदेश घूमने जाने में रुचि नहीं रखते।

तो सवाल यह है कि क्या आप इन सब बातों के बावजूद उनसे प्रेम कर सकते हैं? क्योंकि सच्चाई यह है...शायद वे कभी नहीं बदलेंगे। और दूसरी बात संभावना है कि वे वाक़ई नहीं बदलेंगे।

याद रखिए, इस पुस्तक की एक बुनियादी सीख यह है, लोग वही करते हैं जो वे करना चाहते हैं। बेशक, आप उन्हें प्रभावित कर सकते हैं। लेकिन अगर आप लगातार चाहते हैं कि वे बदलें और वे नहीं बदलते तो इससे ना सिर्फ़ आपका प्रेम कमज़ोर पड़ता है, बल्कि धीरे-धीरे मन में कड़वाहट भी घर करने लगती है।

मैंने यह देखा है कि जैसे-जैसे एक रिश्ता आगे बढ़ने लगता है, लोग अपने साथी को अपने जैसा बनते देखना चाहते हैं। यह सही नहीं है। इसलिए अपने आपसे ईमानदारी से पूछिए कि क्या आप उन्हें सिर्फ़ इसलिए बदलना चाहते हैं क्योंकि आप चाहते हैं कि वे आप जैसे बनें? या फिर सच यह है कि आपकी किसी रिश्ते- संबंधी ज़रूरत की पूर्ति नहीं हो रही? यह सवाल बहुत ज़रूरी है, क्योंकि मानव स्वभाव के नियमों के अनुसार, आपको यही मान कर चलना चाहिए कि व्यक्ति शायद कभी नहीं बदलेगा।

वे जैसे हैं, उन्हें वैसे ही रहने दें। उनसे नाराज़ होने या पीठ पीछे उनकी आलोचना करने के बजाय, प्यार करने वाले और परिपक्व इंसान बनें। या तो उन्हें वैसे ही स्वीकार करना सीखें जैसे वे हैं,या फिर आपको क्या चाहिए और कौन सी बात आपको परेशान कर रही है, इस पर एक स्नेहपूर्ण और स्पष्ट बातचीत करें।

हो सकता है कि उन्हें पता ही ना हो कि आप इस बात से आहत हैं,या फिर उन्हें यह ना पता हो कि यह मुद्दा आपके लिए कितना महत्वपूर्ण है,या फिर ऐसा भी हो सकता है कि उन्हें सब पता है, लेकिन अब दोनों के बीच एक संवादहीन गतिरोध बन चुका है।

तो, इससे पहले कि आप और एक साल उलझन में बर्बाद कर दें कि क्या यह व्यक्ति सचमुच आपके लिए सही है या नहीं, संवाद साधिए। जो सीखा है, वह अपनाइए।

विज्ञान का सहारा लीजिए। फिर थोड़ा रुकिए और देखिए। आप जान चुके हैं कि एबीसी लूप कैसे काम करता है और कैसे आप अपने प्रभाव से फ़र्क़ ला सकते हैं।

ए. अपॉलजाइज़-माफ़ी मांगिए और फिर सवाल पूछिए

बी. बैक ऑफ़- थोड़ा पीछे हटिए और उनके व्यवहार को ध्यान से देखिए।

सी. सेलिब्रेट- हर छोटे सुधार की सराहना कीजिए और परिवर्तन का उदाहरण बनिए।

जब आप *मुझे करने दो* का प्रयोग किसी और को प्रभावित करने के लिए करें, तो यह भावना रखें कि वे इसलिए बदलें क्योंकि आप उन्हें प्रेम करते हैं, उनके लिए कुछ बेहतर चाहते हैं, और यह संबंध आपके लिए महत्वपूर्ण है। लेकिन कभी भी यह अपेक्षा ना रखें कि उन्हें ज़रूर बदलना ही चाहिए। क्योंकि चाहे आप वैज्ञानिक तरीक़े से किसी को प्रभावित करने की कोशिश करें, वे फिर भी एक स्वतंत्र व्यक्ति हैं — और वे क्या सोचते हैं, क्या कहते हैं और

क्या करते हैं, इसका निर्णय उनका अपना होता है। कम से कम छह महीने तक बिना किसी नकारात्मक ऊर्जा के प्रयास करें, इस दौरान खुद सकारात्मक परिवर्तन का उदाहरण बनें और जो भी अच्छा परिवर्तन उनमें दिखे, उसे पूरे दिल से सराहें।

वे जैसे हैं, रहने दीजिए।

छह महीने क्यों? क्योंकि इतना वक़्त काफ़ी होता है आपकी ऊर्जा के रूपांतरण के लिए और सामने वाले को अचानक यह प्रेरणा मिल सकती है कि और वह बदलने का फ़ैसला करे और सोचे कि यह उसका ही ख़याल था।

याद कीजिए मेरी उस सहेली और उसके पति के उदाहरण को। उनके पति की सेहत का मुद्दा उसे कई दिनों से परेशान कर रहा था। और भले ही वह अपने पति से प्रेम करती है, फिर भी उसके मन में सवाल उठने लगे थे, क्या वह सचमुच उसी इंसान के साथ रह सकती है जो अपनी सेहत की परवाह नहीं करता?

तो उसने इस सवाल का जवाब पाने के लिए लेट देम थ्योरी को अपनाया है। वह पति को अपने हाल पर छोड़ रही है और इस बीच वह हर सुबह टहलने जा रही है, वह सकारात्मक बनी हुई है, वह पति की तारीफ़ करती, उसे गले से लगाती है और जब भी पति कसरत करते हैं, तो वह बहुत ख़ुश होती है और अतिरिक्त स्नेह जताती है।

और अब उसे बस इंतज़ार करना है। इस इंतज़ार का सबसे मुश्क़िल हिस्सा वह होता है जब अपने ही प्रियजन अपनी ग़लत आदतों, बुरे बर्ताव से मिलने वाले नतीजों की शिकायत करते हैं।

जैसे, वह कितने पैसे वेपिंग पर ख़र्च कर चुके हैं। (लेकिन अभी भी वेपिंग कर रहे हैं।) उन्हें अपनी नौकरी कितनी नापसंद है। (लेकिन नई नौकरी के लिए कोशिश नहीं कर रहे।) उन्हें कितना अकेलापन या निराशा महसूस हो रही है। (लेकिन थेरेपी के लिए तैयार नहीं हैं।)

मेरी सहेली ने बताया कि एक दिन उसके पति शिकायत कर रहे थे कि पिकलबॉल खेलते वक़्त उनकी सांस इतनी फूल गई कि उन्हें दोस्तों के साथ का खेल बीच में छोड़ना पड़ा।

ऐसे वक़्त पर हमारी सहज प्रवृत्ति होती है उन्हें दिलासा देने की। ऐसा ना कीजिए। उनकी शिकायत को हवा में तैरने दीजिए। कोई जवाब मत दीजिए।

उन्हें चुपचाप उस बात के साथ *बैठने दीजिए। कुछ मत कहिए।*

उन्हें अपनी परेशानी महसूस *करने दीजिए।* आपकी चुप्पी को अपना काम *करने दीजिए।* उन्हें उनके कर्मों के असर का एहसास होने दीजिए।

और फिर बारी आती है *लेट मी* की, विज्ञान का सहारा लेने की। अब उनसे एक सवाल पूछिए, 'लगता है यह बात आपको परेशान कर रही है? क्या आप इसके बारे में कुछ करना चाहते हैं?'

जैसा कि आपने डॉ. के से सीखा है, इस तरह के सवाल वही हैं जिन्हें शोधकर्ता *मोटिवेशनल इंटरव्यूइंग* कहते हैं। ये सवाल सामने वाले को सोचने को मजबूर करते हैं कि वे

अपनी ज़िंदगी में क्या सच में बदलना चाहते हैं, और अभी जो कर रहे हैं वह उस बदलाव के अनुकूल है या नहीं।

डील ब्रेकर डिसीज़न (आप रिश्ते में बने रहना चाहते हैं या नहीं)

लेकिन... क्या हो अगर आप 'एबीसी लूप' को पूरी तरह अपनाएं, सब्र से तीन महीने तक इंतज़ार करें और फिर भी कुछ ना बदले?

इसका मतलब यह है कि आपके साथी के भीतर बदलने की इच्छा ही नहीं है। उनका व्यवहार आपको यही बता रहा है। तो अब आपके पास एक विकल्प है। अगर आप अपनी प्रतिक्रिया पर ध्यान दें, तो आपके पास हमेशा ताक़त रहती है। आपने ए (माफ़ी मांगना), बी (पीछे हटना और देखना), और सी (बदलाव का उदाहरण बनना) - ये तीनों चरण पूरे कर लिए। अब वक़्त आ गया है अगले दो हिस्सों पर जाने का : डी और ई।

एबीसी (डीई) लूप

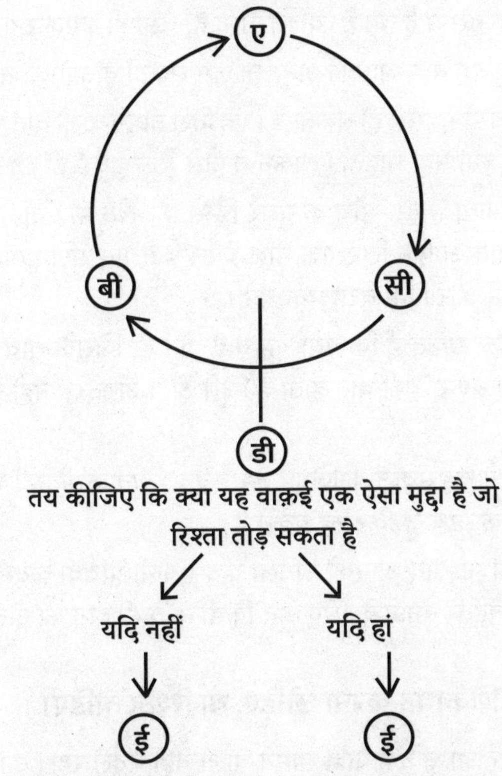

चौथा क़दम (डी) : यह तय कीजिए कि क्या यह बात आपके लिए रिश्ता तोड़ने वाली है या नहीं।

अगर तीन महीने बीत जाने के बाद भी सामने वाला व्यक्ति ना बदला है, ना ही उसने बदलने की कोशिश की है, तो मान लीजिए कि वह बदलने वाला नहीं है। और मुझे अफ़सोस है कि यह बात आपको मैं कह रही हूं, लेकिन हक़ीक़त यही है कि वह तैयार नहीं हैं।

वह इंसान बदलना नहीं चाहता। सिर्फ़ आपके लिए बदलना उनके लिए काफ़ी नहीं है। यह उनके जीवन की प्राथमिकता नहीं है। या फिर शायद उनके भीतर कोई गहरी जद्दो-जहद चल रही है जिसकी वजह से वह बदल ही नहीं सकते। या शायद वह जैसे हैं, बस वैसे ही हैं, और ये भी ठीक है। उनका व्यवहार ही उनका जवाब है।

उन्होंने आपको साफ़-साफ़ दिखा दिया है कि वह क्या चाहते हैं और क्या नहीं।

तो उन्हें वैसे ही रहने दीजिए। *लेट देम।* हर कोई बदलना नहीं चाहता। कभी-कभी ज़िंदगी में सबसे ज़्यादा मोहब्बत भरा काम यही होता है कि आप किसी को 'सुधारने' की कोशिश बंद कर दें, स्वीकार करना शुरू करें, और ज़्यादा प्यार जताएं, पर उस बात पर ध्यान रखते हुए, जो आपके बस में है।

और जो आपके बस में है वह है व्यक्ति जैसा है, वैसा ही स्वीकारना।

मैं जानती हूं कि यह बात आपको अनुचित लग सकती है,आपको तकलीफ़ भी होगी।

निराशा और बेबसी महसूस हो सकती है। यह दिल तोड़ने वाली बात भी हो सकता है कि कोई आपके लिए बदलना नहीं चाहता। लेकिन वे जैसे हैं उन्हें वैसे ही रहने दीजिए।

अब समय आ गया है इस सोच के दूसरे हिस्से का-*लेट मी।* यानी अब आपको तय करना है। क्या यह बात आपके लिए एक डील ब्रेकर है? याद रखिए आप हमेशा यह चुन सकते हैं कि आप किसे और किस तरह प्यार करें।

आप यह तय कर सकते हैं कि क्या यह वही बात है, जिसके साथ आप पूरी ज़िंदगी नहीं जी सकते। 'डील ब्रेकर' वही बात होती है जिसे आप अनदेखा नहीं कर सकते, जो हर बार चुभती रहेगी।

तो अपने आप से यह सवाल कीजिए : *अगर यह इंसान कभी नहीं बदला, तो भी क्या आप पूरी ज़िंदगी उसके साथ जुड़कर रह सकते हैं?*

जवाब हां हो या ना-अब आपको अगला क़दम यानी पांचवां क़दम ई –उठाना होगा क्योंकि इस रिश्ते को बेहतर बनाने के लिए अब किसी न किसी बात का अंत करना ज़रूरी है।

पांचवां क़दम (ई) : शिकायत करना छोड़िए, या रिश्ता तोड़िए।

अब आप उस मोड़ पर आ चुके हैं जहां सामने वाला नहीं बदल रहा। आप दोनों एक ज़िद पर अड़े हुए हैं और अब आपको तय करना है कि क्या आप इस स्थिति को अपनाकर ज़िंदगी

गुज़ार सकते हैं या नहीं। आपको अब या तो शिकायत करना छोड़ना होगा या फिर रिश्ता तोड़ना होगा। कोई न कोई फ़ैसला तो लेना ही होगा।

ज़रा सोचिए कि क्या आप वाक़ई इस बात की शिकायत करना छोड़ सकते हैं? क्या आप दिल से यह कहना बंद कर सकते हैं कि 'ये ग़लत है'? क्या आप मन ही मन बड़बड़ाना, हर बार उन्हें उनकी कमज़ोरी याद दिलाना, या नाराज़ रहना और दोस्तों से शिकायतें करना बंद कर सकते हैं?

अगर आप उन्हें चुनने जा रहे हैं, तो यह आपकी ज़िम्मेदारी होगी कि आप उन्हें वैसे ही क़बूल करें जैसे वह हैं। मेरी शादी के उदाहरण को लीजिए। मेरी अटेंशन डेफ़िसिट हाइपर एक्टिविटी डिसऑर्डर की समस्या कई बार मेरे पति क्रिस को परेशान कर देती है। और मैं ये बात समझती हूं।

मैं अक्सर बर्तन सिंक में छोड़ देती हूं या डेस्क पर रख देती हूं। हर बार चाबी कहीं रखकर भूल जाती हूं, बाथरूम में हर तरफ़ मेरी चीज़ें बिखरी रहती हैं और जब भी कहीं जाना होता है, तो मैं हमेशा लेट हो जाती हूं।

क्रिस अक्सर गाड़ी में मेरा इंतज़ार करते रहते हैं और मैं घर में पाग़लों की तरह कुछ न कुछ ढूंढ़ रही होती हूं। और ये तो सिर्फ़ एक झलक है उस बिखराव की जो मैं हूं यानी मेल रॉबिन्स।

इस बारे में क्रिस ने मुझसे कई बार बात की है। हमने बार-बार इस पर चर्चा की है कि मैं गंदे टिशूज़ काउंटर पर छोड़ देती हूं, कूड़ेदान में नहीं डालती। ('ये बहुत गंदा लगता है, मेल।') या फिर जब मैं उनकी बात सुनने के बजाय इंस्टाग्राम पर स्क्रॉल कर रही होती हूं, तो वह कहते हैं, 'क्या तुम मेरी बात सुन भी रही हो या नहीं?'

और मैं जानती हूं कि मेरा यह बर्ताव उन्हें ऐसा महसूस कराता है जैसे मैं उनके वक़्त की क़द्र नहीं करती, या जैसे मुझे इस बात की परवाह नहीं कि मेरी उलझनें उनके जीवन की शांति को नष्ट कर रही हैं।

मैंने बदलने की कोशिश की है। मैं सच में बदलना चाहती हूं। मैं इस पर काम करती हूं। और फिर भी, अब तक कुछ नहीं बदला। मैं देर से पहुंचती हूं। हर चीज़ गुमा देती हूं। घर में सामान बिखरा पड़ा रहता है और मैं समेटती नहीं। मुझे अपने इस बर्ताव से नफ़रत है। काश मैं अपने इस नकारात्मक पहलू को फटाफट बदल पाती।

क्रिस समय के बड़े पाबंद हैं। बेहद व्यवस्थित हैं। शांत, सुलझे हुए, भरोसेमंद। हमेशा से ऐसे ही थे और शायद हमेशा ऐसे ही रहेंगे। वह चाहते हैं कि मैं थोड़ा उनके जैसी बनूं। इससे उनकी ज़िंदगी आसान हो जाएगी। उन्हें लगेगा कि मैं उन्हें ज़्यादा समझती हूं, उनका साथ दे रही हूं और उनका सम्मान करती हूं।

लेकिन रिश्ते का मतलब है किसी को वैसे ही चाहना जैसे वे हैं, ना कि वैसे जैसा आप उन्हें बनाना चाहते हैं। जब आप लेट देम थ्योरी को अपनाते हैं, तो आप दूसरों को जैसे हैं वैसे

देखने लगते हैं। और फिर आपको समझ में आने लगता है कि किन बातों को आप अपना सकते हैं और किन्हें नहीं। बस यही आपकी असली शक्ति है कि आप किस तरह से प्रतिक्रिया देते हैं।

और उसी वक़्त, जब आप उन सतही बातों को छोड़ना शुरू करते हैं जो शायद कभी नहीं बदलेंगी, तो आप उन गहराइयों को देखना शुरू करते हैं जिन्हें अब तक नज़रअंदाज़ करते आ रहे थे। जैसे, भले ही क्रिस की बहुत-सी बातें मुझे पहले खटकती थीं, अब उनके भीतर के जिस गुण को मैं सबसे ज़्यादा सराहती हूं वह यह है कि वह बहुत संवेदनशील, विश्वनसनीय और शांत इंसान हैं।

मुझे कभी मालूम नहीं था कि मुझे अपने रिश्ते में यह सब 'चाहिए' था। और वहीं, क्रिस मेरी ऊर्जा, मेरी वफ़ादारी और मेरे हास्य-बोध की सराहना करते हैं।

यही वजह है कि जितना मेरी आदतें क्रिस को परेशान करती हैं, यह उनके लिए कोई फ़ैसला बदलने वाली बात नहीं है। उन्होंने तय कर लिया है कि एक जीवन-साथी के तौर पर मैं उन्हें जो कुछ देती हूं, वह मेरी एडीएचडी से होने वाली परेशानियों से कहीं ज़्यादा है।

क्रिस ने यह स्वीकार कर लिया है कि मैं ज़िंदगी भर ऐसी ही रहूंगी। और अब उन्होंने इस बात को अपनाकर जीना भी सीख लिया है, और उस पर हंसना भी, 'मेल को मेल रहने दो।'

इसीलिए लेट देम थ्योरी ने हमारे वैवाहिक रिश्ते को और मज़बूत बनाया है। इसने मुझे यह सिखाया कि मैं क्रिस को जैसे वह हैं, वैसे ही स्वीकार करूं, ना कि हर वक़्त यह सोचती रहूं कि वह वैसे क्यों नहीं हैं जैसे मैं चाहती हूं। और यही बात उन्होंने भी मेरे लिए सीखी और अपनाई है।

आप भी अपने रिश्तों में इसी तरह की स्पष्टता महसूस करेंगे। मेरी एक सहेली और उसके पति के मामले में, इसका मतलब यह होगा कि जब वह सुबह उठकर पेलोटन साइकिलिंग के लिए बेसमेंट में जाती है, तो उसे अपने पति को सोने देना चाहिए। और इसका मतलब यह भी है कि अब जब वह कपड़े बदलती है, तो पहले की तरह कमरे का दरवाज़ा ज़ोर से नहीं बंद करती, बल्कि धीरे से,शांति से सारे काम निपटाती है।

मैं यह उदाहरण इसलिए साझा कर रही हूं, क्योंकि किसी को जैसा वह है वैसा प्यार करना, सिर्फ़ शिकायत बंद कर देने तक सीमित नहीं है। आप अपने बर्ताव से यह दिखाते हैं कि आप वाक़ई उन्हें वैसे ही चाहते हैं, जैसे वह हैं। आप अपना रिश्ता सहानुभूति और सम्मान के साथ निभाते हैं।

क्या आप वाक़ई अपने साथी के साथ ताल-मेल रखते हैं?

थोड़ी देर पहले मैंने आपसे यह सवाल किया था कि *अगर यह इंसान ज़िंदगी भर कभी ना बदले, तो क्या आप उनके साथ रह पाएंगे?*

अगर आपका जवाब है, 'मालूम नहीं' या 'नहीं'?

अगर आप सच में अपनी शिकायतें और कुंठाएं ख़त्म नहीं कर सकते, तो आप सामने वाले व्यक्ति को उसके असली रूप में स्वीकार नहीं कर सकते, और ना ही उससे सच्चा प्रेम कर सकते हैं। यह ना तो दयालुता है, और ना ही प्रेमपूर्ण व्यवहार। अगर आप अब भी सुबह दरवाज़ा ज़ोर से बंद करते हैं, या जब वह बार-बार लेट हो जाते हैं तो तंज़ कसते हैं या नाराज़ होकर मुंह फुलाए रहते हैं, तो यह अच्छा तरीक़ा नहीं है।

रिश्ता ख़त्म करना या उसे निभाना यह एक बेहद व्यक्तिगत निर्णय है, जिसे सिर्फ़ आप ही ले सकते हैं। मेरी उस दोस्त और उसके जीवन-साथी के मामले में यह कोई कठिन फ़ैसला नहीं है। उसके पति में कुछ बुरी आदतें हैं, लेकिन वह मेरी सहेली की नज़रों में इतना बड़ा मुद्दा नहीं है कि रिश्ता टूट जाए। यह कोई 'डील ब्रेकर' नहीं है, बहुत दूर-दूर तक भी नहीं। सहेली अपने पति को चाहती है।

उसे मालूम है कि इस रिश्ते को चलाना है, तो उसे और ज़्यादा मेहनत करनी होगी, ख़ास तौर पर अपने पति को जैसे हैं, वैसे ही अपनाने की। उसे यह भी समझ में आ गया है कि उसे इस रिश्ते को लेकर अपने रवैये को बदलना होगा। व्यवहार में अधिक सहानुभूति और नरमी लानी होगी। वह चाहे तो पति को प्रेरित करने की कोशिश जारी रख सकती है, लेकिन अब उसे उम्मीदें छोड़नी होंगी, और शिकायतें भी। यह सफ़र अब उसके अपने बारे में है, ना कि उसके पति के बारे में।

और क्योंकि सहेली का साथी अपना व्यवहार नहीं बदल रहा, इसलिए अब इस रिश्ते को बेहतर बनाने के लिए उसे ख़ुद को बदलना पड़ेगा।

लेकिन ज़्यादातर लोग जब लेट देम थ्योरी का ज़िक्र करते हुए यह पूछते हैं कि वे सही इंसान के साथ हैं या नहीं, तो वे असल में वे अनुकूलता यानी कंपैटिबिलिटी के सवाल से जूझ रहे होते हैं। किसी रिश्ते में पूरी निष्ठा से रहना और उसमें वाक़ई स्वाभाविक ताल-मेल होना- इन दोनों में फ़र्क़ होता है।

कई बार ऐसा होता है कि आप किसी से गहरा प्यार करने लगते हैं, वह रिश्ता आपको ज़िंदगी का सबसे ख़ूबसूरत अनुभव लगता है, लेकिन फिर वक़्त के साथ आप दोनों अलग-अलग दिशाओं में बढ़ने लगते हैं, आपकी इच्छाएं बदल जाती हैं या आप यह महसूस करने लगते हैं कि अब आप वैसे इंसान नहीं रहे जो कभी थे।

जब ऐसा होता है तो यह बेहद तकलीफ़देह होता है, क्योंकि प्यार तो अभी भी बना हुआ है, लेकिन अब वह पहले जैसी समरसता नहीं रही। वो सहजता, वो ताल-मेल जो पहले था, अब महसूस नहीं होता। मैंने कहा था कि किसी भी रिश्ते को लंबे समय तक निभाने के लिए दो चीज़ें बेहद ज़रूरी होती हैं-

1. दोनों व्यक्ति यह चाहते हों कि रिश्ता बना रहे और वे इसे बेहतर बनाने के लिए मेहनत करने को तैयार भी हों।
2. जिन बातों को लेकर समस्या है, वे इतनी बड़ी ना हों कि किसी एक को अपने सपनों को भूल जाना पड़े या अपने मूल्यों से समझौता करना पड़े।

आप ऐसी स्थिति में हो सकते हैं, जहां आप दोनों ही रिश्ते को निभाना चाहते हैं और इसे संभालने के लिए मेहनत भी करने को तैयार हैं। लेकिन जब अनुकूलता या तालमेल में ही समस्या हो, तो चाहे आप रिश्ते में कितना भी प्रयास क्यों ना करें, उसके सफल होने की संभावना बहुत कम रह जाती है।

जब ऐसा होता है, तो इसे स्वीकार करना बेहद दुखद और कष्टप्रद होता है और यह पूरी तरह से एक निजी निर्णय होता है।

उदाहरण के लिए, मान लीजिए आप किसी ऐसे व्यक्ति से प्रेम करते हैं और उसके साथ प्रतिबद्ध हैं जो ब्रिटिश है और वापस लंदन जाना चाहता है, जबकि आपने हमेशा अटलांटा में अपने परिवार के पास रहने का सपना देखा है।

या फिर एक और आम उदाहरण है-आप में से एक बच्चे चाहता है, और दूसरा नहीं।

आप इस पर बातचीत कर सकते हैं। आप इस पर झगड़ भी सकते हैं। आप यह समझते हैं कि आपका साथी यूरोप वापस क्यों जाना चाहता है, और वह यह समझता है कि आप क्यों नहीं जाना चाहते। आप दोनों ने बच्चों के होने के पक्ष और विपक्ष पर चर्चा की है, लेकिन फिर भी आप अपने भविष्य को लेकर किसी निष्कर्ष पर नहीं पहुंच पाए हैं। आप बार-बार इसी विषय पर घूमते रहे हैं। पहले आप कहते थे, 'हमें अभी इसका फ़ैसला नहीं करना है।'

लेकिन अब वो समय आ गया है और आप एक ऐसे मोड़ पर खड़े हैं जहां कोई रास्ता नहीं दिखता।

वो जाना चाहता है। आप नहीं।

आप बच्चे चाहती हैं। वह नहीं।

आप दोनों एक-दूसरे के प्रति पूरी तरह समर्पित हैं... लेकिन हो सकता है कि इस समय आप दोनों एक-दूसरे के अनुकूल ना हों।

तो आप कैसे जानें कि क्या यह वाक़ई एक ऐसा मुद्दा है जिसकी वजह से रिश्ता टूट सकता है? इसका पता लगाने का तरीक़ा यह है। मान लीजिए आप उस व्यक्ति से प्रेम करते

हैं जो हमेशा से लंदन लौटना चाहता है। और आपने हमेशा अमेरिका में अपने परिवार के पास रहने की कल्पना की है।

अब आप अपने आपसे पूछें कि *क्या आप उनके साथ रिश्ता तोड़ने का दुख ज़्यादा महसूस करेंगे, या उनके साथ लंदन जाने का? अगर आप उनके लिए लंदन जाने को राज़ी हो भी जाएं, तो क्या आप मन ही मन उनसे नाराज़ रहेंगे कि उन्होंने आपको आपके परिवार और दोस्तों से दूर कर दिया?*

इन दोनों ही रास्तों में दिल टूटता है।

एक रास्ता आपसे वह सपना छोड़ने को कहता है जो आपने हमेशा देखा था, यानी अपने परिवार के पास रहने का सपना। दूसरा रास्ता आपसे उस इंसान को छोड़ने को कहता है, जो अब तक आपके जीवन का सबसे बड़ा प्रेम रहा है।

और याद रखिए, आपका साथी भी ठीक इसी तरह के दिल टूटने की स्थिति से गुज़र रहा है, क्योंकि वह भी समझौता नहीं कर रहा। वह बदल नहीं रहा। वह लंदन जा रहा है आपके साथ या आपके बिना।

उसे *जाने दीजिए।*

और अब, *मैं* अपने आपसे सवाल पूछती हूं कि क्या मैं इस रिश्ते में बने रहने के लिए समझौता करने को तैयार हूं?

हक़ीक़त यह है कि आपके रिश्ते की लगभग 69 प्रतिशत समस्याएं कभी सुलझने वाली नहीं होतीं। यह आंकड़ा पिछले 40 वर्षों के वैज्ञानिक शोध पर आधारित है, जिसे डॉ. जॉन और जूली गॉटमैन ने किया है। ये दोनों दुनिया के बड़े प्रसिद्ध रिलेशनशिप रिसर्चर हैं (और विवाहित जोड़ा हैं)।

उन्होंने पाया है कि जो बातें जोड़ियों के बीच सबसे ज़्यादा झगड़े की वजह होती हैं वे कभी बदलने वाली नहीं होतीं, जैसे कोई व्यक्ति लेटलतीफ़ है, हमेशा देर कर देता है, या उतना महत्वाकांक्षी नहीं है जितना आप चाहते हैं, या हर वीक-एंड टीवी के सामने बिताता है, या उनके शौक़ आपसे अलग हैं, या वह अस्त-व्यस्त रहता है, घर से बाहर जाना पसंद नहीं करता, या उसकी राजनीतिक सोच आपसे मेल नहीं खाती।

ये सभी उदाहरण उसी 69 प्रतिशत समस्याओं के हैं जो किसी भी रिश्ते में कभी पूरी तरह हल नहीं होतीं। इसीलिए यह ज़िम्मेदारी आपकी है कि आप यह समझें कि आपके लिए क्या सबसे ज़्यादा मायने रखता है। क्या यह ऐसा मामला है जिसमें अगर आपका साथी समझौता नहीं करना चाहता, तो क्या आप समझौता कर सकते हैं?

कुछ लोगों के लिए किसी और देश में जाना कोई बड़ी बात नहीं होती। वे तो अपने जीवन के प्रेम के साथ विदेश जाने का मौक़ा पाकर ख़ुशी से झूम उठते।

डॉ. जॉन गॉटमैन के शोध के अनुसार, अगर आप बार-बार उन्हीं बातों को लेकर झगड़ रहे हैं और वहीं-वहीं घूम रहे हैं, तो संभव है कि आपके और आपके साथी के बीच व्यक्तित्व,

उम्मीदों और सपनों को लेकर कोई बड़ा फ़र्क़ हो, जो बार-बार एक ही तरह का टकराव पैदा करता है।

दूसरे शब्दों में कहें, तो आप दोनों जिन चीज़ों को महत्व देते हैं, वे अलग-अलग हैं। आप दोनों की रोज़मर्रा की ज़िंदगी जीने की कल्पना भी अलग है। डॉ. गॉटमैन के अनुसार, किसी भी रिश्ते में जो सबसे बड़ी जकड़न या गतिरोध आता है, वह अक्सर "अधूरे सपनों" से जुड़ा होता है।

सोचिए उस जोड़े के बारे में जो लंदन जाने को लेकर झगड़ रहा है, या उस जोड़े के बारे में जो संतान को लेकर असहमति में है। ये मामूली विषय नहीं हैं। यही वजह है कि इन्हें आप नज़रअंदाज़ नहीं कर सकते। क्योंकि ये उस जीवन की कल्पना से जुड़े होते हैं जो आप अपने लिए देखते हैं। यह एक अत्यंत निजी निर्णय होता है और आपको ही इसे लेना होगा।

लंदन जाना ऐसी बात लग सकती है जिस पर समझौता किया जा सकता है। लेकिन अगर आपको हमेशा से संतान की चाहत रही है, तो किसी ऐसे साथी के साथ दस साल बिताने के बाद, चालीस की उम्र में यह महसूस करना कि आपका सपना कभी पूरा नहीं हो सकता-गहरी पीड़ा दे सकता है। इसलिए, खुद से पूछिए कि क्या यह निर्णय मुझे मेरे किसी सपने से दूर कर देगा? क्योंकि गॉटमैन दंपत्ति के अनुसार, अगर ऐसा है, तो यह एक बड़ी समस्या है।

क्या कोई और बेहतर व्यक्ति हो सकता है?

मैंने अपने शोध में यह भी देखा है कि बहुत से लोग जो लंबे समय तक और प्रतिबद्ध रिलेशनशिप में हैं, उनके मन में यह सवाल आता है कि *क्या वहां कोई और बेहतर व्यक्ति हो सकता है?*

इसका जवाब है : आप कभी नहीं जान पाएंगे।

मुझे लगता है कि यह चिंता हमारे अंदर डेटिंग कल्चर, सोशल मीडिया और रोमांटिक फिल्मों ने भरी है। कोई भी इंसान परफ़ेक्ट नहीं होता। हर किसी का कोई न कोई अतीत होता है। सबके पास कोई न कोई बोझ होता है। और उम्र बढ़ने के साथ वह बोझ भी बढ़ता जाता है।

ज़्यादातर लोग उससे निपट ही नहीं पाते हैं। सिर्फ आप ही जानते हैं कि आप अपनी ज़िंदगी में जो कुछ है, उसकी कद्र नहीं कर रहे या फिर आप हर चीज़ को अधूरा और खाली देखना सीख चुके हैं। आपको लग सकता है कि हरियाली तो कहीं और है।

लेकिन सच्चाई यह है कि घास वहीं हरी होती है जहां आप उसे पानी देते हैं। यानी जहां आप ध्यान, प्यार, मेहनत और देखभाल देते हैं, वही रिश्ता, वही ज़िंदगी हरी-भरी यानी खुशहाल बनती है।

और यहीं से हम दो सबसे ज़रूरी बातों पर लौटते हैं, जो किसी भी रिश्ते को लंबे समय तक निभाने के लिए अनिवार्य होती हैं :

1. दोनों व्यक्ति इस रिश्ते को निभाना चाहते हों और इसे बेहतर बनाने के लिए मेहनत करने को तैयार हों।
2. रिश्ते में जो समस्याएं हैं, वे इतनी बड़ी न हों कि किसी एक को अपने सपनों या मूल्यों से समझौता करना पड़े।

किसी मोड़ पर आकर आपको निर्णय लेना ही पड़ता है। और कभी-कभी वह निर्णय यह होता है कि उसी चीज़ को चुनना जो आपके सामने है।

एक ऐसे व्यक्ति के रूप में जिसने लगभग 30 वर्षों तक दांपत्य जीवन को निभाया है, मैं आपको यक़ीन दिला सकती हूं कि हर जोड़े को अपने रिश्ते में कभी न कभी अंधेरे और डरावने दौर से गुज़रना पड़ा है। लेकिन जो जोड़े उन कठिनाइयों में एक-दूसरे का साथ निभाते हुए टिके रहे, मुश्क़िलों और संघर्षों से मिलकर गुज़रे उनमें से एक भी अपने फ़ैसले पर पछताता नहीं है।

लेकिन मैंने ऐसे कई लोगों को भी देखा है जो तलाक़ के बाद यह सोचते रहे काश हमने थोड़ा और प्रयास किया होता, काश हम अपने डर का सामना करने की हिम्मत जुटा लेते, काश हमने समय रहते थेरेपी ले ली होती, खुलकर बात कर ली होती...तो शायद नतीजा कुछ और होता। और भले ही वे साथ ना रहते, कम-से-कम यह बिछड़ने की प्रक्रिया और अगर बच्चे भी शामिल हों, तो उसका असर बहुत ज़्यादा सहज और सम्मानजनक हो सकता था।

रिश्ता तोड़ना एक बेहद व्यक्तिगत और कठिन निर्णय होता है, ख़ासकर तब जब आप चाहते हैं कि यह रिश्ता चले। लेकिन कभी-कभी इसका मतलब यह होता है कि अपने भीतर की उस गहरी अनुभूति पर यक़ीन करना, जो बार-बार कह रही हो कि शायद यह रिश्ता, यह संबंध, आपके लिए नहीं बना।

आप इस बात को जानते हैं, बस अब तक स्वीकार करने से डरते रहे हैं। कभी-कभी किसी संबंध को ख़त्म करना ज़रूरी होता है, इससे पहले कि वह आपको तोड़ दे। अगर आपको अपने जीवन के सपनों का पता है, तो आप उस रिश्ते के हक़दार हैं जो उन सपनों को पूरा करने में आपका साथ दे। अगर आप ऐसे व्यक्ति के साथ बने रहते हैं जिसकी उम्मीदें और सपने आपसे मेल नहीं खाते, तो अंततः यह रिश्ता आप दोनों के लिए दुख और असंतोष का कारण बनेगा। इसलिए ज़रूरी है कि आप अपने मन की सुनें और यह समझें कि प्यार सिर्फ़ साथ रहने का नाम नहीं, बल्कि एक-दूसरे के सपनों को समझने और सहारा देने का नाम भी है।

देखिए, यह बात कहना आसान है, पुस्तक में लिखना भी आसान है। और यह कहना भी आसान लगता है कि 'लेट देम', जाने दें। लेकिन सच्चाई यह है कि जिससे आप अब भी प्यार करते हैं, उससे अलग होना बिलकुल भी आसान नहीं होता।

ऐसे ही मुश्किल समय में आपको 'लेट देम थ्योरी' की अहमियत सबसे ज़्यादा समझ में आएगी और यही थ्योरी आपको इस दौर से निकलने की ताक़त देगी।

दिल टूटने के बाद जीना

मैं आपसे या इस वक़्त दिल टूटने के दौर से गुज़र रहे किसी अपने से कहना चाहती हूं।

यह आपके जीवन के सबसे कठिन अनुभवों में से एक होगा। लेकिन यक़ीन मानिए, आप इस दौर से बाहर अवश्य निकलेंगे।

यहां जो कुछ भी मैं आपसे साझा करने जा रही हूं, वह मेरी गहराई से जुड़ी व्यक्तिगत अनुभूतियों पर आधारित है और उस सबसे बुद्धिमान महिला की सीधी मार्गदर्शना से उपजा है जिसे मैं जानती हूं — गहराई से मनोविश्लेषण करने वाली विशेषज्ञ, डॉ. ऐन डेविन।

जब मैं और मेरी बेटी सॉयर इस किताब के इस हिस्से पर काम करने बैठे, ठीक उसी समय उसके दो साल पुराने बॉयफ्रेंड ने उससे रिश्ता तोड़ लिया। और जब मैं बॉयफ्रेंड कहती हूं, तो मेरा मतलब उस इंसान से है जिससे वह शादी करने के सपने देख रही थी। मैं मज़ाक़ नहीं कर रही हूं। जब यह हुआ, वह अंदर से टूट गई। रोना बंद नहीं हुआ, वह अपने कमरे से बाहर नहीं निकली, कई दिनों तक नहाई भी नहीं... वह पूरी तरह बिखर चुकी थी। वह तो प्यार वाले उस हिस्से को ही फाड़ देना चाहती थी, जिसे आपने अभी पढ़ा है। उसके शब्द कुछ ऐसे थे: "भाड़ में गई लेट देम थ्योरी! मैं क्या करूं अब... बस ऐसे ही उसे दरवाज़े से बाहर निकल *जाने* दूं? उसे मुझसे ब्रेकअप करने दूं? उसे और लोगों के साथ *सोने* दूं? उसे किसी और से प्यार *करने* दूं? मुझे नफ़रत है इस सलाह से।"

मैं आपको यह इसलिए बता रही हूं क्योंकि हमने इस किताब का यह हिस्सा उसी वक़्त लिखा, जब वह इस ब्रेकअप को सचमुच झेल रही थी, महसूस कर रही थी, और उससे उबरने की कोशिश कर रही थी। अब जो आप पढ़ने जा रहे हैं, उसमें वही सब कुछ समाहित है — उसने क्या महसूस किया और कैसे वह इस टूटन से बाहर निकली। यह सलाह लेट देम थ्योरी के साथ डॉ. ऐन डेविन की विशेषज्ञता, उनके शोध और प्रक्रियाओं का मिश्रण है — और यह वास्तव में कारगर है। अब, इस पृष्ठभूमि को समझने के बाद, मैं चाहती हूं कि आप यह जानें।

जब कोई रिश्ता टूटता है, तो सबसे ख़राब बात जो लोग आपसे कहते हैं वह है, 'अपने आपसे प्यार करो।' यह शायद दुनिया की सबसे बेकार सलाह होती है, क्योंकि जब दिल टूटता है, तो अक्सर हम ख़ुद से नफ़रत करने लगते हैं।

आप खुद को दोष देते हैं। हर बात पर सवाल उठाते हैं। यह सोचते हैं कि क्या अब कभी प्यार मिलेगा भी या नहीं। आप अपने पुराने जीवन को वापस चाहते हैं, वही रिश्ता, वही इंसान, जैसे सब कुछ फिर से वैसा ही हो जाए। ऐसा महसूस होता है मानो दिल सचमुच टूट गया है और हां, सचमुच टूटता है।

जो आप महसूस कर रहे हैं, वह शोक है। जिस जीवन की आपने कल्पना की थी, वह अब नहीं रहेगा, वह जैसे मर गया है। जिस तरह किसी अपने को खोने पर दुख की कई अवस्थाएं आती हैं, ठीक वैसी ही अवस्थाएं दिल टूटने पर भी आती हैं। यह दुःख आपको पूरी तरह घेर लेगा। दिनों तक, हफ़्तों तक, महीनों तक। आप हर समय उसी इंसान के बारे में सोचते रहेंगे। आप हर दिन अपने आपसे जूझते रहेंगे उन्हें मैसेज करने का मन होगा, कॉल करने का, उनकी आवाज़ दोबारा सुनने का, तस देखने का, उनका लोकेशन चेक करने का, या ऑन-लाइन स्टोरीज़ देखने का मन होगा। हर पल खुद को रोकना पड़ेगा।

मैं एक बार अपनी थेरपिस्ट ऐन से इस बारे में बात कर रहा थी और उन्होंने समझाया कि...

> दिल टूटने का दुख बहुत गहरा होता है, क्योंकि वह इंसान आपकी रग-रग में बस चुका है। वह आपके अनुभवों का हिस्सा बन चुका था और आप उसके। इसी कारण, आप अब भी उसकी मौजूदगी महसूस करते हैं, उसकी आवाज़ अब भी आपके भीतर गूंजती है। आप इतने समय तक हर दिन उससे बात करते आए हैं कि अब भी आपकी आदत है कि उसी से कुछ कहें, उसी से कुछ सुनें। आपको उसकी याद आती है ,हां, ज़रूर आती है। दरअसल आपकी पूरी संवेदना (नर्वस सिस्टम) उसे याद कर रही होती है। आपका दिमाग़, आपका शरीर, आपका दिल-सभी उस जीवन की आदत डाल चुके थे जिसमें वह शामिल था। और अब जब वह नहीं है, तो यह ख़ालीपन असहनीय लगता है। यह सब बिलकुल सामान्य है।

वो ना केवल आपके दिल की टूटन है, बल्कि आपकी पूरी ज़िंदगी की आदतों का टूटना है। थेरैपिस्ट ऐन यह समझा रही थीं कि दिल टूटने का अनुभव सिर्फ़ भावनात्मक नहीं होता, यह एक न्यूरोलॉजिकल, शारीरिक और रासायनिक प्रक्रिया भी है। जब आप सड़क पर चल रहे होते हैं या गाड़ी चला रहे होते हैं, तो आपको ऐसा लग सकता है कि वह अब भी आपके साथ है, बगल में बैठा है। जैसे ही कोई विचार आता है, आप लगभग सुन सकते हैं कि वह उस पर क्या कहता।अगर कुछ अच्छा होता है, तो आपका मन करता है कि आप सबसे पहले उसी को बताएं। अगर परिवार में कुछ बदलता है, तो आप उसे बताने की इच्छा को रोक नहीं पाते।

दरअसल, सिर्फ़ दिल नहीं टूटता है, आपकी जीवन-शैली का पैटर्न बिखर जाता है। आपके शरीर की सर्किटरी है, आपका नर्वस सिस्टम है, आपके विचार हैं, वो सारे दृश्य हैं जो आपके दिल में बसे हैं, वो गाने हैं जो आप दोनों साथ सुनते थे। जब आप सुबह काम पर जाने के लिए तैयार होते हैं, जब रात को बिस्तर पर लेटते हैं, या जब सुबह अकेले उठते हैं, वह इंसान हर जगह आपकी यादों में छाया रहता है।

आप हर दिन इस डर और उम्मीद में जिएंगे कि शायद कहीं उनका सामना हो जाए। आप दूर से उनकी ज़िंदगी को तसवीरों में सामने आते देखेंगे। और जिस दिन आपको यह पता चलेगा कि उन्होंने किसी और का हाथ थाम लिया है, वह दिन सबसे ज़्यादा डरावना होगा। ब्रेकअप की सबसे कठिन बात यही है कि आपको इसके दर्द से होकर गुजरना ही पड़ेगा। इससे बचने का कोई रास्ता नहीं है। आप इसे अपने शरीर की हर कोशिका में महसूस करेंगे, क्योंकि अब आपको वह सब कुछ भुलाना है जो आपने उनके साथ रहते हुए सीखा था — और फिर खुद को दोबारा इस नए एकाकी जीवन में जीना सिखाना है। यही वजह है कि बहुत से लोग बहुत लंबे समय तक उस रिश्ते से चिपके रहते हैं।

लेट देम इस प्रक्रिया को आसान नहीं बनाएगा। यह दर्द को मिटाएगा भी नहीं।

ऐन का एक नियम है, ब्रेकअप के बाद 30 दिनों तक बिलकुल संपर्क नहीं। ना कोई कॉल, ना मैसेज, ना तस्वीरें देखना, ना सोशल मीडिया। क्योंकि अगर आपने थोड़ी भी बातचीत की, कोई तसवोर देखी या उनकी आवाज़ सुनी, तो आपके नर्वस सिस्टम में छिपी सारी पुरानी यादें और आदतें दोबारा ज़िंदा हो जाएंगी। और फिर आपको दो क़दम पीछे लौटना पड़ेगा।

यह वाक़ई मुश्किल हिस्सा है। और आप कम से कम तीन महीनों तक इस दौर से गुजरेंगे। रिसर्च कहती है कि ब्रेकअप के बाद लगभग 11 हफ़्तों तक दुख गहराता है लेकिन उसके बाद आप थोड़ा बेहतर महसूस करना शुरू करते हैं।11 हफ़्तों के बाद 71 प्रतिशत लोग खुद को बेहतर महसूस करते हैं। मैं आपको यह आंकड़ा इसलिए दे रही हूं ताकि आपको यह यक़ीन दिला सकूं कि हां, यह समय भी गुजर जाएगा। शायद 11 दिनों में, शायद 11 हफ़्तों में, और शायद उससे भी ज़्यादा समय लगे, लेकिन आप बेहतर ज़रूर होंगे।

लेट देम थ्योरी आपको इस टूटे रिश्ते से उबरने, उससे सीखने और अंततः पहले से ज़्यादा मजबूत होकर बाहर निकलने में मदद करेगी ताकि आप खुद से, अपनी इच्छाओं से और अपने अधिकारों से और गहरे जुड़ सकें। लेकिन जब आप इस पहले कठिन दौर में हैं, तो सबसे ज़रूरी है कि आप ख़ुद को इसमें पूरी तरह से रहने की इजाज़त दें। *लेट मी* कहें।

कहें कि मुझे शोक *मनाने दीजिए।* मुझे बिस्तर में पड़े-पड़े *रोने दीजिए।* मुझे बार-बार यह कहानी कहने दीजिए कि सब कैसे ख़त्म हुआ। मुझे ख़ुद को रोकने दीजिए कि मैं उस इंसान से संपर्क ना करूं। मुझे इस दुख में डूबा रहने *दीजिए।*

दिल टूटने पर आने वाली यह उदासी एक स्वस्थ प्रतिक्रिया है। और जब आप तैयार हो जाए तो शोध आधारित कुछ उपाय हैं जो आपकी मदद कर सकते हैं ताकि आप इस सच्चाई को स्वीकार कर सकें कि वह रिश्ता अब ख़त्म हो चुका है और अब समय आ गया है कि आप अपने जीवन के टुकड़ों को समेटें और आगे बढ़ें।

यह याद रखें कि समय ही घाव नहीं भरता, बल्कि उस समय में आप क्या करते हैं, वह भी उपचार करता है। अब मैं आपको कुछ सुझाव दूंगी, जो आपके नर्वस सिस्टम को शांत करने और इस ब्रेक-अप से स्वस्थ रूप से गुज़रने में मदद करेंगे।

1. अपने आस-पास के माहौल से हर ट्रिगर को हटा दें।

हर वो चीज़ जो आपको उस व्यक्ति की याद दिलाती है जैसे कि उनके दिए हुए उपहार, कपड़े, तस्वीरें-सभी अपनी नज़रों से हटा दें। इस व्यक्ति की मौजूदगी आपके शरीर और दिमाग़ में इतनी गहराई से बसी होती है कि ऐसी चीज़ें देखकर आप आगे नहीं बढ़ पाते। चीज़ों को जलाना ज़रूरी नहीं, बस एक डिब्बे में रखें और तब खोलें जब आपके पास भावनात्मक दूरी सहने की ताक़त हो।

और अपने परिवार या रूममेट्स से भी ऐसा ही करने के लिए कहना ना भूलें। यह हम सभी के लिए एक अनलर्निंग यानी पुरानी आदतों को छोड़ने की प्रक्रिया है। मुझे अब भी वह पल याद है जब मैंने हमारे डिजिटल फ्रेम की ऐप लॉग इन की और सॉयर और उसके बॉयफ्रेंड की हर एक तसवीर का "पॉज़" बटन दबाया। हर तसवीर को हटाना एक ऐसा दर्द था जो हमें उस भविष्य की याद दिला रहा था जिसे हम सबने मिलकर सोचा था — और जो अब कभी नहीं आने वाला था।

लेट देम थ्योरी ने मुझे यह सिखाया कि नियंत्रण छोड़ना, अपनी बेटी की क्षमता पर विश्वास करना और उसके लिए एक सहारा बनकर खड़ा रहना कितना ज़रूरी है।

2. अपने बेडरूम को थोड़ा नया रूप दें।

संभव है आपने अपना ज़्यादा वक़्त उसी कमरे में साथ बिताया हो। इसलिए एक छोटा-सा बदलाव, जैसे दीवार का रंग बदलना, वॉलपेपर लगाना, नई चादर और कंबल लेना, या फ़र्नीचर की जगह बदलना नए अध्याय की शुरुआत का संकेत होता है। यह बदलाव मन पर असर डालता है।

3. दोस्तों, भाई-बहनों, कज़िन्स और सहकर्मियों से जुड़ें।

इस व्यक्ति के जाने से जो ख़ालीपन आया है, उसे भरना ज़रूरी है। सहारा लें, इसमें शर्माने की कोई बात नहीं। हर कोई कभी न कभी ब्रेक-अप से गुज़रा है और जानता है कि यह कितना दुखद होता है। लोगों से कहें कि वे कुछ महीनों तक आपसे संपर्क में रहें, आपको वॉक पर बुलाएं या डिनर के लिए बाहर ले जाएं ताकि आप घर में अकेले ना रहें।

4. व्यस्त रहें।

अपने शहर में होने वाले आयोजनों की जानकारी लें और टिकट ख़रीदें ताकि आप बाहर जाने के लिए प्रतिबद्ध हो जाएं। दोस्तों से मिलें, योजनाएं बनाएं ताकि आपका कैलेंडर ख़ाली ना हो बल्कि व्यस्तता से भरा हो। यह व्यस्तता ध्यान बंटाने में बहुत मदद करती है। क्योंकि ब्रेक-अप के वक़्त सबसे ज़्यादा नुक़सानदेह होता है दिमाग़ का ख़ाली रहना।

5. कोई ऐसा चैलेंज चुनें जिसे आप हमेशा करना चाहते थे।

चाहे वो कोई पहाड़ों पर चढ़ना हो, कोई ट्रायथलॉन जिसके लिए कभी वक़्त नहीं मिला, कोई क्लास जिसे आप लंबे समय से करना चाहते थे, या गिटार बजाना सीखना। यही सही समय है ये सब करने-सीखने का। ऐसा कोई लक्ष्य तय करें जो सिर्फ़ आपके लिए हो और जिसे पूरा करके आपको गर्व महसूस हो। ऐसा करने से आत्म-विश्वास लौटता है और आगे बढ़ने की ताक़त मिलती है।

6. खुद से एक सवाल बार-बार पूछते रहें।

अगर आप यह जान लें कि आपकी ज़िंदगी का सच्चा प्यार बस अगले मोड़ पर खड़ा है और यह ब्रेक-अप आपको उसी की ओर एक क़दम आगे ले जा रहा है, तो आप अपनी रातें और वीक-एंड कैसे बिताएंगे जब आप अकेले हैं?

ब्रेकअप के समय सबसे बड़ा डर होता है कि हम हमेशा अकेले रह जाएंगे, या फिर ऐसा कोई दूसरा व्यक्ति दोबारा नहीं मिलेगा जो उस पुराने व्यक्ति जितना अच्छा हो। लेकिन यह सच नहीं है। जब आप सोच-समझकर अपना अकेलापन बिताते हैं, तो यह आपके दिमाग़ को यह संदेश देता है कि आप इस अकेलेपन को स्थायी नहीं मानते और यह कि आप इस समय का सही इस्तेमाल करना चाहते हैं।

एक और बात- बदले की भावना से डाइट बिलकुल नहीं करें।

दिल टूटने को वज़न घटाने, जिम जाकर बॉडी बनाने या ख़ुद को ज़्यादा आकर्षक दिखाने का बहाना बनाना बहुत बड़ी ग़लती है, ख़ास तौर पर अगर आप इस इरादे से करते हैं कि शायद आपका एक्स आपको दोबारा चाहने लगे या पछतावा महसूस करे कि उसने आपको खो दिया। ऐसा मत कीजिए। इसका मतलब है कि आप अब भी उस इंसान के पीछे हैं, और वो अब भी आपकी रोज़ की प्रेरणा का हिस्सा है।

अगर आप जिम जाना चाहते हैं, सेहत का ध्यान रखना चाहते हैं, नई आदतें अपनाना चाहते हैं तो बहुत बढ़िया। लेकिन ये सब अपने लिए कीजिए। उनके लिए नहीं। खुद के लिए।

और सबसे अहम बात खुद को समय दीजिए।

समय खुद ज़ख़्म नहीं भरता। उस समय में आप क्या करते हैं, उससे आपका उपचार होता है। चाहे आप कितना भी व्यस्त हो जाएं या थोड़ा बेहतर महसूस करने लगे, जो कुछ हुआ, उसे पूरी तरह से समझने और स्वीकार करने में वक़्त लगेगा। कोई बात नहीं। क्योंकि सच में, इसमें समय लगता है, कभी-कभी बहुत ज़्यादा। लेकिन अगर आप हर रोज़ उठकर बस एक छोटा-सा क़दम आगे बढ़ाते रहेंगे, तो एक दिन आप खुद चौंक जाएंगे कि आप ना सिर्फ़ बेहतर महसूस कर रहे हैं — बल्कि वाक़ई में बेहतर हो चुके हैं।

आप ही अपने जीवन का सबसे बड़ा प्यार हैं

आपने प्यार, टूटे दिल और उनके बीच के तमाम उतार-चढ़ावों से गुज़रते हुए एक बात ज़रूर समझी होगी कि कोई रिश्ता आपको प्रेम के योग्य नहीं बनाता। आपका अस्तित्व ही आपकी सबसे बड़ी योग्यता है। आप जन्म से लेकर मृत्यु तक सिर्फ़ एक इंसान के साथ हर पल बिताने वाले हैं और वह इंसान आप खुद हैं। आप ही अपने जीवन का सबसे बड़ा प्रेम हैं।

इस पूरी पुस्तक में हमने आपके दूसरों के साथ रिश्तों पर चर्चा की है। यानी कैसे दूसरों को दोष दिए बिना रिश्तों को बेहतर बनाया जाए, कैसे किसी रिश्ते को जुड़ाव और ख़ुशी का ज़रिया बनाया जाए। लेकिन हर रिश्ते के पीछे एक रिश्ता हमेशा सक्रिय रहता है और वह रिश्ता जो आपका खुद से होता है।

बेहतरीन रिश्ते बनाने की सारी ताक़त पहले से आपके भीतर मौजूद है फिर चाहे आप सिंगल हों, डेट कर रहे हों, शादी-शुदा हों या ब्रेक-अप से उबर रहे हों। लेट देम थ्योरी ने आपको सिखाया है कि दूसरों के व्यवहार से कैसे निपटना है, कैसे उन्हें उनका ही बने रहने देना है, और कैसे खुद को सशक्त बनाना है। अब समय आ गया है कि आप इन सारी बातों को अपने सबसे ज़रूरी रिश्ते यानी जो रिश्ता आपका खुद से है उस पर लागू करें ।

उन्हें वही *रहने दीजिए* जो वे हैं, ताकि आप आख़िरकार ख़ुद को वह बनने दे सकें *जो आप वास्तव में हैं।*

आपने यह जाना है कि दूसरे लोग आपके जीवन में ख़ुशी, बेहतर सेहत, सहयोग, प्रेम और जुड़ाव के सबसे बड़े स्रोतों में से हो सकते हैं। आप इसके हक़दार हैं और उससे भी ज़्यादा के। आप ऐसे रिश्तों के हक़दार हैं जो आपको ऊंचा उठाएं, आपकी आत्मा को पोषण दें और आपके भीतर जो प्रेम और सम्मान है, उसे ही वापस दर्शाएं। लेकिन असल बात यह है कि इन अद्भुत रिश्तों की नींव इस बात पर टिकी होती है कि आप खुद को कैसे संभालते हैं।

क्या आप अपनी सीमाओं का सम्मान कर रहे हैं? क्या आप ख़ुद को वही दया और करुणा दे रहे हैं, जो आप अपनों को देते हैं? क्या आप अपने सपनों के पीछे बिना किसी और की मंज़ूरी के भागने की इजाज़त खुद को दे रहे हैं?

आप ही वह एकमात्र इंसान हैं जिसके साथ आप अपना पूरा जीवन बिताने वाले हैं। यह कोई घिसा-पिटा जुमला नहीं यह हक़ीक़त है। तो फिर सवाल यह है कि आप अपने साथ कैसा रिश्ता बनाना चाहते हैं? मैं आपसे यह नहीं कहूंगी कि बस दिखावे के लिए अपने से प्रेम करें। लेकिन मैं यह ज़रूर कहूंगी कि आपके पास एक विकल्प है अपनी ज़रूरतों, अपनी इच्छाओं, और अपनी ख़ुशी को प्राथमिकता देने का।

यह बात स्वार्थी बनने या दूसरों को नज़रअंदाज़ करने की नहीं है, बल्कि यह समझने की है कि जिस प्रेम, सम्मान और देखभाल से आप खुद को संभालते हैं, वही मापदंड आपके बाक़ी सारे रिश्तों का आधार बनते हैं। जब आप दूसरों से मान्यता पाने की दौड़ छोड़ देते हैं

और खुद को सम्मान देना शुरू करते हैं, तो आप दुनिया को एक बहुत ही स्पष्ट संदेश भेजते हैं कि आप किस तरह का व्यवहार पाने के क़ाबिल हैं।

आपको खुश रहने के लिए, अपने जुनून को जीने के लिए, ख़ुद को पूरी तरह व्यक्त करने के लिए, या वह ज़िंदगी जीने के लिए जो आपने हमेशा चाही है उसके लिए किसी और की अनुमति की ज़रूरत नहीं है। आपको केवल आपकी अनुमति चाहिए। दूसरों से उम्मीद करते हुए आपने बड़ा समय बिता दिया, चाहे वह प्रेम हो, स्वीकार्यता हो या मंज़ूरी। लेकिन सच्चाई यही है कि जो कुछ आप खोज रहे हैं, उसकी शुरुआत आपसे ही होती है।

लेट देम थ्योरी सिर्फ़ दूसरों के साथ रिश्तों को समझने का एक टूल नहीं है, बल्कि यह अपने साथ व्यवहार करने की भी मार्गदर्शिका है। यह आपको बताती है कि आप अपने प्रति वही प्रेम, सम्मान और कोमलता रखें जिसके आप सच्चे हक़दार हैं। दूसरों को वही रहने दीजिए जो वे हैं। लेकिन उससे भी ज़्यादा ज़रूरी है ख़ुद को वही *बनने दीजिए* जो आप सच में हैं।

मुझे अपनी ख़ुशी को प्राथमिकता *देने दें।*

मुझे अपने सपनों को पूरे जोश और जुनून के साथ पूरा *करने दें।*

मुझे ऐसी सीमाएं तय *करने दें* जो मेरे भीतर की शांति की *हिफाज़त करें।*

मुझे वही रिश्ते *चुनने दें* जो मेरा मनोबल बढ़ाएं और प्रेरित करें।,

मुझे खुद से इतना प्यार करने दें कि जब कोई रिश्ता मेरे लिए ठीक ना हो, तो मैं उसे छोड़कर आगे बढ़ सकूं।

यह किसी सही और सच्चे साथी, सही दोस्त या सही मौक़े का इंतज़ार करने की बात नहीं है। यह इस सच्चाई को पहचानने की बात है कि आपकी ख़ुशी, आपकी संतुष्टि और आपका आनंद आपके भीतर से ही आता है। जब आप इस बात को पूरी तरह से स्वीकार कर लेते हैं, तो बाक़ी सारी परिस्थितियां धीरे-धीरे सुधरने लगती हैं। इसलिए जब आप आगे बढ़ें, तो बस एक बात याद रखें : आप ही अपने जीवन का सबसे बड़ा प्यार हैं। और गहरे रिश्ते, सच्ची ख़ुशी और आत्मिक संतोष वाला जो जीवन आप रचेंगे उसकी शुरुआत इससे होती है कि आप खुद को किस तरह से प्यार करते हैं। तो, कहें कि *मुझे* मुझसे प्यार *करने दें।*

अब चलिए इस यात्रा का समापन करते हैं और अपने आपको याद दिलाते हैं कि आपने कितनी शानदार यात्रा तय की है। आपने सीखा और यह खोजा कि जिस जीवन और प्रेम के आप हक़दार हैं, उसे रचने की ताक़त हमेशा से आपके भीतर ही थी। आपने इस भाग में यह भी जाना कि कैसे ख़ुद के लिए बेहतरीन रूप में उपस्थित हों और वह प्रेम चुनें जिसके आप वास्तव में अधिकारी हैं।

आप अब तक उससे कम प्यार स्वीकार करते रहे हैं, जिसके आप सच में हक़दार हैं। लेट देम थ्योरी आपको यह समझने की क्षमता देती है कि आपकी कितनी अहमियत है, जो लोग आपके साथ सही व्यवहार नहीं करते, उन्हें जाने दें और ऐसे व्यक्ति की ओर ध्यान केंद्रित करें, जो वास्तव में आपके लायक़ हो।

1. **समस्या :** आप अब तक उस प्यार को स्वीकार करते रहे हैं जो आपके लायक़ नहीं था। आप उन लोगों के पीछे भाग रहे हैं जो आपको अपनाना ही नहीं चाहते, या अपना समय उन पर बर्बाद कर रहे हैं जो आपसे प्यार नहीं करते, या फिर उस इंसान को स्वीकार नहीं कर पा रहे जिसके साथ आप हैं और यह नहीं सीख पा रहे कि वे जैसे हैं, वैसे ही रखकर उनसे कैसे प्यार किया जाए। असल में, आपके रिश्तों की ताक़त दूसरों के हाथ में नहीं, आपके हाथ में है। अब समय आ गया है कुछ अलग ढंग से सामने आने का।
2. **सच्चाई :** रिलेशनशिप का मतलब है किसी को उनके असली रूप में प्यार करना, ना कि उन्हें वैसा बनाने की कोशिश करना जैसा आप उन्हें देखना चाहते हैं। डेटिंग में इसका मतलब है लोगों को उनके व्यवहार से पहचानना। रिलेशनशिप में इसका मतलब है उन्हें जैसे हैं, वैसे ही स्वीकार करना। वे आपके मनमुताबिक़ नहीं है इसलिए उन्हें सज़ा ना देना। इसका यह भी मतलब है कि आपको वो कठिन बातचीत करनी होगी और वह कठिन निर्णय लेने होंगे, जब कोई व्यक्ति आपकी अपेक्षाओं पर खरा नहीं उतरता।
3. **समाधान :** लेट देम थ्योरी अपनाकर आप यह समझेंगे कि रिश्तों को प्रेम से निभाना आपकी ज़िम्मेदारी है। जब आप लोगों के व्यवहार को जैसा है वैसा ही स्वीकार करना सीखते हैं और अपनी प्रतिक्रिया बदलते हैं, तभी आप उस सच्चे प्यार को अपनी ओर खींच पाते हैं जिसके आप हक़दार हैं। साथ ही आप अपने मौजूदा रिश्तों में भी इस तरह बदलाव ला सकते हैं जिससे गहराई और सच्चा प्रेम संभव हो सके। आपका रूपांतरण हो रहा है, स्वागत है।

जब आप कहते हैं *लेट देम* तो आप लोगों को वैसे ही स्वीकार करते हैं जैसे वे हैं और उनके व्यवहार को ही उनकी सच्चाई मानते हैं। जब आप कहते हैं *लेट मी* तो आप यह तय करते हैं कि आपके जीवन में प्रेम किस रूप में आएगा।

प्रेम के पीछे भागना बंद कीजिए, अब उसे चुनना शुरू कीजिए।

निष्कर्ष

आपका लेट मी युग शुरू हो गया है

इस पूरी पुस्तक में आप और मैं ज़्यादातर दूसरों के बारे में बात करते रहे, उनके विचार, उनकी भावनाएं और वे सारे तरीक़े जिनसे उनकी गतिविधियां आपको परेशान, नाराज़, निराश या दुखी करते हैं। लेकिन सच्चाई यह है कि यह पुस्तक दूसरों के बारे में है ही नहीं। यह आप के बारे में है।

अगर आप अब भी सोचते हैं कि यह पुस्तक दूसरों के बारे में है, तो इसका मतलब है आपने इसका सार नहीं समझा। अगर आपको अब भी लगता है कि सारी समस्या दूसरों में है, तो आपको यह पुस्तक फिर से पढ़नी चाहिए। क्योंकि सच तो ज़ाहिर है : अधिकार आपके पास था और आपने ही उसे बार-बार दूसरों को सौंप दिया।

कल्पना कीजिए कि आप एक ऐसे आकाश के नीचे खड़े हैं जो लगातार रंग बदल रहा है, कभी वह साफ़ नीला है, कभी बादलों से घिरा और कभी गरजते तूफ़ानों से भरा हुआ। आप अपनी पूरी ऊर्जा इस कोशिश में लगा चुके हैं कि वह आकाश हमेशा साफ़ बना रहे, आप बादलों को हटाना चाहते हैं, तूफ़ानों को रोकना चाहते हैं और हर दिन धूप की उम्मीद करते हैं। लेकिन आकाश आपके कहने से नहीं चलता। वो अपने ही नियमों पर चलता है, आप चाहें या ना चाहें।

आपका असली जागरण तब होता है, जब आप यह समझ जाते हैं कि आसमान की सुंदरता बादलों या तूफ़ानों से कम नहीं होती, बल्कि इन्हीं बदलते रूपों की वजह से वह और भी भव्य बन जाता है। तूफ़ान शांति को उजागर करते हैं और बादल सूरज की रौशनी को बेशक़ीमती बना देते हैं। यही बात आपके जीवन पर भी लागू होती है।

आप अब तक उस स्थिति को नियंत्रित करने की कोशिश करते रहे हैं जिसे कभी नियंत्रित किया ही नहीं जा सकता। आपने दुनिया को अपनी उम्मीदों के अनुसार ढालना चाहा। लेकिन ज़रा सोचिए, अगर आप दुनिया की हर चुनौती के जवाब में अपनी प्रतिक्रिया

को केंद्र बनाएं तो? आप मौसम नहीं बदल सकते, लेकिन यह तय कर सकते हैं कि वह मौसम आपको किस तरह प्रभावित करेगा।

दुनिया में जो कुछ भी हो रहा है, उसके बावजूद यह आप तय करते हैं कि वह आपको कैसे प्रभावित करेगा।

यह आप तय करते हैं कि किसी अपने की कही कोई बात आपका आत्म-सम्मान आहत करती है या आप उसे नज़रअंदाज़ करेंगे। यह भी आप तय करते हैं कि बार-बार ग़लत लोगों से संबंध बनने पर आपके मानक गिर जाएंगे या आप और सजग बन जाएंगे। और यह भी कि किसी और की सफलता आपको हतोत्साहित करेगी या और मेहनत करने के लिए प्रेरित करेगी।

सीधी-सी बात है- शक्ति आपके ही हाथ में है।

यह समझना वैसा ही है जैसे आप पहली बार आसमान को सही मायनों में समझ पाए हों। जो बादल पहले परेशान करते थे, अब आपको ख़ूबसूरत तसवीर लगते हैं। जो तूफ़ान पहले डराते थे, अब वही आपको मज़बूती और सब्र सिखाते हैं। आप जान जाते हैं कि आसमान का बदलते रहना ही उसे ख़ास बनाता है।

सोचिए कि आसमान अपना काम करता रहता है, कभी धूप, कभी बादल, कभी बारिश बिखेरता रहता है। आप उसे रोक नहीं सकते, लेकिन तय कर सकते हैं कि आप उस मौसम में कैसे रहेंगे। आप चाहें तो छाता ले लें, बारिश में नाचें या धूप की ओर बढ़ जाएं।

लोग और हालात भी ऐसे ही हैं। आप किसी और को नियंत्रित नहीं कर सकते। वे क्या सोचते हैं, कैसे पेश आते हैं या आपको चाहते हैं या नहीं-इस पर आपका कंट्रोल नहीं हो सकता। फिर आप अपनी ख़ुशी, आत्म-विश्वास और सपनों को दूसरों के भरोसे क्यों छोड़ रहे हैं?

आप क्यों किसी और की मन:स्थिति, मूड या व्यवहार के भरोसे आपका आत्म-विश्वास, आपकी शांति, आपकी ख़ुशी और आपके सपने सौंपना चाहते हैं?अगर आप *लेट देम* का उपयोग नहीं करते, तो आप दूसरों की चिंताओं, हरक़तों, असुरक्षाओं और राय से प्रभावित होते रहते हैं। अगर आप *लेट मी* नहीं अपनाते, तो आप अपने जीवन की सबसे ज़रूरी चीज़ों को क़िस्मत के हवाले कर देते हैं।

अब ईमानदारी से अपने आपसे एक सवाल पूछिए कि अगर आप अपनी जो ऊर्जा और समय लाइनों को तेज़ी से आगे बढ़ने की उम्मीद, किसी का जवाब मिलने की बेचैनी, बॉस से तारीफ़ की चाह, अधिक से अधिक दोस्तों की ख़्वाहिश, लोगों की पसंद बनने की कोशिश, या परिवार से करियर सपोर्ट की उम्मीद में लगा रहे हैं, अगर उसे आप किसी ऐसी जगह लगाते जो वाक़ई आपके लिए मायने रखती है, तो आज आप कहां होते? कौन होते? क्या हासिल कर चुके होते?

लेट देम को ना अपनाने के कारण बस, यही क़ीमत चुकानी पड़ती है।

अब सोचिए उन तमाम खोई हुई संभावनाओं के बारे में- वे लोग जिनसे आप मिलना चाहते थे लेकिन हिम्मत नहीं जुटा पाए, वह करियर जो आप अपनाना चाहते थे लेकिन डर गए, वह संगीत, वह स्टैंड-अप, वह पुस्तक जो आप कभी लिख नहीं पाए, वह तसवीर जो आपने कभी साझा नहीं की, वह यात्रा जो आपने कभी बुक नहीं की, वह बात जो आप कह नहीं पाए, वह इंसान जिससे आप प्यार तो करते थे, लेकिन जताने से डरते रहे।

यही है *लेट मी* को ना अपनाने की क़ीमत। क्या आप सच में यह क़ीमत चुका सकते हैं? मैं तो बिलकुल नहीं चुका सकती।

हम सबको ये सोचने में मज़ा आता है कि जिन लोगों के पास वो चीज़ें हैं जो हम चाहते हैं, वो हमसे कुछ अलग हैं, कि वो अमीर घर में पैदा हुए, ज़्यादा आकर्षक हैं, उनकी ज़िंदगी आसान रही है या उन्हें क़िस्मत ने साथ दिया है।

माफ़ कीजिए, लेकिन ये सब सिर्फ़ बहाने हैं। जो लोग असाधारण चीज़ें हासिल कर रहे हैं, उनमें और आप में कोई फ़र्क़ नहीं है। वो कोई ख़ास नहीं हैं।

लेकिन जो एक बात उन्होंने सीखी है वह यह है कि वे दुनिया को अपने सपनों के रास्ते में रुकावट नहीं बनने देते। उन्होंने आसमान को समझ लिया है, मौसम को जैसा है वैसे ही स्वीकार करना सीख लिया है, और अपने लक्ष्य की ओर बढ़ते रहने का अभ्यास कर लिया है, चाहे हालात जैसे भी हों। एक समय पर उन्होंने यह तय कर लिया कि दूसरों की राय की चिंता करना उन्हें थका देता है और अब उन्हें बस काम पर लगना है।

वे हर दिन अपने काम से बार-बार ये साबित करते हैं कि वे अपने जीवन के सपनों के क़ाबिल हैं।

जिस भी दिन आप किसी और की राय के डर से, दोस्तों की चिंता से या किसी की प्रतिक्रिया के डर से कोई कॉल नहीं करते, फ़ॉर्म नहीं भरते, योजना पर काम नहीं करते, डाइट शुरू नहीं करते, या मेहनत नहीं करते, उस दिन आप ख़ुद को पीछे धकेलते हैं। आप अपनी ताक़त खो रहे हैं। आप जहां के तहां खड़े रह जाते हैं, जबकि ज़िंदगी आगे बढ़ती रहती है।

बहुत समय हो गया छोटी-छोटी बातों पर दिमाग़ खराब करते हुए। अब वक़्त है हर पल को उन बड़ी, अद्भुत कामों में लगाने का, जिनके लिए आप बने हैं।

अब डरना बंद कीजिए कि लोग क्या सोचेंगे। बिना किसी से माफ़ी मांगे, पूरी निडरता और लगातार मेहनत के साथ अपने सपनों के पीछे भागिए।

हर वक़्त दूसरों की भावनाओं के बारे में सोचते रहने के बजाय, अब अपनी मानसिक शांति को प्राथमिकता दीजिए।

दूसरों की कामयाबी देखकर दुखी होना बंद कीजिए। वह वक़्त आ गया है जब आपको अपनी मेहनत पर भरोसा करना है।

अपनी सामाजिक ज़िंदगी की ज़िम्मेदारी दूसरों के भरोसे मत छोड़िए,ख़ुद वह दोस्ती की दुनिया बनाइए जिसकी आपको हमेशा तलाश थी।

जो लोग बदलना नहीं चाहते, उन्हें बदलने की ज़िम्मेदारी उठाना बंद कीजिए। हर कोई अपनी ज़िंदगी का मालिक है। जो लोग अपनी तकलीफ़ों में हैं, उन्हें अपने तरीक़े से ठीक होने दीजिए।

प्यार के लिए खुद को साबित करने की कोशिश बंद कीजिए। अब वह प्रेम चुनिए जो आप वाक़ई डिज़र्व करते हैं।

अब वक़्त है अपनी शक्ति वापस लेने और अपनी ज़िंदगी को फिर से अपने हाथों में लेने का।

लेट देम थ्योरी आपकी ताक़त को लौटाने की कुंजी है।

आप वह सब पा सकते हैं जो आप हमेशा से चाहते थे। आप करोड़पति बन सकते हैं।

आप वह प्रेम कहानी जी सकते हैं जो आपने सिर्फ़ कल्पना की थी। आप एक ऐसा करियर बना सकते हैं जो आपको चुनौती भी दे और संतोष भी।

सवाल सिर्फ़ इतना है कि क्या आप खुद को इसकी इजाज़त देंगे? क्योंकि आपको कोई और नहीं रोक सकता।

इस सिद्धांत का सबसे अहम हिस्सा यह है कि आप खुद अपनी ख़ुशी के ज़िम्मेदार हैं। आपके पास जो ऊर्जा है, आप उसे कैसे इस्तेमाल करते हैं, यह भी आपकी ज़िम्मेदारी है। हर दिन उठना और अपने लक्ष्य की ओर बढ़ना- यह भी आपकी ही ज़िम्मेदारी है। भले ही मुश्किल हो पर सच बोलना भी आपकी ज़िम्मेदारी है। अपनी ज़िंदगी के ख़र्च उठाना यह भी आपकी ज़िम्मेदारी है। कोई आपको कुछ नहीं देगा, लेकिन आप ख़ुद को सब कुछ दे सकते हैं।

और अगर आज आप वहां नहीं हैं, जहां आप होना चाहते हैं, तो अच्छी बात यह है कि आपकी ही ग़लती है। और सबसे अच्छी बात ये है कि जैसे ही आप चाहें आप अपनी स्थिति को बदल सकते हैं।

आपने अपनी ज़िंदगी के इतने साल दूसरों के बारे में सोचते हुए बर्बाद कर दिए। अब यह पुस्तक आपके लिए एक चेतावनी है। ज़िंदगी की बागडोर अब आपके हाथ में है।

यह एहसास कोई सज़ा नहीं, बल्कि एक आज़ादी है।

सोचिए कितना अद्भुत है यह जानना कि अब कोई और आपकी भावनाओं पर हावी नहीं हो सकता। यह जानकर कितनी आज़ादी महसूस होती है कि कोई चाहे कुछ भी कहे या करे- चाहे मज़ाक उड़ाए, शक करे-आप अपनी जगह शांत, स्थिर और अप्रभावित बने रह सकते हैं। अब समय आ गया है अपनी शक्ति को पहचानने का और उसका पूरी तरह उपयोग करने का।

कितना अद्भुत है यह जानना कि आप तय करते हैं कि आप क्या सोचेंगे, क्या कहेंगे और क्या करेंगे?

कितना अविश्वसनीय है यह समझ पाना कि अपनी ऊर्जा और समय किस पर लगाना है। आप स्वयं चुन पाएंगे, किस बात के लिए 'हां' कहेंगे और किसके लिए 'ना'?अपनी शक्ति को वापस लेना यानी अपने जीवन की पूरी ज़िम्मेदारी खुद उठाना।

इसका मतलब है कि आप अपने से और ज़्यादा मांग करें, क्योंकि समय बीतता जा रहा है और आपने पहले ही बहुत सारा समय उन बातों की चिंता में गंवा दिया है जो मायने नहीं रखतीं। इसका मतलब है कि अब आप सिर्फ़ उन्हीं बातों पर ध्यान केंद्रित करें जो आपके नियंत्रण में हैं और एक सेकंड भी उन बातों पर ना गंवाएं जो आपके बस में नहीं हैं।

एक बार फिर आकाश के बारे में सोचिए। चाहे वह बादल लाए या तूफ़ान, चाहे वह कितने ही रूप बदलता रहे, लेकिन आप यह तय करते हैं कि उसके नीचे कैसे चलना है। आप ही तय करते हैं कि कैसी प्रतिक्रिया देनी है, कैसा व्यवहार करना है, और कैसे जीना है। बादल, तूफ़ान और धूप इन सभी की अपनी जगह है, लेकिन ये आपको परिभाषित नहीं करते। आप स्वयं को परिभाषित करते हैं।

मैं आपसे झूठ नहीं बोलूंगी, यह काम आसान नहीं होगा। ऐसा नहीं है कि आपके *लेट देम* कहना शुरू करते ही आपकी सारी इच्छाएं पूरी हो जाएंगी। जो भी ऐसा वादा करता है, वह आपको धोखा दे रहा है।

लेकिन जिस क्षण आप अपनी शक्ति वापस लेते हैं, उस पल आप आश्वस्त हो जाते हैं कि यह केवल कुछ समय की बात है। चाहे वह करियर हो, जीवन-साथी हो, दोस्त हों, शरीर हो या आपके लक्ष्य-अब यह सब आपके नियंत्रण में है।

और अब जब आप यहां तक आ ही गए हैं, तो मैं पूरे दिल से आपको आपके *लेट मी* दौर में प्रवेश करने के लिए स्वागत करती हूं।

मुझे आरंभ *करने दीजिए।*

मुझे एक जोख़िम *उठाने दीजिए।*

मुझे मेरी पुस्तक *लिखने दीजिए।*

मुझे अपनी बात ईमानदारी से *कहने दें।*

मुझे बेहतरीन सेहत *पाने दीजिए।*

मुझे अपने सपनों की नौकरी के लिए आवेदन *करने दीजिए।*

मुझे उन लोगों को प्यार देना बंद करने दीजिए जो मुझे *नहीं चाहते।*

मुझे एक बेहतर जीवन बनाने दीजिए। एक ऐसा जीवन जिस पर मुझे गर्व हो। एक ऐसा जीवन जो मुझे सच्ची ख़ुशी दे। एक ऐसा जीवन जिसमें मैं अपनी क़ीमती ऊर्जा हर पल को जीने में लगाऊं।

यह पुस्तक आपको यह समझा चुकी है कि नियंत्रण हमेशा आपके ही हाथ में था। आप ही अपने जीवन के सूत्रधार रहे हैं। ताक़त हमेशा आपके पास थी। और अब, समय आ गया है कि आप उसे फिर से पूरी तरह से थाम लें।

मैं आपको यह बताना चाहती हूं कि जो भी बड़ा सपना आपने अपने लिए देखा है, चाहे वह कितना भी पागलपन भरा, असंभव या बचकाना क्यों ना लगे मैं उस सपने को आपके लिए सच होते देख सकती हूं। अगर आप खुद पर विश्वास नहीं कर पा रहे हैं, तो मुझे आप पर विश्वास करने दीजिए। अगर आप नहीं जानते कि आप यह कर सकते हैं, *तो मुझे आपके लिए यह यक़ीन रखने दीजिए।*

और अगर आप नहीं जानते कि कहां से शुरू करें, तो मुझे आपको पहला क़दम उठाने में मदद करने दीजिए। अगर कोई और आपको यह ना भी कहे, तो मैं ज़रूर कहूंगी : मैं आपसे प्रेम करती हूं, मैं आप पर विश्वास करती हूं और मुझे आपके भीतर यह सामर्थ्य दिखाई देता है कि आप अपने अद्भुत जीवन में छिपे हर जादू और हर आनंद को पूरी तरह से जगा सकते हैं और उसे जी सकते हैं।

इसके लिए बस दो शब्दों की ज़रूरत है :

लेट मी (मुझे मेरा जीवन जीने दें)।

परिशिष्ट

लेट देम थ्योरी को पैरेंटिंग में कैसे अपनाएं

अक्सर एक सवाल पूछा जाता है कि लेट देम थ्योरी को पैरेंटिंग में कैसे लागू करें? सच कहूं तो अगर बच्चों को पूरी छूट दे दी जाए तो वे शायद हर भोजन में आइसक्रीम खाएं, होम-वर्क ना करें और अपने ज़रूरी कामों से बचते फिरें। लेकिन तीन बच्चों की मां होने के नाते मैंने जाना है कि जब आप बच्चों को उनके जैसा बनने की अनुमति देते हैं, तो आपके और उनके बीच का रिश्ता एक गहराई और अपनापन हासिल करता है, जिसकी आपने कभी कल्पना भी नहीं की होती।

हालांकि, यह पुस्तक मुख्यतः वयस्कों पर केंद्रित है, लेकिन लेट देम थ्योरी बच्चों की परवरिश में भी बेहद प्रभावशाली है, फिर बच्चे चाहे किसी भी उम्र के हों। यह थ्योरी नियंत्रण नहीं, जुड़ाव, सहयोग और मार्गदर्शन की बात करती है। असल में, आपका काम यह नहीं है कि बच्चे को वह बनाएं जो आप चाहते हैं, आप उन्हें वह बनने दें जो वह वास्तव में हैं। यानी *-लेट देम।*

यह बहुत ज़रूरी विषय है, इसलिए मैं इसे सही तरीक़े से प्रस्तुत करना चाहती थी। इसी वजह से मैंने प्रसिद्ध मनोवैज्ञानिक डॉ. स्टुअर्ट एब्लॉन से संपर्क किया, ताकि वे लेट देम थ्योरी को एक अभिभावक, कोच, देखभालकर्ता, शिक्षक या दादा-दादी के रूप में कैसे इस्तेमाल करें — इस पर एक संक्षिप्त लेकिन प्रभावशाली मार्गदर्शिका तैयार करने में मेरी मदद कर सकें।

डॉ. स्टुअर्ट एब्लॉन एक सम्मानित मनोवैज्ञानिक हैं, जो थिंक : किड्स कार्यक्रम का नेतृत्व मैसाचुसेट्स जनरल हॉस्पिटल में करते हैं। वे हार्वर्ड मेडिकल स्कूल में बाल एवं किशोर मनोरोग के प्रोफ़ेसर हैं और व्यवहार परिवर्तन के क्षेत्र में अग्रणी विशेषज्ञ माने जाते हैं। वे चार पुस्तकों के लेखक हैं और जटिल व्यवहारों को समझने व सुधारने के लिए एक क्रांतिकारी

लेकिन व्यावहारिक दृष्टिकोण प्रस्तुत करते हैं, जिससे मानसिक स्वास्थ्य की रक्षा के लिए आवश्यक कौशल विकसित किए जा सकते हैं।

डॉ. एब्लॉन के साथ मिलकर मैंने एक विशेष बोनस गाइड तैयार की है, जिसमें लेट देम थ्योरी को पालन-पोषण में कैसे इस्तेमाल किया जाए — इस पर व्यावहारिक सुझाव शामिल हैं। क्योंकि आख़िर ऐसा कौन है जो अपने बच्चों के साथ एक शानदार और मजबूत रिश्ता नहीं चाहता?

इस गाइड को डाउन-लोड करने के लिए **melrobbins.com/parenting** पर जाएं।

टीमों में लेट देम थ्योरी को कैसे अपनाएं

सालों के अनुभव में मुझे दुनिया की कुछ सबसे बड़ी कंपनियों — जैसे स्टारबक्स, जेपीमॉर्गन चेज, हेडस्पेस, ऑडिबल, अल्टा ब्यूटी और कई अन्य — के साथ काम करने का अवसर मिला है।

और चाहे मैं कहीं भी जाऊं, एक सवाल बार-बार सामने आता है।

शोध स्पष्ट रूप से यही बताता है — चाहे आप एक कार्यकारी टीम का नेतृत्व कर रहे हों, किसी गोदाम की नाइट शिफ़्ट संभाल रहे हों, एक नए कर्मचारी को प्रशिक्षण दे रहे हों या किसी लिटिल लीग टीम का प्रबंधन कर रहे हों — उत्तर हर बार एक ही होता है : आप उस भूमिका में खुद को कैसे प्रस्तुत करते हैं, सब कुछ उसी पर निर्भर करता है। एक अच्छा बॉस ही एक अच्छी टीम बनाता है। यह बात बजट के आकार, सुविधाओं या प्रतिभा की नहीं है—असल फर्क उस व्यक्ति से पड़ता है जो टीम का नेतृत्व करता है। एक अच्छा लीडर टीम की क्षमताओं को निखार सकता है, उत्साह बढ़ा सकता है और उसे अपराजेय बना सकता है। वहीं एक बुरा लीडर इसका उल्टा करता है—वह रचनात्मकता को कुचल देता है, विश्वास को तोड़ता है और ऐसा विषैला माहौल बना देता है जहाँ कोई आगे नहीं बढ़ पाता।

तो, एक अच्छा बॉस बनने के लिए क्या ज़रूरी है? यहीं पर लेट देम थ्योरी काम आती है।

आप सोच सकते हैं। बिलकुल सही। लेकिन अपनी टीम का मार्गदर्शन करने और उनके हर क़दम को नियंत्रित करने में बहुत बड़ा फ़र्क़ होता है। जब आप माइक्रोमैनेज करते हैं, तो आप नवाचार को दबा देते हैं, भरोसे को ख़त्म कर देते हैं, और अपनी टीम के विकास की संभावनाओं को जड़ से ख़त्म कर देते हैं। दूसरे शब्दों में कहें तो, नियंत्रण करने वाला बॉस एक बुरा बॉस होता है।

लेट देम थ्योरी आपको सही संतुलन बनाने में मदद कर सकती है, आपकी टीम को सशक्त बनाते हुए उन्हें प्रगति करने के लिए ढांचा देती है। यह नियंत्रण को छोड़ने की बात है — बिना जिम्मेदारी से मुंह मोड़े। और इसकी शुरुआत आपसे होती है।

इस मार्गदर्शिका (गाइड) को और भी बेहतर बनाने के लिए, मैंने इसमें सहयोग के लिए एक ऐसे व्यक्ति को आमंत्रित किया है जिनके पास दुनिया की कुछ सबसे प्रतिष्ठित सार्वजनिक कंपनियों में वर्ल्ड-क्लास ऑपरेशंस और लीडरशिप का अनुभव है — डेविड गर्बिट्ज़। डेविड सिरीयस एक्सएम / पेंडोरा मीडिया के पूर्व चीफ़ ऑपरेटिंग ऑफ़िसर रह चुके हैं, और एमेज़ॉन, माइक्रोसॉफ़्ट, याहू और क्यूरेट रिटेल ग्रुप जैसी कंपनियों में भी वरिष्ठ नेतृत्व पदों पर कार्य कर चुके हैं।

और ख़ास बात यह है कि वह मेरे कोच भी हैं! पिछले एक वर्ष से मैं उनके साथ काम कर रही हूं । मेरा मानना है कि हर लीडर — चाहे वह कितना ही अनुभवी क्यों ना हो — एक कोच से बहुत कुछ सीख सकता है। और मैं खुद भी इसका उदाहरण हूं। डेविड अपनी भूमिका में केवल इसलिए असाधारण नहीं हैं कि उनके पास गहरी ऑपरेशनल और कार्यकारी नेतृत्व की समझ है, बल्कि इसलिए भी कि वे नेतृत्व के असली मायने गहराई से समझते हैं।

इसी वजह से मैंने डेविड से अनुरोध किया कि वे इस गाइड को मेरे साथ सह-लेखन करें। हमने ये विचार और सिद्धांत आपके लिए इसीलिए तैयार किए हैं, क्योंकि हमारा साझा विश्वास है कि बेहतर लीडर ही एक बेहतर दुनिया का निर्माण करते हैं। और जब आप लीडरशिप को समझदारी, सहानुभूति और जिम्मेदारी के साथ निभाने का विकल्प चुनते हैं, तो आप केवल एक मज़बूत टीम ही नहीं बनाते — आप खुद का एक और बेहतर संस्करण भी बन जाते हैं।

इसकी शुरुआत करने के लिए डाउनलोड करें : **melrobbins.com/work**

मैं आभारी हूं...

द ***मेल रॉबिन्स पॉडकास्ट*** **के लाखों प्रशंसकों और सोशल मीडिया पर हर उस व्यक्ति के प्रति मैं आभार मानना चाहती हूं जो मुझे फ़ॉलो करता है या जिसने कभी भी 'लेडी विद द ग्लासेज़' के कंटेंट को साझा किया है।** आपका धन्यवाद! आप लोगों के सहयोग के बिना मैं अपना पसंदीदा काम नहीं कर पाती। यह पुस्तक आपकी ही वजह से अस्तित्व में आई है। आपका समर्थन, आपका जुनून, आपका प्रेम और बेशक आपके टैटूज़ ने मुझे वह करने के लिए प्रेरित किया जिसे मैंने दोबारा कभी ना करने की क़सम खाई थी यानी एक और पुस्तक लिखना। मेरी इस अद्भुत यात्रा का हिस्सा बनने के लिए धन्यवाद। आपने जो मदद की, उससे मैं वह रचना कर पाई जिसे मैं अब तक का अपना सबसे महत्त्वपूर्ण काम मानती हूं। एक बात तय है कि मैंने यह पुस्तक sआपके लिए लिखी है, और यह जितनी मेरी है, उतनी ही आपकी भी। मैं बेसब्र हूं यह जानने-देखने की कि यह पुस्तक किस तरह आपकी ज़िंदगी और आपके रिश्तों को बेहतर बनाती है। आप अपने जीवन में और अधिक प्रेम, सार्थकता, आनंद और शांति के हक़दार हैं और लेट देम थ्योरी आपको यह सब पाने में मदद करेगी।

द *मेल रॉबिन्स पॉडकास्ट* में शामिल सभी विशेषज्ञों का आभार और जिन्होंने इस पुस्तक के पन्नों में अपनी उपस्थिति दर्ज कराई है, उन सभी का भी हार्दिक धन्यवाद। आप बोस्टन आकर मुझसे मिले, मेरे साथ आपने समय बिताया और समय बिताने के लिए जो हवाई सफ़र किया, वह मेरे लिए बहुत मूल्यवान साबित हुआ। आप सभी से मैंने बहुत कुछ सीखा है। चाहे आपका शोध इस पुस्तक में सीधे तौर पर उद्धृत किया गया हो या केवल संदर्भ सूची में हो या बिलकुल ना भी हो, पर आप यह जान लें कि आपसे मिलना, बात करना और आपसे सीखना इस पुस्तक के हर शब्द को आकार देने में मददगार रहा है। मेरी ज़िंदगी को बेहतर बनाने में भी। इस पुस्तक को पढ़ने वाले हर व्यक्ति और द *मेल रॉबिन्स पॉडकास्ट* को 194 देशों में सुनने वाले हर श्रोता की ओर से मैं आपका आभार व्यक्त करती हूं। आपके कार्य के लिए धन्यवाद। आपका ज्ञान हमारे साथ साझा करने के लिए बहुत धन्यवाद।

सॉयर – मेरी प्रतिभाशाली बेटी, मेरी साझेदार, सह-शोधकर्ता, सह-लेखिका और सह-यात्री, तुमने क़सम खाई थी कि तुम कभी अपनी मां के लिए काम नहीं करोगी, और देखो, आज हम यहां हैं। जब मैंने तुमसे पूछा था कि क्या तुम एक छोटे-से रिसर्च प्रोजेक्ट-लेट देम थ्योरी में

मेरी मदद कर सकती हो और तुमने हामी भर दी। हर सुबह मैं इस बात के लिए आभारी होती हूं। तुमने मेरे इस काम में इतना डूब गई कि अपने आपको ही भूल गई। मां होने के साथ-साथ अब तुमको एक सहयोगी के रूप में जानना, मेरे जीवन के सबसे संतोषजनक अनुभवों में से एक रहा है। मैं तुमको बहुत प्यार करती हूं और काम के दौरान तुम्हारे साथ बिताए हर पल को सराहती हूं। मुझे पता है कि तुम मन ही मन पूरे समय (मेरे बारे में) यही दोहराती रहती हो : *लेट देम, लेट देम, लेट देम... ।*

ट्रेसी – मेरा दायां हाथ, रचनात्मक मस्तिष्क, अधूरे वाक्यों को पूरा करने वाली और मेरी बेहतरीन एग्ज़िक्यूटिव प्रोड्यूसर-अगर तुम ना होती, तो मैं कहां होती? शायद इस यात्रा में कहीं भटक गई होती। तुमने ही हमारी यात्रा को सही दिशा में आगे बढ़ाया है। तुम्हारी सबसे शानदार बात यह है कि मैंने आज तक कभी तुमको ना मायूस देखा, ना ही कभी तुम्हारा निगेटिव एटिट्यूड रहा है। धन्यवाद ट्रेसी मेरे जीवन में उजास फैलाने के लिए। इन आठ सालों में तुम जैसी शांत और स्थिर बेटी की वजह से ही मैं इस रोमांचक यात्रा में आगे बढ़ पाई हूं।

सूज़ी – लेखन की प्रक्रिया को एक रचनात्मक उत्सव और आनंददायी बनाने के लिए हृदय से धन्यवाद। आपने ना केवल मुझे एक बेहतर लेखक बनाया, बल्कि इस पुस्तक में विचार ही नहीं जीवन भी भरा। आपका योगदान इस पुस्तक का एक बेहद ज़रूरी हिस्सा है। आप इस सफ़र की शुरुआत से जुड़ी रहीं और यह पुस्तक आज जिस मुक़ाम पर पहुंची है, वहां आपके बिना नहीं पहुंच सकती थी। इस यात्रा ने हमें एक-दूसरे से मिलाया, इसके लिए मैं अत्यंत आभारी हूं। और सबसे अच्छी बात यह है कि हमारी साझेदारी को तो यह बस आरंभ है।

जूना गजाता – आप मानो तूफ़ान की तरह आईं और हर दिन अपनी अद्भुत लेखनी से प्रभावित करती रहीं। इस पुस्तक की भाषा, ऊर्जा और भाव को जिस तरह से आपने आत्मसात किया, वह सचमुच अद्भुत है। इस पुस्तक को प्रभावशाली रूप देने में आपका योगदान अनमोल रहा। मैं आपके सोचने-समझने के ढंग से मोहित हूं और उसके लिए बहुत आभारी भी।

लिन – कभी-कभी कोई व्यक्ति अचानक जीवन में आता है और आपको महसूस होता है कि इसी व्यक्ति की तो जीवन में कमी थी... वह व्यक्ति आप हैं लिन। आपने मेरे जीवन की उस ख़ाली जगह को भरा, जिसका मुझे पहले एहसास ही नहीं था। आपके साथ काम करके समझ आया कि सच्चा सहयोग और उत्कृष्टता वास्तव में क्या होती है। आपने काम के मानदंड ही बदल दिए हैं, अब यह काम आप के बिना संभव ही नहीं लगता। प्लीज़, अब अपना फ़ोन बाज़ू में रख दें, लैपटॉप बंद करें... काम बंद कर दें... और अपना वीक-एंड शांति से बिताएं। मैं यहीं हूं, और आप भी यहीं हैं... इसलिए जितना आराम कर सकती हैं, कर लीजिए।

सिंडी – गुलाबी क्रॉक्स और उसी रंग लिपस्टिक में चमकने-दमकने वाली हमारी रॉकस्टार हैं सिंडी। इनके बोस्टन वाले उच्चारण को सुनना सुखद एहसास है। मैं आपको दिल की गहराई

से प्रेम करती हूं। जिस दिन से आप हमारे जीवन में आईं, हंसी और ख़ुशी मानो रोज़ की बात हो गई। कभी सोचा भी नहीं था कि 56 साल की उम्र में मुझे अपने जीवन में एक ऐसी 'हाउस मॉम' मिल जाएंगी जो पूरे परिवार का ध्यान रखती हैं। सब पर ममता लुटाने वाली वह महिला आप हैं! अब तो लगता है आपको सिंडी रॉबिन्स ही कहना चाहिए... और सच्चाई तो यह है कि अब योलो और होमी भी आपके आने पर मुझसे ज़्यादा ख़ुश होते हैं!

एमी और जेस्सी – हमारे वरमोंट वाले सच्चे पुराने साथी। शुरुआत हमारी इस बात पर हुई थी कि वरमोंट में रहना हमें कितना नाग़वार लगता था और यह तक नहीं पता था कि इस छोटे से कस्बे में करेंगे क्या! पर आज समझ में आता है कि यहां आना कोई संयोग नहीं था, यह पूरी तरह ईश्वरीय योजना थी। इन चार वर्षों में हम साथ हंसे, रोए, ठिठुराती ठंड में भी साथ-साथ क़दम बढ़ाए... और हर बाधा को मिलकर पार किया। एमी, आप तो अद्भुत हैं! और इसी राह पर चलते हुए हमने इस 'कहीं नहीं' के बीच में, अपने गैराज के ऊपर से दुनिया का सबसे तेज़ी से बढ़ने वाला पॉडकास्ट भी शुरू कर दिया! जीवन के इस पड़ाव में जब कुछ बहुत प्यारे लोग मिल जाते हैं, तो ऐसे रिश्ते किसी वरदान से कम नहीं होते। आप दोनों मेरे लिए ऐसे ही हैं। और मुझे महसूस हो रहा है कि अब जो अध्याय शुरू होने वाला है, वह अब तक का सबसे सुंदर और सबसे अविस्मरणीय होगा। सबसे बड़ी बात तो यह है कि अब हमें यह जगह-यही वरमोंट- बेहद प्यारी लगने लगी है।

मेलोडी – हमारी एडिटर, कॉपीएडिटिंग की चैंपियन और स्टाइलिश चश्मों की मेरी हमसफ़र, मेरे बार-बार की रात-बेरात और ऐन वक़्त की हड़बड़ी को जिस गरिमा और धैर्य से आपने संभाला, उसके लिए आपका जितना धन्यवाद दूं, कम है। आप हमेशा ही मुस्कुराती हुई मिलीं और इस पुस्तक को निखारने और संवारने में कोई कसर नहीं छोड़ी। मैं आपके प्रति एक पहाड़ भर कॉफ़ी और अनगिनत धन्यवादों की ऋणी हूं।

मार्क – आपको तो पहले ही पता है कि मेरे मन में आपके प्रति कितना सम्मान है। ना सिर्फ़ आपने इस पुस्तक को संभव बनाया, बल्कि यह भी सुनिश्चित किया कि इसका संदेश अमेरिका के बाहर भी बहुत दूर तक, अलग-अलग भाषाओं में पाठकों तक पहुंचे। सचमुच आपका कोई सानी नहीं है। आप डील्स तय करने में माहिर हैं और आपका हुनर ही है कि हम इतने अलग तरीक़े से (जो सब अभी 'टॉप सीक्रेट' हैं) वह सब कर पाए, जो और कोई लेखक सोच भी नहीं सकता! इसके लिए मैं सदा आपकी आभारी रहूंगी।

क्रिस्टीन – मेरी ननद, मेरी सहयोगी, मेरी सबसे प्रिय मित्र... और वह इंसान, जो हर तूफ़ान में मेरे लिए एक शांत किनारा बनी रहीं। इस पुस्तक की यात्रा आसान नहीं थी। मैंने जाने कितनी बार थककर, टूटकर, उलझकर आपको अपनी परेशानियों में घसीटा। देर रात के वो भावुक संदेश, कभी-कभी वह बेसब्री भरे बेपरवाह बातें... आज सब याद आता है और मैं संकोच से भर जाती हूं। सच कहूं तो, इस पुस्तक में जहां अपनी भावनाओं को नियंत्रित करने

की बात कही गई है, उस हिस्से की सबसे ज़्यादा ज़रूरत मुझे ही थी। और सबसे अच्छी बात यह है कि आप हर बार धैर्य और सहानुभूति के साथ मेरे साथ खड़ी रहीं। आपने ना केवल मुझे थामा, बल्कि हमारी कम्पनी को भी एक अस्त-व्यस्त शुरुआत से उठाकर ऐसा रूप दिया, जो आज दुनिया भर में पहचान बना चुकी है। आपमें जो नेतृत्व क्षमता है, जो दृष्टि है, वह प्रेरणादायक है। मुझे आप पर गर्व है जिसने मेरे साथ मिलकर एक स्वप्न को साकार किया। हर सुबह जब आंख खुलती है, तो मन पूछता है : *क्या सचमुच हम ही हैं जो ये सब कर रहे हैं?* और तभी भीतर आपकी आवाज़ गूंजती है- हम तो जादूगरनियां हैं!

क्रिस – *लेट देम* की उन लंबी, थकाऊ लेखन की रातों में कैंपिंग पर चले जाने के लिए आपका धन्यवाद। कोई भी पुस्तक स्पाइन के बिना नहीं टिक सकती और मेरी रीढ़ आप हैं। आप ही हैं जो हमारे पूरे परिवार को एक साथ जोड़े रखते हैं। मेरी ज़िंदगी की सबसे प्यारी बात यही है कि मुझे आपके साथ जीने का अवसर मिला है।

केंडल और ओकली – इस पुस्तक को लिखने की प्रक्रिया कितनी कठिन रही, यह आप दोनों ने सुना ही है। मुझे लगता है कि जब यहां सॉयर और मैं पुस्तक को लेकर जूझ रहे थे, आप दोनों ने कॉलेज और एल.ए. में रहकर चैन की सांस ली होगी। लेकिन आप दोनों ने हमेशा मेरे सपनों को पूरा करने में मेरा साथ दिया है। और एक बात हमेशा याद रखना-तुम जीवन में जो भी राह चुनोगे, मैं हर क़दम पर तुम लोगों के साथ रहूंगी, हौसला-अफ़ज़ाई करने के लिए।

मॉम और डैड – मॉम, मेरा मानना है कि बचपन से ही आपने मुझमें *लेट मी* वाला जज़्बा भर दिया था। जब मैं यह पुस्तक लिख रही थी, तो बार-बार उस तकिए का ख़याल आता रहा, जिसके गिलाफ़ पर आपने कढ़ाई करके लिखा था, *पुल अप योर बिग गर्ल पैंटीज़ ऐंड डील विद* इट...हा हा हा... (अपने हौसले बांधो और चुनौतियों का सामना करो)। आपने हमेशा मेरा समर्थन किया है, ज़रूरत पड़ने पर हर बार मेरे साथ खड़ी हुईं। मुझे पता है कि आप मुझ पर गर्व करती हैं और मैं भी आप पर बड़ा गर्व करती हूं, मां-बेटी के रिश्ते पर, आपके द्वारा दिए गए जीवन पर।

ऐन – मुझे एक संपूर्ण स्त्री बनने का अर्थ आपने सिखाया। मेरे जीवन, मेरे रिश्ते और मेरी संभावनाओं को खोलने में जो भूमिका आपने निभाई है, उसे शब्दों में नहीं कहा जा सकता। मैं आपसे प्रेम करती हूं।

डेविड – जब भी मुझे सलाह, दृष्टिकोण, मार्गदर्शन, हंसी या एक शानदार जिन एंड टॉनिक की ज़रूरत होती है, आप मेरी स्पीड डायल में होते हैं। आपने मुझे एक अच्छा बॉस और उससे भी बेहतर दोस्त बनना सिखाया। क्रिस्टीन और मैं आपके बिना ये सब कर ही नहीं सकते थे। और सच कहें तो, करना भी नहीं चाहते! सच्चे दिल से प्यार।

पीट – आपने पुस्तक का आवरण तो कमाल का बनाया है। यह डिज़ाइन बिलकुल वैसा ही है जैसी मैंने कल्पना की थी। बल्कि उससे भी बेहतर है। मुझे लगता है कि मैंने काम के दौरान आपको बड़ा परेशान किया और आख़िरी वक़्त की तमाम उथल-पुथल के समय आपने जिस धैर्य के साथ मेरा साथ दिया, उसके लिए मैं बहुत आभारी हूं। आपकी रचनात्मकता के लिए धन्यवाद। यह आवरण वाक़ई अद्भुत है और मुझे उम्मीद है कि आप इस पर मेरे जितना ही गर्व कर रहे होंगे।

जूली – आपकी मेहनत ने पुस्तक के भीतरी पृष्ठों को जिस तरह संवारा है, वह सादगी और सुंदरता का अद्भुत मेल है। हर पृष्ठ साफ़-सुथरा, संतुलित और ठीक वैसा ही है, जैसा मैं चाहती थी। आपने पुस्तक में जैसे जान डाल दी। आपकी मेहनत का परिणाम देखकर बहुत ख़ुशी होती है। आपकी मेहनत और समर्पण के लिए दिल से धन्यवाद।

लिंडसे – जब मैं कोई नई पुस्तक पर काम नहीं कर रही थी, तब भी आपने जो सहयोग दिया, उसे शब्दों में व्यक्त करना कठिन है। इसके लिए मैं आभारी हूं। आपने मुझे *टुडे शो* जैसे बड़े मंचों पर बुक किया, जनसंपर्क बनाने के शानदार अवसर दिए। आपकी समझदारी और प्रतिबद्धता प्रेरणादायक है। इस पूरी यात्रा में आपके साथ काम करना सौभाग्य की बात है और उम्मीद है कि आगे भी आपका इसी तरह सहयोग मिलता रहेगा।

मेरी पूरी टीम – आप सभी का धन्यवाद कि आपने मुझे और सॉयर को यह पुस्तक लिखने के लिए वह ज़रूरी स्पेस और समय दिया, जबकि आप हर हफ़्ते दो पॉडकास्ट एपिसोड बना रहे थे, छह महीने का ऑन-लाइन कोचिंग प्रोग्राम चला रहे थे, मुख्य भाषणों की तैयारी कर रहे थे और हमारे साझेदारों-ऑडिबल, अल्टा ब्यूटी और कई अन्य के लिए प्रोडक्शन भी संभाल रहे थे! आप दुनिया की बेहतरीन टीम हैं। आपकी निष्ठा और टीम-वर्क के बिना मैं यह कर ही नहीं पाता।

टैटू कलाकारों और उन सभी लोगों का आभार, जिन्होंने अपनी कहानियां अपनी कला के ज़रिये मुझे सौंपीं – आप ही इस पुस्तक की असली प्रेरणा हैं। *लेट देम* की भावना को इस तरह पंख लगते देखना मेरे लिए रोमांच से भरा अनुभव रहा है। यह सब आपसे ही शुरू हुआ था और मैं सदा आभारी रहूंगी कि मुझे आपकी सुंदर और अर्थपूर्ण डिज़ाइन दुनिया के साथ बांटने का अवसर मिला।

पैटी, रीड, डायन, लिज़ी, आर्या–मेहर, मार्लीन, बेट्सी, कैथलीन और हे हाउस की पूरी टीम- आपके साथ साझेदारी करना मेरे लिए एक सुखद अनुभव है। आप लोग इतना कुछ करते हैं कि मैं सोच भी नहीं पाती कि कहां से गिनाना शुरू करूं। इसलिए उन सभी को, जिन्होंने इस पुस्तक को अपनाया, इसे बेचा, इसका प्रचार किया, और इसे पढ़ा-आप सबका दिल से धन्यवाद। एक पुस्तक के पीछे एक बड़ा सामूहिक प्रयास ज़रूरी होता है, और आपके उस प्रयास का हिस्सा बनना मेरे लिए सम्मान की बात है।

आवाज़ की दुनिया के साथियों – वाह! हमें साथ काम करते हुए सात साल हो गए हैं और विश्वास ही नहीं होता कि हमने मिलकर कितना कुछ किया है। अभी जब मैं लोगों के प्रति आभार लिख रही हूं, आप मेरे साथ *दि लेट देम थ्योरी* ऑडियो-बुक पर काम कर ही रहे हैं, और साथ ही हम अपने सातवें ऑरिजिनल ऑडिबल प्रोजेक्ट पर रिसर्च भी कर रहे हैं। आपकी ग्लोबल और जीवन को बदल देने वाली इस मुहिम का हिस्सा बनना मेरे लिए बड़े सम्मान की बात है। आइए, अगली सात अद्भुत ऑडिबल प्रस्तुतियों की ओर बढ़ें। आप सभी को ढेर सारा प्यार!

अलाइन पीआर – आप मेरी पहली पीआर (पब्लिक रिलेशन) एजेंसी हैं और आपको चुनने का मेरा निर्णय पूरी तरह से सही रहा। आपके सोचने, काम करने और अपने क्षेत्र में निपुणता के तरीक़े से मेरी प्रगति हुई है। मैं गर्व से कहती हूं कि मैं आप जैसे सर्वश्रेष्ठ लोगों के साथ काम कर रही हूं!

लेखिका के बारे में

मेल रॉबिन्स *न्यू यॉर्क टाइम्स* की बेस्टसेलिंग लेखिका और माइंडसेट, मोटिवेशन और बिहेवियर चेंज की विशेषज्ञ हैं। दुनिया भर में उनकी ख्याति है। मेल का काम 41 भाषाओं में अनूदित हो चुका है।

लाखों पुस्तकों की बिक्री, सात नंबर 1 ऑडिबल टाइटल्स और लाखों वीडियो व्यूज़ के साथ मेल ने वास्तव में दुनिया भर में अपनी धाक जमाई है। वह द *मेल रॉबिन्स पॉडकास्ट* की होस्ट हैं। यह पॉडकास्ट वेबी और सिग्नल अवॉर्ड से सम्मानित विश्व का नंबर 1 शैक्षिक पॉडकास्ट है। मेल इसके ज़रिये हर दिन 194 देशों के श्रोताओं को प्रेरणा देती हैं।

उनकी मीडिया कंपनी, 143 स्टूडियोज़ इंक., स्टारबक्स, जेपीमॉर्गन चेस, लिंक्डइन, हेडस्पेस और अल्टा ब्यूटी जैसे ग्राहकों के लिए प्रेरक, पुरस्कृत सामग्री, जागरूक करने वाले आयोजनों और प्रशिक्षण कार्यक्रमों का निर्माण करती है। मेल को फ़ोर्ब्स की '50 ओवर 50' सूची में शामिल किया गया है और वह ऐम्प्लिफ़ाय पब्लिशिंग के निदेशक मंडल की सदस्य भी हैं।

जटिल विषयों को सरल, व्यावहारिक और दैनिक कार्यों में बदलने की अपनी अनोखी क्षमता के लिए जानी जाने वाली मेल रॉबिन्स, द *लेट देम थ्योरी* के साथ अब तक का अपना सबसे प्रभावशाली और गहन कार्य प्रस्तुत कर रही हैं।

अधिक जानकारी के लिए देखें : **melrobbins.com**

मुझसे कैसे जुड़ें

अगर आपको यह पुस्तक पसंद आई है, तो आपको ये भी ज़रूर पसंद आएंगे :

1. **मेरे न्यूज़लेटर**

   दुनिया के सबसे लोकप्रिय न्यूज़लेटर्स में से एक। हर हफ़्ते इसका नया अंक 20 लाख से ज़्यादा लोगों को भेजा जाता है। यह व्यक्तिगत होता है, प्रेरणादायक होता है और इसमें बेहतरीन विचारों और मददगार सलाहों का ख़ज़ाना होता है।

   निशुल्क सदस्यता लें : **melrobbins.com/newsletter**

2. ***द मेल रॉबिन्स पॉडकास्ट***

   टाइम मैगज़ीन के अनुसार, 'यह श्रोताओं को खुद पर विश्वास करने की वजह देता है।' *द मेल रॉबिन्स पॉडकास्ट* दुनिया के शीर्ष पॉडकास्ट्स में से एक है। हर हफ़्ते नए एपिसोड आते हैं, जिन्हें आप अपनी पसंदीदा पॉडकास्ट ऐप्स पर या **youtube.com/melrobbins** पर सुन सकते हैं।

3. **सोशल मीडिया पर जुड़ें**

   अपने पसंदीदा सोशल मीडिया प्लेटफ़ॉर्म्स पर हर दिन मेरी बातों और विचारों से जुड़िए **@melrobbins** को फ़ॉलो करें।

अधिक जानकारी के लिए देखें : melrobbins.com